가까이 다가온
자유민주주의 통일과 과제들

가까이 다가온
자유민주주의 통일과 과제들

초판 1쇄 발행: 2013년 8월 15일
초판 2쇄 발행: 2014년 3월 25일

지은이: 송종환
발행인: 부성옥

발행처: 도서출판 오름
등록번호: 제2-1548호(1993. 5. 11)
주　소: 서울특별시 서초구 서초동 1420-6
전　화: (02) 585-9122, 9123 / 팩　스: (02) 584-7952

E-mail: oruem9123@naver.com
URL: http://www.oruem.co.kr

ISBN　978-89-7778-404-8　　93340

이 도서의 국립중앙도서관 출판시도서목록(CIP)은 서지정보유통지원시스템 홈페이지(http://seoji.nl.go.kr)와 국가자료공동목록시스템(http://www.nl.go.kr/kolisnet)에서 이용하실 수 있습니다. (CIP제어번호: CIP2013013347)

가까이 다가온
자유민주주의 통일과 과제들

송종환 지음

An Impending Liberal Democratic Unification of the Two Koreas:

Vision & Tasks

Song, Jong-hwan

ORUEM Publishing House
Seoul, Korea
2014

제2판 머리말 ──────

한결 더 가까워지고 분명해지는
자유민주주의 통일 전망과 혜택

『가까이 다가온 자유민주주의 통일과 과제들』이 출판된 지 8개월도 되지 않은 기간 중에 국내외적으로 많은 정세 변화가 있었다. 이런 정세 변화들은 자유민주주의 통일이 한결 가깝게 다가오고 있다는 확신을 준다. 또 지난 1월 6일 신년 내외신 회견에서 박근혜 대통령이 "통일 대박"을 천명한 이후 한반도 통일 논의의 방향도 긍정적으로 바뀌고 있다.

7년 전 "북한의 고립상태가 오히려 한국에는 바람직할 수 있다"고 주장했던 이언 브레머(Ian Bremer) 유라시아그룹 회장은 지난 2월 28일 국내언론과의 인터뷰에서 "북한 주민들의 외부 정보 습득·공유 행위에 대한 김정은 정권의 통제력이 상실되었으며 특히 최근 북한 김씨 일가의 내부 분열이 극단으로 치닫고 있기 때문에 한반도는 수개월 내지 수년 내 통일될 수도 있다"고 전망하였다.

브레머와 함께 국내 언론이 주최한 '아시안리더십컨퍼런스'에 연사로 참석한 세계적 투자자 짐 로저스(Jim Rogers) 로저스홀딩스 회장은 "앞으로 5년 안에 남북통일이 가능하며, 통일된 한국은 10~20년 사이에 세계에서 가장 강력한 국가가 될 것"이라고 말하였다.

북한에서는 3대 세습을 한 김정은을 떠받치는 제2인자로 알려져 온 고모부 장성택이 작년 12월 8일 '노동당정치국 확대회의 결정서'에 적시된 16개 죄목의 반당 반혁명적 종파행위로 몰려 모든 직무에서 해임·제명되고 나흘 후 12월 12일 전격 처형되었다.

김정은은 장성택의 측근들을 그의 처형 전후 소환, 숙청하고 지난 3월 11일 제13기 최고인민회의 대의원선거 당선자 명단에 '파워 엘리트' 인사들을 상당수 포함시켜 체제를 안성시키려 하고 있다. 그러나 살아 있는 고모의 남편인 고모부를 속전속결식으로 제거한 냉혈성과 비도덕성 그리고 개혁·개방정책의 후퇴 전망에 비추어 군 내부의 저항·분열과 주민 불만으로 북한 내 불안정성과 불확실성이 커지고 있다.

중국의 대한반도 정책의 유동성 내지 변화도 감지되고 있다. 왕쥔성(王俊生) 중국 사회과학원 박사는 최근 출간한 아태청서(Blue Book of Asia-Pacific)『아태지역발전보고서』에 쓴 글에서 '전쟁 먹구름이 뒤덮은 2013년 한반도 정세' 제하의 논문 제4장에서 중국이 북한과 한국 양쪽에 분명한 신호를 보내어 중국의 정책에 대한 오해가 없도록 해야 한다고 권고하였다. 즉, 북한에 대해서는, "북한의 지정학적 가치가 매우 높기 때문에 중국은 어떠한 상황에서도 절대 북한을 포기하지 않을 것이라고 북한이 오해하여 중국의 충고를 듣지 않는 상황이 발생하지 않게 해야 하며," 한국에 대해서는 "한국이 중국의 대북정책이 근본적으로 변화하여 중국이 이미 한·미와 '동일한 진선(陣線),' 즉 한·미와 한 팀이 되었다고 오해함으로써 북한을 계속 압박하고 유연성을 보이지 않아도 된다는 판단을 하게 해서는 안 된다"고 경고하였다.

중국이 한반도의 비핵화 및 평화·안정을 위해서 북한을 포기할 수도 있다는 일개 학자의 시사에 대하여 과도한 의미를 부여하는 것이 적절하지 않을 수도 있다. 그러나 2013년 2월 12일 북한의 제3차 핵실험 이후 중국 공산당 중앙당교 학습시보 부편집인이 북한 포기론을 *Financial Times*에 기고한 이후 중국 학계에서 대북정책 수정 필요성이 제기되고, 지난해 6월 박 대통령의 중국 방문 시에 중국이 보인 각별한 예우와 지난 3월 3일 동해상에서의 북한의 방사포 발사에 대한 중국 정치협상회의 위원의 유사사건 재발 방지 보장 요구 등을 생각할 때 중국의 대북정책에 전혀 변화의 조짐이 없다고 경시할 수는 없다.

지난 2월 17일 수원지법 형사 2부는 이석기 통합진보당 의원의 내란음모·선동과 국가보안법 위반 등의 혐의를 유죄로 인정하고 징역 12년에 자격정지 10년을 선고했다. 또 이 의원과 함께 기소된 당직자 등 6명에 대해 징역 4~7년씩을 선고했다. 판결문은 "자유민주주의 체제 아래에서 사상의 자유와 표현의 자유도 대한민국의 존립과 국민의 안전을 심각하게 위협하는 내용까지 무제한적으로 허용할 수 없다"고 명시했다.

이번 선고는 2000년 「6·15 남북공동선언」 이후 북한의 '우리민족끼리' 주문(呪文)에 홀려 우리 사회가 북한 동포에 대한 온정적 지원을 넘어 그들의 체제까지 지지하는 종북·좌파세력들이 정치 등 각종 제도권에서 활개를 칠 정도로 해이해진 현실에 경종을 울린 것이다.

개구리를 차가운 물에 넣고 서서히 열을 가하면 자신이 죽어간다는 상황 변화를 느끼지 못한 채 죽어가는 것처럼 위기의식을 의식하지 못한 채 흔들리고 있던 우리 사회 체제가 정신을 가다듬고 자유민주주의 체제를 지키고, 나아가 한반도 통일의 구현을 확신하는 기회를 맞이하게 된 것이다.

대북 포용 정부 시절에 각종 교육, 홍보를 통해 1990년 통일된 독일이 처음 몇 년간 겪은 어려웠던 경험을 들어 통일비용 과대와 세 부담 증대 가능성을 주장해 온 것이 우리 사회에 편만하게 주지되어 통일의 이익이나 혜택을 거론하는 것 자체가 어려운 적이 있었다. 지난 1월 6일 박 대통령의 "통일 대박" 천명 이후 한반도 통일이 주는 이익과 혜택에 대한 각종 연구가 속속 나오고 있다.

제2차 세계대전 후 140여 개 신생독립국가 중 우리나라는 유일하게 산업화와 민주화를 동시에 성취하고 원조를 받던 나라에서 주는 나라가 되었다. 또 전쟁과 수없는 안보위기를 극복하면서 세계 8위의 무역 강국이 되도록 이끈 자유민주주의와 시장경제체제 가치에 의거하여 한반도가 통일된다면, 통일 후 투자해야 할 통일비용은 순간적이며 미래투자가 되어 그 이익과 혜택은 우리 민족에게 영원한 것이 될 것이다.

어느 지인이 말한 것처럼 "우리가 도망가도 통일은 쫓아오고 있다." 독일처럼 준비 없는 통일이 아니라 독일이 통일 초창기 겪은 실패를 반면교사 삼아 지금부터 우리 국민이 단합하여 철저하게 준비하고 노력한다면 그 이익과 혜택은 더 커질 것이라는 점은 두말할 나위가 없다.

당장 눈에 보이는 것만 보아도 남북한을 가로막는 휴전선이 사라져서 국토 면적과 인구가 확대되고 막대한 부존지하자원이 확보된다. 물류 실크로드 확보로 신 유라시아 시대의 주역이 된다. 부산이나 목포에서 유럽까지 걸리는 해상 운송기간 55일이 철도 25일로 줄어들게 된다. 통일 한국은 결국 동북아의 생산·투자·교통의 중심지가 될 것이다. 외국 투자자들의 통일한반도 시장에 대한 관심과 투자 증대가 예상되고 관광산업도 활기를 띠게 될 것이다.

눈에 보이지 않는 것으로는 민족정통성과 역사성이 회복되고 전쟁 위험 걱정이 없어진다. 통일 성취로 국민 모두의 자긍심과 행복감도 커질 것이다. 남북분단으로 인한 남북갈등과 남남갈등 등 사회분열과 북한주민의 인권유린 및 이산가족의 고통이 해소된다. 북한의 마약, 위폐, 핵·미사일·생화학 무기 등 대량살상무기로 인한 코리아 디스카운트가 코리아 프리미엄으로 바뀔 것이다.

실제로 통일이 되면 남북한이 보유하고 있는 군사력을 현재의 절반으로 줄여 잉여 노동력과 군사비를 생산 부문에 돌릴 수 있다. 통일한국은 북한의 풍부한 자원, 저렴한 노동력과 한국의 자본, 첨단기술, 인프라를 결합하여 수년 내에 세계 5위권 경제 강국으로 부상될 것이다. 통일한국은 시베리아를 통한 유럽, 중국 등 대륙과 일본을 통한 태평양을 연결하는 지정학적 우월성을 발휘할 수 있을 것이다. 동북3성~연해주~일본을 연결하는 세계 최대 산업벨트도 만들 수 있을 것이다.

이젠 북한 주민과 우리 국민들에게 통일이 되면 어떤 혜택을 얻을 수 있을지에 대한 청사진을 마련하여 적극적으로 알리는 통일교육을 해야 한다. 특히 우리 사회에서는 어떠한 이유로도 한결 가까이 다가온 자유민주주의 통일을 방해하거나 그러한 통일이 주는 혜택과 이익을 경시하는 것을 더 이상 용인하지 않아야 한다. 우리 민족이 세계적으로 한 단계 더 도약하기 위하여 오로지 자유민주주의 체제 통일로 나아가야 한다.

김정은 세습 이후 더욱 강화되고 있는 북한의 무력시위, 특히 지난 2월 21일과 27일에 이어 3월 3일과 16일 동해안에 미사일을 발사한 데 대해 우리 전문가들은 북한이 남북한 관계에서 주도권을 잡기 위한 것이라느니 미국을 협상 테이블로 이끌어내려는 것이라느니 하면서 심지어 남남갈등 유도와 북한 내부 결속을 다지기 위한 것으로 진단하였다. 수십, 수백억 원이 소요될 미사일 발사 등 북한의 군사 시위에 대하여 사거리 연장, 소형 핵무기 탑재 가능성 등 군사적으로 철저히 분석하고 최악의 상황까지 염두에 두고 구체적 행동으로 대비해야 한다. 우리는 국가안보를 튼튼히 하면서 한반도를 둘러싼 미국, 중국, 일본, 러시아 등 주변국가와 세계를 향해 통일한국은 모든 국가에 이익이며 긍정적이며 예측 가능한 나라가 될 것이라는 메시지를 지속적으로 전하고 설득해 나가야 한다.

우리 사회는 북한이 주장하는 '우리민족끼리'의 뜻이 주한미군 철수인 줄도 모르고 아무 생각 없이 그 말을 쓰고, 북한도 부르고 있는 '우리의 소원은 통일(1947년 건국 전 경복중학교의 안병원 선생이 '우리의 소원' 제목으로 작곡했으나, 북한에서는 '우리의 소원은 통일'이라는 제목으로 불리어지고 있음)'이라는 노래를 막연히 부를 것이 아니라, 자유민주주의 가치를 수호하는 체제로 한반도 통일을 이루어 나갈 것임을 국민 합의를 하고 구체적 통일전략과 추진계획을 세워서 바로 행동에 나서야 한다. 나라가 위기에 처했을 때 우리의 선인들이 '불타는 애국심을 가지고 비장한 각오로' 단결했던 것처럼 통일을 앞둔 우리 국민 모두가 재력이 있는 사람은 재력으로, 지혜와 지식이 있는 사람은 지혜와 지식으로, 그리고 육체적 힘이 있는 사람은 육체적 힘으로 함께 뭉쳐서 자유민주주의 통일을 앞당기기 위해 앞장서자.

2014년 3월 20일
먼 파키스탄에서 자유민주주의 통일을 위한 '날갯짓'을 하면서
송종환

제1판 머리말

1968년부터 1971년까지 해군사관학교에서 국제법·정치학 교관(해군 중위)으로 군 복무를 마쳤다. 1972년부터 정부 내 북한 및 해외 관련 분야에서 일하다가 1998년 정권 교체로 정부를 떠나 2013년 6월까지 학계에 몸담았다. 학계에서 보낸 15년을 돌아보면 많은 시간이 대학 강의, 세미나 발표와 토론, 언론 기고와 자유민주주의 통일 강연에 할애되었다.

한국해양전략연구소 주관으로 일반 대학생과 학군단(ROTC) 대학생들을 대상으로 특강을 할 경우 강의 전에 7개 항에 대한 무기명 설문조사를 실시했다. 6·25 전쟁의 남침·북침 논쟁('남침'이 북한에 의한 한국 공격, '북침'이 한국에 의한 북한 공격이라는 설명을 붙였을 경우)과 북한 핵 폐기 여부에 대해서는 군사안보교육과 훈련을 받은 학군단 소속 대학생들의 의식 혼란이 일반 대학생보다 상당히 줄어든 것으로 나타났다.

그러나 "남북한 모두 한반도 역사의 정통성이 있다", "통일을 하지 않는 것이 좋겠다", "북한식 「6·15 선언」과 「10·4 선언」 해석(주한미군 철수, 국가보안법 철폐 후 북한식 연방제 통일)이 자유민주주의체제 통일에 도움이 되는지 모르겠다"를 선택한 학생들이 적지 않았다.

특히 "통일을 하지 않는 것이 좋겠다"를 택한 학생은 응답자의 15% 정도가 되었는데, 막대한 통일 비용, 이질적 체제, 우리의 준비 부족, 통일의 유익 불확실 등이 그 이유였다.

대학생들의 의식 혼란의 원인에는 우리나라의 근현대사에 대한 초·중·고등학교의 충분치 않은 역사 교육과 대북정책을 둘러싼 국론분열에도 일정 부분의 책임이 있다고 생각한다.

북한 측과 우리 사회의 일부 인사들은 분단 고착의 책임으로 1946년 6월 3일 이승만 박사의 정읍 발언을 들고 있다. 이 박사의 발언 요지는 한반도 내 독립정부 수립을 돕기 위한 미소공동위원회가 1946년 1월 16일 시작되었으나 5월 6일 이후 휴회되어 재개될 기색이 보이지 않으니 남한만이라도 임시 정부, 혹은 위원회 같은 것을 조직하여 38도 이북에서 소련이 철수하도록 세계 공론에 호소하자는 것이었다.

이정식 펜실베이니아 대학 명예교수가 2012년 7월 발간한 『21세기에 다시 보는 해방후사』는 분단 고착에 대한 이승만 박사 또는 대한민국 책임론은 허구이며 잘못된 선전임을 강조하고 있다.

오히려 북한에 먼저 단독정부가 세워졌다. 일본 마이니치 신문기자가 소련 문서고에서 찾아서 보도한 후 1997년 이 교수에게 전한 스탈린의 1945년 9월 20일자 지령은 소련 제1극동군 사령관에게 북한에 단독정부를 세우라는 명령이었다.

이 지령이 하달된 시점은 1945년 10월 16일 이승만 박사가 해방 후 귀국하기 전은 물론 1946년 1월 16일 미소공동위원회 회의가 시작되기 전이었고 이승만 박사가 정읍 발언을 하기 훨씬 전이었다.

스탈린의 1945년 9월 20일자 지령에 의하여 미소공동위원회 진행과 상관없이 북한에는 1946년 2월 8일 '북조선임시인민위원회'를 거쳐 1947년 2월 22일 '북조선 인민위원회'라는 단독 정부가 세워졌다.

이렇게 남한보다 훨씬 일찍 단독정부를 세우기에 앞서 김일성이 태극기를 배경으로 1945년 10월 14일 평양군중대회에 나타나서 연설을 하고 1946년 8월 29일 '북조선로동당 창립대회', 1948년 2월 8일 '조선인민군 창군'을 하는 사진을 보여주면 북한이 1948년 9월 9일 전까지는 우리의 상징인 태극기를 게양하고 애국가를 부르면서 한반도 역사의 정통성을 확보하려고 한 것을 알 수 있다. 북한은 언젠가는 통일을 하여 같이 살 동포들이 살고 있는 지역이지만 한반도 정통역사에서는 이탈했다.

68년 전 제2차 세계대전 종전 처리 과정에서 분단된 후 동족상잔의 전쟁을 겪어야 했던 남북한이 통합된 통일한국의 위상과 경제적·비경제적 편익 등 긍정적 시나리오를 생각하면 언제나 가슴이 벅차고 뛴다.

통일이 되면 민족 정통성과 역사성을 회복하고 한반도에 사는 우리 민족 모두가 전쟁의 위험이 없이 자유민주주의 체제하에서 자유롭고 풍요롭고 함께 잘 사는 나라의 국민이 될 것이다. 세계 7위 이내의 선진 강국은 어렵지 않게 달성될 것이고 민족자존도 높일 수 있을 것이다. 이산가족의 고통과 북한주민의 인권 문제도 자연히 해소될 것이다.

통일이 되면 우리 민족의 기(氣)가 되살아나게 될 것이고 국민 개인의 재능과 자질이 높아져서 정치, 경제, 사회, 과학, 예술, 스포츠 등의 모든 분야에서 세계 속의 한국을 빛나게 할 것이다.

세계적 학자들이 자유민주주의 체제로의 한반도 통일이 2020년 전후, 늦어도 2030년 전에 될 것으로 전망하고 있다. 이러한 전망에도 불구하고 자유민주주의 통일을 위하여 넘어야 할 장애들이 적지 않아 보인다.

행복한 통일을 맞는 희망의 새 시대에 즈음하여 국가안보를 튼튼히 하면서 북한 주민의 마음을 사고, 가까이 다가온 자유민주주의 통일을 위해 한국 국민들이 합심하고 주변국이 한국 주도의 통일을 경계하거나 불안해하지 않고 안심하도록 그들에게 유익함을 꾸준히 설명하여 자유민주주의 통일을 앞당겨야 한다.

이 책은 3부로 구성되어 있다. 제1부는 필자가 한반도선진화재단·동아일 보사 부설 화정평화재단 주최 통일준비 전문가 세미나 「통일준비: 누가, 무엇을, 어떻게」(2010.12.7)에서 주제 발표한 '통일한반도 비전과 과제'를 기초로 하여, 김재창·류재갑 편, 『북한 어디로 가나: 북한 정권의 속성과 대남정책의 실상』(서울: 선한약속, 2011) 책자의 제1장에 쓴 '3대 세습 이후 북한체제 전망과 한국의 대책'과 2012년 5월 4일 민주평화통일자문회의 경기지역회의에서 강연한 자료들을 종합하고 업데이트하였다.

제2부는 자유민주주의 통일 추진과 관련되는 현안들로서 각종 학술 활동 중 발표하거나 기고한 자료들을 모았다. 주제들은 6·25 전쟁의 기원 논쟁, 남북한 간의 적대관계를 대화로 전환시킨 박정희 대통령의 「8·15 평화통일 구상 선언」, 북한의 「민족공조론」, 북한의 협상행태, 「6·15 선언」, 북한의 핵·미사일 개발과 6자회담, 이산가족, 북한 급변사태, 북한인권법 등으로 남북한 관계를 의미있게 진전시키고 통일을 추진함에 분명히 참고해야 할 일들이다.

끝으로 부록은 북한의 협상행태, 북한 핵무기 개발과 6자회담, 3대 세습 전망과 탈북자 문제에 대하여 영어로 작성한 논문과 글들이다. 외국인들에게 남북한 관계를 설명하는 자료로 활용할 수 있을 것이다.

특강 자료와 학술 활동 자료들을 묶어서 2~3년 내 어느 시점에 발간해야 겠다고 생각을 해 왔으나 6월 28일 파키스탄 대사로 부임하게 되어 서두르게 된 개인 사정이 있다. 갑작스런 출판 요청에 어려움을 무릅쓰고 이 책자의 출판을 수락하고 훌륭한 책을 만들어준 부성옥 대표와 헌신적으로 도와준 최선숙 부장 이하 도서출판 오름의 직원 여러분들에게 감사드린다.

저자를 응원하고 도와주셔서 감사드려야 할 분들이 거명할 수 없을 정도로 많지만, 독자들이 변변치 않은 책을 읽도록 마음을 움직이게 하는 감동적인 권두언을 써주신 현경대 민주평화통일자문회의 수석부의장님과 기도로 인내하고 협조해준 처 김필선에게는 이 지면을 통하여 고마움을 표하지 않을 수 없다. 파키스탄에서 부여된 임무 수행에 최선을 다하고 개인적으로는 교회, 직장, 가족, 친척, 친지 모두에게 빚진 자로서 힘닿는 대로 보답하고자 한다.

아무도 1945년 일제로부터 해방을 예기하지 못했기에 항일을 포기하고 친일로 변절한 사람들도 있었고 그에 대한 준비도 부족했다. 이 책은 세계 석학들의 전망을 토대로 한반도가 언제, 왜, 어떻게 통일될지를 제시하면서 무엇을 준비할 것인지를 권고하고 있다.

박근혜 정부 출범에 즈음하여 북한은 미사일 발사와 3차 핵실험을 하고 개성공단 가동을 중단시켰다. 통일의 길이 막힌 것처럼 보인다. 그렇지만 국민이 하나가 되어 통일 구현을 위한 꿈과 목표를 세우고 그 길로만 나아 간다면, 지금은 결국 동 트기 직전의 짙은 어두움이 될 것이다.

딸, 사위, 학교 제자들을 포함한 후진들과 이 책을 읽는 국민들에게는, 통일이 되고 안 되고를 생각하기 전에 꿈과 목표를 세우고 기도하고 그 방향으로 열심히 노력하면, 모든 것이 합력하여 선을 이루게 하시는 하나님 안에서 이루어진다는 믿음을 갖기를 강조하고 싶다.

필자를 비롯한 모든 국민이 자유민주주의 통일의 전도사가 되고 평화 통일을 위한 기반 구축에 앞장서자!

탈고를 한 후 7월 말까지 교정을 보는 동안 한반도를 둘러싼 국내외 정세에 변화가 있었기에 관련 자료를 추가하였음을 첨언한다.

정성스럽게 마지막 교정을 보아준 박용규, 박정호, 이경도, 김효제, 박재우, 임월재, 노재화 등 파키스탄 대사관 공관원들, 특히 영문 교정을 위해 수고하여 준 Atiq Rehman 자문관과 Saima Iftikhar 비서에게 감사드린다.

2013년 6월 28일
파키스탄으로 떠나면서 송종환

권두언 —————

　"송종환 대사" 하면, 브라질의 아마존 강 유역 나비 한 마리의 날갯짓부터 떠오른다. 아마존 강 나비 한 마리의 날갯짓이 미국 대륙 텍사스 주에 거대한 토네이도를 형성할 수 있다는 미국 기상학자 에드워드 로렌츠(E. Lorentz)의 기상이론 '나비효과' 말이다.

　28세 때부터 서울, 평양, 판문점을 왕래하는 남북회담 우리 측 실무수행원으로 공직을 시작하여 청와대 비서실에서 외무부와 통일원 업무를 맡은 행정관으로, 외교관으로, 그리고, 대학교수로 누구보다 남북한 문제에 천착(穿鑿)해온 송 대사. 그분의 대학 강의와, 세미나 발표, 토론, 언론 기고, 강연을 접할 때면, 그리고 심지어 가벼운 담소자리에서조차도 '자유민주주의 통일'이라는 한반도의 거대한 토네이도를 예고하는 '날갯짓'을 멈추지 않기 때문이다.

　송 대사는 2차 세계대전 이후 '원조받는 나라'에서 세계 최초로 '원조하는 나라'로 등극한 대한민국이 '부도난 회사' 북한의 '핵 공갈'에 발목 잡힌 안타까운 현실에 무릎을 "탁" 치는 것으로 그치지 않는다. 1945년 10월 14일 평양군중대회에 나타나 대한민국의 상징 '태극기'가 게양되고, 애국가가 흐르는 가운데 연설하는 김일성 정권의 실체 해부와, 김정일-김정은으로 이어진 3대 왕조 세습 체제 모순의 해체를 예고하고 자유민주주의 통일을 확신하는 그의 혜안(慧眼)에는 나비의 날개가 쉴새없이 펄럭인다.

송 대사의 '가까이 다가온 자유민주주의 통일과 과제들'이라는 역저(力著)만큼 북한 정권의 통일전선전술과, "협상은 또 하나의 전쟁"이라는 그들의 대남 협상술, '계급'과 '민족'을 교묘하게 엮은 북한의 '민족공조론'을 꿰뚫어 파헤친 저서를 만난 기억이 없다.

아울러 과거 정권에서 금기시했던 '북한급변사태'를 송 대사처럼 다양한 가능성에서 접근한 전문가 역시 만나지 못했다. 북한 급변사태로 인해 '들이닥치는 통일', '떠안는 통일'에 대한 그의 심려(深慮)와 준비는 남북한 문제 당국자와 전문가만이 아니라 우리 모두에게 던지는 화두(話頭)이기도 하다. "탈북자들을 통일 선봉대와 자유민주주의 선교사로 양성하자"는 그의 제안은 북한급변사태에 대한 하나의 해답이다.

송 대사의 자유민주주의 통일 '날갯짓'에는 조건이 있다. "우리 국민 스스로가 얼마나 통일에 대한 열망을 갖고 있으며, 이를 갖추어 나가느냐에 달려 있으며, 각계각층 원로·인사들이 정치권과 주변을 계도하고 가정에서 자제들에게 통일의식을 확산하는 것이 관건"이라는 것이다.

그렇다. 송 대사의 지적처럼 통일은 우연히 오지 않는다. 송 대사처럼 국민 모두가 '아마존의 나비'같이 부단히 날개를 퍼덕일 때 한반도에 통일이라는 토네이도가 몰려 올 것으로 믿는다.

송 대사는 역저를 정리하면서 "동족상잔의 전쟁을 겪어야 했던 남북한이 통합된 통일한국의 위상과 경제적·비경제적 편익 등 긍정적 시나리오를 생각하면 언제나 가슴이 벅차고 뛴다"고 했다. 자유민주주의 통일을 생각하면 송 대사의 역저를 읽는 독자들의 가슴도 벅차고 뛸 것으로 믿는다. 송 대사의 '가까이 다가온 자유민주주의 통일'이 나비효과를 일으켜 어서 한반도의 통일을 몰고 올 날을 고대한다.

남북대화 현장의 전문가에서 청와대와 통일원을 거쳐 외교관으로, 학자에서 다시 외교관의 자리로 돌아와 지금은 파키스탄에서 대한민국 특명전권대사로 국익을 위해 동분서주하고 있을 송 대사의 모습이 눈에 선하다.

2013년 7월
민주평화통일자문회의 수석부의장
현경대

차 례 ─────

제2부 남북한 관계와 관련된 현안들

부록

제**1**부

자유민주주의 통일 비전, 장애와 대책

제*1*장

한반도 통일의 객관적 환경과 장애

I. 들어가며

　60대 이상이 된 한국인들은 초등학교를 다닐 때 나흘을 굶고 학교에 가니까 흑판에 글씨가 안 보였다고 말한다. 실제로 1960년대 초반 아프리카의 가나와 한국의 사정이 굉장히 비슷했다. 국민1인당소득(GNI)이 60달러 수준이고 인구도 비슷하고 국토도 비슷하고 생산기술, 공산품 심지어 해외로부터의 원조액까지도 비슷했다.

　그러나 2012년 한국의 GNI는 2만 2,708달러로 1960년대 초반에 비하여 375배나 잘 살고 있다. 1948년 8월 15일 대한민국 정부 수립 당시 세계 제2차 대전 후 독립하거나 건국한 147개 신생국 중에서 꼴찌에서 두 번째였던 대한민국이 최단기간에 경제발전과 민주정치를 이룩하여 최빈국에서 세계중심국가로 성장하여 전 세계가 주목하는 자랑스러운 국가로 발전하였다. 2011년 한국의 대외교역액은 처음으로 1조 809억 달러를 달성하여 세계 9

위가 되고 수출액은 5,565억 달러로 세계 7위가 되었다.[1]

1950년대 세계빈국에 속했으나 60년이 지난 지금 10대 경제강국이 된 한국은 경제협력개발기구(OECD) 개발원조위원회(DAC) 회원국이 되어 '원조를 받던 나라에서 원조를 주는 나라'로 변모한 세계 첫 번째 국가가 되었고 공적개발원조(ODA) 지원액 증가와 1991년 유엔가입 후 유엔평화유지군(PKO) 확대 등을 통하여 국제사회의 개발과 평화·안전을 위한 역할을 강화하고 있다.

최근에는 G20 정상회의(2010.11.11~12)와 핵안보정상회의(2012.3.26~27)를 서울에서 개최하여 세계경제질서와 안보질서 구축에 기여하고 있고 스포츠 분야에서도 1988년 서울올림픽, 2002년 한·일 월드컵, 2011년 대구 세계육상선수권대회, 2018년 평창 동계올림픽을 주최하는 그랜드슬램 클럽 6개국(프랑스, 독일, 이탈리아, 일본, 한국, 러시아)의 일원이 되었다.

1960년대까지 한국보다 잘 살았던 북한은 2007년 1,152달러, 2008년 1,065달러, 2009년 932달러, 2010년 국민1인당소득이 1,074달러로 2011년 1,200달러로 계속된 경제난을 겪고 있다.

정치적으로 2011년 12월 17일 김정일 사후 김정은은 2012년 4월 11일 제4차 당대표자회에서 '노동당비서,' 13일 '최고인민회의 제12기 5차 회의'에서 국방위원회 제1위원장으로 추대되어 전 세계 공산주의국가 역사에서도 전무후무하고 퇴행적인 3대 세습을 공식적으로 출범시켰다.

분단된 한반도에 존재하고 있는 남북한을 비교하는 여러 가지 설명들이 있지만, 세계적 미래학자 '앨빈 토플러(Alvin Toffler)'의 설명만큼 극명한 것이 없을 것이다. 그는 2006년 부인과 공저한 『부의 미래(*Revolutionary Wealth*)』 제46장 한반도의 시간과의 충돌에서 다음과 같이 기술하고 있다.

---

1) 2013년 세계무역기구(WTO)는 한국은 2012년도에 1조 675억 달러로 2011년 9위에 이어 한 계단 상승한 8위가 되었다고 발표하였다. 한국보다 앞선 나라는 미국, 중국, 독일, 일본, 프랑스, 네덜란드, 영국 순이다.

이곳(한반도)에 존재하는 2개의 국가, 민족의 동질성을 공유하면서도 극단적으로 대조되는 경제, 정치, 문화를 가지고 있는 국가에게 어떤 미래가 준비되어 있는가? 한 국가는 지식에 기반을 둔 제3물결의 경제와 문명으로 향하는 거대한 변혁의 선두에 서 있는 반면, 다른 한 국가는 제1물결과 제2물결로 대표되는 굶주림과 빈곤 사이에서 허덕이고 있다. 한 국가는 국제사회의 선두주자이지만 다른 한 국가는 빈민국이다. 한쪽 국가의 국민들은 세련되고, 여행의 자유를 누리며, 초고속 인터넷을 통해 그 어디에 있는 누구와도 의사교환을 할 수 있다. 반면 다른 국가는 자국 국민들의 입을 틀어막고 억압과 통제 속에 가두고 있다. 한쪽 국가는 고속으로 미래를 탐험한다. 다른 국가는 … 이전 세대의 박제화된 유물로서, 김정일의 지배를 받는 왕조국가와 다름없는 상태이다. 또한 한쪽은 미래의 혁신적 경제체제를 정의하는 데 일조하고 있는 반면, 다른 한쪽은 무기력하고 반혁신적 경제체제를 고수하고 있다.[2)]

2012년 홍콩과 미국에서 출판된 남북한에 대한 저서도 한국과 북한에 대한 외국인들의 시각을 잘 묘사하고 있다. 영국 주간지 『이코노미스트』의 서울 특파원 다니엘 투더(Daniel Tudor)가 한국에 대하여 쓴 책, *Korea: The Impossible State*와 부시 행정부 시절 국가안보회의 아시아담당국장을 지낸 빅터 차(Victor Cha)가 북한에 대하여 쓴 책, *The Impossible State: North Korea, Past and Future*를 한국어로 번역하면 '불가능한 국가'로 유사하다.

외국인이 보기에 남북한의 존재 가능을 같이 이해하기가 어렵지만 그 사정이 다르다는 것이다. 다니엘 투더는 식민지 통치를 겪고 전쟁으로 폐허가 되고, 분단되고, 민주주의 전통도 없던, 세계에서 가장 가난한 나라가 어떻게 반세기 만에 경제발전과 민주화라는 두 가지 기적을 만들어 내어 다른 나라가 본받고 싶어 하는 국가가 되었는지 이해가 어렵다는 것이다.

빅터 차는 주민들의 기본권을 짓밟고, 대기근을 겪고, 국제적인 제재를 받으면서 계속적으로 경제난을 겪고, 국제적으로 완벽하게 고립되었는데도

---

2) 앨빈 토플러·하이디 토플러 저, 김중웅 역, 『부의 미래』(서울: 청림출판, 2006), pp. 490-491.

어떻게 생존할 수 있는지 이해가 어렵다는 것이다.[3]

외국인들이 한국의 발전을 경탄하고 있지만 2013년 5월 28일 발표한 경제협력개발기구(OECD)의 행복지수(Better Life Index)는 10점 만점에 5.35점으로 동 기구 가입 34개국 중 하위권인 27위에 그쳤다. 행복지수는 주거·소득·고용·공동체·교육·환경·시민참여·일과 생활의 균형·건강·삶의 만족도·안전 등 11개 영역의 지표로 산출되는데, 한국은 안전·시민참여·교육에서 높은 점수를 받았으나 주거·고용·소득·환경·건강·삶의 만족도에서 낮은 점수를 받았다. 이 통계는 한국 전체의 물질적 풍요가 국민이 느끼는 행복 감정에 그대로 연결되지 않는다는 것을 나타낸다.[4]

외국인이 경탄할 정도로 한국의 발전을 칭찬하고 남북한 간의 경제력 격차나 정치 체제에 대한 국제사회의 평가가 비교할 정도가 되지 않지만, 한국 국민의 자유·민주·통일 지지 비율도 국민의 행복지수처럼 높지 않다. 한국 사회에서는 1990년 독일 통일 후 일시 경제위기를 겪은 독일의 경험, 주변국의 통일 반대, 현재의 북한체제 붕괴를 바라지 않는 한국 사회 내 종북 좌경 세력의 팽창 등으로 통일을 두려워하고 통일할 필요가 없다고 주장하거나 통일을 반대하는 세력들의 목소리가 만만치 않다.

심지어 세계중심국가로 발전해온 한국의 헌법 제4조가 "대한민국은 통일을 지향하며, 자유민주적 기본질서에 입각한 평화적 통일 정책을 수립하고

---

3) Daniel Tudor, *Korea: The Impossible Country* (Hongkong: Turtle Publishing, 2012); Victor Cha, *The Impossible State: North Korea, Past and Future* (New York: Harper Collins Publishers, 2012). 다니엘 투더가 쓴 책의 상세 요지는 조갑제, "경제뿐 아니라 정치에서도 기적을 이룬 나라, 원동력은 무한 경쟁," 『월간조선』, 2013년 3월호, pp.313-325를 참조.

4) 2013년 3월 14일 유엔개발계획(UNDP: United Nations Development Plan)이 발표한 「인간개발보고서 2013」에 의하면, 기대수명(장수하면서 건강한 생활), 지식 접근성(성인문맹퇴치율과 총취학률)과 생활수준(1인당 GNI)으로 산출되는 인간개발지수(HDI: Human Development Index)에서 한국은 세계 186개국 중 12위이지만, 2012년 4월 「유엔세계행복보고서」에 의하면 한국인의 행복도는 156개국 중 56위였다. 인간개발지수에 대한 보고서 전문은 http://www.hdr.undp.org/en/reports/global/hdr 2013/download를 참조.

이를 추진한다"로 규정하고 있고 또 한국 주도의 통일이 한국인들에게 숙명이라고 믿고 있는 층에서도 통일이 언제 올지, 어떠한 이념을 기본으로 하는 통일이 될 것인지에 대한 확신이 없고 통일에 대비한 재원 준비를 논의하는 단계에 가면 아예 더 이상 논의를 하는 것에 적극성을 보이지 않는다.

김정일 사후 한국 사회에서는 3대 세습에 의한 김정은의 권력기반이 빨리 확고해지는 모습을 보이고 있고 북한체제의 붕괴 조짐이 보이지 않는다는 분석과 전망까지 하고 있다.

김정일 사후 2012년 4월에 있은 제4차 당대표자회의와 최고인민회의로 공식화된 3대 세습의 북한 체제의 향방을 간략히 전망하고 2020년 전후, 늦어도 2030년 전 한반도 자유민주주의 통일 가능의 객관적 환경과 통일의 유익, 한반도 통일의 세 장애 요인과 자유민주주의 통일 구현을 위하여 안보대책과 대북, 대내 및 대외 분야의 구체적 대책을 제시하고자 한다.

II. 김정은 체제 출범과 향후 전망

4년간의 유훈통치를 끝내고 1998년 9월 5일 북한 지도자로 공식 등장한 김정일은 2001년 1월 4일자 『로동신문』 보도를 통해 21세기는 거창한 전변의 세기, 창조의 세기라고 하면서 "이제 2000년대에 들어선 만큼 모든 문제를 새로운 관점과 높이에서 보고 풀어야 한다"는 '21세기 신사고'를 제창하였다.

이어 1월 중순 중국 상하이를 방문한 후 신의주를 시찰하자 당시 햇볕정책을 추진하던 김대중 정부를 배경으로 한국 내에서는 북한의 변화가 소련, 동구 제국의 체제변화는 아니더라도 중국식 개혁·개방론으로 갈 것이라는 주장이 대세가 되었다.

특히 2010년 9월 28일 44년 만에 개최된 제3차 노동당대표자회의를 앞두고 김정일이 8월 26일~30일 지린(吉林)성 지린(吉林), 창춘(長春)과 헤이룽장 (黑龍江)성 하얼빈(哈爾濱) 등지의 경제 발전상을 둘러본 것을 보고 한국 언론계와 학계에서는 또다시 제3차 당대표자회에서 '덩샤오핑(鄧小平)식 개 혁'과 같은 변화를 택할 것이라는 기대를 거는 전망들이 많이 나왔다.5)

북한의 최대 당면과제는 국제적 고립에서 벗어나고 아울러 경제난을 해 소하는 것이다. 이를 위해서 북한은 김일성-김정일로 이어온 수령유일지배 체제를 그만두고 최소한 중국식 개혁·개방을 택해야 하나, 제3차 당대표자 회에서 3남 김정은으로의 3대 세습을 공식화하였다.

북한이 개혁·개방의 길을 택하지 않고 3대 세습을 택한 것은 이념적인 면과 실제적 측면을 모두 고려한 것이다. 김정일은 동구와 소련에서의 사회 주의 체제 붕괴가 북한체제에 미칠 부정적 영향을 우려하여 1992년 1월 3일 당 중앙위원회 책임일꾼들과 한 담화인 '사회주의건설의 력사적 교훈과 우 리 당의 총로선'에서 "일부 나라들에서 사회주의가 좌절되게 된 근본 원인은 사회주의 건설에서 주체성이 없이 대국주의적 압력에 굴복하고 남의 지휘봉 에 따라 움직이다 보니 큰 나라가 수정주의를 할 때 수정주의를 하고 또 남이 개혁과 개편을 한다고 할 때 그것을 받아들여 주체를 강화하지 못했기 때문"이라고 진단하였다.6)

또한 그는 김일성 사후 김정일의 이름으로 발표된 첫 번째 논문으로서 1994년 11월 1일자 『로동신문』에 게재된 '사회주의는 과학이다'에서 "제국 주의자들과 반동주의자들의 '사회주의 종말' 주장에도 불구하고 사회주의는 여전히 과학으로 남아 있으며 실패하지 않았다"고 선언하면서 "일부 국가에 서 사회주의가 무너진 것은 과학으로서의 사회주의의 실패가 아니라 사회주 의를 변질시킨 기회주의의 파산을 의미한다"고 반격하였다.7)

그는 '혁명선배를 존대하는 것은 혁명가들의 숭고한 도덕의리이다' 제하

---

5) "북에서 '왕자의 난'은 없다,"『월간조선』, 2010년 10월호, pp.124-127.
6) 김정일, 『김정일 선집 12』(평양: 조선로동당출판사, 1997), p.277, p.286.
7) 김정일, 『김정일 선집 13』(평양: 조선로동당출판사, 1998), p.456.

의 1995년 12월 25일자 논문에서 현대수정주의자들, 사회주의의 배신자들
과 기회주의자들이 택한 개혁은 마르크스-레닌주의의 혁명적 원칙을 무력하
게 함으로써 사회주의를 파괴하고 자본주의를 부활시키기 위한 반동이론에
불과하다는 결론을 내리고 고르바초프(Mikhail Sergeevich Gorbachev)의
페레스트로이카(perestroika: 개혁)와 글라스노스트(glasnost: 개방)를 비판
하면서 김일성의 영도 밑에 주체사상의 기치를 따라 전진하여 온 북한 혁명
의 역사와 전통을 고수하고 빛낼 것을 주장하였다.[8]

김정일의 개혁 거부는 위에서 언급한 이념적인 측면에만 국한하지 않는
다. 고르바초프가 선임자의 업적을 비판하면서 개혁의 필요성을 주장한 점
에 비추어 김정일 치하의 북한에서 개혁을 주장하는 것은 주체사상의 무오
류성을 시험하는 것임은 물론 과거 김일성이 이룩한 빛나는 업적을 훼손하
게 되어 결국 오류를 범한 아버지를 이어 받은 김정일의 정통성마저 위협받
게 된다.[9]

따라서 제3차 당대표자회에서 개정된 노동당 규약 서문에서 김일성의 주
체사상과 김정일의 사회주의 강성대국 건설과 선군정치 구호를 강조하고 다
음과 같이 김일성과 김정일의 업적을 강조한 구절을 둔 것은 김정은이 개혁
보다 할아버지와 아버지가 정해 놓은 교시와 지침을 벗어나지 않은 범위
내에서 '조선로동당' 규약에서 밝히고 있는 '혁명'을 성취해야 함을 가르치는
구체적 증거라고 할 수 있다.

위대한 영도자 김정일 동지는 위대한 수령 김일성 동지의 당 건설 사상과
업적을 옹호 고수하고 빛나게 계승 발전시키시어 조선로동당을 유일사상체계와
유일적 영도체계가 확고히 선 사상적 순결체, 조직적 전일체로, 선군혁명을 승
리적으로 전진시켜 나가는 노숙하고 세련된 향도적 역량으로 강화 발전시키시
었다. 위대한 수령 김일성 동지와 위대한 영도자 김정일 동지의 영도 밑에 조선

8) 김정일, 『김정일 선집 14』(평양: 조선로동당출판사, 2000), p.133.
9) Kenneth Quinones, *Beyond Collapse-Continuity and Change in North Korea*
(Washington, D.C.: United States Institute of Peace Press, 2001), pp.4-5.

로동당은 자주시대의 노동계급의 혁명적 당건설의 새 역사를 창조하고 김일성 조선의 부강발전과 인민대중의 자주위업, 사회주의위업 수행에서 불멸의 업적을 이룩하였다.

조선로동당은 위대한 수령 김일성 동지를 영원히 높이 모시고, 위대한 영도자 김정일 동지를 중심으로 하여 조직 사상적으로 공고하게 결합된 로동계급과 근로 인민대중의 핵심부대, 전위부대이다.

북한이 과감하게 개혁·개방을 할 수 없는 것은 앞에서 설명한 이념적 및 실제적 측면의 이유에 추가하여 북한 사회를 외부에 개방할 수 없는 사정도 있다. 개방을 할 경우 외부 세계의 정보 유입으로 지지 이반을 가져올 위험이 있고, 특히 경제 분야에서는 노후한 설비와 전력 부족으로 첨단기술과 경영능력을 필요로 하는 현대 경제를 수용할 만한 사회 구조와 산업 인프라가 전혀 없는 원시 수준에 머물러 있어서 응할 수 없다. 예를 들어 한국이 북한에 전기를 지원하겠다고 하여도 북한은 변전시설과 배전시설을 다시 건설하여야 하기 때문에 받아들일 수 없다.

김정은으로의 3대 세습은 2008년 여름 발생한 뇌졸중으로 인한 김정일의 건강 악화가 계기가 되었다. 2009년 1월 8일 김정일에 의해 후계자로 내정되고 2010년 9월 27일 인민군대장, 9월 28일 제3차 당대표자회에서 당중앙군사위 부위원장과 당 중앙위원으로 임명되어 후계구도가 가시화되었다.

제3차 당대표자회 개최 전후를 보면, 북한 노동당 정치국은 2010년 6월 26일 결정서를 통해 당 최고기관 선거를 위해 당대표자회를 9월 상순 소집을 발표하였다. 그러나 상순의 마지막 날인 15일까지 별다른 해명 없이 당대표자회가 개최되지 않아 국가적 재난에 따른 연기, 김정일의 건강 악화, 내부 권력투쟁 등 갖가지 추측을 낳기도 하였다.

9월 21일이 되어서야 북한의 중앙방송은 "'조선노동당 최고 지도기관 선거를 위한 조선노동당 대표자회'가 2010년 9월 28일 평양에서 개최된다"고 발표하였다.

9월 26일 평양에 도착한 당대표자회 대표들은 1966년 제2차 노동당 대표자회를 개최한지 44년 만에 9월 28일 개최된 제3차 당대표자회[10)와 중앙위

원회 전원회의에 참석하였다. 이날 북한은 오후 2시 '중대 방송' 예고한 후
김정일의 총비서 재추대를 발표하였다.

당대표자회 전날 총참모장 리영호 대장(68)을 차수로 승진시키는 등 대장
6명, 상장 1명, 중장 6명, 소장 27명 등 41명의 군 장성급 임명 및 승진
인사가 있었는데, 김경희(64세), 김정은(27세),[11] 최룡해(전 황해북도 당 책
임비서), 현영철(8군단장), 최부일(부총참모장), 김경옥(조직지도부 제1부부
장) 등 6명에게 대장의 군사 칭호가 부여되었음이 9월 28일 발표되었다.

9월 29일 북한 매체들은 기존 중앙군사위원회에 없던 '부위원장' 자리를
신설하여 김정은을 선임하고 아울러 당 중앙위원회 중앙위원에 선출되었음
을 발표하였다. 9월 30일 북한 조선중앙 TV과 노동신문 등은 김정은의 사
진을 방영하였는데, 제3차 당대표자회의 결과는 체제 연명을 위한 당 개편
과 충성 인사를 기용하는 것이었다.

9월 28일 개최된 제3차 당대표자회와 중앙위원회 전원회의의 결과는 1980
년 제6차 전당대회 이후 30년 만에 당의 정책 수립을 하는 정치국, 정책

---

10) 당 규약 제3장 30조는 당중앙위원회는 당대회와 당대회 사이에 당대표자회를 소집할
수 있으며 당대표자회의 대표자 선출 절차와 대표자 선출 비율은 당중앙위원회가 결
정하며 당의 노선과 정책 및 전략전술에 관한 긴급한 문제들을 토의, 결정하며 자기
의 임무를 수행하지 못한 당중앙위원회 위원, 후보위원 또는 준후보위원을 제명하고
그 결원을 보선한다고 규정하고 있다.
임시 당대회와 같은 당대표자회의 개최시기와 소집 공고 등에 대한 규정은 없으나
2010년 9월 28일 개최된 제3차 당대표자회까지 두 차례 개최되었다. 1958년 3월 3일
부터 6일까지 개최된 제1차 당대표자회에서는 인민경제 5개년 계획, 당의 통일과 단
결, 당 조직 문제가 의제로 제기되었으나 김일성은 1956년 8월 당중앙위원회 전원회
의에서 들고 일어난 반 김일성 세력 숙청에 주력하여 성공하였다.
1966년 10월 5일부터 12일까지 제2차 당대표자회는 7개년 경제계획 실패로 인해 새
로운 발전단계를 제시할 수 없는 사정에 더하여 중·소분쟁의 와중에 당시 소련에
기울어진 북한이 중·소를 비롯한 모든 공산국가들의 대표들을 초치해야 하는 전당대
회를 피하기 위하여 개최되었다. 사단법인 북한연구소, 『북한총람(1993-2002)』(서울:
북한연구소, 2003), pp.210-211.
11) 김정은은 군 간부 양성기관인 김일성군사종합대학 특설반에서 '주체의 영군술'을 비롯
해 군사학을 극비리에 공부한 포병학과 출신으로 전해지고 있고 이미 군사칭호를 부
여받은 것으로 알려져 있다.

집행을 감독하는 비서국, 당중앙위원회 검열위원회와 중앙군사위원회[12] 등의 간부를 대폭 물갈이하여 개편한 것으로서, 다음과 같이 요약될 수 있다.

당 최고위 직인 정치국 상무위원에는 김정일, 김영남 최고인민회의 상임위원장, 최영림 총리, 조명록 국방위원회 제1부위원장,[13] 리영호 인민군 총참모장 등 5명이 선임되었다. 어머니 김영숙이 1949년 김정일의 생모 김정숙 사후 어린 김정일을 돌본 인연이 있다는 리영호는 평양방위사령관에서 총참모장에 오른 지 1년밖에 안 되었으나 차수로 승진하고 정치국 상무위원, 중앙군사위 부위원장에 선출된 것은 3대 세습과 관련하여 눈여겨 볼 일이다.

정치국 상무위원 5명, 위원 12명과 후보위원 15명, 비서국 총비서 1명과 비서 10명, 검열위원회 위원장, 부위원장 2명과 위원 4명, 중앙군사위 위원장, 부위원장 2명과 위원 16명, 중앙위원 124명과 후보위원 105명이 선출되었다. 김정일의 여동생이면서 대장 칭호를 부여받은 김경희는 정치국 위원으로 선출되었으나, 장성택 당 행정부장은 한 급 낮은 후보위원과 중앙군사위 위원으로 선임되었다.

김정은의 고모 김경희는 정치국에서, 고모부 장성택은 당 중앙군사위에서 김정은을 보위·후견하는 것으로 보이나, 실제로는 장성택의 부상을 견제하는 인상이 짙다. 김경희가 대장과 정치국 위원으로 선임된 것은 경험이 적고 젊은 김정은이 준비가 안 된 상태에서 김정일이 갑자기 사망할 경우 유일 핏줄인 김경희에게 실권을 넘기기 위한 안전판으로도 보인다.[14]

---

12) 당 중앙위원회 검열위원회는 반당, 반혁명적 종파 행위 및 기타 당의 유일사상에 어긋나는 행위를 하거나 당의 노선과 정책 및 규약을 준수하지 않아 당 규율을 위반한 당원에게 책임을 추궁하는 등의 업무를 맡으며, 중앙군사위원회는 당의 군사정책 수행방법을 토의 결정하며 인민군을 포함한 전무 능력 강화와 군수산업 발전에 관한 사업을 조직 지도하며 군대를 지휘하는 업무를 맡고 있다.

13) 2010년 11월 7일 북한 중앙통신은 조명록(82세)이 심장병으로 11월 6일 사망하였다고 발표하였다.

14) 고이케 유리코(小池百合子) 전 일본 방위상은 2010년 9월 16일자 홍콩차이나 모닝포스트 기고에서 김경희가 2009년 6월 김정일의 함남 함주군 협동농장 시찰 때 동행한 후 다른 어떤 측근들보다 가장 많이 수행을 하고 있고 또 김정일이 아끼는 직계 여동생이기 때문에 스스로 후계자가 되려는 계획을 수립하는 것도 예상된다고 주장

김경희와 별거 중인 것으로 알려진 장성택은 2009년 4월 최고인민회의에서 국방위 위원에 선임되고 2010년 6월 국방위 부위원장에 발탁되었으나, 정치국 상무위원에 진출하지 못하여 계속 관찰이 필요하다.[15]

3대 세습 안착 과정에 리영호, 김경희·장성택, 당 재편 과정에 어떠한 직책도 받지 못한 오극렬[16] 이외에 눈여겨 볼 인물들이 있다. 최룡해 황해북도 당 책임비서는 대장, 당 정치국 후보위원, 당 비서, 당 중앙군사위 위원에 선임되었는데, 빨치산 2세의 약진으로 보인다.

당 정치국 후보위원과 비서로 등장한 문경덕 평양시당 책임비서는 53세로 김일성사회주의 청년동맹 강화와 관련이 있어 보인다. 그는 청년동맹 중앙위원회 부위원장으로 청년동맹을 관장해온 인물이다. 청년동맹은 14세 이상 농근맹(농업근로자동맹)과 직맹(직업총동맹)에 가입되지 않은 군인, 근로자, 대학생들로 구성된 500만 명 이상의 조직원을 확보한 당의 외곽단체로 천리마운동과 같은 노력동원운동을 전개하고 비사회주의 그룹을 조직하여 일탈주민에 대한 단속활동도 전개하고 있어 앞으로 3대 세습 구축과정에 동원될 것으로 보인다.[17]

총체적으로 볼 때 김정일은 체제 연명을 위해 혈통과 군부 충성인사를 기용하여 정치국, 비서국, 당 중앙군사위원회를 개편한 후 김경희·장성택 후견하에 군은 리용호 총참모장, 당은 최룡해 비서, 청년동맹은 문경덕 비서가 김정은을 보좌하게 하였다.

하였다.

15) 큰 형 장성우 차수와 둘째형 장성길 중장이 각기 2009년과 2006년 사망한 원인이 북한식 숙청으로 의문시된다는 북한 내부 증언도 있다. 송종환, "3대 세습이후 북한 체제 전망과 한국의 대책," 김재창·류재갑 편,『북한 어디로 가나: 북한 정권의 속성과 대남정책의 실상』(서울: 선한약속, 2011), p.22.

16) 오극렬은 1992년에 발생한 소련의 사관학교 프룬제 군사대학에 유학했던 젊은 인민군 장교들의 쿠데타가 성공할 경우 지도자로 추대키로 되어 있었으나 동 쿠데타 계획을 김정일에게 밀고한 후 군부 핵심으로 우대받아 왔다.

17) 이기동, "북한의 권력구조 개편과 대외·대남정책 전망," 2010 제2차 민화협 정책토론회 「한반도 주변 정세의 변화와 남북관계」(2010.11.2), pp.12-13.

이렇게 가시화된 3대 세습의 절차가 실제로 진행되기 시작한 것은 2011년 12월 17일 김정일이 사망한 이후부터였다. 12월 28일 김정일 장례식을 치른 후 12월 30일 당 중앙위 정치국 회의에서 인민군최고사령관, 2012년 4월 11일 제4차 당대표자회에서 제1비서로, 4월 13일 최고인민회의 제12기 5차 회의에서 국방위 제1위원장으로 각기 추대되었다.

당대표자회와 최고인민회의에서 김정일이 '영원한 총비서'와 '영원한 국방위원장'으로 추대되고 김정은이 제1비서와 제1위원장으로 추대된 것은 죽은 아버지에 대한 효심과 당내 고령의 간부들에 대한 겸손을 보이기 위한 것이다.

그러나 김정은은 생전에 아버지 김정일이 지녔던 인민군최고사령관, 노동당 총비서, 국방위원장 직책을 사실상 모두 물려받음으로써 2009년 1월부터 시작된 3대 세습 절차를 3년 3개월 만에 모두 마무리하게 되었다.

제4차 당대표자회 결과는 2010년 9월 28일 제3차 당대표자회에서 체제연명을 위해 당 간부를 개편하고 충성인사를 기용한 것보다 더 '혈연'에 의해 체제안정화에 주력하겠다는 김정은의 의지를 보이고 있다.

김정은은 당의 주요 정책 노선을 결정하는 정치국 상무위원회와 위원, 후보위원과 정책을 집행하는 당 비서들에 대한 인사를 했다. 우선 고모인 김경희를 제2인자 자리인 조직담당비서에 새로 기용하면서 정치국 위원에 유임시키고 고모부인 장성택을 정치국 후보위원에서 위원으로 승진시켰다. 이날 권력 핵심부에 진입한 12명 중 9명은 감찰·공안과 조직을 담당하는 군 총정치국장, 행정부장(공안담당), 국가안전보위부 책임자들로 앞으로 감시와 공안 기능을 강화하려는 것으로 보인다.

김일성 치하에서 인민무력부장을 역임하고 그의 충복이었던 최현의 차남으로서, 2010년 11월 사망한 조명록을 이어 인민군 총정치국장으로 활동해온 최룡해(63세)는 2012년 4월 11일 제4차 당대표자회에서 정치국 후보위원, 당 비서와 당 중앙군사위원회 위원에서 당 정치국 상무위원, 당 중앙군사위원회 부위원장으로 승진하였다.

그가 지난 5월 22일 미·중 및 한·중 정상회담을 앞둔 상태에서 북한의 외교적 고립을 탈피하기 위해 김정은 특사 자격으로 방중하고 6·25 전쟁 정전을 기념하는 이른바 '7·27 전승절' 주석단에서 김정은에게 가장 가까운 자리에 위치하고 연설까지 한 것은 장성택과 함께 북한 정권의 핵심 실세임을 보여주는 사례이다.

북한의 중요 조직인 정치국, 비서국, 당 중앙군사위원회의 핵심이자 인민군총정치국장까지 겸임한 최룡해(차수)는 제3차 당대표자회에서 급부상했던 리영호 총참모장을 제치고 최고 실세로 부상했는데, 이는 세대교체와 함께 '당이 군을 지배한다'는 노동당의 기능 정상화도 상징한다.

인민군 총정치국 제1부국장(차수)에서 승진한 김정각 인민무력부장, 장성택 당 행정부장 겸 국방위 부위원장(대장), 김원홍 국가안전보위부장, 현철해 인민무력부 제1부부장(조직 담당), 리명수 인민보안부장 등 대표적인 공안기관 책임자들은 정치국 위원이 되었다.

김정일의 13세 연상이나 김일성대 동기동창으로서 절대 충복이었던 오극렬 국방위 부위원장이 제3차 당대표자회에서 아무런 당직에 선출되지 않았으나 이번에 정치국 후보위원에 배치하여 원로에 대한 예우와 정통성에 대한 버팀목 장치를 해두었다.

다만 시급한 경제 재건을 위한 경제담당자들은 곽범기 당 비서국 비서와 노두철 내각 부총리 겸 국가계획위원장이 리병삼 인민내무군(국경경비대) 정치국장과 조연준 당 조직지도부 제1부부장과 함께 새롭게 정치국 후보위원으로 기용된 것이 고작이다.

북한의 평양이과대학 준박사(한국의 석사) 출신 탈북자인 북한전략정보서비스센터(NKSIS) 이윤걸 소장(44세)이 북한 최고위층과 연락이 닿는 복수의 소식통을 통해 입수한 김정일의 '10·8 유훈'을 통해 김정은의 대내외 정책을 전망할 수 있다.

김정일이 지난해 사망 두 달 전쯤 측근들에게 남긴 것으로 알려진 '10·8 유훈'은 40여 개 항목으로 대내 정책과 대외 정책으로 나뉘어진다.[18]

---

18) 『중앙일보』, 2012.4.13, p.12.

김정일은 "김씨 가문에 의한 조국통일이 종국적 목표"임을 명시하고, 대내적으로 1년 내 김정은을 최고직책에 올리는 것과 보좌할 13명을 지명하면서 김정남을 비롯한 친가의 거취, 국내외 자금의 김정은에게로의 이관 등 유언 집행을 자신의 누이인 김경희에게 맡겼다.19) 그는 선군사상 고수, 핵·장거리미사일·생화학무기의 지속 발전을 강조하면서 "합법적인 핵보유국으로 당당히 올라 미국의 영향력을 약화시켜야 하며 국제제재를 풀어 경제발전을 위한 대외적 조건을 마련해야 한다"고 했다.

그는 이 과정에서 6자회담을 이용할 것도 언급했다. "6자회담을 우리의 핵을 없애는 회의가 아니라 우리의 핵을 인정하고 핵보유를 전 세계에 공식화하는 회의로 만들어야 하며 제재를 푸는 회의를 해야 한다"고 강조했다.

그는 중국에 대해서는 "역사적으로 우리를 가장 힘들게 했던 나라가 바로 중국"이라고 하면서 "중국은 현재 우리와 가장 가까운 국가이지만 앞으로 가장 경계해야 할 국가가 될 수 있는 나라이므로 이용당하지 않도록 해야 한다"는 이중적 관점을 보였다.

앞으로 김정은은 이러한 김정일의 유훈에 입각하여 선군정치와 대량살상무기 개발로 비대칭 전략을 구사하면서 중국의 도움을 받아 6자회담에서 핵보유국으로 인정받고20) '김일성 조선왕조'에 의한 한반도의 공산화 통일을 궁극적 목표로 하여 움직일 것이다.

2012년 6·28 조치로 농업, 공업 등 각 분야에서 성과에 따라 생산물을 분배하도록 하고 7월 25일 김정은 부부가 고모 김경희와 함께 능라유원지 개원 때 나타나고 2013년 4월 27일 그들 부부가 대동강 주변 주민편의시설인 '해당회관'의 철판구이 요리사와 대담하는 장면을 보고 또 한국 사회에서는 북한 변화로 해석하는 식자들이 있다.

---

19) 김경희는 1946년 5월 30일생으로 김정일보다 네 살 아래로서 모스크바대학교를 졸업하였다. 그녀는 2010년 9월 3차 당대표자회에서 북한 노동당 정치국 위원, 중앙위원, 인민군 대장이 되었으며 2012년 4월 4차 당대표자회에서 당 비서국 비서가 되었다.
20) 북한은 4월 13일 최고인민회의에서 헌법 전문을 개정, 핵보유국 지위를 명기함으로써 핵 포기 의사가 없음을 대내외에 천명하였다.

그러나 2009년 11월 30일 시도했던 화폐개혁 실패 등으로 인한 심각한 경제난[21]과 북한 주민들의 체제 이탈 현상 증가에 비추어 당 절대 우위와 배급체제가 무너진 북한에서 김정은이 개혁·개방을 택하지 않고[22] 수령유일지배체제를 고수할 경우 그 같은 체제의 붕괴는 시간문제이다. 이러한 전망은 1인 독재 공산국가들의 붕괴 전례에서 보아왔다.

그야말로 김정남이 말한 것처럼 개방 안하면 북한이 무너지고, 개방하면 북한 정권이 무너지게 되어 있다.[23] 김정은이 개혁·개방을 거부할 경우 북한 주민의 경제난이 심각해질 것이고 젊은 나이에 통치 경험이 적은 김정은으로서는 향후 개혁·개방을 둘러싼 파벌 간 투쟁을 제압하기가 쉽지 않아 보인다.

4월 13일 장거리 로켓의 제작 및 발사에 북한주민 1,900만 명이 1년 동안 먹을 수 있는 중국산 옥수수 250만 톤에 해당하는 8억 5천만 달러(약 1조 원), 4월 15일 군부대 퍼레이드, 축포, 외국 손님 초청, 평양 도심 리모델링 사업 등 김일성 생일 100회 행사를 치르는 데 11억 6,000만 달러(약 1조 3,200억 원) 등 1년 국가예산의 1/3(2011년도 북한 예산 규모가 57억 달러)에 해당되는 막대한 돈을 민생을 돌보지 않고 대외 과시와 죽은 사람의 생일잔치에 썼다. 이 돈이면 몇 년 치 부족한 식량 걱정을 해결 할 수 있으니 기아에 허덕이는 김정은 체제에 대한 북한 주민의 불만은 날로 점증할 것으로 보인다.[24]

---

21) 김정일 사후 며칠간 평양직할시, 함흥시에 이어 3번째로 큰 도시인 청진의 수도와 전기가 끊어져서 북한 주민의 불만이 폭발 직전이었다는 북한 주재 러시아 외교관의 증언을 주목할 필요가 있다. 2012년 1월 16일 러시아 세계경제·국제관계연구소 바실리 미헤예프 부소장 인터뷰.

22) 2010년 10월 5일 통일연구원이 '독일통일 20년과 한국의 통일 대비'라는 주제로 주최한 국제회의에 참석한 주펑(朱鋒) 베이징대 교수는 김정일의 건강 상황, 높은 인플레이션, 후계자 문제, 외부자금 유입의 차단 등의 요인이 북한 정권이 수개월 안에도 무너지도록 유도할 수 있으며, 더 문제가 되는 것은 북한 정부가 자기의 생존을 위해 의미 있는 정책 변화를 하지 않는 것이라고 지적하였다. 남궁영, "'북한문제' 해결 최선의 길은 통일,"『동아일보』, 2010.11.17, p.A34.

23)『조선일보』, 2012.1.17, p.A2.

2011년 12월 김정일의 사망으로 권좌에 오른 김정은은 집권 1년 5개월 동안 10차례에 걸쳐 군 수뇌부 인사를 하였다. 줄 세우기와 충성심 유도로 해석될 수 있지만, 승진 → 강등 → 재승진 인사를 되풀이하고 사람을 자주 교체하는 것은 체제 안정으로 보이지 않는다. 실제로 인민군 총참모장은 리영호 → 현영철 → 김격식으로 세 번 바뀌었고 인민무력부장도 김영춘 → 김정각 → 김격식 → 장정남으로 네 번 바뀌었다. 2011년 12월 28일 김정일 영구차를 호위하던 4명의 군부 인사 리영호 인민군 총참모장, 김영춘 인민무력부장, 김정각 인민군 총정치국 제1부국장, 우동측 국가안전보위부 제1부부장은 보이지 않는다.

3대 세습은 군 고위지도층의 지지 철회나 경제난에 처한 주민 봉기로 반김정은 쿠데타, 무정부적 내전 상태로 진행될 가능성이 있다. 그와 같은 대표적인 연구로 2011년 9월 같은 시기에 러시아와 미국에서 발간된 북한의 장래 붕괴에 관한 보고서를 들 수 있다.

러시아 국책 연구기관인 세계경제 및 국제관계연구소(IMEMO)의 「글로벌 전망 2030: 러시아의 전략적 시각」은 3대 세습기간 중 해외의 경제계·정계와 연계되어 있는 관료들(일부 특정 군부 포함)과 그러한 연계가 없는 군·무력 인사들 간에 충돌이 일어나서 북한의 붕괴 추세가 가속화될 것으로 전망하였다.

이 보고서는 2011~2030년 후반에는 "북한사회가 대한민국의 완전한 통제 아래 들어갈 수 있도록 준비하기 위해 국제사회 통제하에 북한 내 임시정부가 수립되고 무장해제와 변화·현대화가 추진되어 북한은 현재와 같은 형태로 존재하지 않게 되고 한국주도의 한반도 통일과정이 실질적 단계에

---

24) 국정원이 2012년 10월 29일 국회 국정감사에서 북한이 스위스의 '알파 마레 워터파크'와 유럽의 테마파크를 모방해 평양 능라유원지 및 기타 물놀이장·놀이시설 등을 건설하고 김일성·김정일 시신이 안치된 금수산 태양궁전의 광장을 프랑스와 오스트리아의 궁전을 본떠 대규모 정원으로 바꾸는 공사를 하고 있다고 밝혔다. 이 건설공사에 투입된 3억 3천만 달러는 북한 전체 주민의 3~4개월분 식량인 옥수수 110만 톤을 구입할 수 있는 금액이다. 『조선일보』, 2012.10.30, p.A1.

접어들 것"이라는 결론을 내렸다.[25]

미국 국방대 부속 국가전략연구소 전략조사센터의 「한국인의 장래: 북한 체제 붕괴에 대한 미국 외교의 도전」은 북한 체제의 붕괴는 다른 고위 간부들의 김정은 거부로 김씨 일족이 힘을 잃거나 내란을 촉발할 중앙지도부의 해체까지 가는 대변동이 되는 것으로서 김일성 왕조의 종말을 의미하나, 북한이라는 국가가 붕괴하는 것은 아니라고 진단하고 있다.[26]

김정은의 잦은 군부 개편이 '노동당'의 군 장악력 강화에 따라 군부의 위상 약화 또는 김정은 체제 안착인지 러시아와 미국의 주요 연구소가 전망한 3대 세습 붕괴인지 북한의 개혁·개방 여부에 달려 있어 귀추가 주목된다.

III. 한반도 통일의 객관적 환경과 통일의 유익

1. 자유민주주의 통일 가능성의 객관적 환경

소련의 반체제론자인 안드레이 아말릭(Amalrik, 1938~1980)은 소련이 세계 최강인 미국과 양극체제로 전성기를 누리던 1970년도에 『소련은 1984년까지 존속할 것인가』 제하 소책자[27]에서 소련은 체제 내 사회적·인종적 적대의식과 중국과의 전쟁으로 1980년부터 1985년 사이에 붕괴될 것이라고

---

25) 알렉산드르 딘킨 저, 김현택·이상준 역, 『글로벌 전망 2030: 러시아의 전략적 시각』 (서울: 한국외국어대학교 출판부, 2012), pp.394-395.

26) Ferial Ara Saeed and James J. Przystup, *Korean Futures: Challenges to U.S. Diplomacy of North Korean Regime Collapse*, INSS Strategic Perspectives 7, Center for Strategic Research, Institute for National Strategic Studies, National Defense University, September, 2011, pp.7-8.

27) Andrei Amalrik, *Will the Soviet Union Survive Until 1984?* ((New York: Harper & Row. Publishers, 1970).

예언하였다.

당시 미국 학계는 아말릭의 주장을 신뢰하지 않았고 별로 주목하지도 않았으나, 소련은 1991년 붕괴되어 그가 예견한대로 독립국가연합체제로 재편되었으며, 그 중심인 러시아연방은 자유민주주의와 시장경제로 체제를 전환하였으며,[28] 소련을 추종하였던 공산주의 국가들은 오늘날 손가락을 꼽을 정도로 몇 개 나라에 불과하고 그들마저 체제를 유지하기 위하여 변혁을 꾀하고 있다.

이와 같이 공산주의를 표방해온 국가들이 겪은 경험에 비추어 북한의 수령유일지배체제의 장래는 루마니아 차우체스크(Ceauscescu) 식으로 붕괴, 중국·베트남 식으로 개혁·개방, 러시아식으로 체제를 전환하거나 어렵지만 지금의 체제를 고수해가는 네 가지 중 하나가 될 것으로 예상해 왔다.

그러나 2010년을 전후하여 국제사회 저명 연구소의 학자들은 현재의 북한 체제가 앞으로 존재하지 않을 것이라고 하면서 2030년이 되기 훨씬 전에 분단 한반도가 한국 주도로 통일될 것으로 전망하는 주장들이 부쩍 늘어나고 있다.

군사정치 예측을 80% 적중시킨 '21세기 노스트라다무스'이며, '그림자 CIA'로 불리는 글로벌 정보회사 '스트랫포(Stratfor)'의 CEO인 조지 프리드먼(George Friedman)은 2009년 발간한 그의 저서 『100년 후(Next 100 Years)』에서 한국은 (북한 붕괴로) 2030년이 되기 훨씬 이전에 통일이 될 것 같다고 전망하였다.[29]

조지 프리드먼은 2010년 1월 27일 뉴욕의 한 호텔에서 있은 『조선일보』

---

28) 소련체제 붕괴 예언과 분석에 대한 대표적 저서로는 Zbigniew Brzezinski, *The Grand Failure: The Birth and Death of Communism in the Twentieth Century* (Macmillan Publishing Company, Incorporated, 1990); Francis Fukuyama, *The End of History and the Last Man* (New York: The Free Press, 1992); 안영섭, 『세계정치경제학: 글로벌 질서변화와 사회과학 통합분석』(서울: 법문사, 2000)을 참조.

29) 조지 프리드먼 저, 손민중 역, 『100년 후』(서울: 김영사, 2010), p.215. 그는 『조선일보』 기자와의 인터뷰에서는 한국이 선택의 여지없이 북한을 흡수하여 통일하게 되는 동북아 국제관계를 상세히 언급하고 있다. 2010.2.4, p.A14.

와의 인터뷰에서 한국이 원하든 원하지 않든 한반도 재통일은 2030년 이전에 이뤄질 것이라고 예측하였다.

그는 "북한 정부는 지탱될 수 없다. 북한의 후원자인 중국이 더 이상 북한을 지원하는 데 관심을 보일 수 없는 시대로 가까이 가고 있다. 러시아 역시 북한에 관심이 없고, 일본도 북한을 건드리지 않으려고 하므로 중국이 북한 문제에 개입하려고 하는 의지와 이해가 줄어들면 북한의 생존가능성도 줄어든다. 어떤 지점에 이르면 한국은 더 이상 선택의 여지가 없다. 북한을 흡수해야 한다"라고 말하였다.[30]

하버드대의 니알 퍼거슨(Ferguson) 교수는 2010년 1월 1일 조선일보와의 인터뷰에서 "북한은 앞으로 10년 이상 존재하지 못할 것이며, 한반도의 재통일이 향후 10년간 가장 역사적인 사건이 될 가능성이 있다"고 예측하고[31] 2013년 5월 2일 매일경제와의 인터뷰에서 이를 재확인하였다.[32]

앞에서 2010년 9월 28일 3대 세습체제가 가시화된 1년 후인 2011년 9월 러시아와 미국에서 동시에 각기 발간된 북한 체제의 붕괴에 관한 보고서들이 한국 주도의 통일을 전망하고 있음을 논술한 바 있다. 2012년 4월 11일 김정은 체제가 가시화된 이후에는 러시아, 중국에서 한국 주도의 통일이 자국의 이익에 부합한다는 전망까지 나오고 있다.

2012년 10월 23일 러시아의 싱크탱크 '국가에너지안보재단'이 모스크바에서 '러시아의 아시아 전략 일부로서의 러·한 협력'을 주제로 개최한 세미나에서 모스크바 국립국제관계대학(MGI-MO)의 드미트리 라빈 교수는 "러시아가 야심차게 추진 중인 극동·시베리아 개발의 핵심 과제들은 폐쇄적이고 신뢰성이 낮은 현재의 북한 정권이 유지되면 성공되기 어렵다"면서 "한국 주도의 통일은 러시아의 극동과 시베리아 개발을 본격화할 수 있는 기반을 마련할 수 있다"고 말했다.[33]

---

30) 『조선일보』, 2010.2.4, p.A14.

31) 『조선일보』, 2010.1.1, p.A10.

32) 『매일경제』, 2013.5.2, pp.A1·4.

2012년 10월 30일 통일연구원 주최로 베이징에서 열린 '한반도 통일과 한·중 협력 방안' 국제포럼에서 류우익 통일부 장관이 "분단 상황을 안정적으로 관리하는 것이 중국의 이익에 부합한다는 생각은 검증되지 않은 소극적 시각"이라는 기조연설을 하였다. 이에 대해 주펑(朱鋒) 베이징대 국제관계학원 교수는 "한국은 어떤 대가를 치르더라도 한반도를 통일하겠다는 전략적 결정을 내린 것으로 보이며, 통일은 한국에 의해 주도될 것"이라고 하면서 "문제는 한·중 양국의 최고위층과 여론 주도층이 통일과정에서 어떻게 협력하고 상호 신뢰를 형성할 것이냐가 중요하다"고 말하였다.[34]

2012년 11월 1일 조지타운대학이 주최한 좌담회에서 주한미국대사를 역임한 후 부시 대통령 집권 시절인 2005년 국무부 동아태 담당 차관보로서 북핵(北核) 6자회담을 주도했던 크리스토퍼 힐(Christopher R. Hill) 미국 덴버대학교 조셉 코벨 국제대학 학장은 "4년 내 북한에서 큰 문제(big issue)가 발생할 가능성이 있으므로 북한 급변사태에 대비해 만든 '작전계획 5029'의 일부 수정이 필요할 수도 있다"고 하면서 "미국은 중국 측과 마주 앉아 서로 할 수 있는 것과 할 수 없는 것을 진지하게 논의해야 한다"고 주장했다.[35]

특히 북한이 2013년 2월 12일 제3차 핵실험을 하자 2월 27일 중국공산당 중앙당교 기관지 '학습시보' 덩위원(鄧聿文) 부편집인은 파이낸셜 타임스(FT) 기고문에서 "북한을 포기하고 한국과 함께 통일을 추진해야 한다"고 주장하였다.[36] 이러한 전망들은 수령유일지배체제를 고수하면서 개혁·개방을 거부하는 김정은 체제의 불확실성으로 인해 한반도의 통일은 체제가 다른 남북한 간의 합의와 국제적 조정·보장을 통한 단계를 거친 형태보다 북한 체제의 붕괴로 한국에 갑자기 안겨지거나 들이닥칠 가능성이 있다는 분석과 궤를 같이 하고 있다.

---

33) 『조선일보』, 2012.10.29, p.A8.
34) 『조선일보』, 2012.10.31, p.A6.
35) 『세계일보』, 2012.11.2, p.6.
36) http://www.ft.com(검색일: 2013.2.27).

북한의 3대 세습체제 붕괴가 '국가체제' 붕괴로 연결되어 한국이 바라는 한반도 통일이 바로 올 것이라는 주장에 대하여 논란이 있을 수 있지만, 결국 한반도는 자유민주주의와 시장경제체제의 가치에 입각하여 한국 주도로 통일이 될 것이다.

이제까지 여러 학자들에 의해 제기되어 왔던 그 근거는 다섯 가지 측면에서 살펴볼 수 있다.

첫째, 글로벌한 차원에서 사실상 공산주의는 사라지고 한국이 선택한 자유민주주의와 시장경제체제가 세계적 트렌드이다. 외관상 공산주의를 표명하고 있는 4개국(중국, 베트남, 쿠바, 북한)도 순수한 의미의 공산국가가 아니며, 이들 나라의 미래도 시간적 차이는 있겠지만 궁극적으로는 1990년을 전후하여 러시아와 동구 공산국가들이 경험한 자유민주주의와 시장경제체제로 체제전환을 할 가능성이 크다.

공산주의가 몰락한 것은 즈비그뉴 브레젠스키(Brzezinski)와 프란시스코 후쿠야마(Fukuyama)가 이미 밝힌 것처럼 공산주의 이념은 논리의 지나친 단순화, 경제 실패 초래는 물론 이념으로서의 역할과 대중을 움직이는 동기부여 능력을 상실했고[37] 정치적인 내부 결속력을 유지할 만한 진지한 이념으로서 그 기능을 잃었기 때문이다.[38]

둘째, 북한 체제 자체의 문제점으로 붕괴가 임박하다. 중국이라는 생명선과 북한 당국의 철저한 주민감시·통제 때문에 북한 붕괴에 회의적인 입장도 있다. 그러나 김경희·장성택 등의 후견인을 내세운 3대 세습, 개혁 성향을 가진 군부의 반 김정일 쿠데타, 군부 내 친 김 부자 세력과 개혁 세력 간의 대결 또는 경제난에 따른 북한 주민의 시위 확대로 인한 내전상태가 단계적으로 또는 단기간에 압축적으로 전개될 것이다.[39]

2009년 11월 30일 신구 화폐를 100:1로 액면절하하고 화폐교환을 하는

---

37) Brzezinski(1990), pp.1-12.
38) Fukuyma(1992), pp.29, 35.
39) 박관용, 『통일은 산사태처럼』(서울: 경덕출판사, 2006), pp.157-162.

두 가지 조치를 하면서 시장까지 폐쇄하여 단행한 화폐개혁의 실패[40]와 김정일 사후 권력 투쟁으로 체제 붕괴 속도가 가속화될 것으로 보인다. 경제난을 겪고 있는 상황에서 민생보다 대외 과시를 위해 막대한 비용이 소요되는 대량살상무기 개발을 계속하고 있는 김정은에 대한 불만이 앞으로 북한 주민들 사이에 고조될 가능성이 크다.[41]

경륜과 공적이 없는 27세 후계자의 등장으로 선군정치와 수령 신격화의 동요가 예상되고 신분 상승을 위해 노력해온 일반당원들과 군부의 세대교체로 권력핵심에서 제외된 오극렬, 김영춘 등 군 원로들의 반발도 지켜 볼 일이다.

셋째, 남북한 간의 국력 격차가 심화되고 있다. 1인당 국민총소득이 북한보다 열세(1960년 북한 137달러, 한국 94달러)였던 한국이 1972년 처음으로 북한의 316달러보다 조금 높은 322달러가 된 후 2008년에는 한국 19,231달러, 북한 1,065달러, 2009년에는 한국 17,175달러, 북한 960달러, 2010년에는 한국 20,759달러, 북한 1,074달러, 2011년에는 한국 22,451달러, 북한 1,200로 달러로 약 19배나 앞지르게 되었으며[42] 자연히 인구가

---

40) 통화증발, 물품공급 부족으로 인한 인플레로 물가 수준이 화폐개혁 2개월 후 화폐개혁 이전 수준으로 물가가 복원되어 2010년 1월부터 식량위기 가중으로 아사자 발생 시작하고 1월 말 주민들이 보안원을 폭행하는 사례가 발생하였다. 1월 28일 김영일 내각총리가 평양시 인민 반장 앞에서 실패를 인정, 사과한 후 2월 초부터 종합시장이 다시 열리고 2월 중순 이후 외환거래가 허용되었다. 박남기 노동당 계획재정부장은 2010년 3월 12일 '화폐개혁으로 인민생활을 도탄에 빠뜨린 희세의 역적'이라는 비난을 받고 공개 총살되었다. 저자가 2010년 8월 29일 단동에서 만난 선교사는 북한에는 유리 있는 집이 거의 없고 화폐개혁 후 살인적 인플레로 금년도 신의주 지역에서 200여 명이 굶어죽고 화폐개혁 전 중국 화폐 100위안(한국 돈 약 17,000원)이 북한 돈 400원이었으나 20,000원 정도가 되었으며, 정부 하달 물가가 수시로 변하고 돈 있는 사람이 습격을 받을 정도로 평양의 치안 상태도 문란하다고 말하였다.
    최근 탈북자 증언에 의하면 김정일 사망 전인 2011년 11월 북한 장마당(시장)에서 쌀은 kg당 2,000원 정도에 거래됐지만 지금은 최고 7,000원으로까지 뛰었다. 일반 가구주의 한 달 월급이 1,800원 정도인데 이 돈으로 쌀 1kg도 못 사는 실정이다. http://news.donga.com(검색일: 2013.2.6).

41) 2012.4.13 장거리 로켓 발사와 4.15 김일성 생일행사에 북한 예산 3분의 1에 해당하는 20억 달러를 낭비하였다.

42) http://ecos.bok.or.kr(검색일: 2013.6.15).

〈표 1〉 남북한 1인당 국민총소득(GNI) 비교

(단위: 달러)

구분	1960	1964	1970	1971	1972	1974	1990	1995	1997	1998	1999
한국	94	107	255	291	322	559	6,303	11,735	11,505	7,607	9,778
북한	137	194	286	308	316	461	1,146	1,025	796	563	700
남북 대비	0.7:1	0.6:1	0.9:1	0.9:1	1:1	1.2:1	5.5:1	11.4:1	14.5:1	13.5:1	14.0:1

구분	2000	2002	2004	2006	2007	2008	2009	2010	2011	2012
남한	11,292	12,100	15,082	19,691	21,632	19,161	17,041	20,562	22,451	22,708
북한	739	738	887	1,078	1,120	1,036	932	1,074	1,204	1,216
남북 대비	15.3:1	16.4:1	17.0:1	18.3:1	19.3:1	18.5:1	18.3:1	19.1:1	18.6:1	18.7:1

북한보다 2배 이상이 되는 한국의 국민총소득이 북한에 비해 40배를 넘고 앞으로 그 격차가 더 벌어질 것으로 보인다.

넷째, IT·통신기술의 발달과 외부 교류 확대에 의한 외부 정보의 유입으로 북한 사회의 개방이 불가피하며 동요 가능성이 점차 높아질 것으로 보인다.

이집트의 오라스콤 텔레콤 통신회사는 2008년 12월, 75%의 지분 투자로 북한 체신성과 합작하여 25년간 독점 운영권을 가진 이동통신사 '고려링크'를 설립, 평양에서 휴대전화 서비스를 시작했다. 서비스 지역이 북한 내 평양 외 15개 주요 도시와 100개 중소도시로 넓어졌고 휴대전화 가입자도 2012년 11월 20일 현재 150만 명을 돌파하였다.[43]

제3차 당대표자회에서 3대 세습의 후계구도가 가시화되자, 2010년 9월 말 현재 휴대전화가입자가 약 8억 명에 달하고 인터넷이 발달한 중국에서는 당국이 '과렴선치(寡廉鮮恥)'라는 중국의 사자성어에 빗대어 "고대 봉건시대

---

43) 2010년 6월 말 18만 5,000명, 2011년 3월 말 53만 5,000명, 6월 말 66만 명, 9월 말 80만 9,000명, 2012년 2월 2일 100만 명을 돌파하는 식으로 비약적으로 늘어나고 있다. http://www.vokorea.com(검색일: 2012.11.21). 2013년 7월 말 200만 명이 되었다는 추정도 있다. http://www.chosun.com(검색일: 2013.7.31).

황태자 세습 제도를 택한 북한은 파렴치하고 부끄러움을 모르는 국가"라고 하는 네티즌들의 비판을 막고 있음에도 중국과의 활발한 인적 교류로 이러한 비판이 북한 사회에 유입될 가능성이 농후하다.

북한 주민들 사이에서도 1,300km 이상 국경을 같이 하는 유사한 사회주의 체제의 중국은 번영하고 있으나 북한이 훨씬 후진하고 있는 원인이 북한 체제와 지도자 때문이라는 생각이 확산될 것이다.[44]

다섯째, 핵, 미사일 등 대량살상무기 개발을 계속할 경우 북한은 유엔 안보이사회와 미국 등의 대북제재 결의에 중국의 비난까지 가세하여 국제사회로부터 더욱 고립될 것이다.

유엔 안보리는 북한의 대포동 2호 미사일 발사(2006년 7월 5일) 후 대북제재 결의안 1695호(7월 15일), 제1차 핵실험(2006년 10월 9일)후 1718호(10월 14일), 제2차 핵실험 및 단거리미사일 발사(2009년 5월 25일) 후 1874호(6월 12일), 은하 3호 장거리미사일 발사(2012년 12월 12일) 후 2087호(2013년 1월 22일), 제3차 핵실험(2013년 2월 22일) 후 2094호(3월 8일)를 각기 채택하였다.

2013년 2월 12일 북한이 유엔을 비롯한 국제사회의 경고를 무시하고 결행한 제3차 핵실험에 대해 3월 8일 중국, 러시아를 포함한 이사국 만장일치로 채택한 유엔 안보리 2094호 결의는 2009년 5월 25일 제2차 핵실험과 단거리미사일 발사에 대한 화물검색, 무기금수, 금융제재 요지의 1874호 결의[45]와 2012년 12월 12일 북한의 은하 장거리미사일 발사에 대한 2087호[46]

---

44) Young-woo Chun, "A Way Forward for Peace and Unification on the Korean Peninsula," 「The Future of the Korean Peninsula: Unification or Perpetual Division」, Co-hosted by Hansun Foundation, the Heritage Foundation(US), Chosun Ilbo(2013.1.30-31), p.127.

45) 주요 제재 내용은 공해상 의심 선박, 금지 품목 발견 시 압류·처분 등 화물 검색, 모든 무기 관련물자 수출통제, WMD·미사일에 기여할 수 있는 재원 동결을 포함한 금융거래 금지 및 대북 무역에 대한 공적 금융 지원 금지, 무상원조, 금융지원, 양허성 차관의 계약금지 및 기존계약 감축 등의 금융제재를 포함한다.

46) 주요 제재 내용은 제재 대상의 확대, 북한 금융기관 관련 모든 활동에 대한 감시 강화

결의보다 강력한 제재를 결의하였다.

유엔 헌장 7장 41조에 따라 제재를 한층 강화한 2094호는 북한의 핵·미사일 개발 활동을 저지하고 관련 물자와 자금을 차단하기 위한 실효적이고 강력한 내용으로 구성되어 있다.

제재 대상과 통제 품목을 확대하였고, 금융 제재, 화물 검색, 선박, 항공기 차단, 금수 조치 분야에서 제재 조치의 실질적인 강화가 이루어졌다. 또한 북한의 우라늄농축프로그램(UEP)에 대한 규탄, 금지 품목 적재 의심 항공기에 대한 이착륙 및 영공 통과 불허 촉구, 결의에 반하는 북한 은행의 해외 신규 활동 및 회원국 금융기관의 북한 내 신규 활동 금지 촉구, 북한 외교관의 위법활동에 대한 주의 강화, 금수 대상 사치품 예시 목록 지정(보석류, 요트, 고급 자동차 등) 등과 같은 새로운 내용이 포함되었다.

아울러, 결의 위반 및 제재 회피 사례에 대한 정보 제공 등 결의 이행 확보를 위한 장치도 강화되었으며, 북한의 추가 도발시 안보리가 "추가적인 중대한 조치"를 취하기로 함으로써 트리거(trigger) 조항도 강화되었다. 이번 결의에 따라 유엔 회원국은 90일 이내에 금번 결의 이행을 위한 국내 조치를 취하고 그 결과를 안보리에 제출하도록 되어 있다.

미국은 유엔 안보리 차원의 추가 제재와 함께 군사·금융 제재 등 독자적 제재 카드를 꺼낼 것으로 보이며, 중국도 일본의 핵 무장 개시로 시작되는 동북아의 핵무장 도미노 현상, 국제사회의 대북원유, 식량, 금융 지원 중단 압력으로 독자적 대북 제재안을 마련하지 않을 수 없게 될 것이다.

북한의 대량살상무기 계속 개발에 대한 압력은 더욱 가중되고 있다. 미국 오바마(Barack Obama) 대통령은 2010년 8월 30일 북한의 사치품 조달행위, 돈세탁을 비롯해 현금 밀수, 마약 거래, 화폐위조 등 불법적이고 기만적인 행위를 차단하는 대북제재 행정명령 13551호를 발효시키면서 46명의 사

촉구, 공해상 의심선박에 대한 검색 강화 기준 마련 추진, 제재 회피를 위한 대량 현금 이용 수법 환기, 'catch-all(전면적 감시)' 성격의 대북 수출통제 강화, 제재 대상 추가 지정 기준 제시 등을 통한 제재위원회의 임무 강화 등 제재 강화를 포함한다.

망자를 낸 천안함 폭침을 주도한 김영철 인민무력부 정찰총국장과 세 기관, 즉 노동당 39호실, 천안함 공격어뢰인 CHT-02D를 수출한 북한 무기수출업체 청송연합, 정찰총국을 제재 대상으로 지정하였다.

같은 날 미 재무부는 이와는 별도로 2005년 6월 29일자로 부시(George W. Bush) 대통령이 대량살상무기 확산국가 및 조력자들에게 재산동결 등의 조치를 취한 행정명령 13382호에 의거하여 북한 기관 5곳(제2경제위원회, 군수공업부, 제2자연과학원, 대성무역, 홍진무역)과 개인 3명(윤호진 남천강 무역회사 대표, 리제선 원자력 총국장, 리홍섭 원자력총국 고문)을 추가 제재대상으로 지정했다.[47]

2010년 11월 18일 미 재무부 해외자산통제실은 김정일의 자금을 관리하는 '노동당 39호실'이 소유하거나 통제하고 있는 '조선대성은행'과 '조선대성무역총회사'를 제재대상으로 추가 지정했다.[48]

2012년 4월 15일 김일성 생일 백주년을 앞두고 13일 발사한 장거리 로켓 은하 3호 발사에 대하여 미국의 미 백악관(벤 로드스 Ben Rhodes) 부안보보좌관은 이날 정례브리핑에서 오바마 정부는 과거 정부와는 달리 북한의 도발에 보상을 하지 않을 것이라고 하고 2월 29일 북한이 우라늄농축프로그램(UEP)을 포함한 영변의 핵 활동과 핵실험, 장거리미사일 발사를 잠정 중단(moratorium)하는 것에 상응하여 24만 톤의 영양 강화식품을 북한에 지원하기로 한 프로그램을 진행하는 것을 철회할 방침을 확인했다.[49]

2012년 12월 12일 북한의 은하 장거리미사일 발사에 대하여 미국은 2013년 1월 북한 단천상업은행 베이징지사 대표를 제재대상에 지정하고 3월에는 오극렬, 박도춘, 주규창, 백세봉, 조선무역은행을 제재대상에 추가하여 발표하였다.

---

47) 『조선일보』, 2010.9.1, p.A1.
48) 『조선일보』, 2010.11.20, p.A6. '조선대성은행'은 노동당 39호실이 소유하고 있는 대외결제은행이며, '조선 대성무역총회사'는 39호실의 불법 거래에 이용된 위장회사다.
49) http://www.whitehouse.gov/the-press-office/2012/04/13/press-gaggle-press-secretary-jay-carney-and-deputy-national-security-adv.

오바마 대통령은 2013년 6월 21일 의회에 보낸 통지문을 통해 "북한이 무기로 사용 가능한 핵물질을 갖고 있고 이를 확산할 위험이 있다"고 하면서 '국제비상경제권법'에 따라 북한을 1년간 더 '국가비상(national emergency)' 대상으로 지정하여 대북한 경제제재를 1년 연장한다고 밝혔다.

한·미·일의 북한 핵 개발에 대한 보조도 일치하고 있다. 북한이 한국과의 당국회담을 수석대표의 지위(격)를 문제삼아 6월 11일 회담을 무산시킨 후 16일 국방위원회 대변인 담화를 통해 "북미 당국 간 고위급 회담"을 전격 제안하였다. 한·미·일은 19일 6자회담 수석대표 회동에서 "대화를 위한 대화는 없다"는 입장을 재확인하고 '2012년 2·29 북·미 대화 재개 조건'50)보다 더 강한 의무를 북한에 부과하는 데 합의하고 이를 발표하였다.

북한이 2009년 제2차 핵실험을 하고 서해에서 군사도발을 하는 것에 대하여 중국이 북한을 대하는 태도도 예전 같지 않다. 중국은 단둥(丹東)을 통해 밀반입하려던 미사일 부품 제조 원료인 바나듐을 압수하고 또 중국 철강회사 '중광(中鑛)국제투자'는 유엔 안보리의 대북제재 리스트에 오른 북한기업 조선광업개발무역회사와 북한 내 동(銅)광산 개발에 나섰다가 중단하였다.51)

2010년 11월 23일 북한군의 연평도 포격에 대하여는 보다 직접적이다. 11월 26일 중국 양제츠(楊潔篪) 외교부장은 지재룡 주중 북한대사를 불러 연평도 포격사건에 대한 중국 측의 우려를 전달하고 중국공산당 기관지 인민일보의 자매지인 환구시보(環球時報)는 "이런 상황이 계속된다면 북한에는 미래가 없다 …… 비록 북한이 지금 상황을 주도하는 것처럼 보이지만 매번 도발을 반복할 때마다 국제적으로 고립되는 대가를 치르게 될 것"이라고 북한을 강력하게 비판하였다.52)

특히 2013년 북한의 제3차 핵실험 후에는 중국의 반북한 민심이 점증하

---

50) 대화에 앞서 북한이 3대 사전조치는 핵·미사일 실험 중지, 우라늄농축프로그램을 포함한 핵개발 중단, 국제원자력기구의 사찰 허용이다.

51) 『조선일보』, 2009.7.31, p.A5; 『중앙일보』, 2009.7.29, p.8.

52) 『조선일보』, 2010.11.27, p.A6.

고 있다. 2월 13일부터 중국 네티즌 70%가 '북한 핵을 반대'하는 가운데 북한 대사관 앞에서 시위가 벌어지고 전국인민대표대회(전인대) 대표는 "북한 원조 그만"을 주장하고 김정은 조롱 영상까지 나돌았다.

3월 8일 유엔안보리의 대북제재 결의안 채택 이후에는 전인대, 언론 등에서 유엔제재 결의 찬성과 "북한 핵이 중국의 국가이익을 해치고, 한·일 등 주변국가의 핵 개발 자극 우려" 표명에 이어 북한 정권 붕괴까지 거론되었다.

이러한 여론 변화에 이어 4월 17일 중국 교통운수부는 유엔안보리의 대북제재결의 2094호를 엄격히 집행하도록 중국 인민은행, 각급 공안기관, 해관, 국경경비부대에 하달하였다.

북한 핵무기 개발에 대한 중국의 회의적 평가는 계속되고 있다. 중국 관영매체들은 6월 19일 베이징을 방문한 김계관 북한 외무성 제1부상과 장예쑤이(張業邃) 중국 외교부 상무부부장 간 회동에 대해 북한이 평화적 제스처를 통해 자신들의 핵 문제는 뒤로 미루려 한다고 지적하고 있다.

또한 북한이 6·25 전쟁 정전을 기념하는 이른바 60주년 '전승절'에 참가하기 위하여 지난 7월 25일부터 28일 평양을 방문한 리위안차오(李援潮) 중국 국가부주석이 "북한이 진정성 있는 비핵화 조치를 취하지 않는 한 중국은 안보리 제재 결의를 계속할 것"이라고 한 것도 주목할 만하다.

2. 한반도 자유민주주의 통일의 유익

자유민주주의 통일에 대한 객관적 여건이 갖추어 있는데도 통일을 바라지 않거나 통일 이후를 두려워하는 한국 국민들의 의견도 적지 않다.[53] 실

---

53) 영국 일간지 *The Guardian*지는 북한을 2013년 5월 27일 북한을 흡수 통일한 한반도의 모습을 '디스토피아'로 묘사한 장편 소설 『국가의 사생활』(서울: 믿음사, 2009)을 쓴 젊은 소설가 이응준을 인터뷰하여 '한반도 통일: 남한의 젊은이들에겐 통일의 꿈이 과거로 사라진다(Korean unification: dreams of unity fade into past for young South Koreans)'라는 제목의 기사를 보도하였다. 동 일간지는 통일이 가져올 문화적,

제로 저자가 2013년 3~5월 중 대학생들을 상대로 실시한 무기명 설문조사
에 의하면 서울 및 경기도 소재 2개 대학교의 학군단 후보생 150명 중 29명
이 "통일을 하지 않는 것이 좋다"는 항목을 선택했고, 서울 소재 2개 대학교
학생 64명 중 17명이 같은 선택을 하였다. 학군단 소속 학생의 19%, 일반
대학생의 26%가 통일을 하지 않는 것을 선택하여 무기명 설문조사에 응한
학생들의 21%가 통일을 바라지 않는 것으로 나타났다.

"통일을 하지 않는 것이 좋다"를 선택한 학생들의 이유는 '통일비용, 다른
체제, 준비 부족과 통일 유익이 없다' 등의 순으로 나타났는데, 외신이 통일
이후 두려움을 보도한 것보다 더 심각한 수준이다.

그러나 수령유일체제의 세습으로 어려움을 겪고 있는 북한과는 달리 한
국은 전혀 다른 방향으로 발전하여 세계중심국가로서 통일을 주도할 수 있
는 여건을 갖추고 있다.

68년 전 일제로부터 해방과 함께 세계 제2차 대전 종전 처리 과정에서
분단된 후 건국과 동족상잔의 전쟁을 거치면서 자랑스러운 기적의 발전을
이룩한 대한민국과 어려움을 겪고 있는 북한이 합친 통일한반도의 위상과
경제적·비경제적 편익 등 긍정적 시나리오를 생각하면 가슴이 벅차고 뛴
다. 그야말로 한반도 통일은 우리 민족을 위한 미래의 블루오션이다.

통일이 되면 민족 정통성과 역사성이 회복·확립되고 전쟁 위험과 분단
비용이 해소되고 통일로 얻어지는 정치·경제적 이익과 이산가족의 고통과
기아와 인권유린에 처해 있는 북한 주민의 인권 문제가 해소되어 한반도에
사는 우리 민족 모두가 민주주의 체제하에서 자유·민주·복지·인권·행복
을 함께 누리게 되는 진정한 해방을 맞이하고 풍요롭고 함께 잘 사는 나라
의 국민이 될 것이다.

특히 국방예산의 절감과 함께 북한 지역의 풍부한 자원·저렴한 노동력과

사회적, 경제적 효과가 사회를 붕괴시킬지 모른다는 두려움이 일반시민에게 통일에
대한 무관심, 의심과 반대를 증폭시키고 있다고 보도했다. http://www.guardian.
co.uk(검색일: 2013.5.27).

〈표 2〉 분단보다 통일이 유익하다면 그 이유는?

(단위: %)

구분	서울대 평화통일연구소	한반도선진화재단
민족 정통성 및 역사성 회복	43.0	35.1
전쟁위험 완화와 분단 비용 해소	24.1	33.8
통일로 얻어지는 정치, 경제적 이익	20.7	20.7
이산가족의 고통과 북한 주민의 인권문제 해소	11.0	8.7

한국의 첨단 기술·인프라가 결합되어 상생·공영하는 민족공동체로 거듭나게 되어 세계 7위 이내의 선진 강국은 어렵지 않게 달성될 것이고 민족자존도 높일 수 있을 것이다.

그럼에도 불구하고 대북포용정책 추진 정부 기간 중에는 통일의 유익이나 편익론이 통일을 반대하는 논리였던 막대한 통일비용이 든다는 논리에 의해 압도되었다. 그러나 최근에는 통일이 독일이 경험한 바와 같이 단기적으로 부담을 줄 것이나,[54] 지금의 분단보다 유익하다는 주장이 다수 제기되고 있는데, 서울대 평화통일연구소와 한반도선진화재단이 2010년 실시한 통일문제 등에 대한 의식조사 발표에서 본 통일의 유익은 〈표 2〉와 같다.[55]

이러한 통일의 유익과 편익 중에서 통일이 되면 경제규모와 내수시장의 확대, 자립적 경제를 위한 자원·에너지의 확보, 한반도 지정학적 우월성의 복원, 군사비와 무력의 생산적 재배치, 남북한 간 기술협력에 의한 경제 도약

---

54) 독일의 경우 통일 직전 4천억 마르크에 불과하던 국가채무가 동독지역의 재건을 위한 물질적, 제도적 인프라 구축을 위해 10년 만에 2조 3천억 마르크로 급속히 증가하였다. 그 결과는 서독인 4명의 세금으로 동독인 1명을 지원한 셈이었다. 조영기 외, 「미래지향형 통일방안 연구-'선진화통일방안'의 모색을 중심으로」(서울: 한반도선진화재단, 2009), p.21.

55) 정은미, "'이중적' 통일인식과 대북인식의 '북한효과'," 서울대 통일평화연구소 학술심포지엄 「2010 통일의식조사 발표 통일의식·통일론·통일세」(2010.9.7), p.7; 이각범, "통일과 선진화 국민의식조사 발표," 한반도선진화재단 창립 4주년 기념 심포지엄 「대한민국 어디까지 왔나」(2010.9.16), p.12.

의 가능성을 지적하면서 민족경제통합의 강력한 기대 효과를 강조한 주장이 있다.56)

특히 2013년부터 중국·홍콩 식으로 경제통합이 된 일국양제의 통일한국 (United Korea)은 인구가 8,000만 명을 넘겨 되고 2050년에는 GDP 규모가 6조 560억 달러로 영국, 일본, 독일, 프랑스 등 G-7 국가를 뛰어넘어 중국, 미국, 인도, 브라질, 러시아, 인도네시아, 멕시코에 이어 세계 8위가 될 것이라고 한 골드만 삭스의 권구훈 박사의 주장은 학계의 주목을 끌고 있다.57)

다만 그의 전망은 자유민주주의체제로의 통일이 아니어서 논쟁의 여지가 있으나, 앞으로 보다 큰 경제적 시너지 효과를 갖게 되는 통일한국이 중국을 포함한 동북아경제 통합 내지 경제공동체 발전에 기여하게 된다는 이론의 발판이 되기에 평가할 만하다.

최근 학계에서는 통일 이후 영구히 창출될 통일편익(분단비용 소멸로 인한 이득, 통일 후 장기적으로 얻을 경제적 이익 등 통일로 인하여 얻게 이득의 총합)이 장기적으로는 분단으로 인해 부담하는 유·무형의 분단 비용(국방비, 외교 경쟁 비용 등 분단 관리비용, 국가신용도 하락, 투자유입 등 손실 등)과 통일 이후 투자해야 할 통일비용(인프라 구축, 제도 및 경제통합비용 등)보다 크다는 주장이 힘을 받고 있다.

또 통일이 되면 분단이 지속되는 한 영원히 부담해야 할 소모적 성격의 분단비용을 투자성격의 통일비용으로 전환할 수 있으므로 통일이 빠를수록 한국이 상대적으로 부담이 적어진다는 주장과 함께 통일비용 조달에 관한 토론도 여러 계기에 진행되고 있다.

대표적인 연구로서는 신창민과 홍순직·최성근의 연구를 들 수 있으며,58)

---

56) 김문주 외, 『새로운 사회를 여는 상상력』(서울: 시대의창, 2006), pp.216-226.

57) Goohoon Kwon, "A United Korea? Reassessing North Korea Risks(Part I)," Global Economics Paper No.188, 2009.9.21; 권구훈, "남북통합: 경제적 시너지 효과," 통일연구원 광복절 경축사 관련 학술회의 「분단관리에서 통일대비로」(2010. 9.1), pp.5-18.

58) 신창민, "통일비용 및 통일 편익," 통일연구원 광복절 경축사 관련 학술회의 「분단관

관련 토론으로는 통일연구원, 민주평화통일자문회의 사무처와 코리아정책 연구원, 국회 김충환 의원이 주최한 세미나, 토론회, 공청회를 들 수 있다.[59]

홍성직과 최성근이 연구한 통일비용은 통일 후 10년간 북한 주민의 1인 당 소득이 최소 3,000달러 이상에 도달하는 데 소요되는 한국의 투자비용으 로서 약 1,570억 달러가 소요되나, 이러한 투자를 할 때 한국이 얻게 되는 경기활성화 효과와 국방비 감축과 국가위험도 감소 효과 등 통일로 인한 절감 효과인 통일 편익이 2,200억 달러 수준에 이르게 된다고 추정하였다.

다만 이 연구는 북한의 노동력 활용과 지하자원 개발 및 활용, 관광 수입 등의 남북한 공동의 경제협력 확대에 따른 편익으로 통일비용 대비 통일편 익이 훨씬 커질 것이라는 예상만 하고 또 군사비 지출 감소, 내수시장 확대, 취업증가, 동북아 지역의 경제통합으로 인한 중국시장 물류비 감소, 해외로 부터의 자본 투자 유입 촉진 등의 경제효과와 안보불안감이 줄어들고 이산 가족 문제, 국군포로와 납북자문제가 해소되고 북한 인권 문제가 해결되고 남북한 간 대결로 인한 사회적 갈등이 없어지고 통일한국이 해양과 대륙을 연결하고 동북아시아의 평화구축에 지속적으로 기여하는 국제적 위상 제고 등 경제 외적인 편익[60]이 포함되지 않은 아쉬움이 있다.

신창민은 한국이 북한의 SOC를 건설할 경우 통일비용을 뽑고도 남는다 고 하면서 한국 주도 통일 후 10년 동안 북한경제 분리 관리, 한시적으로

리에서 통일대비로」(2010.9.19), pp.19-31; 홍성직·최성근, "남북통일, 편익이 비용 보다 크다—통일비용 및 통일편익의 추정과 시사점," 「경제주평」 10-42(2010.10.28).

59) 통일연구원의 「분단관리에서 통일대비」(2010.9.1); 민주평화통일자문회의와 코리아 정책연구원, 「제5차 전문가 초청 대토론회, 통일비용, 어떻게 조달할 것인가」(2010. 10.15); 김충환 의원 주최 정책토론회 「한반도 통일시대, 통일세 논의하자」(2010. 9.27), 「한반도 평화와 통일을 위한 준비 통일세법 제정 공청회」(2010.10.28). 통일비용 관련 최신 자료는 2010년 미래기획위원회는 점진적 통일 시 30년간 총 3,220억 달러, 급진적 통일 시 2조 1,400억 달러가 소요되는 것으로 전망하였다. 여러 기관과 학자들의 통일비용 추정치에 대하여는 『매일경제』, 2010.8.21, p.A19를 참조.

60) 통일부 홈페이지(http://www.unikorea.go.kr)의 popzone '통일은 반드시 옵니다' 와 민주평화통일자문회의 홈페이지(http://www.nuac.go.kr)의 '평화통일창(窓)'을 참조.

국내총생산(GDP)의 1%대로 군비 감축, 바이 코리안 정책(Buy Korean Product Policy), 북한 부동산 국유제 유지 등 4가지 조건을 제시했다.[61]

이춘근은 한반도 통일이 단순히 민족이 같고 나이든 수백만 명의 이산가족들의 고통을 해소하고 또 유익이나 편익이 있다는 것보다 다른 차원의 당위성을 강조한다. 그는 한반도의 통일은 대량살상무기를 개발, 국제사회의 우환을 야기하면서 주민을 헐벗고 굶주리게 하는 북한과 같은 불량국가를 흡수하여 한국 주도로 한반도가 통일이 되는 것은 국제평화를 이룩하는 국제정치적 당위성과 함께 북한주민을 구출하는 당위성이 있다고 주장한다.[62]

한반도의 통일은 분단, 전쟁과 대결로 이어져 온 민족역사를 바로잡고 분단과 전쟁으로 인한 어려움을 해소하고 또 통일독일이 오늘날 경제적으로 유럽에서 최강의 경제대국의 위상을 확보한 것처럼[63] 장기적으로는 경제규모의 확대와 대륙까지 연결되는 공간의 통합으로 막대한 시너지 효과를 얻을 것이다.[64] 결국 통일 자체가 감격과 돈으로 계산할 수 없는 최상의 기쁨을 주고 미래의 대한민국을 '더 크고 선진화된 일류국가'로 진입시킬 수 있는 초석이 될 것이다.

---

61) 상세는 신창민, 『통일은 대박이다』(서울: 매일경제신문사, 2012)를 참조.

62) 이춘근, "한반도 통일의 당위성과 통일전략," 「한·미 통일공감토론회: 한반도의 평화통일 어떻게 준비할 것인가」(Washington D.C. National Press Club, 2012.3.27), pp.32-38.

63) 통일 독일의 1인당 GDP는 통일을 한 이듬 해인 1991년도에 19,186유로였으나 통일 후 10년이 지난 2000년도에는 25,984유로로, 2007년에는 29,465유로가 되었다. 국가정보원, 『통계에 나타난 독일 통일 20년』(서울: 국가정보원, 2009), p.98.
현재 독일은 유럽 총생산량의 20%, 총수출량의 25%를 차지하고 있고 유럽 평균의 절반도 안 되는 실업률(5.4%)과 유럽 최저의 장기채권 수익률, 균형 잡힌 예산 운영, 부채 지속 감소 등 유럽 역내 경제 최강국의 위상을 과시하고 있다. "Europe's reluctant hegemon," *The Economist*, Jun. 15th, 2013.

64) 일례로 한국 상품을 벨라루시까지 선박으로 수송할 경우 26일이 소요되며 수송비용은 약 2,100달러/TEU이나 철도를 이용할 경우 16일에 1,300달러/TEU가 소요될 것으로 추정되고 있다. 시베리아의 천연가스를 송유관을 통해 도입한다면 보다 저렴한 가격에 에너지를 안정적으로 공급받는 이점도 있다. 통일부 통일교육, 『2012 통일문제 이해』(서울: 통일부 통일교육원, 2012.3), p.166.

IV. 한반도 통일의 세 가지 장애

자유민주주의체제로의 통일이 다가오고 있고 또 이러한 전망을 가능케 하는 강력한 객관적 근거들과 함께 경제, 비경제적 통일편익이 분단 및 통일 비용보다 큰 만큼 이제는 더 주저하지 않고 '이제는 통일이다'라는 자세로 적극적으로 통일을 준비하는 정책을 추진하여야 한다.

그러나 한국 주도의 자유민주주의 통일을 가로막는 세력도 만만치 않다.

첫째는 공산화 통일을 최종목표로 하면서 대남 군사적 도발과 남남갈등을 선동하고 있는 북한이다.

김정은은 아버지의 '10·8 유훈'을 지키기 위해 선군정치하에 '자주(주한 미군 철수)'·'민주(공산당 활동 자유화를 위한 국가보안법 철폐)'·'통일(북한 식 연방제 통일)' 기조의 대남공산화 전략과 통일정책을 추호도 바꾸지 않고 추진할 것이다.

남북한 체제 및 경제력 경쟁에서 패배한 북한은 재래식 무기보다 핵무기·미사일·생화학 무기 등 대량살상무기, 특수부대와 잠수함(정) 등 비대칭 무기에 의한 선제공격과 속도전, 서해 5도(백령도, 대청도, 소청도, 연평도, 우도) 등 취약지구를 침투·국지 도발[65]을 하는 대남 강경노선을 계속 견지할 것으로 전망된다.

2013년 3월 31 당 중앙위 전원회의는 '경제건설과 핵 무력 건설 병진 노선'을 채택하고 4월 1일 최고인민회의는 '자위적 핵보유국 지위를 더욱 공고히 할 데 대한 법'을 채택하였으며 4월 2일에는 원자력총국 대변인이 영변 5MW 원자로 재가동을 발표하였다.

2월 12일 3차 핵실험, 3월 8일 남북불가침 합의 폐기, 3월 27일 군 통신

---

65) 북한이 서북 5개 도서에 위협을 가할 수 있는 무기로는 실크웜 미사일, 130mm 해안포, 240mm 방사포, 백령도까지 거리 50km 북방에 위치한 고암포로부터 17분 내에 기습상륙을 할 수 있는 공기부양정, AN-2 저공침투기 등이 있다.

선 단절, 3월 30일 전시 상황 돌입, 4월 3일 개성공단 통행 차단, 4월 8일 개성공단 잠정 중단을 선언한 것은 김정은 체제의 대남 정책을 그대로 보여 주는 것이다.

북한은 끊임없이 남남갈등을 선동하고 있다.

2012년 1월 1일 노동당 통일전선부 산하의 대남혁명 전위기구인 '반제민전(반제민족민주전선)'의 자체 웹사이트 '구국전선'에 게시한 신년사설을 통해 "진보세력의 대단합을 보다 높은 수준에서 이룩함으로써 올해 총선과 대선에서 역적패당에게 결정적 패배를 안겨야 한다"고 한국 내 종북세력에게 올해 총선·대선에 적극 개입하라는 '대남 명령 1호' 지령을 내렸다.[66]

이어서 북한 노동당 기관지 『노동신문』은 3월 19일 '선거 승리를 위한 야권련대'란 글에서 "포괄적인 야권 련대(3월 10일 성사된 야권의 4·11 총선 후보 단일화와 정책 연대)가 실현됨으로써 국회의원 선거는 진보정당 후보 대(對) 보수정당 후보라는 1대1 대결구도가 형성되게 됐다"고 하면서 야권연대를 대대적으로 칭송했다.

실제로 총선을 1주일 앞두고 북한은 4월 4일 '반제민전'의 웹사이트 '구국전선'에 게시한 "전체 국민들이여! 총선이 바야흐로 눈 앞에 다가왔다"로 시작하는 '시국선언'을 통해 "정권 타도, 새누리당 심판에 총궐기하자" 등 20개 항목의 반정부·반새누리당 구호를 제시했다.[67]

'반제민전'의 '구국전선'은 2010년 6·2 지방선거 2주 전인 5월 20일에도 "전체 국민들이여! 지방선거가 바야흐로 눈앞에 박두했다"로 시작하는 시국선언을 통해 지방선거용 투쟁구호 24개를 하달했었다. 그중 하나가 '동족대결과 전쟁이냐 아니면 민족화해냐 평화냐'였다.

이어서 2012년 12월 19일 제18대 대통령선거를 앞두고는 11월 17일 '노동당 산하 대남혁명전위기구인 「반제민족민주전선」은 "새누리당 집권하면 제2의 6·25 전쟁 일어난다"면서 종북세력에게 선동격문을 하달하였다.

---

66) 『조선일보』, 2012.1.7, p.A5.

67) http://news.chosun.com(검색일: 2012.4.5).

2013년 2월 12일 3차 핵실험 후 남북한 간 긴장이 고조된 4월 1일부터 참여연대, 대북협력민간 단체협의회, 민족화해협력국민협의회 등 20여 곳에 거족적 반미항전을 선동하는 팩스를 살포하였다.

'인터넷 댓글로 인한 국정원 선거 개입 문제'가 제기되자 북한 노동당 통일 전선부 산하 대남(對南) 선전선동 조직인 '반제민족민주전선'이 운영하는 북한선전 사이트인 '구국전선'은 7월 2일 "대학가의 시국선언을 대규모 촛불시위로 확산시키라"고 주문하고 "전 국민이 선거 무효화를 선언하고 선거결과를 백지화하기 위한 투쟁에 떨쳐나서자"고 주장했다.

둘째는 당리당략적 입장을 넘어 이념적 지지 입장에서 북한의 주장을 따르는 한국 내의 종북 세력의 숫자가 늘어나고 활동이 노골화되고 있는 것이다. 북한의 수령유일지배체제를 찬양하고 추종하는 한국 안에 있는 친북좌파세력들은 한국의 안보를 위협하고 자유민주주의 통일을 가로막는 북한에 못하지 않다.[68]

선진민주국가에서 보수적 가치를 추구하는 세력과 진보적 가치를 추구하는 두 날개가 있는 것이 국가발전을 위하여 필요한 존재라고 할 수 있다. 그러나 1998년~2008년 기간 동안 북한에 대하여 포용정책을 펼친 김대중, 노무현 정권을 거치면서 북한의 선전선동에 적극 동조하면서 대한민국을 전복시키려는 세력들이 한국 사회의 각계각층과 말단조직에 까지 침투하여 국가정체성을 극도로 혼란케 하고 있다.

공산주의 주체사상으로 무장한 핵심인력은 3만여 명이며, 이들이 주최하

---

68) '교육과 학교를 위한 학부모연합'(대표 김순희)은 2013년 6월 13일(목) 오후 서울 신문로 서울교총회관 4층 강당에서 '정치 편향 학교 현장 바로 알기' 실태 보고회를 주최하였다. 이계성 반국가교육척결국민연합 공동대표는 "지난 좌파교육감 3년 동안 일구어 낸 것은 급식노조 만들어 민주노총, 전교조(전국교직원노동조합)가 판치는 세상 만드는 것과 학생인권조례 통해 선생님들을 무력화시키는 일이었다"고 성토했다. 김정수 바른교육전국연합 사무총장은 전교조는 "북한 3대 세습은 비판하지 않으면서 한국에서 재벌들도 세습하지 않는가"라는 억지 논리를 펴고 있으며 "국가보안법이 악법이라고 가르치며, 6·25 전쟁은 북침이라고 가르친다"고 말했다. 전교조 비판 책자로는 김구현, 『전교조 없는 맑은 세상』 상, 하(서울: 엠에스북스, 2009), 『전교조에게 빼앗긴 학창시절』(서울: 서울자유교원 부모마음 출판부, 2010) 등이 있다.

는 집회, 시위에 참여하는 추종세력은 50여만 명이라는 설과 좌익 핵심세력과 심정적 동조자까지 대한민국의 정체성에 반대하거나 불만을 품고 있는 사람들의 분포가 전체 국민의 20% 정도가 될 것이라는 추산도 있다.

이들 종북주의자들은 김정일 사망 100일을 맞아 2012년 3월 24일 무단 방북한 노수희 '조국통일범민족연합(범민련)' 남측 본부 부의장처럼 한반도의 사회주의 통일 실현을 꿈꾸면서 한국의 역사적 정통성과 이념적 정체성을 거부하면서 수령유일지배체제의 북한을 찬양한다.[69]

좌파 정부가 집권한 10년 동안 북한의 '우리 민족끼리' 노래를 추종하는 대북정책을 추진하였기 때문에 국민의 안보의식은 전반적으로 해이해져 있다. 20대의 56%가 6·25 전쟁이 언제 일어났는지 모르고 초등학생 35%가 6·25 전쟁이 북침이라고 인식하고 있고 천안함 폭침이 북한의 소행임이 밝혀졌는데도 젊은이들의 다수가 그 진실을 믿지 않고 있다.[70]

북한과 직·간접적으로 연계된 종북 단체 구성원 대다수는 '민족평화'와 대북 포용을 주장하면서 나라의 정통성의 상징인 태극기와 애국가를 무시하고 애국선열에 대하여 묵념도 하지 않는다. 대신 그들은 '님을 위한 행진곡'[71]을 부르고 '열사들에 대한 묵념'을 하는 '민중의례'를 하고 있다.

---

69) 2012년 3월 10일 야권 연대 협상 타결을 계기로 3월 13일 열린 야권연대 공동선언 행사에 재야단체 대표로 참석하기도 한 노수희 부의장은 북한 도착 다음 날 김일성광장의 김정일 초상화 앞에 '위대한 령도자 김정일 동지는 영원히 우리와 함께 계신다'란 글귀가 적힌 조화를 바치고 26일에는 김일성 생가인 만경대에서 '국상(國喪) 중에도 반인륜적 만행을 자행한 이명박 정권 대신 조국 만경대에 정중히 사죄드립니다'란 글을 썼고, 개선문 앞에서 "아 그 이름도 그리운 우리 장군님"이라며 '김일성 장군의 노래'를 불렀다. 『조선일보』, 2012.4.6, p.A5.

70) 『조선일보』가 천안함 폭침 2주기를 맞아 미디어리서처에 의뢰해 2012년 3월 17일 실시한 여론조사에서 '천안함 폭침이 북한의 소행이란 정부 발표를 믿는다'는 20·30대는 절반(55.8%)에 그쳤다. 그중에도 20대의 남성에선 정부 발표 불신이 19.7%로 비교적 낮았는데 그 이유는 이 연령대의 남성이 군 복무를 직접 경험한 직후라는 점이 영향을 미친 것으로 분석되었다. 『조선일보』, 2012.3.19, p.A1.

71) '임을 위한 행진곡'은 1980년 5월 27일 사망한 '시민군' 대변인 윤상원(당시 30세)과 그 무렵 노동현장에서 사망한 박기순(당시 21세)의 영혼 결혼식을 담은 테이프를 통해 알려진 노래다. 당시 이 노래는 기타와 꽹과리 반주가 어우러져 투쟁 분위기를

셋째는 지정학적 입장에서 또 자국의 안보적 측면을 고려하여 한반도 통일을 부정적으로 보는 중국과 일본이다.

한반도를 자신의 뒤통수를 칠 망치로 생각하는 중국과 한반도를 자신의 심장을 겨누는 단도(a dagger)처럼 생각하는 일본은 한반도 통일을 달가워하지 않고 있다.[72]

중국에게 있어 북한은 미국 또는 미국과 연합한 민주통일국가와의 완충지가 되고 원자재와 대양으로 향할 수 있는 항구를 제공할 뿐만 아니라 중국 상품의 시장이 될 수 있기 때문에 중국은 한국과의 경제 관계를 확대하면서도 자국 안보와 경제 이익에 비중을 두고 북한이 생존할 수 있는 정부와 국가로 지속될 것을 바라고 있다.[73]

한반도 통일에 대하여 일본은 이중적 반응을 보일 것이다. 일본은 한반도가 분단된 상황을 가정하여 안보정책을 수립해 왔고 또 주일미군이 주한미군과 긴밀히 연결되어 있기 때문에 통일한국이 주한미군의 계속 주둔 허용 여부에 따라 심각한 전략적 문제를 안게 된다. 국내재건문제로 통일한국이 약한 상태에 있을 경우 일본은 동북아 지역에서 중국과 대치할 수 있는 강대국이 될 수 있으나 한일 간의 역사적 적대감이 누그러지지 않는 한 통일한국과 일본이 어떠한 관계를 가지게 될지도 우려하고 있다.[74]

중국과 일본이 통일한국의 출현을 달가워하지 않는 것은 막강한 독일이 나타나 과거 히틀러의 독일과 같은 행동으로 유럽의 안정을 해칠 것을 두려워하여 영국, 프랑스가 독일 통일을 노골적으로 반대 의사를 표명한 것과 비슷한 처지이다.

북돋운다는 평가를 운동권 안팎에서 받으면서 전국노총, 전교조의 각종 집회·시위 현장에서 불리어 지고 있다. 또한 이 곡은 1991년 황석영이 시나리오를 쓰고 윤이상이 음악 작곡하여 북한이 대남공작용으로 만든 5·18 영화 '님을 위한 교향시'의 주제곡이다. 2013년 '5·18 민주화운동 기념식' 때는 이 노래를 합창 또는 제창을 하느냐 하는 방식을 놓고 논란을 일으킨 바 있다.

72) 이춘근(2012.3), p.39.

73) Ferial Ara Saeed and James J. Przystup(2011.9), pp.1, 12.

74) Ferial Ara Saeed and James J. Przystup(2011.9), p.14.

제2장

자유민주주의 통일을 위한
한국의 정책 과제

I. 튼튼한 안보

자유민주주의로의 통일의 시기가 가까워 오고 통일이 되었을 경우 통일 한국이 북한동포를 해방하고 세계평화·번영에 이바지하면서 새로운 성공적 민족사를 건설하게 되고 또 통일의 유익과 편익이 비용보다 크다는 것이 확실하다.

그러나 북한의 3대 세습과 2010년 3월 26일 천안함 공격, 11월 23일 연평도 포격과 특히 2013년 2월 25일 박근혜 정부 출범에 즈음하여 벌인 미사일 발사, 3차 핵실험, 개성공단 차단 등 호전성으로 인해 한반도의 군사적 긴장이 고조되어 평화적 통일이 점점 멀어지는 것처럼 보인다.

그러나 한국인들은 북한의 3대 세습 이후 북한이 보이는 행태를 보고 북한 핵 문제를 비롯 한반도 문제의 궁극적 해결은 한국 주도의 통일 밖에 해결책이 없다는 국민적 인식, 합의와 각오가 확산될 가능성이 크다.

많은 학자들이 김정일 사후 김정은 체제의 상황설명과 분석에 치중하면서 김정은 체제가 안착될 것이라는 전망을 하고 있다. 한국에게 중요한 것은 북한 체제 전망이나 상황 분석이 아니라 벌어지고 있는 상황을 한국의 입장에서 어떻게 전략적으로 접근하느냐이다.

아직 한국 사회에서는 북한의 수령유일지배체제가 붕괴하는 시나리오와 한국을 포함한 주변 국가들의 전략적 고려에 대한 주목이 비교적 낮은 수준이다.

"내가 두려워하는 것은 적의 전략이 아니라 우리의 실수이다"[1]라고 고대 그리스 역사가 투키디데스(Thukydides, BC 460?~BC 400?)가 말한 것처럼 자유와 민주와 인권을 존중하는 우리들은 더 이상 잘못된 상황판단을 하는 실수를 하지 않아야 한다.

김정은 체제 안착을 흥얼거릴 때가 아니다. "지구 최악의 나라의 체제 변화를 바라기만 해선 안 되고 계획적으로 추진해야 한다"[2]라고 2011년 12월 31일 '이코노미스트 지(*The Economist*)'가 보도한 것처럼 북한 체제 변화를 바라기만 해선 안 되고 계획적으로 그리고 전략적으로 추진해야 한다.

또한 "기왕의 모든 방법이 다 먹히지 않는 상황에서 미국 영토를 향한 북한의 핵 위협을 막을 유일하게 남은 방안은 북한의 현 정치체제를 변화시키는 것 뿐"이라는 2012년 12월 12일자 WSJ 사설이 제시한 방안[3]을 검토하지 않을 수 없다.

통일에 대한 관심과 의지의 회복으로 이제까지의 분단관리에서 통일 대비로 방향을 바꾸어야 하며 자유민주통일이 확고한 시대정신이 되고, '혈통'과 총구에 의한 왕조적 권력세습이 세계사와 민족사의 주류에서 크게 이탈한 반역사적이고도 비민주적임을 거국적으로 공론화되어야 한다.[4]

---

1) M. I. Finley, *History of the Peloponnesian War*, trans. by Rex Warner (New York: Penguin Books, 1972), p.122.

2) http://www.economist.com/node/21842185.

3) http://www.wsj.com/article/SB10001424127887323981504578175210970899962.html.

4) 송종환, "3대 세습의 반역사적·비민주성이 거국적으로 공론화되어야 한다," http://

이를 위해서 한국의 여야 지도자는 물론 모든 국민들이 하나가 되어 반드시 올 통일을 앞당기기 위한 과제의 우선순위를 정하여야 한다. 그것은 먼저 스스로의 힘과 우방국들과의 협력으로 국가안보를 튼튼히 하면서 한국에 대한 북한 주민들의 환심(歡心), 한국 내 종북 세력에 대하여 강력 대처하면서 한국 국민의 단합하는 합심(合心), 통일한국에 대한 중국 등 주변 국가들의 안심(安心) 등 삼심(三心)을 확보해 나가는 것이다.

한국이 자신감을 갖고 주도적으로 통일을 준비해 나가야 하는데, 가장 먼저 해야 할 과제는 국가안보 강화를 위한 각종 대책을 적극 추진하는 일이다.

북한이 한국과의 상생·공영보다 대남공산화 통일을 추진하면서 군사도발을 계속하는 한 2010년 북한의 천안함과 연평도 공격을 계기로 국방백서에 북한 정권과 군을 주적(主敵)으로 명시한 것을 지켜야 한다.[5]

한국의 국방비는 1980년대 GDP의 5%대, 정부 예산의 30%대 이상을 차지했으나, 1980년대 후반부터 2000년대까지 급격히 줄어들어 2008년에는 GDP의 2.76%, 정부 예산의 15.2%가 되었다. 2010년 경우 GDP 대비 한국의 국방비는 2.5%로서, 사우디(10.1%), 이스라엘(6.5%), 미국(4.8%), 러시아(2.8%)로서 국방비 비율도 정부 예산의 10% 수준이다.[6]

한국의 국방비가 호전적 북한을 억제하기에는 이와 같이 규모가 작다. 이와 함께 전략정보 100%, 전술정보 70%를 미군에 의존하고 있는 현 상황을 개선해야 한다. 이를 위해서는 2014년부터 GDP의 2.5% 수준인 국방에

---

www.konas.net(검색일: 2010.10.26).

5) 1995년 국방백서에 북한을 '주적(주된 적)'이라고 처음 명기한 이후 2004년 백서에서 사라졌던 '적'이란 표현이 6년 만에 다시 등장하였다. 2010년 12월 27일 공개된 『2010 국방백서』 제2장의 북한위협 관련 부분은 "북한은 대규모 재래식 군사력, 핵·미사일 등 대량살상무기의 개발과 증강, 천안함 공격·연평도 포격과 같은 지속적인 무력도발 등을 통해 우리 안보에 심각한 위협을 가하고 있다. 이러한 위협이 지속되는 한, 그 수행 주체인 북한 정권과 북한군은 우리의 적이다"라고 되어 있다. 국방부, 『2010 국방백서』(서울: 국방부, 2010), p.34.

6) 2010년 기준 세계 주요 국가의 국방비 비교는 영국 국제전략문제연구소(IISS)의 『Military Balance』(2012.3)를 인용한 대한민국 국방부, 『2012 국방백서』(서울: 국방부), p.288를 참조.

산을 이스라엘, 미국 등 전쟁 수행 국가 수준인 5~6%로 대폭 증액하여 북한의 핵무기, 탄도미사일, 생화학무기, 장사정포, 특수부대, 잠수함(정) 등 비대칭 전력에 의한 각종 도발을 탐지·감시하는 장비와 실질적으로 억지 및 반격할 수 있는 전력을 증강해야 한다.

지난 정부의 국방예산 증가율은 7.4%를 넘지 못하였으며 국방예산 증가분은 자연 증가분에도 못 미치는 수준이다. 게다가 한국군의 국방예산을 분석해보면 무기 획득 및 연구개발비용인 방위력개선비의 증액이 매우 낮아 과감한 증액이 절실함이 더욱 분명해진다. 특히 북한군의 군사도발이 보다 강화되고 있음에도 2012년~2013년 보수 정부의 방위력 개선비의 평균 증액율은 좌파정부의 2007년 15%보다 훨씬 낮아진 평균 2% 조금 넘는 수준이다.

〈표 1〉 2007~2013 국방예산 추이

구분	액수	전년 대비
2007년도(노무현 정부 마지막 해)	24조 4,972억 원	8.8% 증액
2008년도(노무현 정부 확정, 이명박 정부 1년차)	24조 6,490억 원	7.4% 증액
2009년도(이명박 정부 2년차)	28조 5,326억 원	7.1% 증액
2010년도(이명박 정부 3년차)	29조 5,627억 원	3.6% 증액 * 세계적 경제위기 참작
2011년도(이명박 정부 4년차)	31조 4,031억 원	6.2% 증액
2012년도(이명박 정부 5년차)	32조 9,576억 원	5.0% 증액
2013년도(이명박 정부 확정, 박근혜 정부 1년차	34조 3,453억 원	4.2% 증액

* 출처: http://www.mnd.go.kr

• 2010년의 경우 병력운영비(인건비, 급식·피복비)와 전력유지비(부대운영, 장비·시설정비 및 유지, 교육훈련, 보건 복지비 등)를 합친 전력운영비 20조 4,597억

원으로서 전년 대비 5,418억 원, 2.7% 증액, 방위력 개선비(무기획득 및 연구개발 비용) 9조 1,030억 원으로서 전년 대비 4,883억 원, 5.7% 증액에 불과하였다.
- 2011년의 경우 전력운영비는 21조 6,182억 원으로서 전년 대비 1조 1,585 억 원 5.7% 증액, 방위력 개선비는 9조 6,613억 원으로서 전년 대비 5,905억 원 6.1% 증액에 불과하였으며 그중 서북도서 긴급 전력 보강비 1,680억 원이 포함되었다.
- 2012년의 경우 전력운영비는 23조 638억 원으로 전년 대비 6.2%, 방위력개선비는 9조 8,938억 원으로 전년 대비 2.1% 증액에 불과하였다.
- 2013년의 경우에도 전력운영비는 242,290억 원으로 전년 대비 5.1% 증액, 방위력 개선비는 101,163억 원으로 전년 대비하여 고작 2.2% 증액되었다.

북한의 대남 위협을 살펴보면, 북한이 황해북도 신계에서 SCUD-B(사거리 300km)를 발사할 경우 서울까지의 거리 100km에 도달하는 시간은 불과 3분 40초(220초), 대전까지의 거리 300km에 도달하는 시간은 약 5분 14초(314초)가 소요된다.

북한이 2013년 2월 12일 세 번째로 한 핵실험은 TNT 6,000~7,000톤의 위력의 화염을 반경 1.2km 건물까지 번지게 하고, 건물 파손은 반경 2km까지 진행될 것으로 추정되며 서울의 인구밀도를 감안하면 2개월 이내 사망자가 20만 명에 이를 것으로 추정된다.[7]

2004년 미국의 반핵단체 NRDC(Natural Resources Defense Council: 천연자원보호협회)가 미 국방부 산하 국방위협감소국(DTRA)의 컴퓨터 모델을 이용하여 「한반도에서의 핵사용 시나리오(Nuclear Use Scenarios on the Korean Peninsula)」라는 보고서를 작성하였다.

이 보고서에 의하면 북한이 미사일, 폭격기 등 다양한 경로로 동시에 공습하여 단 한 개의 15kt 핵폭탄이 폭격에 성공하는 것으로 가정한 핵 공격 피해 시뮬레이션을 한 결과의 예상 피해는 용산 삼각지 상공 500m, 100m에서 폭발하는 상황에 따라 인명 피해가 62만 명에서 125만 명, 최악의 경우 서울 인구의 10%가 사망할 정도로 가공할 정도이다.[8]

7) 『조선일보』, 2013.2.13, A3.

북한이 추가 핵실험과 장거리미사일 발사를 공언하고 있는 만큼 그들의 대량살상무기는 한국의 현실적 안보 위협이다. 핵무기와 미사일로 무장한 북한에 대해 그러지 못한 한국이 아무리 성능이 뛰어난 재래식 무기로 확충하더라도 군사적 균형은 기울어지게 된다. 북한이 지닌 핵탄두가 소형화에는 이르지 못한 상황에서 한국이 독자적으로 할 일과 유엔 및 우방국과 협조하여 할 일을 모두 탁상 위에 올려놓고 검토해보자.

먼저 북한 핵 피격의 당사자로서 한국은 독자 핵무장을 생각할 수 있다. 이 대응은 공포의 균형(balance by terror)으로 이론상 가능하고 역사적으로 있었던 대책이다. 또 한국은 기술, 재정적으로 핵 개발을 할 능력이 있다.

그러나 한국은 핵 비확산 정책을 추진하고 있는 미국의 동의를 얻을 수 없고 한국이 국제사회의 경제제재에 장기간 맞설 수 없는 개방형 통상국가임에 비추어 현실적으로 추진하기가 어렵다. 또 한국의 핵 무장은 일본, 대만에게로 확산되는 핵 도미노 현상으로 중국과 러시아의 반발을 사서 이들 국가와의 관계가 악화될 가능성이 크다.9)

그러므로 한국이 당장 할 일은 미국 동맹국과의 협조를 강화하면서 전쟁과 같은 최악의 경우에 대비하여 북한의 핵무기 관련 활동을 감시하고 선제공격과 방어를 할 수 있는 군사적 체계를 갖추는 것과 동시에 이를 뒷받침하는 정부 당국자와 국민의 일치단결된 결의 등 비군사적 조치를 강구하는 것이 필요하다.

북한의 대량살상무기를 억지, 대응하기 위한 구체적 방책으로 국방부가 밝히고 있는 북한 전역 타격 가능 1,000km 사거리의 함대지 순항미사일 작전 배치, 개정된 미사일 지침10)을 토대로 해서 사거리 800km 탄도미사일

---

8) 강정민·황일도, "미 NRDC의 한반도 핵폭격 시뮬레이션,"『신동아』, 2004.12, 82-96 쪽; http://docs.nrdc.org/nuclear/files/nuc_04101201a_239.pdf.

9) 송종환, "북한의 핵·미사일 개발과 6자 회담의 실패," 세종대 세종연구원『Global Affairs: 북한 핵 대응책은 무엇인가』(Spring 2011), p.29.

10) 2012년 10월 7일 발표한 한·미 미사일 지침의 개정으로 2001년 개정 때 정한 탄도미사일 사거리 300km/탄두 500kg까지의 개발 제한이 해제되어 사거리를 800km로 연

개발 가속화하고 2016년께 세종대함 등 이지스함에 탑재하는 SM-6급 미사일[11])을 도입하는 등 탐지-식별-결심-타격이 즉각적으로 이루어지는 '킬체인' 공격형 방위시스템이 조기 구축되어야 한다.

아울러 서울 등 수도권 방어를 위해서는 2012년 11월 인접 팔레스타인 하마스의 로켓 공격으로부터 대도시를 성공적으로 지킨 이스라엘의 요격미사일시스템인 '아이언 돔(Iron Dome: 강철지붕)'을 조기 도입하여야 한다. 한국은 미국 등 우방국과 공조하여 보다 강력한 유엔 안보리 제재 결의 채택을 추진함과 함께 북한 핵 보유가 동북아의 핵 도미노, 비확산체제 붕괴를 초래하여 중국의 발전에 중대한 장애가 될 것이라는 국제사회 여론을 조성해 나가야 한다.

박근혜 정부의 창조경제와 국방을 접목시켜 첨단 무기개발 국산화를 추진하면서[12]) 한국의 국력과 기술 수준에 맞게 국방력 증강을 고도하여야 한다. 북한이 핵무기를 보유하고 있다 하더라도 기술적으로 비대칭적인 고도의 전력 앞에 함부로 도발할 엄두를 낼 수 없도록 하이테크 무기체계로 무장을 해야 한다.[13])

이를 위해서 한국은 독자적 전략정보 획득 방법을 강구하고 국군 전력의

장되었으며 사거리를 줄일 경우 더 큰 탄두를 탑재할 수 있는 트레이드 오프제도 확보하였다. 무인항공기(UAV)의 경우 항속거리 300km 이하에서는 탑재 중량 제한을 두지 않도록 하고 항속거리 300km 이상의 무인기 탑재중량 제한을 기존 500kg에서 2,500kg으로 확대하고 탑재중량 2,500kg 이하에서는 항속거리 제한을 두지 않았다. 그러나 우주발사를 위한 고체연료 추진체 사용이 해제되지 않아 앞으로 한국 정부는 미국 측과 협의를 재개하여야 할 것이다.

11) 현재 세종대왕함 등 이지스함에 장착된 SM-2 미사일은 사거리가 148km로 짧아 북한 미사일 발사를 탐지하는 능력은 뛰어나지만 북한 탄도 미사일을 요격하는 데 한계가 있었다. SM-6 미사일은 사정거리가 320~400km로 북한이 우리 영토를 향해 핵무기를 탑재한 탄도미사일을 발사할 경우 북한 영토 위 최대 요격고도 30km에서 타격할 수 있는 무기다.

12) 유용원, "첨단무기 국산화 지금이 기회다,"『조선일보』, 2013.6.19, A31.

13) 손수태, "대통령의 바람직한 안보리더십 − 국방안보분야," 한국국제정치학회·한국군사문제연구원 공동 주최 2012년도 정책세미나「국가지도자의 바람직한 안보리더십」(2012.9.14), 89.

첨단화 추진과 함께 신뢰성 있는 응징보복용 탄도, 순항 미사일 개발·배치 등 고강도 억제 대책을 세워 북한이 미사일을 발사할 때 즉각 요격할 수 있는 체제를 갖추어야 한다. 북한이 한국에 대해 핵무기를 사용하려 할 경우 선제공격 등 적시성 있는 미국의 핵 확장 억제 정책을 구체화하는 등 한미 연합태세를 강화하고 대북 핵 억지 및 대중 경고차원에서 주한미군의 전술핵무기 한시적 재반입을 제의해야 한다.14)

2013년 5월 7일 미국 오바마 대통령과의 정상회담을 마친 후 박근혜 대통령이 밝힌 바대로 2014년 3월 18일 시효가 만료되는 한미원자력협정은 선진적이고 호혜적인 방향에서 조속히 개정되어져야 한다.

미국은 핵 비확산이라는 세계적 아젠다를 지키려 하고 있다. 한국은 40년 전 동 협정 체결 이후 23기의 원전을 보유, 전력의 35%를 원자력으로 충당하는 세계 5위의 원전대국으로 성장하여 해외에 원전을 수출할 정도의 기술력이 있고 사용후 핵연료 저장시설이 2016년 포화상태에 이르게 된다. 미국은 이러한 변화와 한국의 어려움을 고려하여 원전 수출력 경쟁력 확보, 사용후 핵연료 처리, 우라늄 원료의 저농축을 할 수 있도록 개정에 응해주는 동맹국이 되어야 한다.15)

또한 2012년 4월 17일에서 2015년 12월 1일로 연기 합의한 전시작전통제권(이하 전작권) 단독 행사 준비에 전력을 경주하되, 북한의 핵·미사일 개발과 잇단 군사적 도발 위협에 처한 안보환경 변화에 따라 미국 정부와의 후속 협의에서 전작권 전환 시기를 재논의하면서 한미연합태세를 강화해 나가야 한다.16)

---

14) 송종환, "우리도 핵무기를 직접 만들고 싶지만," 『조선일보』, 2011.8.18, p.A35.

15) 외교부는 2013년 4월 24일 한미 양국은 한미원자력협정의 시한을 2016년 3월까지 2년 더 연장하고, 6월부터 석 달마다 추가 협상을 해나갈 계획이라고 워싱턴에서 있었던 한미 원자력협정 6차 협상 결과를 발표했다. 이 합의에 의하여 2013년 6월 3~4일 서울에서 재개된 한미원자력협정 개정 제7차 협상은 진전 없이 종료되었으며 미국에서 9월 중 재개될 예정이다.

16) 북한은 2013년 2월 12일 제3차 핵 실험을 실시한 후 '경량화, 소형화'에 성공하였다고 발표함으로써 핵·미사일로 언제라도 한국을 공격할 수 있는 능력을 구비하게 되

전술핵무기 배치, 한미원자력협정 개정, 전작권 이양시기 조정 등은 박근혜 정부가 1953년 이승만 대통령의 한미상호방위조약 체결 제의 때와 같이 미국의 결단을 받아낼 각오를 해야 획득할 수 있는 어려운 일이나 대통령의 리더십을 기대하고 싶다.

2010년 들어 한국 육지에서 멀리 떨어져 있으면서 북한의 해안포 사정거리에 있는 서해 5도의 인접 해역에서 천안함 공격, 연평도 포격과 같은 북한의 군사적 도발이 연이어 발생하고 있으므로 한국은 즉각 대응하는 체제를 개선해야 한다. 서북 5도에 대한 북한의 위협에 대비하기 위하여 2011년 6월 15일 창립된 '서북도서방위사령부'는 병력 증강, 북한군의 동태 감시·탐지능력 강화, 요새화된 북한 군 해안포기지에 효과적 타격을 위해 해안포 증강 배치와 더불어 아파치와 같은 대형공격 헬기를 서둘러 배치하고[17] 군 기지를 요새화하는 것을 착착 진행하여야 한다.

전략 요충지인 서해 5도의 단순방어나 격퇴를 넘어 북한이 또 군사적 도발을 해오면 서해 5도를 국군의 공격 발진기지로 전환하고 자유민주주의 체제 통일로의 계기를 삼는 각오로 전략을 세워야 한다.

북한이 북방한계선을 무시하는 도발을 하는데도 「10·4 선언」 합의대로 그 수역에 공동어로구역 설정을 하면 한국이 1953년 8월 30일 이래 지켜온 북방한계선은 무너질 것이다. 북한은 서해 5도 중 취약한 섬을 점령하고 인천, 서울 등 수도권의 안보를 위협하려 할 것이다.

북한이 3대 세습 통치기반을 강화하고 박근혜 정부를 길들이면서 미국과의 협상력을 높이기 위해 2012년 12월 19일 제18대 대통령선거를 앞두고

었다. 북한의 핵·미사일을 억제, 선제타격, 요격할 수 있는 능력을 충분히 구비하지 않은 상태에서는 미국의 핵 억제력을 빌려 쓸 수밖에 없다. 한·미 당국이 전작권 환수 시기를 재논의하게 될 경우 특정 날짜보다 "북한 핵 문제가 해결될 때까지"라는 식으로 조건을 설정하는 것이 바람직하다. 박휘락, "전시작전통제권 환수/한미연합사 해체 재연기에 대한 이해," *Han Sun Policy Brief*(2013.7.22).

17) 2013년 4월 17일 방위사업청은 김관진 국방장관 주재로 개최한 제66회 방위사업추진위원회에서 1조 8천억 원의 예산을 투입, 미국의 대형 공격헬기 'AH-64E(아파치 가디언)' 36대를 2016년부터 2018년까지 도입키로 결정했다고 발표하였다.

12일 장거리 로켓을 발사하고 2013년 2월 25일 박근혜 대통령의 취임에 앞서 2월 12일 3차 핵실험을 함으로써 지난 7개월간 한반도 위기는 전쟁 직전에까지 갔다.

이런 상황에서 해이해진 국민들의 안보의식을 고취하는 대책 강구가 시급하다. 황장엽 선생의 후임 홍순경 북한민주화위원장이 졸업을 앞둔 인문계 고등학교 3학년학생 1,168명을 대상으로 설문조사를 한 결과를 2012년 12월 24일 발표하였다. 북한이 무력화하고자 하는 서해 북방한계선(NLL)에 대해 '알고 있다'고 답한 학생은 12%에 불과하였다.[18] 설문조사가 12월 12일 북한의 장거리 로켓 발사 직후 진행됐음에도 이 정도 수준이니 개탄하지 않을 수 없다.

II. 3심의 확보: 북한 주민의 환심, 한국 국민의 합심, 주변국의 안심

1. 북한 주민 환심 사기: 북한체제 변화 유도 대북정책과 북한 급변사태 대책

박정희 대통령이 1970년 8월 15일 경축사에서 「평화통일구상 선언」을 발표한 후 한국은 1971년 8월부터 변화하는 국제관계 질서와 한반도의 냉전질서의 양 틀 속에서 북한을 상대로 각종 전략, 전술로 대응·타협하여 전략적으로 모호한 용어로 된 문서들과 통일장전이라고 평가할 수 있을 정도로 완벽한 문서를 합의해보기도 하고, 무원칙한 지원과 협력으로 북한을 포용해보았다.

그러나 한국은 북한과 대화를 하면서 대북정책의 최종 목표가 한국 헌법

---

18) http://www.chosun.com(검색일: 2012.12.25).

이 명시한 자유민주주의 통일 실현임을 분명히 하지 않고, 북한을 포용할 것인가, 압박할 것인가 하는 논쟁만 무성하여 국민들 사이에 혼란과 갈등과 분열만이 증폭되었다. 그 원인은 대북정책을 국내정치에 이용하고 대통령 개인의 이념과 소신으로 헌법 4조가 천명한 '자유민주주의적 기본질서에 입각한 평화적 통일 추진'을 무시하였기 때문이다.[19]

2009년 상반기 북한·중국 접경지역에 있는 북한 주민 1,000명을 대상으로 설문조사를 했다. 북한 붕괴 시 중국과 통합하는 것이 좋겠다는 사람들이 40%, 자력갱생이 31.5%, 한국과 통일하여야 한다는 의견이 27%가 나왔다.[20]

우리에 대한 인식이 낮지만 정통성 부족과 생활고로 3대 세습에 대한 북한 주민들의 불만도 높다. 이러한 때에 북한 당국과 주민을 분리하고 주민의 마음을 사서 북한 사회를 변화시킬 수 있는 대북정책의 실천이 시급하다.

한국은 지금까지 한반도에 두 체제가 존재하는 것을 전제로 하여 북한 당국과의 대화를 개시 → 진행 → 합의 → 중단을 되풀이하면서 통일한국의 목표와 가치에 맞지 않는 지극히 허구적이고 비현실적인 합의들을 생산해왔다. 그 결과, 약 40여 년간 북한 당국과 대화를 하였음에도 불구하고 무력충돌 방지 등 남북한 관계의 의미 있는 질적 개선이나 북한 체제 변화에 결실을 거두지 못하고 한국 내부의 세대 간, 지역 간 이념갈등을 심화시켜왔다.

북한 체제나 대남정책의 변화는 현재의 수령유일지배체제가 존속하는 한 쉽게 기대되지 않으나, 자유민주주의체제로의 통일이 가까워지고 있는 제반 상황과 통일한국의 목표와 가치를 생각할 때 한국은 통일한국의 목표와 가치를 분명히 하고 통일을 적극 주도하는 방안을 강구하지 않을 수 없다.

그러한 노력의 방향은 북한 체제 전환의 주체가 될 북한 주민을 상대로 그들의 선택의 폭을 넓히도록 하는 경우와 북한 체제의 붕괴로 갑자기 통일이 한국에 닥칠 경우로 대별될 수 있다.[21]

---

19) 박세일, "한반도의 선진화 통일론," 선진통일연합 발기인대회 자료집 「21세기 대한민국의 비전」(2010.11.23) pp.21-28.

20) 이승률, 『초국경 공생사회』(서울: 한우리, 2011), p.232.

21) 이홍구 전 국무총리는 통일로 향한 남북관계 개선을 위한 정책 및 전략개발과 집행은

전자의 경우는 북한 주민들이 독일이 1990년 통일을 이룩할 때 동독 주민처럼 북한체제를 정상국가와 근대국가로 변화시켜서[22] 자유민주주의체제로의 정치통합에 응하도록 하는 대북정책을 추구하는 것이다.

북한 주민의 선택을 높이기 위해서는 한국은 독일이 통일을 이룩할 때처럼 먼저 북한 주민들이 자유민주주주의체제로의 통일을 위협으로 느끼지 않고 수용 가능한 대안으로 받아들이게 해야 한다.

1989년 11월 9일 동서 베를린을 가르는 장벽이 무너진 후 11월 28일 헬무트 콜(Helmut Kohl) 수상은 의회연설에서 4~5년이 소요되는 점진적 통합방안인 「독일과 유럽 분단 극복을 위한 10개항 계획」을 제안하였다. 그러나 1990년 3월 18일 동독 최초이자 마지막으로 실시된 자유총선에서 동독 주민들이 조속 통일을 제시한 정당을 다수 지지함으로써 동년 7월부터 동서독 간에 독일통합조약(Treaty of German Unity)에 관한 협상이 진행되어 8월 31일 서명, 10월 3일 발효됨으로써 분단 독일이 통일되었다.

이 통일 과정을 보면 서독은 집권 정당이 바뀌어도 서독기본법 전문에 의거하여 '통일'보다 '자유'를 더 중요시한다는 점을 분명히 하여 공산화 통일 논의가 대두될 수 없도록 하는 등 일관되게 원칙[23]을 지킨 것을 배경으로 하여 동독 주민의 마음을 움직이게 한 것이 크게 작용하였다.

독일 통일은 실로 마음속으로 오랫동안 동독 체제를 비판·거부하고 서독 민주 사회를 자신들의 지향체제라고 선망해온 동독 주민들이 스스로 체제를

남북한이 20년 전 가동시켰던 「남북기본합의서」 체제를 새로이 발전시키는 것과 북한의 급변사태 및 뜻밖에 찾아올 수 있는 통일의 기회에 대응책을 철저히 준비하는 두 궤도를 분리하여 추진할 것을 제의하였다. 이홍구, "민족공동체통일로 향한 '기회의 창'," 『중앙일보』, 2009.9.14, p.47.

22) 북한이 정상화한다는 것은 세계문명표준인 국제규범을 준수(예컨대, 핵 포기, 국제 간 약속 준수 등)하는 나라로, 그리고 국제평화와 세계발전에 적극 참여하는 것이며, 근대국가화 한다는 것은 개혁·개방을 통하여 산업화를 이루고 정치적·사회적 민주화를 이룩하는 것을 의미한다. 박세일(2010.11.23), p.17.

23) 서독에의 동독 편입 가능성을 열어놓은 기본법 23조의 영토조항과 동독주민을 서독 국민으로 인정하는 기본법 116조를 고수하는 한편, 동독주민의 인권개선 등 인류보편의 가치를 신장하기 위한 노력을 계속한 것도 그러한 예라고 할 수 있다.

바꾼 후 서독체제로의 편입을 결정, 연방에 가입하여 이루어졌다.[24]

따라서 한국은 이제까지 '민족통일'을 명분으로 북한 당국과의 교류·협력에 의한 기능주의적 접근이 북한 체제를 변화, 통일로 이어질 것이라는 막연한 기대에 기초하여 추진한 대북정책을 반성하고 [25] 통일한국이 지향할 가치에서 출발, 새로운 남북한 관계를 정립해 나가는 통일정책을 추진해야 한다.

독일 베를린 자유대학의 박성조 교수가 지적한 바와 같이 한국은 '피가 같으니' 다시 하나가 되어야 하고 또 하나가 될 수 있다는 신기루 같은 민족주의와 남북한 간의 협력은 '자동적으로' 통일로 연결된다는 낙관주의에 기대지 말고 민주주의라는 절대적 가치관을 고수하면서 열심히 시장경제를 발전시켜 나가야 한다.[26]

따라서 한국은 헌법의 핵심 가치(Core Values)이며 건국 후 성장, 번영해 온 이념으로서의 자유민주주의와 시장경제체제를 기반으로 하여 평화·자유·민주·경제적 풍요와 복지를 구가하는 선진 일류국가로의 통일과 세계평화와 인류의 보편적 가치인 인권창달에도 기여하는 것을 보다 분명히 하여야 한다.[27]

---

24) 손기웅, "독일통일의 경험으로 보는 한반도 통일정책의 비전과 과제," 독일통일 20주년 기념 한독심포지엄 「독일통일의 경험과 한반도 통일비전」(2010.9.8), pp.51-53. 염돈재, 『독일통일의 과정과 교훈』(서울: 평화문제연구소, 2010), pp.353-354.

25) 이명박 정부는 집권 하반기에 들어서서야 햇볕정책이 실패하였다고 규정한 백서를 발표하였다. 통일부, 『2010 통일백서』(서울: 통일부, 2010), pp.15-21.

26) 박성조, 『한반도 붕괴: 위기의 남북관계, 그 새로운 전략과 해법』(서울: 랜덤하우스, 2006), p.12.

27) 자유·행복·인권·공영을 위한 인간 중심의 목표·가치 지향의 통일론은 '선진화통일방안'을 주장해온 정낙근, 홍성기, 조영기 등에 의하여 발전되어 박세일에 의해 종합되었다. 상세 내용은 정낙근, "통일정책과 통일방안의 재검토," 사단법인 통일경제연구협회 통일경제정책 워크숍 「김정일 이후 체제: 어떻게 대비해야 하나」(2009.8.28-29), pp.1-17; 홍성기, "선진화통일철학과 통일이념," 한반도선진화재단 "선진화통일정책" 세미나 「이제는 통일이다」(2009.11.5), pp.3-21; 조영기 외, 「미래지향형 통일방안연구—'선진화 방안'의 모색을 중심으로」(서울: 한반도선진화재단, 2009), pp.53-59; 박세일(2010.11.23), pp.32-34를 참조.

한국 정부는 과거 좌파 정부가 「6·15 남북공동선언」 제1항 "우리 민족끼리 통일"이 주한미군 철수가 아니라 민족당사자 해결이며, 제2항 연합제와 연방제 통일 관련 부분은 북한 측의 '고려민주연방공화국 통일' 포기를 전제로 합의하였음을 분명히 하여야 한다.

한국이 인구, 국민소득과 국제위상 등 상대가 되지 않는 북한과 매번 1:1로 대등한 것을 전제로 합의하여 통일을 추진하는 방식을 탈피하여야 한다. 북한은 한국의 16개 광역지자체 중 12위 수준이고 GNP는 약 1/38이고 해외교역은 0.4~5%에 불과하다.

한국 정부는 남북한 상호 신뢰의 기반 위에서 남북한 관계를 새롭게 정립하기 위하여 대북정책의 기조, 남북한 현안해결의 우선순위, 대화 방식 등을 좌파정부와 달리하고 '원칙 있는 대화'를 하여야 한다.

첫째, 북한은 상생공영을 하기 위하여 끝까지 대화를 해야 하는 동족인 동시에 현실적으로는 적대세력이므로 양면을 동시에 대비해야 한다. 일반적 포용과 지원보다 포용과 압박에 의한 결단력으로 북한의 변화를 추진하여야 하며 북한을 견인하면서 때로는 개입하여야 한다.

북한이 더 도발적으로 나오니 과거 대북포용정책으로 돌아가자는 주장을 하는 정당과 국민들이 있다. 대북포용정책은 미봉책에 불과하고 해결책이 되지 않는다. 북한이 도발을 하는데도 대북포용정책의 연장선상에서 지나친 배려나 온정적 차원으로 접근하는 것으로는 북한을 변화시킬 수도 없고 북한 주민들에게 도움이 되지 않고 한국 국민에게 피해를 준다. 응당 한국 정부는 지난 10년 동안 집권하면서 대북포용정책을 추진해온 정부와 차별되는 정책을 펴야 한다.

북한이 합의사항을 위반하였을 경우 위반 사실을 추궁하고, 한국 측에 인적, 물적 피해를 주었을 때는 진상조사, 사과, 배상 청구와 재발방지를 강력히 요구하면서 압박을 가해야 한다. 특히 자국 국민과 군인을 살상한 북한에 대하여는 분노를 표시하고 희생된 가족의 유족에게는 위로하고 명예를 지켜주어야 한다.

둘째, 남북한 간 현안 해결의 우선순위를 조정하여야 한다.

먼저 남북대화와 국제공조체제 강화를 통하여 민족공멸을 초래할 북한 핵무기 폐기에 대한 진정성을 확인하고 이를 실현시켜야 한다. 북한 핵 폐기를 위해서는 북한 핵 폐기 원칙을 견지하면서 세 차례의 핵실험과 미사일 발사 등 북한 측의 각종 위협에 굴하지 않은 의연한 태도와 함께 미국을 중심으로 한 6자회담 참가국은 물론 유엔과의 공조를 강화하고 국제사회의 대북 제재에 적극 동참해 온 것을 계속해야 한다.

한반도의 군사적 긴장완화·평화정착과 함께 비정치 분야의 교류·협력이 병행 추진되도록 노력하여야 한다. 자동차가 앞으로 나아가려면 두 수레바퀴가 동시에 한 방향으로 나아가야 하는 이치와 같이 평화와 경제 협력이라는 두 수레바퀴가 같은 방향으로 나아가야 남북한 관계가 개선될 수 있다.

한반도의 군사적 긴장완화와 평화정착을 위해서는 40여 년 동안 해온 남북한 간의 대화가 최소한의 긴장완화 조치마저 구현하지 못하고 있는 그동안의 남북한 관계의 현실과 경험에 비추어 1975년 이래 발전하고 있는 유럽안보협력기구(OSCE: Organization for Security and Cooperation in Europe)의 포괄적 안보협력(Comprehensive Security) 체제[28]를 벤치마킹

---

28) 유럽안보협력의 주요 내용은 1975년 7월 3일 합의한 헬싱키 최종문서와 1986년 9월 19일 채택한 신뢰안보구축조치에 관한 스톡홀름협정이 있다.

헬싱키 최종문서는 국가 간 주권의 평등과 존중, 무력행위 억제, 국경불가침, 분쟁의 평화적 해결, 기본적 자유와 인권의 존중 등의 국가관계의 10대 원칙, 대규모 군사연습 사전 통보와 감시관 교환, 대규모 군사이동 사전 통보, 군축 등 신뢰구축, 경제·과학·기술·환경 분야의 협력, 인적 교류·문화·교육·스포츠 교류 증대를 통해 55개 회원국들의 공동인식을 제고하여 안정적인 안보환경을 조성하는 내용을 포함하고 있다. 신뢰안보구축조치에 관한 스톡홀름협정은 지상군 1만 3,000명 또는 300대 이상 전차의 훈련과 이동, 3,000명 이상의 상륙활동과 낙하산 공격 훈련, 200회 이상의 공군 출격의 경우 42일 전에 공지, 지상군 1만 7,000명과 5,000명 이상의 상륙활동과 낙하산 공격 훈련이나 이동 시 주최국의 의무와 참관단의 권리, 4만 명 이상은 1년 전에, 7만 명 이상은 2년 전에 통지하지 않을 경우 훈련불가능과 매년 3회까지 지상과 공중에서의 현장조사를 통한 검증을 포함하고 있다. 유럽협력안보체제에 대한 저서 및 자료로는 이인배, 『동북아평화공동체: '협력안보'의 모색』(서울: 한국학술정보(주), 2005); 외교통상부, "OSCE: Organization for Security and Cooperation in Europe"(서울: 외교통상부, 2001); *SIPRI Year Book 1987* (Oxford: Oxford University Press, 1987)를 참조.

하여 대규모 군사훈련 사전 통보와 참관단 교환 등을 통한 신뢰구축조치를 거쳐 군축 순으로 진행되는 협력안보 발전을 추진하여야 한다.

대북포용정책을 견지한 정부가 추진한 남북한 간 경제교류·협력에 '퍼주기' 논란이 제기되었고 대북지원도 북한 주민에게 도움을 주기보다는 북한 체제에 이용되었다는 반응이 있음을 고려하여[29] 새 정부는 북한과의 경제협력은 글로벌 표준과 시장경제원리에 입각하여 추진하여야 하며 북한 주민과의 교류 및 지원은 주민에 다가가고 그들을 각성시킬 수 있는 방식으로 바뀌어야 한다.

민간이 사업주체가 되는 경제 교류·협력은 기업의 1차 목적인 이윤창출을 위해 이제까지의 돈을 쓰는 경협에서 돈을 버는 남북경협으로 눈을 돌려야 하며[30] 투자기업은 수익과 위험 판단을 최우선 고려하여야 한다. 한국 측의 민간 기업들은 북한과 왕래가 용이한 조선족 교포들과 협조하여 북한 경제의 70~80%를 차지하는 '장마당'에의 접근을 추진해야 한다.

북한이 도발을 하면 어떤 대가를 받는지 확실하게 보여줄 필요가 있다. 북한은 2013년 4월 3일 개성공단 통행을 차단, 4월 9일 개성공단 북한 근로자 5만 3,000여 명을 철수시켜 개성공단의 가동이 중단되었다. 박근혜 정부는 개성공단에 있는 국민이 인질이 될 위험이 있어 4월 26일 성명을 발표하고 공단 폐쇄 경우의 피해[31]를 감수하고 입주기업 인력을 전원 귀환시켰다.

---

29) 탈북자들은 지금까지 해온 대북 지원 방식이 북한체제만을 강화하고 있다고 주장하고 있다.

30) 남북한 경제협력과 관련하여 김정호 자유기업원 원장은 북한은 협력대상이 아니라고 하면서 '우리가 준다, 너희들이 잘하면 보살펴 주겠다'는 것을 분명히 하고 개성공단도 일단 철수한 후 제대로 출발하는 게 옳다고 주장하였다. 『미래한국위클리』 제348호(2009.7.22-8.4), p.11.

31) 개성공단 폐쇄의 경우에는 최대 8조 3,000억 원까지 피해 규모가 늘어날 것으로 예상되었다. 개성공단 관련 투자금 2조 3,000억 원의 회수 불가능, 공단 인프라스트럭처 조성에 투입한 금액 3,600억 원, 개성공단 입주기업 투자 6천억~1조 원, 원자재·완제품 손실 5천억 원, 기업의 매출 손실 1조 2천억 원, 협력업체 피해 3조 원 등이다. 실제로 6월 25일 개성공단 입주기업들이 신고한 피해 금액이 현지 투자액, 미반입 재고자산, 원도급 업체에 납품 채무, 하도급 업체에 납품 채무, 개성현지 미수금 등

북한은 지난 6월 7~8일 미국 캘리포니아 휴양도시 랜초미라지의 서니랜즈에서 열리는 오바마·시진핑 미·중 정상회담에 하루 앞서 6월 6일 개성공단 정상화, 금강산 관광 재개와 이산가족 가족, 친척 상봉을 비롯한 인도주의 문제를 협의할 당국 간 회담을 제의해 왔다.

6월 9일 장관급회의 개최를 위한 판문점 실무회담 및 후속협의에서 남북 당국회담을 6월 12일 서울에서 개최키로 합의한 북한 측은 6월 11일 회담 수석대표의 격을 문제 삼아 일방적으로 회담 불참을 통보하여 무산시켰다. 다시 대화가 재개되면 북한 측의 일방적 개성공단 가동 중단 재발 방지책과 세무, 노무, 임금 규정 등의 국제화와 통행·통관·통신 등을 국제공단수준으로 정상화하여 입주기업들의 활동 여건을 보장해 줄 것을 요구해야 한다.[32] 이에 앞서 한국 정부는 개성공단에 진출한 한국 기업의 실태를 정확히 파악하기 위한 전수조사(inventory)를 실시할 것을 권고한다.

금강산 관광이 재개되더라도 북한 측의 민간인 관광객 총격 사건에 사과, 진상조사 및 재발방지를 확약 받고 관광객 신변안전을 위한 구체적 대책을 세운 후 민간 기업이 취급하는 관광으로 정리되어야 한다. 교사와 학생에 대한 남북협력기금의 보조를 중단하고 금강산 등 북한 지역을 여행위험지역으로 선포하여 관광객들이 '자신의 안전은 스스로 지킨다'는 의식을 갖도록 하여야 한다.

'개성공단 및 금강산 지구 출입 및 체류 합의서'의 미비점을 보완하여 신변안전보장을 구체적으로 제도화 하고 조사와 관련한 절차와 규정, 면회 등 기본권을 구체적으로 보장하여야 한다.

모두 1조 566억 원으로 집계되었다고 밝혔다. 정부는 이 가운데 내·외부 증빙자료를 통해 7,067억 원을 확인했다. 그러나 이러한 액수는 개성공단 정상화 비상대책위원회가 추산한 약 2조 4,000억 원과는 금액 차가 커 향후 정부와 업체 간 논란이 예상된다. 『매경』, 2013.6.26, p.A6.

32) 2009년 6월 중순 개성공단에서 전면 철수한 김용구 '스킨넷' 사장은 철수 이유로 본사 파견 직원들의 신변안전, 서울 공장의 35%에 미치는 생산성과 북한 측 근로자에 대한 인사권 부재, 북한 측의 통행제한 조치 이후 바이어의 주문 중단 등을 들었다. 『조선일보』, 2009.6.10, p.A4.

정부와 민간의 대북지원은 2012년 미·북한 간 '2·29 합의'에서 대북영양지원을 모니터할 요원을 대폭 늘리고 모니터 방식을 합의한 것처럼 분배투명성과 합리적 검증[33]과 함께 식량증산, 산림녹화 전수 등 북한 주민들이 고기 잡는 것을 배우도록 방식을 바꾸어야 한다.

천재지변과 자연재해로 어려움을 당하는 북한 주민에게는 결핵, 신종 플루 등 의약품, 우유제품 제공 등 조건 없는 인도적 지원을 하여야 한다. 특히 영유아, 임산부, 노약자 등 취약계층을 우선적으로 지원하며 이를 위해 UN, UNICEF 등 국제사회와의 협력 체제를 강화해 나가야 한다.

이와 같은 교류·협력 및 지원 사업을 통해 한국인들이 북한 주민과 직접 접촉할 수 있는 기회를 넓혀서 북한 주민들이 한국이 매력적인 대안이라는 생각을 갖도록 유도해 나갈 수 있을 것이다.

남북대화의 장에서 이산가족 문제의 해결, 국군포로와 납북자 송환을 강력히 요구하여야 한다. 특히 이산가족 문제와 관련하여 정부는 금강산에서의 상봉 행사보다 국제적으로 확립된 방식대로 ①생사와 주소 확인 및 통보, ②서신 교환, ③상봉과 왕래, ④희망자의 경우 원하는 쪽으로 재결합을 허용하는 근본적 해결을 추진해야 한다. 이산가족상봉 신청자뿐만 아니라 65세 이상 고령 이산가족 70여만 명 전원의 재북 가족에 대한 생사확인 작업부터 즉각 성사시켜야 할 것이다.

이산가족 문제의 근본적 해결과 국군포로와 납북자들의 송환이 지연된다면 최소한 금강산에서 이루어지는 이산가족상봉을 남북한을 동시교환 방문했던 이전 방식으로 환원하여야 한다.

1988년부터 2012년 7월 31일까지 상봉을 신청한 이산가족은 128,716명이었으나 그동안 51,591명이 사망하여 77,125명이 남아 있다.[34] 그중에서

---

33) 2012년 '2·29 합의' 이행과 관련하여 3월 7일 이후 중국 베이징에서 개최된 미국과 북한 간의 '영양지원(nutritional assistance)' 회담에서 미국은 북한에 매달 2만t씩 1년간 지원될 영양지원을 모니터하기 위해 한국어 구사 요원을 70명 선으로 대폭 늘리고 모니터를 희망하는 특정지역의 방문을 24시간 전에 알릴 경우 북한이 받아들여야 한다는 점을 요구해 관철했다.

도 80세 이상이 36,097명이나 된다. 북한이 응하지도 않는, 또 응해도 지금까지의 2~3일간 상봉방식으로는 언제 상봉의 차례가 될지 기약을 할 수 없는 만큼 먼저 이산가족 당사자들이 무엇을 원하는지를 전수조사(全數調査)하여 무엇이든지 이산가족들의 염원을 풀어줄 수 있는 현실적인 길이 있으면 정부가 나서서 적극 지원하여야 할 것이다.35)

그러한 노력의 하나로 한국도 통일 전 서독이 한 것처럼 '금강산 상봉 쇼' 행사에 소요되는 비용이나 대북 경제지원비로 이들을 구출해오는 '독일 정치범 송환 방식(Freikauf: 자유를 산다)'을 은밀히 추진하여야 하는 것이 바람직 하겠다.36)

북한 주민의 자유와 인권향상 문제도 적극 제기하여야 한다. 유엔 무대에서 북한 인권 개선 논의에 적극 참가해야 하며 과거 정부처럼 더 이상 북한 인권 결의안에 기권과 찬성을 오락가락하지 않아야 한다. 독일 통일에서 보듯이 북한 주민의 인권 개선을 위한 노력은 국제적으로 한국의 위상을 높이고 북한의 핵무기를 무력화시키며 북한 주민들에게 용기와 희망을 주고 나아가 통일의 길을 열 것이다.

2012년 11월 5일 대통령선거 운동 기간 중 박근혜 새누리당 대통령 후보는 '신뢰외교와 새로운 한반도' 제하 외교·안보·통일정책의 기조와 과제를 발표하면서 "우리와 더불어 통일 시대를 열어갈 북한 주민들이 겪고 있는 고통을 더 이상 방치해서는 안 된다"고 하면서 인도주의와 인권을 향상시키

---

34) https://reunion.unikorea.go.kr(검색일: 2012.7.31).

35) 송종환, "남북한 인도적 문제 해결 위한 협상 평가와 향후 대책," 대한적십자사·한서대 공동주최 「남북한 간 인도적 문제에 관한 전략 세미나」, 2012.9.21, pp.50-52.

36) 1990년 통일이 되기 전 서독 정부는 이산가족 문제를 공개적인 협상이나 이벤트성 행사보다 동독 정부와의 '조용한 비밀 협상'을 통하여 25만 명의 동독 거주 이산가족과 정치범을 서독으로 합법적으로 이주시켰다. 특히 동독의 반체제 인사의 석방 경우 당시 서독과 동독은 당국이 직접 나서지 않은 채 교회, 변호사 등 민간이 주도하는 사업으로 진행시켰고 언론도 협조해 철저하게 비밀리에 이뤄졌다. 1963년 첫 사업을 시작한 이래 베를린 장벽이 무너지던 1989년까지 이어졌는데, 서독은 3만 3,755명을 송환한 대가로 34억 6,400만 마르크에 해당하는 현물을 동독에 지불했다.

기 위한 북한인권법 제정을 강조하였다.

2004년 제17대 국회 이래 여러 차례 상정되었다가 폐기되었으며 2012년 5월 30일 임기가 개시된 19대 국회에서는 이인제, 황진하, 윤상현, 조명철, 심윤조 의원이 각기 북한인권법안을 국회에 제출하였으나 심의조차 하지 않고 있다. '북한인권법'은 조기에 제정되어야 한다. 북한인권법에 담을 내용으로는 북한지역거주 국민의 현실적 인권 개선, 북한 이탈 주민들의 인권보호와 정착 개선과 북한, 중국 등 관계 당사국을 포함한 국제사회에 협력을 호소하는 것 등이 망라되어야 할 것이다.37)

만일 위에서 제시된 대안들이 남북한 간에 합의되어 구체적으로 이행된다면 남북한은 상호 신뢰하게 되어 평화를 정착하고 교류·지원을 하면서 상호 감사와 보람을 느끼는 선순환 관계로 바꾸어 한반도의 통일에 의미 있는 진전을 보이게 될 것이며 한반도 주변 4강을 포함한 국제사회가 한반도 통일에 보다 협조하는 반응을 보이게 될 것이다.

셋째, 한국은 끝까지 북한과의 대화의 문을 열어놓고 또 여건이 되는대로 북한과 대화를 추진하여야 하나, 북한의 대남 인식과 협상 목표, 북한의 협상관과 협상행태를 제대로 이해한 바탕 위에서 대화하는 방식을 취하고 합의서를 채택할 때도 상대가 공산주의자임을 유념하여야 한다.

북한을 비롯한 공산주의자들은 전쟁이나 프롤레타리아 혁명으로 자본주의 체제를 전복시킬 수 없는 수세적 상황에서 대화라는 수단을 택하고 또 그 상황에서도 전투하는 식으로 대화를 한다. '동포애로 가슴을 열고 북한과 대화를 하면 이루지 못할 것이 없다'는 순진한 생각을 하지 않아야 한다. 독일 통일을 이루는 데 동서독 당국 간의 대화는 보조적 역할에 불과하였다는 경험을 경청하여야 한다.38)

---

37) 송종환, "우리 국회의 북한인권법 제정 지연," 『국제인권보』 제533호(2013.5.15), p.3.

38) 2008년 8월 29일 만난 크레프트(Heinrich Kreft) 독일 기민/기사당 외교정책수석자문관은 1990년 10월 3일 독일 통일을 가능케 한 핵심요소는 소련의 붕괴와 고르바초프에 의해 추진된 소련의 개혁·개방정책이었으며, 동서독 간의 대화는 통일을 구현

전쟁이나 무력충돌보다 대화가 나으나 대화를 위한 대화를 해서는 안 된다. 한국이 북한을 대하는 가장 효과적인 자세는 북한의 위협에 굴복하거나 상대에게 대화를 애원하는 것도 아니고 상대를 압도하는 것도 아니므로 의연하면서도 당당한 자세로 대화에 임해야 한다.

북한은 '협상'을 분쟁의 평화적 해결 수단으로 생각하는 서방권과는 달리 공산화 통일을 위한 또 다른 투쟁 수단으로 간주하여 군사작전식 협상을 하고 의제전투를 하면서 회담 장소도 유리한 곳에서, 타협과 양보를 하지 않는 전사적 협상행태(warrior negotiation behavior)를 취한다. 따라서 한국은 실제 대화과정에서는 도리 없이 의제 전투 등을 하면서 공산주의자들의 협상행태와 같은 방식으로 대처하지 않을 수 없다.

남북한 간 협상 개념이 다르고 또 북한이 한국과의 상생·공영을 원하지 않고 한국과의 대화를 공산화 통일이나 일방적 대북지원을 획득하는 데 이용하는 한 북한과의 대화는 분단 관리와 북한 동향을 파악하는 것으로 만족해야 한다. 한국은 북한이 계속 개혁과 개방의 방향으로 가도록 여건을 조성해 나가기 위하여 북한 측의 실제 수용 가능성에 관계없이 대북 대화 제의를 적극 제기하고 또 대화를 해야 한다. 그러나 임기 내에 성과를 거두려고 조급해 하거나 대통령선거나 총선을 앞두고 정치적으로 대화를 이용하지 않도록 경계하여야 한다.

한국의 지나치게 유연하고 양보하는 자세는 북한 측의 또 다른 요구를 만들어 낼 것이므로 부당한 요구에 대하여는 원칙을 견지하면서 협상 계속에 연연하지 않고 결렬시켜도 좋다는 의사표시를 하는 단호함이 필요하다.

지난 6월 6일 북한 측의 대화 재개 제의처럼 북한은 강경노선을 펼치면서 대화를 거부하다가도 자신을 둘러싼 국내외 정세가 어렵게 변하면 대화로 돌아오는 만큼 한국은 대화의 문을 열어놓고 한동안 기다릴 줄 알아야 한다. 실제로 1971년 8월 남북대화를 개시한 이후 북한은 수차례 대화 중단을 선

하기 위하여 서로의 관계를 개선하고 신뢰를 구축해 나간 보조적 역할을 하였다고 설명하였다.

언하면서 제시한 대화 재개 조건들에 대해 한국 측이 반응을 보이지 않았음에도 그들의 필요에 의하여 제 발로 대화 재개에 응해오는 행태를 보여 왔다.

이명박 정부의 대북정책에 대한 시중의 평가는 대체로 (1) 원칙에 입각하여 일관성 있게 잘 했다. (2) 원칙을 지킨 것은 좋았지만 유연하게 할 수 없었나. (3) 지난 정부보다 성과가 없었다로 크게 나눌 수 있다. 위의 세 번째 평가와 관련하여 이명박 정부의 대북정책을 비판하는 인사들은 흔히들 이명박 정부의 '대북강경정책' 때문에 남북한 관계가 교착되고 성과가 없었다는 주장을 한다.

그러나 이명박 정부는 상생·공영의 남북한 관계 발전 원칙을 일관되게 지켰을 뿐이지 대북강경정책을 취하지 않았다. 오히려 강경과는 달리 지나치게 온건하였다. 2010년 3월 26일 북한의 소행으로 밝혀진 천안함 폭침 이후 안보태세 강화를 거듭 다짐했지만, 그 해 11월 23일 북한이 연평도에 포격을 가했을 때 정부와 군은 응징을 하지 않았고 이로 인해 국민의 신뢰를 잃었다.

2013년 2월 25일 이명박 정부를 계승한 박근혜 정부는 대한민국의 헌법 질서와 체제 가치를 존중하며, 확고한 안보 태세의 유지의 기초 위에서 정치, 군사적 측면에서는 일관되고 단호한 원칙을 견지하되, 남북경협과 인도적 사안에서는 유연성에 방점을 두는 정책을 추진하고 있고 국민 대다수도 이를 지지하고 있다.[39)

남북한 간의 회담 장소도 매우 중요하다. 2000년과 2007년 두 차례나 한국 대통령이 평양을 방문한 만큼 북한 측의 답방 없는 상황에서 다시 평양을 방문하는 것은 아량이 아니라 굴종으로 비칠 우려가 있으므로 하지 않아야 한다. 특히 앞으로 남북한 간에 정상회담을 하더라도 2000년 6월 정상회담 때처럼 북한에 국민 몰래 송금을 하면서 정상회담을 성사시키려고

---

39) 매일경제신문·MBN은 한길리서치에 의뢰해 6월 15일~16일간 박근혜 대통령의 국정 수행과 함께 최근 남북당국회담 무산에 관해 여론조사를 실시했다. 동 여론조사에 따르면 박 대통령의 대북정책 평가는 잘함 65.1%, 잘 못함 23.6%, 잘 모름 11.3%로 나타났다. 『매일경제』, 2013.6.18, p.A5.

하지 않아야 한다. 2009년 11월 이명박 대통령과 김정일 국방위원장 간의 제3차 정상회담 성사를 위한 남북한 양 측의 비밀접촉이 10월 17~19일 싱가포르에서 수차례 있었으나 북한 측이 회담장소나 의제보다 회담분위기 조성을 위한 5억~6억 달러를 요구함에 따라 결렬된 것으로 알려졌다.

이 과정에서 이명박 대통령이 3차 정상회담의 평양 개최에 대한 참모들의 만류에도 "내가 가서 김 위원장을 만나야 핵 문제가 풀린다"며 북한 측 제안을 받아들였다고 한다.[40] 이러한 이대통령의 행동은 북한을 모르는 지나친 과신이라 할 수 있으며 또 실수를 반복하는 오점을 남길 뻔하였다.

향후 정상회담을 하게 된다면 동서독 간에 신뢰가 회복되지 않은 시기인 1970년 3월과 5월 동서독 정상이 회담 보좌 수행원만 대동하고 국경지역 도시인 동독 에르푸르트와 서독 카셀로 열차로 이동하여 환영식과 만찬 등의 행사 없이 실무형 정상회담을 개최한 사례를 참고하여 이번에는 한국 측 지역인 도라산역을 추천한다.

도라산역에서 회담을 개최하면 북한 측이 답방 합의사항을 이행하지 않았다는 비판을 피할 수 있고 북한 측 지역인 개성공단에서의 후속 정상회담도 기대된다. 2002년 2월 부시 대통령 방한 시 김대중 대통령과 같이 연설을 할 정도의 시설이며 북한이 우려하는 경호환경도 서울보다 낫다.

남북 간에 신뢰가 전혀 없으면서 대통령 부인까지 대동하여 평양을 재차 방문하여 환영행사, 오·만찬 행사를 하는 것은 군사적으로 대치관계에 있는 한반도의 현실이나 국제관례에도 맞지 않다. 한국지역인 도라산역에서 정상회담을 갖고 이어서 북한 지역인 개성공단에서 실무형 정상회담을 연속으로 개최할 경우 당장의 성과가 없다 하더라도 남북한 관계를 정상화하는 전기를 마련할 수 있을 것이다.[41]

지난날 남북한 간의 중요 합의서들은 북한 측이 주장하는 통일의 '일반원칙'과 한국 측의 교류·협력과 이산가족 문제 순으로 구성되었다. 도취상태

---

40) 『중앙일보』, 2012.10.26, p.1.
41) 송종환, "도라산서 남북정상회담을," 『동아일보』, 2010.2.24, p.A33.

(euphoria)의 대화 초기의 개막 단계를 지나 합의사항을 실천하는 문제를 논의하는 단계에 이르면 통일의 '일반원칙'에 대하여 쌍방이 희망적으로 본 것이거나 합의를 위하여 모호하게 남겨 두었던 상이한 해석들이 적나라하게 제기되어 대화가 파탄되었다.

합의 조항에 대한 해석이 명확히 일치될 때까지 시간을 갖고 대화를 나누어야 한다. 그렇게 되지 않을 때는 합의서를 채택하지 않는 것이 좋다. 더 이상 북한의 통일정책으로 해석될 듯한 '일반원칙' 조항과 남한의 기능주의적 접근을 병렬한 합의서를 채택하는 것은 지양되어야 한다.

남북한이 합의 용어가 주는 모호성을 알면서도 성과를 내기 위하여 합의한 것은 결코 이행되지 않았다. 이제 더 이상 그러한 일을 반복하지 않아야 한다. 합의서가 발표되자마자 남북이 각기 다르게 해석하고 집행이 되지 않는 것은 남북한 간의 불신만을 초래하고 세상의 웃음거리가 될 것이다.[42]

따라서 앞으로 한국이 북한과 합의문을 채택할 때는 남북한 간의 관계를 민족 내부의 특수 관계로 보되, 서로 해석이 다를 가능성이 있는 '일반원칙'들을 포함하지 않은 1971년 12월 21일 조인된 동서독기본조약(전문, 본문 10개조와 부속문서 18개항으로 구성) 모델을 참고하여야 할 것이다.

협상에 대한 지나친 낙관적 예단, 회담 연속과 합의서 도출 등을 회담 성패의 기준으로 보는 것도 지양되어야 한다. 이러한 태도는 협상 성공에 대한 조급증을 협상 상대방에게 보여줄 뿐이며 상대방으로부터 과도한 보상과 기대를 갖도록 한다. 연방제, 주한미군 철수 문제 등에 대하여 김대중, 노무현 정부가 설명한 것과 같은 희망적, 낙관적 내지 기대성향의 분석은 당연히 피하여야 할 일이다.

이상의 대책들과 대화 방식은 이제까지 한국이 북한 동포들을 생각하지 않고 북한 당국과 대화하여 이행되지도 않을 합의를 하고 이를 정치적 성과로 발표하던 방식에서 탈피하자는 것이다.

---

42) 북한의 협상행태와 남북한 간의 대화에 관한 저서로는 송종환(2007)과 강인덕·송종환 외, 『남북회담: 7·4에서 6·15까지』(서울: 극동문제연구소, 2004)을 참조.

한국이 통일한국에 두는 목표와 가치를 북한 측에 분명히 하면 이것이 북한 동포들에게 희망과 꿈이 되어 '동포의 마음'을 살 수 있게 되고 궁극적으로 북한 체제의 개혁·개방이나 비교적 안정적으로 제3의 세력으로 권력 이동이 일어나는 효과를 거둘 수 있게 될 것이다.[43]

다음으로 한국은 북한의 수령유일지배체제 존립의 어려움이 지평선 위로 부상되고 있는 현실에 비추어 북한 주민에 접근, 북한 체제변화를 통한 점진적·단계적 형태의 통일 추진과 함께 '들이닥치는 통일', '떠안는 통일'로 나타날 가능성에도 대비하여야 한다.

정부 부처와 산하 연구기관과 학계를 비롯한 민간이 머리를 맞대고 북한 급변사태로 예상되는 시나리오별 과제들을 분류하고 이에 대한 정부와 민간의 역할과 대책을 세우는 등 지난 좌파 정권 10년 동안 기피해온 연구를 체계화하면서 빠른 시일 내 북한 체제 붕괴에 대비한 미국 측 연구[44]와의

---

43) 박세일(2010.11.23), pp.18-19.

44) 미 국방부가 2010년 의회에 제출한 '4년 주기 국방검토보고서(QDR)'에서 북한의 체제 붕괴 가능성에 대해 검토하고 있는 것으로 드러났다. 미국의 싱크탱크 전략국제문제연구소(CSIS)의 에린 피츠제럴드와 앤서니 코즈먼이 8월 27일 미 국방부가 마련하고 있는 「2010년 4년 주기 국방검토보고서」 초안을 본 뒤 작성한 44쪽 분량의 평가보고서에 따르면, 미셸 플러노이(Flournoy) 미 국방부 정책담당 차관이 이끄는 QDR 팀은 5개 이슈팀을 구성해 모두 11가지의 시나리오를 검토하고 있는데, 제1 이슈팀에서 검토하는 4가지 시나리오 가운데 북한의 체제 붕괴 가능성이 포함돼 있다. Erin K. Fitzgerald and Anthony H. Cordesman, 「THE 2010 QUADRENNIAL DEFENSE REVIEW A+, F, OR DEAD ON ARRIVAL?」, Arleigh A. Burke Chair in Strategy Working Draft, August 27, 2009(http://csis.org/files/publication/090809_qdrahc_revised.pdf), p.27.
북한 급변사태에 대비한 '개념계획 5029' 입안에 참여했던 미 육군 특수작전사령부(USASOC) 전략팀장인 데이비드 맥스웰(David S. Maxwell) 대령은 2010년 9월 1일(현지시각) 버지니아주 콴티코 해병대 기지에서 열린 세미나에서 김정일 체제가 붕괴할 경우 북한 내부에서 아프가니스탄, 이라크보다 더 극단적인 폭력 저항이 일어날 것이라고 전망했다. 그가 작성한 작계 '5029'에는 북한 급변사태 유형을 핵·미사일·생화학무기 등 대량살상무기(WMD) 유출, 북한 정권교체, 쿠데타 등 내전상황, 북한 내 한국인 인질사태, 대규모 주민 탈북사태 등 5~6가지로 나눠 대응책이 담긴 것으로 알려져 있다. 그가 '개념계획 5029'를 작성할 때 쓴 보고서 「Catastrophic Collapse of North Korea: Implications for the United States military」는 http://blog.

협조 체제를 갖추어야 한다.

북한 급변사태에 대하여 많은 연구를 한 성신여대 김열수 교수는 '북한에서 정치, 경제, 사회적 차원에서 급격한 변화가 생겨 한국 또는 한국을 비롯한 국제사회가 정치/외교, 경제, 군사적으로 개입하는 상황'이라고 정의하였다.[45]

김 교수가 국방대학교 안보연구소 재직 시 2009년 서종표 의원의 의뢰로 수행한 「북한 급변사태와 한국의 대응방향」 연구보고서와 데이비드 맥스웰(David Maxwell)이 입안한 '개념계획 5029'와 '작전계획 5029'[46]에 포함된 유형들이 지금도 유효하게 보인다.

내부적 원인에 의한 내폭(implosion)이든 외부적 원인에 의한 외폭(explosion) 이든 북한 급변사태는 ①반김정은 쿠데타, ②친-반 김정은 세력 간의 무력 투쟁, ③주민폭동과 이에 대한 유혈진압, ④극심한 공급불안으로 인한 전반적 통제 불능, ⑤대량난민 발생, ⑥무력도발, ⑦ WMD의 유출 및 통제 불능으로 나타날 가능성이 크다.

2010년 9월 1일 버지니아주 콴디코 해병기지에서 열린 세미나에서 미 육군특수작전사령부 전략팀장인 데이비드 맥스웰(David Maxwell)은 이명박 정부 들어 '개념계획'에서 작전계획으로 발전시킨 '작전계획 5029'에는 북한 급변사태 유형으로 ①핵·미사일·생화학 무기 WMD 유출, ②북한 정권 교체, ③쿠데타 등 내전상황, ④북한 내 한국인 인질사태, ⑤대규모 탈출 사태

---

chosun.com/lsh09에서 검색할 수 있다.

45) 김열수, 서종표 국회의원 연구 용역 보고서, 「북한급변사태와 한국의 대응방향」(2009. 9.14), p.10.

46) 티머시 키팅(Keating) 미태평양 사령관과 마이클 나트(Nacht) 미 국방부 세계전략문제담당관은 각기 2009년 7월 22일과 7월 15일 김정일 사후 급변사태에 대한 대책을 언급하였는데, 이는 김대중 정부 시절인 1999년부터 북한 급변사태에 대한 대비책을 논의하기 시작하여 만든 '개념계획(CONPLAN) 5029'에 대한 구체적 검토를 시사하는 것이다. 실제로 이명박 정부 출범 첫해인 2008년 여름 북한 김정일이 뇌졸중으로 쓰러지자 5029를 언제든 실행 가능한 작전 계획으로 바꿔야 한다는 미국 측 요구가 받아들여져 1년여의 협의 끝에 作計(작계) 5029가 완성된 것으로 알려졌다. 2010년 9월 3일 데이비드 맥스웰 미 육군특수작전사령부 전략팀장은 자신이 '개념계획 5029' 입안에 관여하였으며 이명박 정부 들어 '작전계획 5029'로 발전되었다고 언급하였다.

등으로 나누어 대응책이 담겨져 있다고 말하였다.[47]

김태우 박사가 2008년 국방연구원 재직 시 예상되는 북한체제의 시나리오로 10가지 가능성을 제시하면서 북한 급변사태가 발생할 경우 중국의 군사개입을 주장한 이래[48] 특히 중국이 G2 국가로 부상하고 북한과의 교역과 투자가 증가됨에 따라 최근 이 분야에 대한 연구가 빈번해지고 있다.

대표적 사례로 2011년 10월 26일 작성되었으나 발표되지 않은 연세대 한석희 교수의 '북한 급변사태와 중국'이라는 논문이 있다. 한 교수는 이 논문에서 중국이 이제까지 북한의 급변사태를 미연에 방지하기 위하여 경제적으로 북한을 지원해 왔으나 북한급변 사태 발발 시에 대비하여 군사적 개입의 구체적 행동수칙까지 명확히 한 인터넷 문건을 소개하고 있다.

"中朝立即做出震惊世界的行动: 应对半岛有事(한반도 유사사태 대응)" 제목으로 인터넷 문건 형식으로 나도는 이 문서[49]는 중국과 북한 사이에 "半岛和平联合快速反应机制(한반도평화 연합신속 대응시스템)"이라는 새로운 안보협력 시스템을 구축해야 한다고 주장하고 있다.

따라서 북한 급변사태로 예상되는 과제들로서는 북한 붕괴의 시나리오별 대책, 북한 급변사태 시 예상되는 중국의 정치적·경제적·군사적 개입, 북한 지역으로부터 500만 명 이상의 난민 유입,[50] 남북한 군사 충돌,[51] 북

---

47) http://www.yonhapnews.co.kr(2010.9.3).

48) 김태우, "북한 권력체제 변화와 한국의 역할: 국제관리 가능한가," 「북한의 붕괴에 어떻게 대처할 것인가」, (사)시대정신 북한위원회 1차 세미나(2008.10.14) 자료집 pp.25-31.

49) http://military.china.com/critical3/27/20101203/16277137.html. 이 문건은 중국의 공식적인 입장을 반영한다고 볼 수는 없으나 북한에 대한 중국의 입장을 반영하는 문건이나 자료가 거의 없는 상황에서 이러한 문건이 china.com에 공개되고 있다는 것은 나름대로 의미가 있다고 볼 수 있다.

50) 중국의 정치적·경제적·군사적 개입과 예상되는 난민 유입에 대한 최근 연구로는 정천구, "북한의 급변사태와 대중외교전략," 『통일전략』 제8권 제1호(2009.4.30), pp. 125-164를 참조.

51) 배진수 박사는 독일과 같은 분단국의 군사통합, 6·25 동란 시 북한 점령지 군정사례, 유엔 평화유지군 사례에 비추어 북한 급변 사태 시 붕괴기에는 군기강 와해, 점령 개시기에는 군대 간 명령계통 혼란, 통합준비기에는 군사적 반발가능성이 있다고 진단하

한 지역에 남아 있는 대량살상무기의 확산,[52] 북한 주민의 대량기아와 이러한 요소들이 복합적으로 작용하여 조성될 국내 정치·경제의 불안, 이웃 중국, 러시아와의 관계 정립, 북한 붕괴 관련 작계 5029의 구체화 등 한미공조와 북한지역 재건 방향과 관리방안,[53] 막대한 액수의 통일비용 부담과 동비용의 국제적 조달문제 등을 생각할 수 있다.

북한이탈주민은 한국이 통일 한국을 잘 건설할지를 시험하는 리트머스 시험지임과 동시에 선물이고 전령이기에 더욱 이들에 대한 보호와 대책을 점검하고 보완, 개선하는 것이 필요하다.[54] 왜냐하면 생명을 걸고 두만강과 압록강을 건너서 중국, 몽골, 동남아 밀림을 거쳐 한국에 온 북한이탈주민을

고 이에 대한 대책으로 통합대비단 설치, 군정기구 설치 등을 제안하였다. 배진수, 『북한 통일 남북관계 예측: 측정지표 및 예측 평가』(서울: 지샘, 2006), pp.251-264.

52) 월터 샤프(Walter L. Sharp) 주한미군사령관은 2010년 3월 11일 용산 한미연합사령부에서 있은 내외신 기자회견에서 북한의 대량살상무기(WMD)는 "한미 양국의 공동 책임이라고 생각하며 WMD의 위치 파악과 확보, 제거와 관련해 양국이 긴밀히 협조하며 대응해갈 것"이라고 말하고 유사 시 핵무기와 생화학무기, 중장거리 탄도미사일 등 북한의 WMD를 제거하기 위한 전담부대를 운용하고 있으며, 현재 실시 중인 한미연합 키리졸브(Key Resolve) 연습에도 이 부대가 참가해 훈련을 하고 있다고 밝혔다. *The Korea Times*, March 12, 2010.

53) 미국외교관계협의회는 북한에 급변사태가 발생할 경우, 6~8개의 핵무기를 만들 수 있는 핵 물질, 4,000t의 화생방 무기, 탄도탄 미사일 프로그램에 대한 즉각적인 관리가 최우선 과제가 될 것으로 전망했다. 한편 미 국방과학원은 북한 붕괴 뒤 저항운동이 전개되면 북한에 이라크 주둔 미군 병력의 3배 규모인 최대 46만 명의 한·미 치안 유지 병력이 필요할 것으로 본다고 이 보고서는 밝혔다. 『조선일보』, 2009.1.29, p.A2.
북한 붕괴 대책에 대한 이동복, 김태우, 안병직 등의 발표와 최주활, 손광주, 박성조의 토론은 사단법인 시대정신 「북한의 붕괴에 어떻게 대처할 것인가」, (사)시대정신 북한위원회 1차 세미나(2008.10.14) 자료집을 참고.

54) 탈북자가 미래의 통일에 미치는 의의에 대하여 유우 변호사(한반도 평화연구원 연구위원)는 "탈북자는 통일이라는 먼 지평에서 보면 통일을 준비하라는 뜻의 준비이자 우리의 준비 정도를 알 수 있는 리트머스 시험지," 윤상석 무지개청소년센터 사업1팀장은 "탈북자는 우리가 나머지 99. 95%의 북한 동포들과 전면적으로 만나기 전에 미리 준비하고 점검할 수 있도록 알려주는 '먼저 온 미래'," 안드레이 란코프는 "북한 재건을 이끌어 갈 수 있는 새로운 엘리트," 오혜정 한국천주교주교회의 수녀는 "남과 북을 이어주는 다리이나 한국 사회의 약자 계층"이라고 평가하였다.

잘 보호, 정착시키면 한국 안에서 소통일이 이루어지고 장차 이들의 입소문을 통하여 북한과의 대통일을 이룩할 수 있는 길이 열릴 것이다. 이들의 보호와 정착 여부는 한국이 통일을 주도할 의지와 능력이 있는지를 확인하는 것이 될 것이다.

첫째, 북한을 이탈한 북한 주민들이 중국 등에서 북한으로 강제 송환되지 않도록 국제난민 자격 부여를 위한 외교 노력을 강화해야 한다.

둘째, 2013년 3월 현재 한국에 입국하여 정착한 24,934명(남 7,663명, 여 17,271명으로 여성이 69%를 차지)[55]이나 되는 탈북자의 적응교육, 지원 확대 및 통일선봉대와 자유민주주의 선교사로 양성하는 방안을 체계적으로 강구해나가는 것도 필요하다.

북한이탈주민지원재단이 2013년 2월 14일 이탈주민 9천493명(19세 이상 성인, 남성 2천419명·여성 7천74명)에 대한 '2012년 생활실태조사' 결과를 발표한 바에 의하면, 경제활동 가능인구에서 취업자가 차지하는 비율인 고용률은 50.0%로 전체 국민 평균인 59.7%보다 9.7% 포인트 낮았고, 실업률은 7.5%로 전체국민(2.8%)보다 4.7% 포인트 높아서 열악하였다.

탈북자가 일단 한국에 들어오면 자유민주주의와 시장경제체제에 적응, 정착할 수 있도록 교육시키고 살 곳과 직업을 마련해주는 일에 정부와 국민이 적극성을 보여야 한다.

2009년 8월 17일 국회에서 있었던 국내외 북한이탈 주민의 보호 및 정착 지원을 위한 재정확충 방안 모색 정책토론회에서는 남북협력기금을 민족공동체회복기금[56]으로 명칭과 목적을 변경하자는 제의가 있었으며, 입국 후 탈북자의 보호, 교육 및 직업 알선 업무 관련성과 동 문제가 북한에 미치는

---

55) http://www.unikorea.go.kr(검색일: 2013.6.22).

56) 국회차원의 탈북자 대책으로는 한나라당 김충환 의원과 민주당 송민순 의원이 2008년 12월 26일 주최한 '북한이탈주민 정착지원제도 개선방안 — 직업교육을 중심으로' 제하의 법안 통과와 세미나 자료집과 김충환 의원이 2009년 8월 17일 주최한 국내외 북한이탈주민의 보호 및 정착지원을 위한 재정확충 방안의 모색 정책토론회 자료집을 참조.

민감성을 고려하여 현재 8개 부처로 나누어진 업무를 종합적으로 조정하는 부처로 행정안전부가 타당하다는 의견이 제시되고 무엇보다 탈북자의 일자리 마련이 가장 시급하다는 의견이 제시되었다.

탈북자에 대한 취업교육 연장과 그들의 자질에 따라 서산 농장에서 농업 영위, 삼성전자 등 대기업에서의 인턴을 거쳐 정규직으로 채용, 교회·사찰 등 종교 단체와의 1:1 결연 사업을 추진하는 것도 필요하다. 그들이 북한에 남아 있는 가족과 여러 경로로 연락을 취하고 있음에 한국이 그들을 선하게 대하는 본을 보일 때 통일은 보다 가까워질 것으로 보인다.

탈북자는 한국이 북한체제를 변화시키는 과정에 직·간접적으로 좋은 영향을 미칠 수 있고 또 북한 급변사태가 발생할 경우 직접 참여하게 될 것이다. 북한 급변사태와 탈북자 문제에 대한 연구와 구체적 대책 수립을 위해 정부 내 컨트롤타워가 지정, 임명되고 정부의 관련 부처 산하 연구소들과 민간업체의 연구소들이 분야를 나누어 유기적으로 공동 연구를 하는 체제를 갖추는 것이 시급하다.

정부 내 컨트롤타워는 일상적 현안문제에 쫓기지 않는 전문가가 새로이 임명되어야 할 것이며, 정부 부처와 민간 연구소들이 예상되는 과제에 대한 공동연구를 연차적으로 계속해가도록 예산 배정과 함께 팀 구성을 뒷받침하는 조치가 시급하다.

2. 종북·친북 세력 확산 막고 한국 국민 합심하기

통일과 북한을 보는 한국 국민들의 분열이 심각해지고 있다. 그 핵심에는 좌파정권의 대북포용정책에 편승하여 북한의 선전 선동에 따라 한국이 지켜온 정통성과 역사성을 부정하고 훼손하는 종북·친북 세력들이 있다.

종북·친북 좌파들을 척결하지 않고서는 국가안보는커녕 자유민주주의체제로의 발전과 통일을 기약할 수 없다. 안보수사기관들은 친북·종북 좌파 단체들이 북한과 연계하여 북한을 찬양하고 국가 안보를 해치는 활동을 하고 있는 것을 철저히 감시, 색출, 척결하는 활동을 강화하고 법원도 반국가 단체 해산을 적극 추진하여야 한다. 아울러 국민들도 친북·종북 좌파들의 발언과 활동을 더 이상 묵과하지 않고 비판, 견제하는 범국민적 운동에 적극 참가하여야 한다.

아울러 정부가 시급히 하여야 하는 일은 과거 좌파 정부와는 달리 「6·15 선언」과 「10·4 선언」 제1항 "우리 민족끼리 통일"이 주한미군 철수가 아니라 민족당사자 해결이며, 제2항 연합제와 연방제 통일 관련 부분은 북한 측의 '고려민주연방공화국 통일' 포기를 전제로 합의하였음을 분명히 하여야 한다.[57]

따라서 대통령을 비롯한 한국 당국자들이 「6·15 공동선언」과 「10·4 선언」을 언급할 때 그 언급이 「6·15 공동선언」과 「10·4 선언」에 대한 북한식 해석인 '주한미군 철수, 국가보안법 철폐와 연방제 통일 동의'로 해석되지 않도록 분명히 밝혀야 한다. 이들 선언에 대한 입장을 분명히 해두지 않으면 한국 정부가 마치 북한의 대남공산화 전략과 통일정책인 '자주(주한미군 철수), 민주(공산당 활동을 자유화를 위한 국가보안법 철폐), 통일(북한식 연방제 통일)'에 동의한 것으로 보고 북한은 그 이행을 요구하고 한국 사회 내에 있는 종북 및 친북세력들은 이러한 해석에 따라 친북활동을 할 것이기 때문이다.

국민을 단합시키려면 절대빈곤층과 그보다 조금 나은 상대적 빈곤층이 전체 인구의 25%가 되고, 상위 1%의 소득이 전체 소득의 16.6%가 될 정도

---

57) 김대중 대통령은 2000년 6월 15일 평양에서 귀환한 후 국무회의에서 「6·15 선언」 1항이 남북한 당사자 해결, 2항은 북한의 김일성 제의 연방제 포기로 해석한다고 설명하였으나 이후 북한을 자극하여 대북포용정책 추진이 어려울 것으로 우려하여 같은 주장을 하지 않았다. 노무현 정부는 재임 중 한미연합사 해체, 국가보안법 폐기를 추진하여 북한 측 해석에 동조하는 인상을 주어 남남 갈등이 증폭되었다. 북한이 주장하는 대로 「6·15 선언」을 해석하면 동 선언은 북한의 대남공산화 전략과 통일정책을 문서화한 것이 되며 「10·4 선언」은 이를 실천하기 위한 강령이 된다. 상세 설명은 송종환, "「6·15 남북공동선언」과 「10·4 선언」의 올바른 이해," 2009 대진대학교 통일대학원 학술발표회 「남북관계: 어떻게 개선할 것인가」(2009.6.15), pp.51-57을 참조.

로 부가 편중되어 있는 '한국식 경제 풍요,' 지역·계층·세대 간 대립과 갈등
을 야기하고 있는 후진적 성향의 정치제도를 개혁하고, 국민 모두가 일자리
를 갖고 복지를 누리면서 잘 살도록 경제를 발전시키며 사회 분야의 각종
제도를 과감하게 선진제도로 쇄신하는 것이 시급하다.[58]

먼저 지금의 경제위기를 시급히 벗어나야 한다. 한국 정부가 직접적인
상환의무를 부담하는 확정채무인 국가채무는 2012년 445조 2천억 원, 2013
년 464조 6천억 원, 2014년 470조 6천억 원, 2015년 481조 2천억 원, 2016
년 487조 5천억 원으로 전망되고 있다.[59]

한국의 GDP 대비 국가채무비율은 2013년 36.1%에서 지속적으로 증가
해 오는 2016년에는 38.4%까지 높아질 수 있지만, OECD 평균 102.9%[60]
에 비하면 '명품계정'이라고 할 수 있다. 그러나 2012년 말 현재 공기업을
포함한 공공기관 부채가 493.4조 원이나 되어 범국가 채무가 1,000조에 육
박함에 따라 국내총생산(GDP) 대비 '범국가 채무' 비중이 70%에 육박하고
있다.

가계부채 증가는 더 심각하다. 가계부채가 저소득층과 고령층 등 취약가
계를 중심으로 급속도로 증가하여 2012년 12월 말 현재 총 가계부채가 963
조 8,000억 원에 달하게 되었다.[61] 가계의 채무부담 증가 → 내수위축 →소
득축소 → 채무부담 증가의 악순환이 반복되면서 실무경제가 위축되고 외부
충격에 취약해질 가능성이 있어 우려된다.[62]

---

58) 한국의 선진화 과제에 대한 상세는 박세일, 『대한민국 선진화 전략』(서울: 21세기북
스, 2006), pp.177-383과 박세일, 『대한민국 국가 전략』(서울: 21세기북스, 2008),
pp.215-275을 참조.

59) http://www.index.go.kr(검색일: 2013.6.20).

60) 일본(205.3%), 그리스(175.2%), 이탈리아(119.8%)뿐만 아니라, 미국(102.2%), 영국
(99.9%), 독일(86.4%)에 비해서도 낮은 수치다. 스웨덴(49.2%), 스위스(40.2%), 노
르웨이(33.8%) 등과 비슷한 수준으로서, OECD 국가 전체 평균이 102.9%임을 감안
하면 경제규모 대비 일반 정부 부채 규모는 많지 않아 보인다.

61) http://ecos.bok.or.kr(검색일: 2013.6.20).

62) 한국은행, 「금융안정보고서」(2012.4.19), pp.41-49. '외환위기 해결사'로 불리는 이
현재 전 경제부총리는 "과거 외환위기는 기업발 위기라 해법이 간단한 반면 현재의

　공무원과 정치인의 부패정도를 나타내는 부패인식지수(CPI: Corruption Perception Index)도 연속 하락하고 있다. 국제투명성기구가 2012년 12월 5일 발표한 '2012년 부패인식지수'에 따르면 10점 만점에 5.6점을 기록해 174개국 중 45위를 차지했다.[63]

　한국은 2005년 부패인식지수가 5점대에 처음으로 진입, 2008년 5.6점으로 정점을 찍은 후 2009년부터 해마다 0.1점씩 하락하고 있고 경제개발협력기구(OECD) 34개국 중 27위로 경제력에 비해 청렴도가 낮아지고 있다. 경제규모 세계 15위, 무역규모 세계 8위라는 자랑이 부끄럽다. 부패를 청산하지 않고는 선진국은커녕 통일주도도 생각할 수 없다.

　2010년 9월 16일 한반도선진화재단(이사장 박세일)이 주최한 '대한민국 어디까지 왔나'란 주제의 심포지엄에서 한국의 국가선진화지수 종합순위는 경제협력기구(OECD) 30개국을 포함한 세계 주요 40개국 중 31위로 지난해 비해 한 단계 상승했다는 결과가 발표되었다. 그럼에도 불구하고 아시아 국가 중에서는 홍콩(18위), 일본(21위), 싱가포르(22위), 대만(30위)이 한국을 앞서고 말레이시아(37위), 중국(39위), 태국(40위)이 한국보다 못하였다. 분야별로 보면 경제(19위), 사회(27위), 문화(28위)이나 정치(32위), 국제화(35위)는 낮은 편이라는 분석이었다.[64]

　한국은 1인당 국민총소득을 3만 달러 이상으로 높이고 공정한 상향식 공

위기는 가계부채가 원인이기 때문에 해결이 아주 어렵다. 지금이라도 단기위주인 주택담보대출을 중장기로 바꿔주는 대책에 주력해야 한다"고 말하였다. 『중앙일보』, 2012.4.10, p.2.

63) http://cpi.transparency.org/cpi2012(검색일: 2012.12.5).

64) 상세 내용은 한반도선진화재단, 『대한민국 어디까지 왔나 ─ 통일과 국민의식 조사 및 2010 국가선진화지수 발표·심포지엄』, 한반도선진화재단 창립4주년기념 심포지엄 자료집(2010.9.16), pp.55-56을 참조. 한반도선진화재단의 경제적 선진화는 높은 국민소득과 소득 분배가 고르게 이루어지며, 정치적 선진화는 민주화와 자유화가 결합된 자유민주주의를 달성한 것이며, 사회적 선진화는 법질서가 잘 유지되고 삶의 질이 보장되며, 문화적 선진화는 다문화가 공생하고 새로운 글로벌 문화를 창조하며, 국제적 선진화는 인류의 발전 및 문제해결을 위해 참여하고 공헌하며, 전반적 지수는 경제·정치·사회·문화·국제적 측면을 종합한 것이다.

천 제도화로 자유민주주의 발전, 법질서 확립과 부패척결, 규제완화, 국제참여 확대를 꾸준히 하여 국가선진화지수 종합순위가 최소 15위 정도로 올라가도록 노력을 하여야 할 것이다.

지금처럼 젊은이들이 일자리 확보에 어려움을 겪고 총선과 대선을 앞두고 재정건전성을 우려할 정도로 정당 간 인기에만 영합하는 복지 경쟁이 벌어질 경우 한국 사회는 국민 간 분열로 경제 발전에 치명타를 입을 가능성이 있다.

1989년 11월 9일 베를린 장벽 붕괴 후 동독인들이 독일 연방 가입에 주저하지 않았던 것은 서독을 방문하거나 TV 시청을 통하여 보고 들은 동서독 경제 격차와 함께 서독 사회의 건강성에 대한 신뢰와 동경 때문이다.

만일 한국의 정치, 경제, 사회 체제가 전반적으로 더 선진화되면 북한 주민들은 보다 한국을 선망하고 한국과의 통일에 마음을 열게 될 것으로 기대된다.

3. 주변국 안심 유도

한국은 1989년 11월 9일 베를린 장벽 붕괴 이후 국제환경 변화기에 서독이 영국, 프랑스의 독일 통일 반대를 무릅쓰고 미국의 지원을 받아 적극적 외교로 통일 분위기를 조성해간 독일로부터 교훈을 찾아야 한다.[65]

독일은 처음부터 명백한 통일 지지를 보여준 미국과 1990년 2월 24일과 5월 17일 정상회담을 개최하고, 소련과 동년 7월 16일 코커서스 정상회담을

---

65) 독일 통일의 과정에 관한 자료와 주요 저서로는 주독대사관, 『동서독 교류협력 사례집』(1993.10); 이영기, 『20년 전 베를린 장벽은 어떻게 무너졌는가』(서울: 도서출판 강남, 2009); 염돈재, 『올바른 통일준비를 위한 독일통일의 과정과 교훈』(서울: 평화문제연구소, 2010); Phlip Zelikow·Condoleezza Rice, *Germany Unified and Europe Transformed: A Study in Statecraft*(Cambridge, Massachusetts: Harvard University Press, 1996)을 참조.

통하여 30억 마르크의 긴급원조를 약속하고 1994년 말까지 동독 주둔 소련 군 34만 명(22개 사단 규모)의 철수, 정착 및 직업훈련 비용 127억 5천만 마르크를 지원하면서 독일 통일의 양해를 확보하였다.

물론 서독 콜 총리는 동년 3월 29일~30일 영국을 방문하여 대처 총리와, 6월 22일 미테랑 대통령과 독일통일을 위한 정상회담을 가졌다. 서독이 정상회담들을 적극적으로 추진한 것과 병행하여 독일통일을 마무리짓기 위해 동년 5월 5일~9월 12일까지 네 차례에 걸쳐 동서독과 미·영·불·소 4개국이 참가하는 2+4회담을 개최하여 '독일문제의 최종해결에 관한 조약'을 조인하였다.

한국은 통일을 먼저 성취한 서독을 본받아 미국과의 군사동맹을 기축으로 안보를 튼튼히 하면서,66) 미국, 중국, 일본, 러시아 등 주변 국가와의 양자 외교와 다자 차원의 외교 활동을 일층 강화하여 북한의 핵무기 등 대량살상무기 개발과 대남 군사적 도발을 억지하고 한국주도 통일에 대한 우호적인 분위기를 조성해 나가야 한다.67)

주변국에 대한 통일외교의 첫 번째 과제는 한국 주도의 통일이 제3장 III에서 논술한 바와 같이 주변국에 해가 되지 않고 지정학적으로 득이 됨을 꾸준히 설명하고 토론하여 그러한 여론을 폭넓게 조성해 나가는 것이다.

이 과제는 한반도 주변국인 미·중·일·러, 아세안 국가, 호주, 유럽 국가 등 모든 관련 국가의 정부뿐만 아니라 민간의 다양한 행위자들이 쌍방향 소통을 구축하는 맞춤형 공공외교로 수행될 수 있을 것이다.68)

---

66) 박근혜 대통령은 2013년 5월 5일부터 9일까지 '신뢰에 기초한 한·미 동맹의 미래 설계'를 목적으로 미국을 방문하여 발표한 「한·미동맹 60 주년 기념 공동선언」에서 "우리는 한·미 동맹이 아시아·태평양 지역 평화와 안정의 핵심축(linchpin)으로 기능하고, 21세기 새로운 안보 도전에 대응할 수 있도록 동맹을 계속 강화시키고 정해 나갈 것"이라고 발표하였다.

67) 북한의 핵무기 개발 억지를 위한 양자 차원의 외교는 2013년 5월 5일~9일까지의 한미정상회담과 6월 27일~30일까지의 한중정상회담(북한 핵 불용 원칙 재확인을 포함한 「한·중 미래비전 공동성명」을 채택)을 들 수 있으며, 다자차원의 외교는 7월 2일 6자회담 참가국 미, 일, 중, 러, 남북한을 포함한 27개국이 브루나이에서 참가하여 개최한 아세안지역안보포럼(ARF)을 들 수 있다.

아울러 한국은 핵 실험을 계속하고 핵 보유를 법제화한 북한 때문에 고심하고 있는 중국에 대하여 북한의 군사도발이 동북아는 물론 세계 평화와 중국의 번영에 부담이 될 것이라는 메시지를 계속 전달해야 한다. 또한 중국에게 북한을 잃고 싶지 않은 '골목대장'이나 식탁에서 숟가락으로 달가닥거리는 아이를 보는 부모의 자세나 북한과의 의리보다 미국과 함께 지금의 정치, 경제력에 상응한 G2 국가로서 세계 평화와 국제협력을 위해 리더십을 발휘해 줄 것을 촉구해야 한다.

한국은 중국이 한국 주도 통일을 거부하지 못할 명분을 축적해 나가야 한다. 이를 위해 한국은 현재 벌어지고 있는 중국과의 무역과 인적 왕래를 들어 통일한국이 중국에 유리함을 적극적으로 설득할 수 있을 것이다.[69]

한미 양국은 전략적 협의를 거쳐 통일한반도 내 미군 주둔과 일본과의 긴밀 관계 유지를 합의한 연후에, 중국의 안보적 불안을 고려하여 "한반도 통일이 안정된 후 미군을 현 휴전선 이북 북한 지역에 주둔하지 않고 철수할 것"도 중국에 약속할 수 있을 것이다.[70]

---

68) 하영선 편, 『2020 한국 외교 10대 과제: 복합과 공진』(서울: EAI, 2013), p.10.

69) 양국 간 교역액은 1992년 63.8억 불에서 2012년 2,151.1억 불로 34배 증대(중국은 한국의 제1위 교역대상국, 한국은 중국의 제3위 교역대상국)되어 한·일(1,032억 불) + 한·미(1,019억 불)을 합한 수치를 상회하며 한국의 대중국 투자액은 2012년 누계 566.9억 불 기록(미국 다음으로 2위)하고 있으며 2012년 5월 한·중 FTA 협상 개시 등 경제 협력의 질적 수준 심화도 예상되고 있다. 양국 간 인적교류는 1992년 13만 명에서 2012년 689만 명(방중: 406만 명/방한: 283만 명) 으로 53배 증가, 양국 내 韓流와 漢風 등 문화교류도 활성화되고 있고 한국 내 중국 유학생 6만 5천여 명, 중국 내 한국 유학생 6만 2천여 명에 이르고 있다. 한·중 간 항공편도 주(週) 837편으로 한국과 미국, 한국과 캐나다 항공편 800편을 합친 것보다 많다. 2013년 6월 27일부터 30일까지 박근혜 대통령이 중국을 방문하여 가질 시진핑 국가주석과의 한·중정상회담을 계기로 한국 정부는 2015년까지 1,000만 명으로 늘린다는 계획이다. 『매경』, 2013.6.26, A4. 2013년 1월부터 4월까지의 관세청 통관기준 수출입도 한·중 간은 729억 달러로 한·미 간 255억 달러와 한·일 간 413억 달러를 합친 668억 달러보다 많다. http://ecos.bok.or.kr(검색일: 2013.6.19).

70) 브루킹스연구소의 마이클 오핸런(O'Hanlon)은 2010년 6월 24일 "A New North Korea Strategy," 제하 보고서에서 미국은 북한이 붕괴되었을 때 미군은 한반도 안정과 북한 핵 확산 방지를 위한 목적으로 일시적으로 북한지역으로 진주하는 것 이외에

또한 중국 측이 통일 후 다수 북한 주민들이 한·만 국경을 넘어 만주 등 중국지역으로 탈출할 것을 우려하는 것을 고려하여 한국은 "유엔과 주변국의 지원을 받아 중국지역으로 탈북할 북한주민이나 북한 내에 계속 거주할 주민들의 부양"을 책임질 것도 약속할 수 있을 것이다.

이러한 한국의 약속, 설득과 촉구는 시진핑(習近平) 등 중국의 제5세대 지도부가 받아들일 가능성이 크므로 한국을 배제한 채 미국과 중국 간에 한반도 문제가 구체적으로 논의되기 이전에 한국은 미국과 중국을 상대로 전략적 협의를 강화해 나가야 할 것이다.

다만 국제사회의 주목을 받고 있는 중국의 탈북자 강제송환 건에 대하여는 "생명이나 자유가 위협받을 우려가 있는 영역의 국경으로 추방하거나 송환하여서는 아니된다(non-refoulement)"고 규정한 '난민의 지위에 관한 협약' 제 33조 1항에 입각하여 중국 등에서 북한으로의 강제 송환을 반대하는 한국 입장을 분명히 하고 이들에 대한 국제난민 자격 부여를 위해 우방국, 국제기구, 각종 인권단체와의 협력하여 가능한 방도를 다하여 그들이 자유의사에 따라 한국에 올 수 있도록 하는 외교 노력을 강화해야 한다.[71]

북한체제 붕괴로 반드시 올 통일에 대비하여 한국은 스스로 강해지는 것을 도모하면서 한반도 통일에 유리한 분위기를 조성하기 위해 주변 4강을

는 휴전선을 넘지 않을 것이며 또 그러한 맥락에서 한반도가 안정이 되면 미군을 한반도에서 철수시킬 준비가 되어 있음을 중국 측에 약속하자는 의견을 제시하였다. 상세 내용은 http://www.Brookings.edu/opinions/2009/0624_north_korea_ohanlon. aspx를 참조.

중국을 입장을 고려하여 통일한반도에서 미국군을 철수하자는 상기 오핸런의 주장은 미국이 한반도에 두는 전통적인 이해관계를 고려하지 않은 것이다. 상기 제안은 국제관계와 한반도에 대한 미국과 중국의 이해 관계를 모두 고려한 것이다.

71) 1997년 황장엽 전 북한 노동당 비서가 망명했을 때 중국 정부는 북한의 협박과 간곡한 요구에도 그를 북송하지 않고 한국으로 보냈다. 중국이 태도를 바꾸어 탈북자를 송환하게 된 것은 1990년대 후반 수십만 명의 북한 주민들이 생활고로 중국 연변지역으로 몰렸을 때 김대중 정부가 중국 측이 타진한 탈북자 수용 의사에 별다른 반응을 보이지 않으면서부터이다. 중국의 탈북자 강제송환 반대에 대해서는 송종환, "탈북민 강제북송 막아야 한다," 『미래한국위클리』 417호(2012.3.26-4.8), pp.32-33을 참조.

상대로 120년 전 일본 주재 중국 외교관 황준헌(黃遵憲)이 제시한 「조선책략」을 오늘의 대외관계에 수정 적용하여 '미국과 친하고(親美國), 중국과 맺고(結中國), 일본·러시아와 연대(聯일본·러시아)하는' 「신조선책략」을 추진해야 한다.[72]

III. 맺는 말

2012년 4월 11일 제4차 당대표자회와 4월 13일 최고인민회의로 3대 세습은 공식화되었다. 북한의 최고지도자가 밝힌 정책들은 아버지 김정일이 남긴 유언에 따라 한반도의 공산화 통일을 최종목표로 두고 대내외 강경노선을 견지하고 있다.

북한의 3대 세습 공식화 후 장거리 미사일 발사와 3차 핵실험 등 호전적 도발로 인한 위기를 보고도 한국 사회에서는 북한에 대한 경계심이 해이해지고 있고 북한지지 세력도 줄지 않고 있다. 자유민주주의체제의 통일은 멀리 느껴지고 또다시 많은 사람들은 김정은 체제의 안착 여부의 상황분석에만 매달려 있다.

빌리 브란트(Willy Brandt) 전 독일 수상이 "내 생전에 통일을 보지 못할 것"이라고 했지만 1989년 11월 9일 베를린 장벽 붕괴 후 독일은 갑작스럽게 1990년 10월 3일 통일되었다. 한반도의 통일이 포기하거나 먼 미래의 일이 아니다.

2010년 2월 8일 이명박 대통령을 만난 독일 쾰러(Horst Köhler) 대통령

---

72) 1887년 주일청국공사관 참참관으로 일본에 부임한 황준헌(1848~1905)은 1880년 수신사로 일본에 온 김홍집에게 러시아를 막는 묘책으로 "중국과 친하고(친중국), 일본과 맺고(결일본), 미국과 연대(연미국)해 자강을 도모하라"는 「조선책략」을 제시하였다.

이 "통일이 이뤄질 것이라는 가능성을 절대 포기하지 말라, 생각보다 빨리 통일이 올 수 있다"고 하면서 "미리 계획을 세우고 준비하는 게 필요하다"[73] 라고 한 말을 명심하여야 한다.

자유민주주의체제하의 통일한국은 민족사의 정통성을 세우고 전쟁위험으로부터 민족을 구하고 북한 동포를 빈곤과 억압에서 해방하여 자유, 민주, 복지, 인권, 행복 등 핵심가치가 존중되고 세계 번영과 평화에 기여하는 선진일류국가로서, 동서양을 잇는 세계중심국가가 될 것이다.

따라서 한국은 분단으로 인한 당장의 위험을 관리하되, 앞날이 훤하게 보이는 수령유일지배체제의 북한 장래를 연구하는 상황 분석은 이제 그만두고 시대정신인 한국 주도의 자유민주주의 통일을 전략적으로 계획적으로 구현하는 데로 연구 방향을 전환하여 구체적 대책을 마련해 나가는 것이 시급하다.

이를 위해서는 이미 왔던 두 번의 통일 기회를 놓친 것을 성찰하면서[74] 반드시 올 통일에 대비하여 또 통일의 유익을 고려하여 한국이 처한 안보 위협 실상과 한국이 지향하는 핵심가치에 대한 국민 공감대를 확산시키면서 자유민주주의 구현을 강구해 나가야 한다.

그것은 한국이 자유민주주의 통일 의지를 천명한 후 전략적 사고와 행동으로 상황별 과제와 그 과정에 주도적 역할을 수행하는 일에 대한 연구를 집중하는 것이다.

지금까지 저자는 김정은 체제가 과거처럼 대남공산화 통일전략을 고수하고 우리와의 상생·공영을 하지 않을 경우 북한 당국이 개혁·개방을 하도록 유도하거나 통일한국의 목표와 가치가 북한 주민들에게 스며들고 또 북한 주민에게 직접 다가가도록 대북정책을 조정하고 국민통합을 하면서 통일한

---

73) 『조선일보』, 2010.2.9, p.A6.

74) 첫 번째는 1990년 전후 소련을 비롯한 동구 공산국가들의 체제 전환기에 한국 측의 준비 부족과 북한이 서둘러 많은 양보를 하면서「남북기본합의서」를 합의하여 방어함으로써 기회를 놓쳤고, 두 번째는 김일성 사후 1995~97년 대홍수, 기근 등으로 인한 북한의 경제난 시기에 독일 통일 후 통일비용을 우려한 논쟁과 한국의 대북 대북 포용정책으로 실기하였다.

국에 대한 주변국, 특히 북한의 대량살상무기 개발·실험과 군사적 도발로
인해 북한에 대한 정책 변화가 임계점에 가까이 온 것으로 보이는 중국의
우려 불식에 중점을 두는 대책을 제시하였다.

그러나 중국의 등소평처럼 북한이 개혁·개방을 택하여 한국과의 상생·
공영을 하려 할 경우, 북한 체제 붕괴로 한국 주도의 통일한반도가 구현될
경우 등 상황별로 대책도 세워 대비해야 한다.

북한이 한국과의 상생 공영하는 정책을 채택할 경우에는 2000년 「6·15
남북공동선언」 이후 논의된 남북한 간의 각종 경제협력의 구체화, 북한 전
력 해결을 위한 발전소 건설, 남북한 철도 연결 추진, 북한 내 파이프를 통
한 러시아 천연가스 공급, 지금의 개성공단의 협력보다 상호 호혜적인 협력
방식 도입 등도 합의, 추진할 수 있을 것이다.[75]

북한의 3대 세습체제가 붕괴된 급변사태로 통일이 한국에 들이닥치거나
떠안겨질 경우의 대비책과 함께 북한체제 붕괴 후의 국내외 종합 대책도
세워야 한다.

자유민주주의체제로의 정치체제 전환, 경제통합, 행정통합, 법률, 화폐·
금융·재산권 제도의 통합과 인프라 산업구조, 재정, 언어·교과서 등 교육
과 노동시장, 사회와 문화의 통합 등도 구체적으로 준비해야 하며[76] 지역안
보와 국방문제에 대하여 '4강(强)과의 사전합의'를 끌어내는 문제와 통일과
정에 외국의 경제협력과 정치적 지지를 극대화하는 문제 등도 준비해야 한
다.[77]

---

75) 관련한 자료로는 김철웅(김일성종합대 교수), "라선경제무역지대에서의 외국투자보호
제도에 관한 고찰,"『圖們江 學術論壇 2011 논문집』(中國 延吉: 延邊大學 圖們江 學
術論壇 組織委員會, 2011.8.21-8.22), pp.273-278과 송현철(조선사회과학원 경제연
구소 연구원), "동북아시아지역내 경제협력의 강화와 조선반도 종단철도,"『圖們江
學術論壇 2011 논문집』(中國 延吉: 延邊大學 圖們江 學術論壇 組織委員會, 2011.
8.21-8.22), pp.387-393을 참조.

76) 박종철 외, 『통일 대비를 위한 국내 과제』(서울: 통일연구원, 2011)와 같은 연구가
대표적 사례라고 할 수 있다. 통일 후 경제, 언어, 문학, 교육 통합에 대하여는 김학
준·박명림·김영윤·임홍빈·김재용·민경찬·이종재, 『통일 이후 통일을 생각한다』
(서울: 도서출판 푸른 역사, 2011)를 참조.

통일 후 도로, 항만, 철도 등 북한 내 사회간접자본(SOC: Social Over-head Capital) 건설계획을 세울 경우 먼저 포괄적이고 종합적인 통일한반도의 국토균형발전과 주변국가와의 연계성을 고려해야 한다.

이 경우 통일한국은 북한이 2010년 1월 15일 발표한 '국가경제개발 10개년 전략계획'과 중국의 장지투(長吉圖: 장춘-지린-투먼) 개발계획·북한 나진-선봉항 개발계획과 같이 중국·러시아와 각기 추진하고 있는 북방협력사업 등 이미 마련해둔 경제건설 계획과 추진하고 있는 사업을 검토, 활용하는 것이 필요하다. 이것은 통일한반도의 경제 건설에 시간과 경비를 절약하는 효과를 거둘 수 있을 것이다.

통일은 머지 않아 북한 체제의 점진적 변화나 급변사태 등을 거쳐 어떠한 형태로든 오고야 말 것이다. 한국 국민은 현재의 남북한 간의 갈등과 고통, 국론분열에 낙심하거나 비판만 하지 말고 북한의 3대 세습으로 인하여 야기된 민족 앞에 놓인 위기를 민족 통일과 미래의 번영을 앞당기는 기회와 비전으로 바꾸는 역사적 대업에 동참하여야 한다. 이를 위해 실질적인 통일 준비를 하는 차원에서 전 국민의 통일의지를 결집하여 통일재원을 위한 기금을 마련하고 각종 대책을 세워 통일을 주도해 나가야 한다.

한국에 들어온 탈북자들이 통일의 전령이며 선물이기 때문에 한국 사회 적응교육 후 이들에게 일자리를 주어 정착시키고 통일선봉대와 자유민주주의 선교사로 양성하는 방안을 체계적으로 강구하는 것도 강조하고 싶다.

통일과정에 북한 당국과 주민을 분리하는 대책과 통일 초기에 북한지역을 통치, 관할할 군의 민정 준비와 북한 핵심 집권층에 대한 청산문제 등도 미리 연구하고 준비해 두어야 할 과제임을 지적한다.

북한은 대량살상무기 개발로 한국을 위협하면서 한국 내 북한 지지 세력을 확산시키려 하고 있다. 이러한 상황인데도 안보불감증 국민들이 늘고 있다.[78] 북한의 핵·미사일 등 대량살상무기 개발과 위협, 천안함 폭침·연평

---

77) 박세일, "대한민국 선진통일추진위," 『조선일보』, 2010.9.24, p.A3.

78) 안전행정부가 지난 5월 25일부터 6월 6일까지 19세 이상 성인 남녀와 중·고교생

도 포격과 같은 도발로 한국이 처한 안보 위협 실상과 그간의 남북한 관계 추이를 설명하면서 국민통합과 자유민주 통일 추진 의지를 고취하는 "통일 안보순회교육"을 지속적으로 실시하여야 한다.

남북한을 즉시 통합할 것인지, 통합하기에 앞서 한국이 주변 국가와 협조하여 유엔 관리 하에 북한 지역을 안정시킨 후 북한 주민의 의사를 묻는 적절한 절차를 거쳐 완전 통일로 갈 것인지가 먼저 정하여져야 할 것이다.

통일한국의 국가체계를 중앙집권형으로 할지, 지방분권형79)으로 할지도 사전에 연구되어져야 할 것이다. 북한을 개발하는 종합계획이 수립되어야 할 것이다. 그것은 수령유일지배체제에서 자유민주주의체제로의 전환, 경제통합, 행정통합, 법률80)·화폐·금융·재산권 제도의 통합과 인프라 산업구조, 재정, 언어·교과서 등 교육과 노동시장, 사회와 문화의 통합 등도 구체적으로 준비해야 한다.

각 1,000명씩을 대상으로 '국민 안보의식 여론조사'를 벌인 결과, 청소년의 절반 이상 (52.7%)은 6·25 전쟁이 언제 일어났는지조차 모르는 것으로 나타났다. 성인의 43%는 북한을 선의의 협력·경쟁 대상으로 응답했다. 이 응답률은 천안함 폭침이 있었던 2010년 33.7%보다 9.3% 포인트나 늘어난 수치이다(http://www.mospa.go.kr, 검색일: 2013.6.25).

79) 여의도연구소의 정낙근은 지방분권의 강화가 세계적 추세이며 남북한 간의 상이한 발전단계에 비추어 각 지방의 다양성과 책임성을 인정하는 분권형 국가체계가 바람직하다고 하면서 그 구상으로 중앙정부, 상·하 양원의회, 6개주(서울+인천·경기, 경기+강원, 충청+전라, 경상, 평안+황해, 함경)의 광역정부와 기초지방정부를 제시하였다. 정낙근(2009.8.28-29), pp.15-17. 조영기 외(2009), pp.88-91; 상세는 신도철, "광역분권형 국가운영의 필요성과 제도개편 방향," 『선진화정책연구』, 제1권 제2호 (2008.9), pp.121-172를 참조.

80) 법률문제로는 남북이산가족 사이의 중혼 등 가족 관계 문제, 남북이산가족 사이의 상속 관련 문제, 북한 주민의 남한 내 상속재산 등 관리 방안 등이 예상되는데, 법무부는 1991년 12월 이래 북한법, 통일독일·동구 제국의 몰수재산처리 등에 대한 연구 자료를 꾸준히 집적하고 있고 2010년 11월 22일 「남북주민 사이의 가족관계와 상속 등에 관한 특례법」 제정 공청회를 가졌다.

제**2**부

남북한 관계와 관련된 현안들

제3장

한국전쟁에 대한 소련의 전략적 의도 분석*

I. 머리말

한국전쟁의 기원(起源)에 대하여는 그동안 국내외의 수많은 학자들에 의하여 연구되어 다양한 학설과 주장이 제기되어왔다. 그러나 1992년부터 러시아 측에 의하여 공개된 세 가지 종류의 한국전쟁 관련 비밀문서[1]들은 한

---

* 이 논문은 『국제정치논총』 제39집 2호(1999), pp.183-208에 게재된 논문을 일부 수정하여 게재하였고, 제목 중 현 '러시아'의 과거 국호인 '소련' 혹은 '구 소련'을 병기하는 바, 그 이유는 6·25 한국전쟁 당시의 국가역할 및 책임과 관련해서 당시의 국명을 사용하는 것이 타당하다고 인식하였기 때문이다.

1) On the Korean War, 1950-53, and the Armistice Negotiations 제하 첫 번째 자료는 미국과 전쟁 중인 베트콩에 대한 소련의 지원문제를 중국, 월맹 측 관계관들과 협의하려는 소련 관계관들에게 배경정보로 제공할 목적으로 소련 외무성이 한국전쟁에의 소련과 중국의 개입관련 내용을 정리한 것이다. 두 번째 자료는 옐친(Boris Yeltsin) 대통령이 1994년 6월 모스크바를 방문한 김영삼 대통령에게 제공키 위하여 정리한 것으로서 1949~53년 기간 중 한국전쟁에 관한 216건, 총 548쪽에 이른다. 세 번째 자료의

국전쟁이 남한의 북침에 대한 북한의 반격이라고 되풀이해온 구 소련과 북한 측의 주장이 거짓 선전에 불과하며, 스탈린(Joseph Vissariovich Stalin)에 의하여 계획되고 소련 군사고문관들이 작성한 군사작전계획에 따른 북한 측의 남침임을 밝혀주고 있다. 또한 국내외 일부 학자들이 주장해왔던 것과는 달리 한국전쟁이 김일성의 역사적 결단에 의한 전쟁이 아니라 스탈린의 전쟁임을 밝혀 주고 있다.

1997년 7월 14일자 뉴스위크지는「역사의 교훈 제2장」제하 특집기사에서 중국공산당의 공식 기관지인「百年潮流」가 지난 40년간 중국공산당이 고수해온 남한에 의한 북침 주장을 포기하면서 "한국전쟁은 스탈린이 주도하였고 김일성은 2주안에 남한을 점령할 수 있다고 믿은 과격주의자였으며 모택동(毛澤東)은 여기에 동조했다고 기술하였다"고 보도하였다.2) 또한 동 기관지는 모택동의 한국전쟁 참전결정을 비판하면서 "한국전쟁은 지금까지 중국이 주장해온 것처럼 영광스러운 승리가 아니라 스탈린의 수중에서 놀아나 동아시아에서 중국의 실익을 침해한 대실수였다"고 주장하였다.3)

한국전쟁을 일으킨 소련의 전략적 의도에 대하여 학자들에 따라 많은 견해들이 나누어져 있다. 한국전쟁이 일어났을 때 즉각적으로 한국 구원을 위하여 파병을 한 트루먼(Harry S. Truman) 행정부는 한국전쟁을 동서냉전(東西冷戰)의 테두리에서 소련공산주의 팽창의 일환으로 보았고 이제까지의 전통적 견해가 되고 있다. 성신여대 김영호 교수는 한국전쟁의 원인을 스탈린의 롤백전략(rollback strategy)에서 찾는다.4) 이 롤백이론은 스탈린

정식명칭은 The Archive of the President, Russian Federation이며 略稱은 APRF로서 1950.2~1953.7 기간 중의 총 1,200쪽에 이르는 러시아 대통령실 문서고 소장 문서들이다.

상기 문서들은 1993년 가을부터 Washington, D.C.소재 Woodrow Wilson International Center for Scholars가 발간하는 *Cold War International History Project* (이하 *CWIHP*로 略稱) *Bulletin*에 시리즈로 게재되었으며 http://www.seas.gwu.edu/nsarchive/CWIHP/cwihp.htm에서 검색할 수 있다.

2) *Newsweek*, July 14, 1977, pp.28-29;『조선일보』, 1997.7.5, p.A2.

3) *Ibid.*

이 냉전 개시 이후 최초로 북한군을 이용하여 미국의 봉쇄선을 대담하게 넘어서 한반도 전체를 소련의 영향권에 편입시키기 위하여 한국전쟁을 일으켰다고 주장한다. 스탈린은 이 롤백전략에 의하여 만일 미국이 만주로 침략해올 경우 「중·소 우호, 협력, 상호 원조조약(The Treaty of Friendship, Alliance, and Mutual Assistance, 이하 중·소 동맹조약으로 略稱)」을 발동하여 미국을 광활한 황무지인 만주로 끌어들여 미국을 약화시키고 냉전대결에서 결정적 승기를 잡고자 하였다는 것이다.

그러나 마샬 슐만(Marshall Shulman)은 "소련은 중국이 소련의 참전여부와 상관없이 한국전쟁 참전을 준비하고 있는 것으로 판단하였기 때문에 북한에서의 지배적 위치를 잃을 것을 우려하여 김일성의 한국전쟁 개시 간청을 승인하였다"고 주장하였으며[5] 아담 울람(Adam Ulam)은 "스탈린이 남한에 대한 지배권을 획득하기 위하여 한국전쟁을 일으킨 것이 아니라 한국전쟁이 일어나면 모택동이 중국대륙에서 새로운 내전이 일어날 것을 우려하여 소련의 지원을 필요로 하게 될 것을 예견하고 중국 공산주의자들이 소련의 후견적 지위에서 벗어나지 않도록 할 목적으로 소련 측이 일으킨 전쟁"이라고 주장하였다.[6] 상기 두 학자는 스탈린이 한국전쟁을 일으킨 동기를 공산주의의 팽창에서보다 그의 대(對)중국 관계에서 찾고 있다는 점에서 주목된다.

한국전쟁에 관한 구 소련 문서의 비밀 해제로 한국전쟁이 공산측에 의하여 주도면밀하게 계획된 남침전쟁임이 밝혀졌지만, 스탈린이 한국전쟁을 일으킨 전략적 의도와 관련하여 아직도 분명한 해답을 얻지 못하는 많은 의문들이 있다. 스탈린은 전 세계 공산화정책의 일환으로 또는 극동지역에서의

4) 김영호, "한국전쟁 원인의 국제정치적 재해석: 스탈린의 롤백이론," 『한국정치학회보』 제31집 제3호(1997년 가을), p.192.

5) Marshall Shulman, *Stalin's Foreign Policy Reappraised* (Cambridge, Mass.: Harvard University Press, 1963), p.141.

6) Adam Ulam, *The Communists: The Story of Power and Lost Illusions: 1948-1991* (New York and Toronto: Charles Scribner's Sons, 1992), pp.81-82.

소련의 국가안보이익을 확보하기 위하여 한국전쟁을 일으켜 한반도 전체 지배를 노렸는가, 북한군의 남침에 대하여 당시 트루먼 행정부가 판단한 것처럼 스탈린은 한국전쟁을 일으켜 미국을 비롯한 서방 측의 의지를 시험하려 하였는가, 스탈린은 중국공산혁명을 이념적 연대 차원에서 시종일관 지원하였는가, 한국전쟁은 스탈린의 대중국 전략과 어떠한 관계가 있는가, 스탈린의 당초 예상과는 달리 조기에 달성된 중국공산혁명이 한국전쟁 발발에 영향을 미쳤는가, 중국공산당 기관지 「百年潮流」는 처음으로 북침주장을 포기하면서 왜 모택동이 스탈린에 이용당했다고 비판하였는가 등이 관련된 질문이라 할 수 있다.

이 논문에서는 스탈린의 전략적 의도를 파악하기 위하여 한국전쟁 개시 전 소련의 한반도 정책, 한국전쟁 개시 승인과 관련하여 국제정세 변화와 소련의 대중국관계를 차례로 검토한 후 결론에서 한국전쟁 관련 두 요소를 비교하여 스탈린의 진정한 전략적 의도를 도출해 보고자 한다.

II. 한국전쟁 개시 전 소련의 한반도 정책

옛 19세기의 러시아제국은 시베리아 진출을 통하여 한반도와 국경을 맞대게 되면서 안보, 통상측면에서 한반도에 접근, 관계를 증진하고 영향력 행사를 시도하였으나 한반도에 대한 관심 수준은 대(對)중국과 대(對)일본 관계에서의 지정학적 가치 이상을 넘지 않았다. 1876년부터 1904년 기간 중 한반도에 대한 일·러 간의 지배권 다툼 역사를 보더라도 러시아는 만일 일본 측이 한반도를 군사적 목적으로 사용하지 않는다면 한반도 전체를 포기할 수는 있으나 19세기 후반부터 영향권을 확대해온 만주에 대하여는 전쟁을 피해 가면서 포기할 의향이 없었다.[7) 만주가 극동에서의 러시아 국가이익의 1차적 목표라면 한반도는 부차적이었다.

공개된 소련 비밀문서들을 보더라도 1945년 2월 얄타회담으로부터 김일성을 모스크바로 불러 남침문제를 구체적으로 상세히 협의한 1950년 4월 전까지 스탈린은 '한반도 전체'에 대한 영향권 확보를 목표로 하지 않았다. 오히려 어느 1개 국가가 한반도 전체에 대한 지배권을 갖는 것을 방지하는 세력균형자 위치를 유지하는 러시아제국 말기의 한반도정책을 그대로 답습하였으며 미국이 세계 제2차 대전 종전 처리의 일환으로 한반도 내 일본군 무장해제를 위하여 38도선을 경계로 하여 잠정적으로 분단할 것을 제의한 것을 수락함으로써 이 목표를 달성하려 하였다.[8]

스탈린은 1945년 2월 얄타회담에서 대일 참전(參戰)조건으로 사할린 남부와 쿠릴열도에 대한 지배, 東淸鐵道 旅順(군항) 大連(상항)의 임차 및 외몽골에서의 현상유지를 제시하였지만 한반도에 대하여는 아무런 요구를 하지 않고 미국이 한반도에 군대를 주둔시키지 않을 것이라고 한 것만 루스벨트(Franklin D. Roosevelt) 대통령에게서 확인하고 동 대통령이 제의한 미·소·중 3국 대표에 의한 신탁통치안에 동의하였다.[9] 3개국에 의한 신탁통치야말로 제정 러시아 이래 한반도에 대한 전통적 정책과 일치되는 것이었다.

포츠담회담에 대비하기 위한 참고자료로 1945년 6월 소련 외무성 극동2과가 작성한 문서는 얄타회담 후 수개월간 한반도문제에 대한 소련의 의도를 나타내는 좋은 예이다. 동 문서는 역사적으로 한반도가 열강의 각축장이었으며 대륙으로의 일본세력 확장을 위한 교두보였음에 비추어 극동 소련의 안보를 위하여 한반도가 적의 수중에 들어가지 않는 것이 필수적이며 한반도의 정부는 소련과 우호적이며 긴밀한 관계를 유지하여야 한다고 주장하였다.[10]

---

7) Seung Kwon Synn, *The Russo-Japanese Rivalry Over Korea, 1876-1904* (Seoul: YukPhubSa, 1981), p.349.

8) Kathryn Weathersby, "Soviet Aims in Korea and the Origins of the Korean War, 1945-50: New Evidence from Russian Archives," *CWIHP Working Paper*, No.8 (November 1993), Washington, D.C.: Woodrow Wilson International Center for Scholars, p.9.

9) *Ibid.*, p.10.

10) *Ibid.*, pp.10-12.

한반도에서 세력균형자를 추구하는 정책에 따라 소련은 포츠담에서도 한반도 전체에 대한 군사적 지배를 확보하려 하지 않았다. 1945년 7월 24일 포츠담에서 있은 제2차 미·소·영 참모총장회담에서 소련 안토노프(Antonov) 장군이 마샬(George C. Marshall) 장군에게 한반도에 대한 소련지상군의 공격작전을 알리면서 미군도 그에 상응하는 지상작전을 실시할 의향이 있느냐고 문의한 데 대하여 미국 측이 가까운 장래에는 작전의 어려움 때문에 실행계획이 없다고 답변하자 소련 측은 한반도가 육상작전을 위한 소련구역으로, 공군·해군 작전을 위한 미국구역에 각기 포함시킬 것을 제의하였다.[11]

스탈린은 한반도에서 세력균형자를 추구하는 정책에 따라 미국 측이 38도선을 경계로 한반도를 분단하는 안을 포함한 연합군 태평양 최고사령부 「일반명령 제1호」를 제시하자 이를 받아들였다.[12] 그러나 제2차 세계대전 후 미국과의 대립이 심화되자 소련 측은 소련군이 점령한 북한을 소비에트화하면서 한반도가 대소공격기지가 되지 않아야 한다는 입장을 분명히 견지해 나갔다.

2차 대전 패전국문제와 그들의 식민지처리문제를 논의하기 위한 연합국 외상회의가 1945년 9월 12일부터 10월 2일까지 런던에서 개최되었으나 동구와 일본 관리문제에 대한 미·소 간의 의견대립으로 결렬되고 말았다. 10월 24일 교착상태를 타결하기 위하여 트루먼 대통령의 친서를 가지고 방문한 해리먼(Averell Harriman) 주소대사에게 스탈린은 "만일 미국이 일본[점령]으로부터 소련을 제외할 방침을 취한다면 그것으로 좋다. 이것으로 각 전승국은 각자가 점령한 지역에서 자기의 방침에 따라 관리해도 좋다는 이야기가 된다"고 말했다.[13]

미국은 1945년 12월 16일부터 26일까지 개최된 모스크바 3상회의에서

---

11) U. S. Department of State, *Foreign Relations of the United States* (이하 *FRUS*), *The Conference of Berlin (The Potsdam Conference)*, Vol.II (Washington, D.C.: Government Printing Office, 1960), pp.345-353, 408.

12) *Ibid.*

13) *FRUS*, Vol.VI. pp.1106-1108, 1119.

남북한을 통일하기 위하여 미·영·중·소 4개국에 의한 신탁통치안을 제의하였다. 이에 대하여 소련 몰로토프(Molotov) 외상은 미·소 양국에 의한 신탁통치안을 제시하고 미국 측은 거의 수정없이 소련안을 수락하였다. 소련의 신탁통치안은 두 점령지역의 독자적인 존속을 허용하고 있다. 두 점령지역의 폐지는 한국 임시정부가 수립된 이후에야 가능했다. 소련안은 임시정부를 구성하는 데 있어 좌익성향의 정당·단체를 충분히 참가시킬 것을 내포하고 있어 소련의 국익이 미국보다 우월하게 보장될 것을 예견하고 있다.[14] 몰로토프안은 미국이 원하고 있던 신탁통치 실시를 받아들이는 듯한 태도를 취하면서도 결국은 소련이 독자적으로 북한통치를 계속하고 신탁통치의 실제적인 시행을 막을 수 있는 여건을 만들어 놓았다.[15]

실제로 소련은 1946년 3월 20일 서울에서 개최된 제1차 미·소공동위원회에서 쉬티코프(Terentii Fomich Shtykov) 대표의 연설을 통하여 "소련은 한국(한반도)이 진실한 민주주의적 독립국가가 되기를 바라며, 소련과 우호적인 국가가 되기를 희망한다. 그리하여 한국이 향후 소련을 공격할 기지가 되지 않기를 요망한다"라고 천명하고[16] 미·소공동위원회 회의 기간 중 시종일관 소련의 신탁통치안인 모스크바협정을 반대한 민주주의 인사들의 임시정부 참여 배제를 주장하였다.

스탈린은 제정 러시아의 짜르처럼 2차 대전 후 만주와 한반도 전체를 소련의 안보를 위한 완충지대(Buffer Zone)로 간주하고 세력균형자로서의 위치를 유지하려 하였으나 2차 대전 후 미·소관계가 악화되어가자 한반도가 소련 공격기지가 되는 것을 방지하기 위하여 현재 점령하고 있는 지역인 북한지역에서 친소정권을 수립하는 것이 현실적이라고 판단을 하였다. 소련 측 입장에서 볼 때 친소위성국가를 북한지역에만 수립하는 것은 (1) 2차 대

14) 신승권, "소련의 한반도정책: 1943-48," 『한양대 사회과학논총』 제15집(1996), p.22.

15) Erik Van Ree, *Socialism in One Zone: Stalin's Policy in Korea, 1945-1947* (Oxford: Berg, 1989), pp.138-139; 신승권, "소련의 한반도정책: 1943-48," p.23에서 인용.

16) *FRUS*, 1946, Vol.VIII, pp.645-646.

전 종료 후 내부 검토를 한 바 있는 한반도 전체 지배[17]에는 이르지 못하지만 1896년 로바노프-山懸(Lobanov-Yamagata) 협정으로 39도선을 경계로 하여 한반도를 일본과 분할한 것에 비하여는 유리하고, (2) 한반도가 극동에서의 소련 국가이익의 부차적 목표임에 비추어 소련이 세계 최강의 유일 핵보유국인 미국과 대결을 하지 않고 극동에서의 소련 국가이익의 핵심인 만주지역을 보호할 수 있는 최소한의 완충지대를 확보할 수 있고, (3) 국경을 맞대는 한반도 북반부가 대소 공격기지가 되는 것을 방지할 수 있고, (4) 소련 점령군이 북한 내에 있는 일본 군수 중공업 시설을 대일 전쟁 참전 대가로 몰수할 수 있다는 점[18]에서 선택할 수 있는 차선의 대안이 될 수 있었다.

1945년 가을 개최된 런던 외상회의가 일본 및 동구 관리문제에 대한 미국과의 의견대립으로 교착상태에 빠지게 되자 소련은 중국 국민당 정부와의 조약을 위배하면서 중국공산당과의 연계를 강화, 군사지원을 하기 시작하고 한반도 분단을 고착, 북한 지역에 대한 공산화체제 구축을 추진하였다. 스탈린은 소련군사령부 소속의 연락장교단을 서울에서 철수시켰다. 9월 9일 서울에 진주한 하지(John R. Hodge) 중장이 남북한 지역 간 정책조정을 위하여 상호 연락장교단 파견을 소련군 치스차코프(Ivan M. Chistiakov) 대장에게 제의한 바에 따라 소련 측은 연락장교단을 9월 25일 서울에 파견하고 미국 측은 9월 30일 평양에 파견하였다. 그러나 치스차코프 대장은 10월 11일자 서한에서 "고위레벨에서의 정치·경제적 문제가 해결되기 전에는 연락사무소가 필요없다"고 하면서 연락장교단을 철수시켰다.[19]

---

17) 1945년 9월 소련 외무성이 작성한 문서들에 의하면, 소련 측은 부산, 제주도, 인천에 대한 소련군 사령부의 통제 확보 조건부 4개국 신탁통치안 수락을 고려하였다. Weathersby, "Soviet Aims in Korea and the Origins of the Korean War, 1945-1950," p.14.

18) 1945년 12월 소련 외무성 제2극동과 자문관 Suzdalev가 작성한 "A Report on Japanese Military and Heavy Industry in Korea"를 참조, Weathersby, "Soviet Aims in Korea and the Origins of the Korean War, 1945-1950," p.20.

19) 이정식, "스탈린, 해방직후부터 한반도 분단 노렸다," 『신동아』(1995.11), p.401.

이후 미·소 양측 사령부 간 몇 차례 접촉이 있기는 하였으나 소련 측은 미국 측 인원들이 38도선 이북지역에 들어오는 것을 원하지 않는다는 태도를 명확히 하였다. 심지어 소련 측은 미군차량이 옹진반도와 왕래하기 위하여 일주일에 세 번 소련점령구역을 통과하는 것을 일주일에 단 한번으로 줄여버렸다.[20]

스탈린은 1945년 10월 들어 북한 주둔 소련군사령부로 하여금 한반도 분단 고착화를 위한 조치를 취하게 하는 일방 한반도에서 스탈린의 명령에 충실한 지도자를 찾아내기 어렵다고 판단하고 33세의 김일성을 북한지도자로 지명하였다.[21] 스탈린이 김일성을 지도자로 지명했다는 것은 김일성이 1945년 10월 10~13일 극비리에 개최되었던 조선공산당 서북 5도책임자 및 열성자 대회에 참석, "새 조선 건설과 민족통일 전략에 대하여" 제하 강령적 연설을 한 사실에 비추어 알 수 있다.[22] 이어 소련은 1945년 10월 14일 김일성 장군 환영 평양시 민중대회를 개최하여 그를 대중 앞에 데뷔시키고 1945년 12월 17~18일 평양에서 조선공산당 북조선분국 제3차 확대 집행위원회를 개최, 당 책임비서로 선출한 후 북조선분국이란 이름 대신 북조선공산당이란 이름으로 개명하였다.[23] 스탈린은 서울의 조선공산당 하부조직으로서의 북조선분국이 아닌 북조선공산당으로 개칭하여 김일성 중심의 공산당으로 새출발시켰다. 소련 군정당국은 김일성이 당의 지도권을 장악케 한 후 1946년 2월 9일 극비리에 북조선 중앙주권기관으로서의 북조선임시인민위원회를 조직, 그를 위원장에 선출하였다.[24]

1940년대에 스탈린의 후계자로 여겨져 왔던 쥐타노프(Zhdanov) 레닌그라드 당위원회 제1서기의 충직한 부하로서 본격적으로 정치활동을 시작하

---

20) *Ibid.*
21) 양호민, "정치: 전체주의 1인 독재 체제의 확립," 이상우 외 5인 공저, 『북한 40년: '조선민주주의인민공화국'의 특성과 변천과정』(서울: 을유문화사, 1988), p.42.
22) *Ibid.*, p.42.
23) *Ibid.*, pp.42-44.
24) *Ibid.*, p.44.

여 1945년 4월 이래 연해주 군관구 군사평의회 위원, 1948년~1951년 북한 주재 소련 특명전권대사를 역임하면서 소련의 한반도정책을 입안하고 실천에 옮기는 과정에 주도적 역할을 한 쉬티코프[25]의 「일기」를 검토해보면, 소련 군정이 모든 정책결정의 주도자 및 집행자로 등장하여 북한을 지도하며 계획을 관철시켜 나가는 정치 메커니즘을 잘 보여준다.[26] 쉬티코프를 정점으로 하는 북한주재 소련군 사령부는 정책결정과정에서 주도적이면서도 최종적인 권력을 행사하였다. 2차 대전 종료 후 북한의 정치드라마는 쉬티코프의 책상에서 기획되어 연해주 군관구와 북한주재 소련군 사령부 지도자들과의 회의에서 확립되면 모스크바의 재가를 얻은 후 북한지도부를 독려하여 기획자의 의도에 충실한 북한인 출연자를 선발하고 기획자의 최종적 결재를 맡아 진행되는 것이었다.[27]

북한은 1948년 2월 조선인민군 창설, 4월 29일 북조선인민회의 특별회의에서의 조선민주주의인민공화국 헌법 초안 승인, 8월 25일 최고인민회의 선거, 9월 8일 헌법 채택, 9월 9일 공화국 정부수립 선포와 같은 순(順)으로 정치 드라마를 진행하게 되는데 이러한 모든 일들이 소련의 기획과 적극적 추진에 의한 것이라는 것은 더 이상 상세히 언급할 필요가 없다.[28] 따라서 북한의 김일성체제는 대부분의 동구 공산국가들의 지도체제와 같이 스탈린의 의도대로 소련의 치밀한 계획과 지원에 의하여 성립된 것이라 할 수 있다.

---

25) 쉬티코프의 생애에 대하여는 Hyun-su Jeon with Gyoo Khang, "The Shtykov Diaries: New Evidence on Soviet Policy in Korea," *CWIHP Bulletin*, Issues 6-7(Winter 1995/1996), Washington, D.C.: Woodrow Wilson International Center for Scholars, pp.69, 92-93을 참조.

26) 쉬티코프가 추진한 한반도 정책의 상세내용에 대하여는 전현수, "「쉬띄꼬프 일기」가 말하는 북한정권의 성립과정," 『역사비평』 제30호(1995년 가을), pp.135-162를 참조.

27) *Ibid.*, pp.143-144.

28) 북한 정권 성립과정에 대한 간단한 서술은 상기 양호민, "정치: 전체주의 1인 독재 체제의 확립," pp.34-56을 참조.

III. 국제환경 변화와 한국전쟁에 대한 소련의 전략적 의도

스탈린은 소련 주도로 한반도 북반부에서 공산화체제를 구축하고 있었지만 1950년 1월까지는 세계 제2차 대전 기간 중 미국 등 연합국과의 합의에 의하여 정한 경계선을 넘어 남한에까지 적극적으로 소련의 영향력을 확대하려는 시도를 하지 않고 오히려 무력에 의하여 통일을 성취하려는 북한 지도자들의 주장을 거부하는 입장을 견지하였다.

옐친 대통령이 1994년 6월 모스크바를 방문한 김영삼 대통령에게 제공키 위하여 한국전 개전에 관하여 정리한 216건의 소련 측 문서에 의하면, 김일성이 스탈린에게 무력통일을 위한 대규모 남침의사를 최초로 밝힌 것은 1949년 3월 5일 모스코바에서의 스탈린·김일성 간 회담에서 김일성이 무력통일을 위한 남침에 대한 소련 지도부의 의견을 문의하는 형식으로 나타난다. 이에 대하여 스탈린은 한국군과 한국주둔 미군 규모, 남북한 군대의 우열을 질문한 후 북한군이 절대적 우위를 확보하지 못하는 한 공격해서는 안 된다고 답변하고 남한에 미군이 아직도 주둔하고 있음(소련군은 1948년 12월 북한에서 철수)과 미·소 간 38선 분할에 관한 합의를 상기시켰다. 또한 스탈린은 북한의 남한에 대한 공세적 군사활동은 남한의 북한 침공을 반격하는 경우에만 이루어질 수 있다고 강조하면서 남침을 승인하지 않았다.[29]

북한 측은 1949년 8월 12일 김일성의 쉬티코프 대사 면담 및 9월 3일 김일성의 로어통역관 문일과 툰킨(Tunkin) 공사 면담 시, 1949년 7월 남한에서 미군이 철수한 후 38선은 이미 그 의미가 상실되었다고 하면서 대남 전면 공격과 최소한 옹진반도 점령 계획을 제시하였다.[30] 이에 대하여 9월

---

29) Kathryn Weathersby, "Korea, 1949-50: To Attack or not to Attack? Stalin, Kim Il Sung, and the Prelude to War," *CWIHP Bulletin*, Issue 5(Spring 1995), Washington, D.C.: Woodrow Wilson International Center for Scholars, p.2; 외무부, 「한국전 문서요약: 1949.1-1953.8」(1994), p.4.

11일 스탈린은 김일성의 요청이 대부분의 주한미군이 철수한 시점에 제기되었음을 감안하여 호의적 관심을 보이면서 김일성을 조속히 면담, 8월 12일 및 9월 3일자 북한 측 제의 사항과 관련하여 남북한의 정치 군사정보와 현지 대사관 의견을 보고토록 지시하였다.[31]

9월 14일자 전문 보고 시 툰킨 공사는 9월 12일과 9월 13일 김일성과의 면담 시 김이 종전과는 달리 확신을 주지 못하는 어조로 현 상황에서 속전속결에 의한 승리는 기대하기가 어려우므로 전면전을 조기에 개시하는 대신 옹진반도와 해주 인근까지를 점령할 것을 제의하였다고 보고하였다. 아울러 동 공사는 인민군이 남침 시 남한 내 빨치산의 지원을 받는다고 하여도 신속히 승리할 만큼 강하지도 못하고 미국의 강력한 군사개입으로 전쟁이 장기화될 것이므로 남침이 시기적으로 적절치 않다는 현지 대사관 의견을 보고하면서 옹진반도 점령과 같은 제한적 작전 수행이 내전으로 확대되지 않더라도 이는 미국의 성공적 반소 캠페인에 이용되어 소련에 유익하지 않으므로 가치가 없다는 의견을 제시하였다.[32]

이러한 평양주재 대사관의 보고를 받고 소련공산당 정치국은 9월 24일 평양주재 대사에게 하달한 훈령에서 남한 내 빨치산 활동 강화계획은 승인하되, 전면적 남침이나 옹진반도 점령작전은 미국의 개입으로 분쟁이 장기화됨으로써 통일이 지연될 것이라는 이유로 시기적으로 적절치 않음을 강조하였다. 또한 옹진반도 점령도 남한의 공격이 있을 경우 이들이 북한 영역으로 들어오도록 한 뒤 반격작전을 하는 방안을 제시하였다.[33]

30) Weathersby, "Korea, 1949-50: To Attack and not to Attack?" p.2; 외무부, 「한국전 문서요약」, pp.10-12; 9월 3일자 면담내용에 대한 영문번역 電文은 *CWIHP Bullentin*, Issue 5, p.6을 참조.

31) Weathersby, "Korea, 1949-50: To Attack or not to Attack?" p.2; 외무부, 「한국전 문서요약」, pp.12-13; 관련 영문번역 지시 電文은 *CWIHP Bulletin*, Issue 5, p.6을 참조.

32) Weathersby, "Korea, 1949-50: To Attack or not to Attack?" p.3; 외무부, 「한국전 문서요약」, pp.13-15; 9월 14일자 영문번역 電文은 *CWIHP Bulletin*, Issue 5, pp.6-7.

해가 바뀌어 1950년 1월 17일 북경향발 이두연 북한 대사를 위한 박헌영 외상주최 오찬 시 김일성은 소련대사관원들에게 이제는 중국의 통일이 완료되었으므로 남한을 해방시킬 차례라고 언급하면서 그동안 남한 측의 대북한 공격이 없었기 때문에 1949년 3월 5일 스탈린에게서 승인을 받은 반격형태로서의 대남공격을 할 수 없었으므로 남한해방을 위한 인민군의 대남 공격 승인을 받기 위하여 스탈린을 방문할 것을 제기하였다.[34] 김일성은 이어 "자신이 공산주의자이며 상부의 규율을 지키는 사람이며 스탈린이 그에게 법이기 때문에 [그의 승인 없이는] 공격을 할 수 없다"고 말하였다.[35] 김일성의 상기 언급 내용을 청취한 참사관급 2명의 소련 외교관 이그나티에프(Ignatiev)와 페리센코(Pelishenko)가 이 문제에 대한 대화를 회피하고 일반 문제로 대화주제를 바꾸려 하자 김일성은 쉬티코프 대사에게 접근하여 1949년 6월 모택동도 중국혁명이 끝나면 북한을 돕겠다고 약속한 바가 있다고 하면서 자신이 남한공격문제를 협의하기 위하여 스탈린을 만날 수 있도록 주선해 줄 것을 요청하였다.[36] 이어 김일성은 3일 만에 끝날 수 있는 옹진작전을 스탈린이 허가해주지 않는다고 하면서 총공격 시에는 며칠 내에 서울을 점령할 수 있다고 강조하였으나 쉬티코프는 옹진작전은 불가능하다고 답변하였다.[37]

스탈린은 상기 대화에 관한 쉬티코프의 비밀 전문을 비신스키(Andrei Vyshinsky) 외상으로부터 보고를 받은 후 1월 30일 쉬티코프 대사에게 하달한 전문에서 "김일성의 불만은 이해가 되나 그가 남한에 대하여 하고자 하는 큰 일은 많은 준비가 필요하며 위험이 없도록 잘 조직되어야 한다"고

33) Weathersby, "Korea, 1949-50: To Attack or not to Attack?" p.3; 외무부, 「한국전문서요약」, pp.17; 9월 24일자 영문번역 지시 電文은 *CWIHP Bulletin*, Issue 5, pp.7-8을 참조.
34) 쉬티코프는 1월17일 오찬 모임에서의 김일성 언급내용을 1월 19일 비신스키 외상 앞 전문으로 보고하였음. 동 영문번역 電文은 *CWIHP Bulletin*, Issue 5, p.8을 참조.
35) *Ibid.*
36) *Ibid.*
37) *Ibid.*

하면서 "김을 만나 동 문제를 의논할 용의가 있으며 그를 도울 의사가 있다" 는 자신의 의사를 김일성에게 전달토록 지시하였다.[38]

스탈린은 북경 측과 한 차례 더 상의한 후, 2월 9일 군사적 방법으로 통일 을 달성하겠다는 평양 측의 의도에 적극적으로 찬성하는 의사를 표명하면서 한반도에서 대규모 군사작전의 준비를 시작해도 좋다고 허락을 하였다. 그 후 소련은 북한을 향해 탱크, 탄약, 군장비, 대포, 의약품 및 석유 등을 적극 적으로 공급하기 시작하였다.[39]

스탈린은 자신이 선택한 시기의 한국전쟁을 승리로 이끌기 위하여 1950 년 2월과 3월 중 북한 내 전쟁준비를 감독하기 시작하였다. 2월 4일 김일성 은 북한의 추가 창설 3개 보병사단용 무기 구입을 위하여 1951년도 소련의 대북한 차관을 1950년도 중에 사용할 수 있도록 스탈린의 허가를 구해줄 것을 쉬티코프 대사에게 요청하고[40] 3월 9일 추가로 1억 2천~5천만 루블 상당의 무기 구입을 요청하는 공한을 쉬티코프 대사를 통하여 소련 정부에 송부하였다.[41] 이에 대하여 소련 측은 3월 12자 비신스키 외상의 쉬티코프 대사앞 전문과 3월 18일자 스탈린의 김일성 앞 메시지를 통하여 동의하였 다.[42] 또한 스탈린은 2월 23일 쉬티코프 대사가 겸직하고 있던 북한인민군 군사고문단장직에 전쟁영웅 바시리에프(Vasiliev) 중장을 임명하였다.[43]

러시아 정부가 한국 정부에 제공한 소련 측 비밀문서는 김일성과 박헌영

---

38) Weathersby, "Korea, 1949-50: To Attack or not to Attack?" p.3; 외무부, 「한국전 문서요약」, p.21; 관련 영문번역 지시전문은 *CWIHP Bulletin*, Issue 5, p.9를 참조.

39) 드미트리 안토노비치 볼코고노프 저, 김일환 외 5인 역, 『레닌에서 고르바초프까지, 크렘린의 수령들』 상권(서울: 한송, 1996), p.342.

40) Kathryn Weathersby, "New Russian Documents on the Korean War: Intro- duction and Translation," *CWIHP Bulletin*, Issues 6-7(Winter 1995/1996), Washington, D.C.: Woodrow Wilson International Center for Scholars, p.30; 외무부, 「한국전 문서요약」, p.22; 관련 영문번역 전문(문서2)은 *CWIHP Bulletin*, Issues 6-7, p.36을 참조.

41) 관련 영문번역 전문(문서 5)는 *CWIHP Bulletin*, Issues 6-7, p.37을 참조.

42) 관련 영문번역 전문(문서 2 및 8)은 *CWIHP Bulletin*, Issues 6-7, p.37을 참조.

43) 관련 영문번역 전문(문서 4)은 *CWIHP Bulletin*, Issues 6-7, p.37을 참조.

이 1950년 3월 30일 평양을 떠나 [모스크바를 방문한 후] 4월 25일 평양으로 귀환하였음을 밝히고 있지만,[44] 상세 모스코바 체류 일정과 스탈린과의 대화 내용을 포함하고 있지 않다.

그러나 스탈린과 김일성 간의 대화 시 스탈린이 강조한 내용은 5월 김일성이 중국을 방문하여 남한 공격에 대한 스탈린의 방침을 설명하자 모택동이 이를 스탈린에게 확인하는 전문을 타전한 데 대하여 스탈린이 답변을 해주는 5월 14일자 전문에 나타나 있다. 스탈린은 1950년 4월 모스코바 회담에서 김일성에게 국제환경이 변하고 있다고 하면서 북한이 통일과업을 개시하는 데 동의하되 이 문제의 최종 결정은 중국과 북한이 함께 내려야 하며 만일 중국 측의 의견이 부정적이면 새로운 협의가 이루어질 때까지 이 문제의 결정을 연기하자고 제의하여 북한 측과 합의하였다[45]고 하면서 김이 모택동에게 설명한 내용을 확인해주었다. 스탈린은 북한의 남침을 승인하면서 중국을 한국전쟁에 끌어들였는데, 이는 소련이 직접 싸우지 않고 중국을 내세우려는 의도였다.[46]

스탈린은 김일성이 끈질기게 남침승인을 요청하였기 때문에 승인을 한 것이 아니라 1949년 수차에 걸친 김일성의 남침 승인 요청을 거부하였던 것처럼 당시 국제정세와 한국전 개전 시 소련의 손익을 면밀히 계산한 기초 위에 남침을 승인하는 결정을 내렸다.[47] 스탈린이 1949년 기간 동안 계속 김의 남침승인 요청을 거부하고 38선에서의 무력충돌이 전면전으로 비화되는 것을 막기 위하여 쉬티코프 대사로 하여금 철저히 감독을 하도록 10월 이후 수차에 걸쳐 지시[48]하였던 것과는 달리 태도를 바꾸어 1950년 1월

---

44) 외무부, 「한국전 문서요약」, pp.23-24.

45) *Ibid.*, p.24; 관련 영문번역 전문은 *CWIHP Bulletin*, Issue 4(Fall 1994), Washington, D.C.: Woodrow Wilson International Center for Scholars, pp.60-61을 참조.

46) 소련은 처음부터 한국전쟁 개전 조건으로 중국의 동의를 제기하였으며, 개전 후 중국을 한국전쟁에 끌어들이기 위하여 필사적 노력을 하였는데, 상세내용은 후술 예정이다.

47) Weathersby, "Korea, 1949-50: To Attack or not to Attack?" p.3.

48) 외무부, 「한국전 문서요약」, pp.18-19, 1949년 11월 3일자 전문에서 그로미코는 쉬티코프가 38선상에서의 북한 측의 어떠한 군사활동도 하지 않도록 한 공산당 정치국

30일자 전문에서 김일성의 남침을 승인하겠다는 의사를 표명하게 된 이유를 밝히는 자료로서는 상기 5월 14일자 스탈린의 모택동 앞 전문(電文)과 "변화된 국제환경"에 대한 스탈린 자신의 설명을 수록한 보고서가 있다.

김일성의 남침계획을 승인하게 된 스탈린의 "변화된 국제환경"의 첫 번째 요소는 국제정세 일반에 대한 스탈린의 인식이다. 그는 중국에서의 공산당 승리, 소련의 원자탄 획득(1949년 8월 첫 실험), 아시아에 대한 미국의 군사 개입 의지 약화 등으로 인해 공산진영의 힘에 자신감을 가지면서 상대적으로 미국의 힘을 낮게 평가하고 공산 진영의 동향에 대한 서방권의 반응에 덜 개의하게 되었다.[49]

두 번째 요소는 1월 12일 한국이 미국의 방위선 밖에 위치한다고 한 애치슨(Dean Acheson) 국무장관의 새로운 방위정책 선언이다. 만일 미국이 한국방위를 분명히 하였다면 스탈린은 김일성의 남침계획을 승인하지 않았을 것이다.[50]

세 번째 요소는 1950년 1월 중 구체화되어 가고 있던 모택동과의 중·소 동맹조약 체결이다. 동 조약의 전문(電文)에 밝힌 바와 같이 양국 간의 동맹은 공산진영에 대한 반대세력에 국제적 차원에서 공동 대처하기 위한 것으로서,[51] 중국공산혁명, 소련의 원자탄 확보와 아울러 2차 대전 후 확대되고 있는 공산진영의 세를 과시할 수 있는 것이었다.

러시아 대통령실 문서고에 소장되어 있는 김일성의 모스크바 방문에 관한 구 소련공산당 국제부 보고서는 "변화된 국제환경"에 대한 스탈린 자신의 설명을 기술하고 있다. 그는 중국공산당의 승리로 중국이 북한을 도울

의 지침을 제대로 이해하지 않은 것을 이유로 대사의 징계문제까지 거론되고 있음을 통보하였다.

49) Eugueni Bajanov, "Assessing the Politics of the Korean War, 1945-51," *CWIHP Bulletin*, Issues 6-7, p.87.

50) Weathersby, "Korea, 1949-50: To Attack or not to Attack?" p.4.

51) Sergei N. Goncharov, John W. Lewis, Xue Litai, *Uncertain Partners: Stalin, Mao and the Korean War* (Stanford: Stanford University Press, 1993), p.114.

수 있게 되었으며 중·소 동맹조약, 소련의 원자탄 보유로 미국이 아시아지역에서 공산주의에 도전하는 데 더욱 주저하게 될 것이라고 김일성에게 말하였다.[52] 그러나 그는 1월에 발표된 애치슨선언에 대하여는 전혀 언급을 하지 않았다.

미 행정부는 1949년 8월 소련의 원폭 실험 성공, 10월 중국공산정부의 수립 등 국제환경 변화에 대처하기 위하여 1950년 1월 NSC68과 같은 대(對)소 전략을 검토하게 되었으며, 이러한 배경에서 그동안 전략적으로 중요하지 않다고 평가하였던 한반도에서 6월 북한군의 남침이 있자 즉각적인 지원에 나섰다. 미국은 북한의 남침이 서독, 이란 등 다음 목표에 대한 공산진영 측의 공격으로 이어지는 소련의 세계적화전략의 일환으로 보았다.[53]

요약하면, 스탈린이 1950년 1월 30일 김일성의 남침계획을 승인한 배경에는 스탈린 자신이 설명하고 트루먼 행정부가 우려한 바와 같은 1949년 기간 중에 있은 국제환경 변화가 그 원인을 제공하였다는 것이다. 소련이 미국과 함께 원자탄을 보유하게 되고 중국공산혁명의 성취로 아시아지역에서 전략적 상황이 공산권에게 유리하게 전개되고 있다고 생각하는 시기에 미국이 한반도가 미국의 방위선 밖에 있음을 선언하자 스탈린은 세계적화전략의 일환으로 한국전쟁을 일으켰다는 것이고 이러한 견해가 이제까지 전통적 견해가 되어왔다. 따라서 1949년 기간 중의 국제정세 변화는 스탈린이 한국전쟁을 일으키는 계기도 되고 미국이 공산진영의 팽창을 저지하는 차원에서 그 동안 전략적으로 경시해왔던 한국에 대하여 즉각적 지원을 제공하게 되는 배경이 되었다.

---

52) 예프게니 바자노프 나딸리아 바자노바, 『소련의 자료로 본 한국전쟁의 전말』(서울: 도서출판 열림, 1998), pp.52-53.

53) Weathersby, "Soviet Aims in Korea and the Origins of the Korean War, 1945-1950," pp.6-7. NSC 68의 배경과 상세 내용에 대하여는 최광녕, "한국전쟁의 원인," 하영선 편, 『한국전쟁의 새로운 접근: 전통주의와 수정주의를 넘어서』(서울: 나남, 1990), pp.276-295를 참조.

IV. 대중국 관계와 한국전쟁에 대한 소련의 전략적 의도

1949년 기간 중 상기와 같은 국제정세의 변화에도 불구하고 미국이 한국 방위 의사를 분명히 하였다면 1950년 1월 스탈린이 김일성의 남침계획을 승인하지 않았을 것이라는 것이 한국전쟁 개전에 대한 상기 주장의 대전제 이다. 그러나 한국전쟁에 대한 스탈린의 전략적 의도를 앞 장에서 서술한 바와 같이 국제환경의 변화와 애치슨선언을 연결하여 파악하려는 것은 소련 의 대중국관계에 대하여는 내색을 하지 않고 국제환경 변화론만을 언급한 스탈린의 말을 고지식하게 믿고 그의 진의를 간과하는 것이라고 할 수 있 다. 따라서 이번 절에서는 중국공산당 창당 후 우호적이라고 평가할 수 없 는 소련의 대중국 태도와 스탈린이 중국공산혁명 달성 후 중국을 한국전쟁 개시 결정에 개입시키고 개전 후부터 참전을 필사적으로 유도하고 휴전협상 종료 시까지 전쟁을 장기화하도록 중국 측에 요청해 온 태도들을 차례로 검토해 보고자 한다.

1. 중국공산혁명에 대한 소련의 방해

1921년 창당 이후 중국공산당은 소련공산당과 굴곡이 많은 관계를 유지 해왔다. 모택동 자신이 1956년 3월 31일 북경주재 소련대사 유딘(Pavel F. Yudin)에게 토로한 바와 같이 스탈린은 1926년 중국국민당을 혁명주력세 력으로 평가하고 중국공산당이 국민당 산하에 들어가 통일전선을 형성할 것 을 지시하는 등 중국문제에 대한 노선 정립에 많은 오류를 범했다.[54] 1920 년대 중국공산당은 코민테른의 지부로서 레닌(V. I. Lenin) 사후 코민테른

---

54) 모택동과의 대화 내용을 정리한 유딘 대사의 본부 보고 전문의 英文譯은 *CWIHP Bulletin*, Issues 6-7, pp.164-167을 참조.

의 지도자인 스탈린의 지령을 충실히 이행하였고 1930년대 장정기간을 제외하고는 모택동은 코민테른과 소련공산당에 당의 중요사항을 일일보고를 하였으며 1956년 중소분쟁이 대외적으로 공개되기 전까지는 소련과 다른 의견이 있더라도 공개토론을 회피하였다.55)

그러나 스탈린은 끊임없는 의심과 우려를 하면서 모택동을 낮게 평가하였다. 스탈린은 "모택동은 중국의 푸가쵸프(러시아 농민혁명 지도자)와 같은 농민지도자이다. 그는 자신이 맑스의 자본론을 읽어 본 적이 없다고 고백할 정도로 맑스주의자가 아니다"라고 몰로토프에게 말한 것 같이 모택동을 형편없게 평가하였다.56) 또한 스탈린은 모택동과 적대관계에 있는 장개석(蔣介石) 주도 국민당 군대에 대일항전지원 명목으로 1937년부터 1939년까지 3년 동안 3억 불의 차관, 군사고문관 500명 및 약 6만 톤에 이르는 군수물자를 제공하기도 하였다.57) 스탈린은 1940년대 초 중국공산당 내 모택동의 위치를 강화하기 위하여 전개한 중국공산당 개혁운동을 중국공산당 내 친소파 숙청으로 의심하였고58) 1945년 2월 얄타회담에서는 외몽골 독립, 만주지역에서의 제반 이익을 확보하는 대가로 국·공 내전에 중국공산당을 지지하지 않을 것을 약속하기도 하였다.59)

최근 중국에서 발간된 회고록, 대만에서 공개된 자료, 소련 외교부 및 공산당 기록을 보더라도 스탈린은 세계 제2차 대전 종료 후 중국공산당이 추진하고자 하는 공산혁명 시작을 지원은커녕 반대하는 입장을 보였음을 확인할 수 있다. 1948년 스탈린을 만난 유고 공산주의자 블라디미르 데디져 (Vladimir Dedijer)의 회고록에 의하면, 스탈린은 1945년 모택동에게 장개

55) Chen Jian, "The Sino-Soviet Alliance and China's Entry into the Korean War," *CWIHP Working Paper*, No.1(June 1992), Washington, D.C.: Woodrow Wilson International Center for Scholars, pp.9-10.

56) Goncharov et al., *Uncertain Partners: Stalin, Mao and the Korean War*, p.88.

57) Hsi-sheng Ch'I, *Nationalist China at War: Military Defeats and Political Collapse* (AnnArbor: The University of Michigan Press, 1982), p.59.

58) Jian, "The Sino-Soviet Alliance and China's Entry into the Korean War," p.8.

59) *Ibid*.

석과 평화협상을 할 것과 중국혁명을 추진하지 않도록 권고하였다.[60] 또한
스탈린은 1949년 7월 소련을 방문한 류소기(劉少奇)에게 중국을 너무 몰랐
기 때문에 중국혁명을 방해하였다고 하면서 중국 내전기간 중 중국공산당을
충분히 지원하지 못하였음을 스스로 사과할 정도였다.[61]

중국공산당 자료에 의하면, 만주 주둔 소련사령관은 중국공산군의 만주
진입을 제한하려 하였다. 소련 측은 중국공산군이 만주의 제1도시인 심양
(瀋陽)을 점령하는 것을 막으려 하였으며 모택동이 있는 연안(延安)으로 대
표단을 파견하여 중국공산군은 도시에 진주하지 않으며 소련군 점령지역에
서 작전을 하지 않으며 '8로군'의 이름으로 작전을 하지 않는다는 세 가지
조건을 합의하고 동 조건 이행을 군사력을 동원하여 중공 측을 강요하였
다.[62] 소련공산당이 공개한 1948년 9월 6일자 중국공산당 동북위원회 서기
의 만주주재 소련공산당 간부 앞 항의서한에 의하면, 소련군은 만주에 도착
한 중국공산당 군대의 무장해제를 한 바 있으며 소련 측은 만주에서의 중국
공산당 활동문제는 1945년 8월 14일 국민당 정부와 체결한 우호동맹조약에
의거, 국민당 중앙정부가 결정할 문제라고 하면서 거부하였다.[63]

소련 측은 진실로 중국공산당과의 이념상 유대를 전혀 고려하지 않고 국
민당 정부와의 관계를 긴밀히 하였다. 중국공산당 자료에 의하면, 소련 측은
만주 내 도시지역으로부터 중국공산당군의 철수를 강요하였을 뿐만 아니라
1945년 11월 만주 내 중국공산당 측과는 접촉을 단절하고 오히려 심양, 창
춘공항(長春空港)으로의 국민당 정부군의 공수(空輸) 지원을 약속한 후 중·
소의 만주지역 공동개발을 위한 협상을 개시하고, 장개석의 12월 방소 준비

---

60) Brian Murray, "Stalin, the Cold War and the Division of China: A Multi-Archival
Mystery," *CWIHP Working Paper* No.12(June 1995), Washington, D.C.: Woodrow
Wilson International Center for Scholars, p.2; 모택동의 설명에 대하여는 *CWIHP
Bulletin*, Issues 6-7, p.165를 참조.

61) Jian, "The Sino-Soviet Alliance and China's Entry into the Korean War," p.12.

62) Murray, "Stalin, the Cold War and the Division of China: A Multi-Archival
Mystery," pp.2-3.

63) *Ibid.*, pp.3-4.

협의를 위한 장경국(蔣經國)의 모스크바 방문을 수락하였다.[64] 1947년 6월까지 소련 측은 여순항(旅順港)과 대련항(大連港)에 대한 문제도 국민당 정부와 체결한 우호동맹조약에 의거, 전적으로 국민당 대표단과 협의를 진행하였다.[65]

2. 소련의 국·공 내전 중재와 중국 분단 기도

소련은 중공이 1949년 10월 1일 국가 수립을 선포한 익일까지 국민당 정부와 외교관계를 유지해왔다. 로신(Roshchin) 대사는 1949년 초 국민당 정부가 패퇴하여 남경(南京)에서 광동(廣東)으로 남하하게 되었을 때 외교사절 중 유일하게 동행하여 중공군이 양자강을 도하한 5월까지 주재하였다. 결국 마지막 순간까지 중국에서 공산주의자들이 승리할 것으로 생각하지 않았다.

스탈린은 중공이 전면 내전을 일으켜 중국 내의 전쟁이 지구전적인 성격을 띠게 되면 미국의 군사개입이 불가피하게 될 것이라고 생각하였다. 중국에 대한 미국의 군사 개입이나 항구적인 주둔은 극동에서 소련의 안전보장을 해치는 것이기 때문에 스탈린은 국·공 내전을 원하지 않았다.[66] 이러한 이유로 스탈린은 1945년 중반 중국공산당이 국민당 정부를 상대로 전쟁을 개시하려 할 때 반대를 하였으며 1947년 9월부터 1949년 4월 중국공산당의 양자강 도강 시까지 국·공 내전 종식을 위한 중재 노력을 계속하였다.

국·공 내전 종식을 위한 중재 노력은 중국주재 소련 관리와 이란주재 소련대사에 의하여 동시에 진행되었다. 당시 중국주재 미국 외교관들에 의하면, 1947년 9월부터 로신은 소련대사관 무관으로서 국·공 간 내전 종식을

64) *Ibid.*, pp.4-5.
65) *Ibid.*, p.5.
66) Goncharov et al., *Uncertain Partners: Stalin, Mao and the Korean War*, p.10.

위한 중재 노력을 시작하였다. 그는 1948년 1월 업무 협의차 모스크바로 귀환하였다가 2월에는 무관이 아닌 대사로 부임하여 1949년 중공 측의 군 사적 승리가 확실해지기 전까지 소련은 모택동이 아시아에서 제2의 티토가 될 것을 우려하여 국·공 내전 종식 중재에 관심을 가지고 있다고 하면서 국민당 정부를 대상으로 중재노력을 계속하고 미국 측도 동 중재에 개입해 줄 것을 요청하였다.[67]

로신은 국민당 군부 지도자들에게도 접근하여 대일평화조약에 대한 중·소 공동 입장 수립, 국민당 정부에 대한 상업차관 제공, 중·소 국경지대에서의 공동 경제개발계획 작성 등을 제의하면서 내전종식을 요구하였다.[68] 소련 측은 남경에서의 로신의 중재노력과는 별도로 테헤란에서도 중재노력을 시도하였다. 1947년 10월 이란주재 사드치코프(I. V. Sadchikov) 소련 대사는 중국대사에게 로신이 한 것과 유사한 중재 제의를 하였다.[69]

1940년대 말부터 1950년대까지 모택동을 비롯한 중국지도자들은 1949년 1월 31일 당시 중국공산당 본부가 있던 서백파(西柏坡)에 도착하여 1주일 간 체류하면서 모택동 등 중국 지도자들과 국·공내전 동향과 향후 신생 중국의 정책로선을 협의한 미코얀(Anastas Mikoyan) 소련공산당 정치국 위원이 중공군이 양자강을 도하하지 않도록 권고하였다고 비난하였다. 중국 측은 다음의 세 가지 이유[70]를 들어 그 권고를 비난하였다.

첫째, 소련은 인민해방군의 전력을 잘못 평가하고 중공군이 국민당군을 패배시킬 수 없다고 믿고 있었고 둘째, 소련은 양자강 도하 시 미국의 군사적 개입을 야기할 것으로 우려하였으며 셋째, 스탈린은 중국의 분열을 바란다는 것이었다. 스탈린은 무력에 의한 중국공산당의 통일을 바라지 않고 양자강을 경계로 하여 공산당이 지배하는 북중국과 국민당이 지배하는 남중국

---

67) Murray, "Stalin, the Cold War and the Division of China: A Multi-Archival Mystery," p.7.

68) *Ibid.*, p.8.

69) *Ibid.*, pp.7-8.

70) Goncharov et al., *Uncertain Partners: Stalin, Mao and the Korean War*, p.42.

을 원하였다.

그러나 중공군이 더 이상 남진을 하지 않고 양자강에서 멈출 것을 소련 측이 미코얀 방중 시 중국공산당 측에 요구하였다는 것이 사실이 아닐 수도 있다는 주장도 있다. 모택동의 개인비서였던 사철(師哲)에 의하면, 미코얀은 중국공산당 지도자들과의 회의에서 스탈린과 소련공산당 정치국 위원들이 중국혁명의 신속한 승리와 전 국토의 해방을 바란다고 말했으며 '북중국과 남중국' 문제는 국민당 측이 중국분단을 제의한 데 대하여 1949년 4월 중국공산당의 회의 의제로 제기된 바 있다고 말하였다.[71] 그 당시 미코얀은 양국 간 미래협력방안에 관한 20개가 넘는 안건들을 다루었으며, 남진을 반대하는 어떠한 권고도 하지 않았으며, 만일 그런 것을 시사하였다면 미코얀과 중국공산당 지도자들 간의 회의는 망치게 되었을 것이라고 사철은 말하였다.[72]

미코얀 방중 시 인민해방군의 양자강 도하를 반대하는 의사 표시여부에 대한 논쟁에 상관없이 소련 측이 인민해방군의 도강을 반대하는 자료가 있다. 인민해방군이 4월 20일 양자강을 도강하기 직전인 4월 어느 날 스탈린은 모택동에게 전문을 보내어 이제까지의 인민해방군의 전과는 대단한 것이지만 전쟁을 끝내기에는 요원하다고 하면서 인민해방군이 남아시아의 국가들을 향하여 더 진격할 경우에는 제국주의자들을 동요시킬 가능성이 있다고 말하였다. 이어 스탈린은 영국, 프랑스, 미국이 그들의 점령지를 유지하기 위하여 군사적 조치를 취할 수도 있으며 인민해방군의 후방에 위치한 항구들에 그들의 군대를 공수하여 인민해방군을 공격할 가능성이 있음을 경고하였다.[73] 이와 관련하여 스탈린은 다음의 세 가지[74]를 중국 측에 권고하였다.

---

71) *Ibid.*

72) *Ibid.*

73) *Ibid.*, p.43.

74) *Ibid.*

첫째, 중국 접경국가들의 경계선에 도달하기 위하여 인민해방군은 서두
　　　르지 말고 신중히 준비할 것
둘째, 남쪽으로 진출하는 인민해방군 중 2개군을 선발, 항구 인근지역에
　　　배치하여 적들의 움직임을 봉쇄하기 위한 전투태세를 유지할 것
셋째, 당분간 인민해방군의 병력 수를 감소하지 말 것

　그러나 모택동은 스탈린의 상기 권고를 무시하고 5월 양자강 도강을 완료
하고 10월에는 저항하는 국민당군을 중국 대륙에서 완전히 몰아내었다. 위
에서 서술한 소련 측 태도를 종합해 볼 때 스탈린은 모택동군의 조기 공산
혁명 달성보다 양자강을 경계로 한 중국 대륙의 분단에 관심이 컸다. 소련
은 중국 국민당과 공산당과의 관계를 계속 유지하면서 양측이 군사대결을
포기하도록 압력을 가하였다. 1949년 5월까지 로신은 국민당 정부 주재 소
련대사로서 국민당 정부를 상대로 국·공 내전 종식을 위한 중재 노력을 계
속하였으며 스탈린과 미코얀은 중국공산당 지도부와의 교신, 회의를 통하여
미·영·불의 군사개입 가능성을 들어 인민해방군의 양자강 도강 및 남진을
반대하였다.

3. 만주에 대한 특수 지위 확보

　소련은 중국 국민당 정부와 공산당 정부를 가리지 않고 제2차 세계대전에
서의 대일전 참전 대가로 1945년 2월 11일 얄타협정에서 확보한 만주 등
중국에 대한 특수이익을 최대한 확보하는 입장을 견지하였다.
　1945년 8월 14일 조인한 장개석 국민당 정부와의 중·소 동맹조약에서
소련은 만주에 대한 중국의 주권을 승인하였지만, 외몽골을 사실상 중국으
로부터 독립시키는 것을 확보하고 대련항을 모든 국가의 통상과 해운에 개
방된 자유항으로 선언토록 하고 항만시설의 절반을 무료로 소련에 대여하며,
여순항을 중·소 공동 해군기지로 사용토록 하였으며 동청철도(東淸鐵道)와

남만철도(南滿鐵道)를 30년간 중·소가 공동 소유 관리키로 결정하였다.[75]

1950년 2월 14일 스탈린과 모택동 간에 체결된 중·소동맹 조약에서 중소 양국은 1945년 장개석 정부와의 조약과 거의 유사하나 만주 내 창춘철도(長春鐵道)의 공동 소유 관리 기한을 1975년이 아니라 1952년으로 단축하고, 여순에의 소련군 주둔은 철도의 공동 소유 관리 기한이 종료되는 시한까지, 대련은 일본과의 평화조약 체결 시까지 소련이 항구를 사용하기로 합의하였다.[76] 또한 동 조약에서 중·소 양국은 일본 및 그 동맹국의 침략으로 전쟁상태에 이르게 될 때 즉각적으로 모든 군사 기타 원조를 제공함을 합의하였다.[77]

상기 조약 서명 시 비밀의정서가 별도로 양국 지도자 간에 서명되었는데 이 의정서에서는 중국은 만주와 신강에서 제3국인이 산업 재정 무역 등 여타 관련활동을 하는 것을 허용하지 않으며 소련도 극동 및 중앙아시아 공화국에 대하여 동일한 제한을 둔다고 합의함으로써 만주·신강지역에 미국이 발을 붙이지 못하도록 장치를 하여 중국을 소련 국가안보를 위한 완충지대로 보는 스탈린의 영토안보관을 반영하였다.[78] 같은 날 서명된 다른 의정서에서 소련은 중국 측에 사전 통보나 관세를 지불하지 않고 여순에 이르는 만주 내 중국철도를 통하여 중국 동북부지역으로 군대 및 군 장비를 이동할 수 있는 권리를 확보하였다.[79]

스탈린은 최초 모택동과의 회담에서 새로운 조약 체결은 얄타협정을 위배한다는 이유로 거부하였으나 1950년 1월 초에 즈음하여 중국 측의 요구를 수용하는 태도 변화를 보였다. 이러한 스탈린의 태도변화는 1월 5일 기자회견에서 트루먼 대통령이 대만에 대하여 군사원조를 제공하거나 자문역할을 하지 않겠다는 불간섭정책을 발표하고 미 국무부 내에서 중국을 승인

---

75) *Ibid.*, pp.2-6.

76) *Ibid.*, p.119.

77) *Ibid.*, p.117.

78) *Ibid.*, pp.121-122.

79) *Ibid.*, p.126.

하지 않는 것은 중국이 소련에 더 기울게 되는 결과를 초래한다는 논리로 대(對)중 수교를 지지하는 분위기가 조성되어 가는 가운데 1월 6일 영국 정부가 대중국 수교 발표를 한 것과 관련된다. 즉, 스탈린은 중국과 서방과의 관계 수립이 미국의 소련 포위 전략에 대응하려는 자신의 세계전략에 중대한 차질을 초래할 것을 우려, 중국과 새로운 동맹조약을 체결함으로써 미국을 비롯한 서방과 중국 간에 경계선을 긋고 미국과 중국 간의 대결을 고취하려 하였다.[80]

스탈린은 1950년 1월 22일 모택동을 만나게 되었을 때 지난 해 12월 16일 대화 시와는 달리, 새로운 조약은 중·소 양국이 모든 중요 국제문제에 대하여 상호 협의해야 한다는 의무규정을 포함하는 강력한 것이어야 한다는 모택동의 주장을 수락하는 반응을 보였는데, 이 규정은 임박한 한국전쟁 준비를 시사하는 것으로서 모택동과의 새로운 조약체결에 대한 스탈린의 태도를 변화시킨 요인이었다.[81]

만주에 대한 소련의 특수지위를 합의한 상기 비밀의정서와 조약에 포함된 모든 중요 국제문제의 상호 협의 의무 규정 이외에 한국전쟁과 관련되는 것으로서, 스탈린과 모택동은 1950년 1월 대화시 여순 해군기지에 소련군이 계속 주둔하도록 합의하였는데, 이들은 미국의 중국 본토 공격에 대한 억지력으로 소련군의 여순항 계속 주둔이 필요하다는 데 의견 일치를 보았다.[82]

따라서 스탈린은 모택동과의 중·소 동맹 조약을 체결하면서 얄타협정에서 확보한 만주 등 중국에 대한 특수이익을 계속 확보하는 한편 아시아에서 미국의 포위 전략에 대응하기 위하여 신생거대 공산국을 끌어들여 임박한 한국전쟁을 소련의 의도대로 추진 유도할 수 있는 환경을 조성하였다.

---

80) *Ibid.*, p.108. 동 시기에 스탈린은 중국과 서방과의 관계악화를 유도하기 위하여 그때까지 반대해온 모택동의 대만 침공 계획 지지의사 표시, 중국 측의 홍콩 접수 허용지지, 유엔 안보리 내 장개석 정부 대표의 합법성 시비 등 중국 측으로 하여금 대서방 강경태도를 고무시켰다.

81) Vojtech Mastny, "A Palpable Deterioration," *CWIHP Bulletin*, Issues 6-7, p.22.

82) *Ibid.*

4. 한국전쟁에의 중국 참전 유도

독일 동구국제문제 연방연구소 하인지그(Dieter Heinzig) 부소장이 러시아 대통령실 문서고에서 직접 열람한 1956년 3월 31일자 북경 주재 유딘 대사의 모택동 면담 기록 원본에 의하면, 모택동은 "[1949년 12월부터 1950년 2월 모스크바 방문 시] 스탈린과 북한을 강화하는 문제에 대하여는 의논이 있었지만 남한정복문제에 대하여는 전혀 협의가 없었다"고 말하였다.[83] 그러나 모택동의 모스크바 방문 후반기에 북한의 남한 공격의 실현 가능성에 대하여 토의를 했다는 몇 가지 증거들이 있다.[84] 소련비밀문서 공개 시 중요한 역할을 한 볼코고노프 장군은 모택동의 모스크바 방문 시 스탈린과 1950년 초 여름이 대만과 한반도문제를 완전히 결정짓는 절호의 기회가 될 것이라는 데 의견일치를 보았다고 주장하였다.[85]

한국전쟁 개시에 관한 구 소련과 중국의 비밀문서가 모두 공개되지 않은 현 상황에서 스탈린이 모택동의 모스크바 방문 시 그와 한국전쟁에 대하여 논의하였는지 여부를 확인할 수는 없다 하더라도 스탈린이 한국전쟁에 처음부터 중국을 개입시키려 하였다는 것을 앞에서 서술한 바 있다. 스탈린은 1950년 1월 30일 최초로 전쟁 개시 승인 의사를 북한 측에 표명한 다음

---

83) Dieter Heizig, "Stalin, Mao, Kim and Korean War Origins, 1950: A Russian Documentary Discrepancy," *CWIHP Bulletin*, Issues 8-9(Winter1996/1997), Washington, D.C.: Woodrow Wilson International Center for Scholars, p.240. 러시아 측이 추후 공개한 동 전문(英文譯은 *CWIHP Bulletin*, Issues 6-7, pp.164-167 참조)에는 모택동이 한국전쟁에 관하여 언급한 부분이 삭제되어 있다.

84) Chen Jian, *China's Road to the Korean War: The Making of the Sino-American Confrontation* (New York: Columbia University Press, 1994), pp.85-91; John Merrill은 흐루시초프 회고록의 최초 테이프에 기초하여 스탈린이 북한의 남침계획에 대해 문의하자 모택동은 동의한다는 의견을 제시하였다고 주장하였다. Goncharov et al., *Uncertain Partners: Stalin, Mao and the Korean War*, p.130.

85) Dmitrii Volkogonov, *Stalin: Triumf I tragediya* (Moskva, 1989), tom II. Part 2, p.108, 신승권, 『소련의 한국에 대한 정책목표분석』(서울: 집문당, 1966), p.50에서 인용.

중국 측과 협의 후 2월 9일 군사적 방법에 의한 한반도 통일을 적극 지지하는 전문을 평양에 보냈다. 1950년 5월 14일자 스탈린의 모택동 앞 전문(電文)에서 확인된 바와 같이 김일성이 48번에 걸쳐 남침 승인 간청 전문(電文)[86]을 보낸 후 1950년 4월 모스크바를 방문하였을 때 스탈린은 "변화된 국제환경" 때문에 군사력에 의한 김일성의 통일을 승인한다고 하면서 "남침에 대한 최종결정은 중국과 북한이 함께 내려야 하며 만일 중국이 동의하지 않으면 미루어야 한다"고 말하였다. 스탈린이 중국을 한국전쟁 개전 결정에 끌어넣으려 한 것은 약체 한국 정부의 반격을 두려워한 것은 아니었을 것이다. 스탈린은 북한이 남침할 경우 미국이 개입할 것으로 예견하고 중국과 미국을 싸우게 하려는 의도로 보인다.

구 소련 공산당 국제부의 김일성의 소련방문에 관한 보고서에 의하면, 스탈린은 1950년 4월 모스크바를 방문해온 김일성에게 소련이 전쟁에 직접 참여해줄 것으로 기대해서는 안 된다고 하면서 소련이 서쪽 방면에서 대처해야 할 심각한 도전에 직면해 있고 미국이 한반도에 군대를 파견할 경우 직접 개입할 준비가 되어 있지 않으므로 무력통일을 위한 남침은 중국 지도부가 이를 찬성할 때만 개시될 수 있음을 강조하였으며[87] 5월 14일에는 모택동에게 이를 확인해 주었다.

스탈린은 한국과 유엔군의 반격 특히 미군기의 공습으로 김일성의 사기가 저하되고 전세가 북한군에게 불리하게 되자 다시 중공군의 참전을 중국 지도부에 촉구하였다. 1950년 7월 5일 스탈린이 중국주재 로신 대사를 통하여 주은래 외상에게 보낸 암호전문은 한국전쟁 참전여부를 협의 결정하기 위하여 7월 중순 개최된 중국공산당 지도부 회의에 앞서 중국지도부가 중공군의 한 만 국경지대로의 이동문제를 스탈린과 협의한 것을 밝히고 있다.

스탈린은 동 전문에서 적군(한국군과 UN군)이 38선을 넘게 될 경우 북한

---

86) Kathryn Weathersby, "New Findings on the Korean War: Translations and Commentary," *CWIHP Bulletin*, Issue 3(Fall 1993), Washington, D.C.: Woodrow Wilson International Center for Scholars, p.14.

87) 예프게니 바자노프·나딸리아 바자노바, 『소련의 자료로 본 한국전쟁의 전말』, pp.53-54.

군을 돕기 위하여 중공군 9개 사단을 한 만 국경지대에 집결시키는 것이 타당하다고 하면서 이들에 대한 공중엄호를 약속하였다.[88] 7월 13일 스탈린은 모택동에게 보내는 전문에서 중공군 9개 사단 엄호를 위하여 제트기 124대로 구성된 1개 항공사단을 보낼 것을 약속하고 2~3개월간 중국 측 조종사 훈련과 훈련 후 장비이전을 통보하였다.[89]

9월 16일 유엔군의 인천상륙작전 후 북한군이 후퇴를 거듭함에 따라 절망상태에 빠진 김일성은 9월 28일 노동당 중앙위 정치위원회를 개최, 적군이 38선을 돌파 시 소련군이 직접 지원해줄 것과 소련군의 직접지원이 불가능할 경우에는 중국과 기타 공산 국가들로 국제의용군을 조직, 원조하여 줄 것을 요청하는 서한을 스탈린에게 보내기로 결정하였다.[90] 스탈린은 10월 1일 새벽 2시 50분에 9월 29일자 김일성·박헌영 공동명의 전문[91]을 받고 3시 모택동과 주은래에게 최소한 5~6개 사단의 중국의용군을 38선 방향으로 진격시켜 북한군을 지원해줄 것을 요청하는 전문을 발송하였다.[92]

상기 스탈린의 중국 참전 요청 전문에 대하여 모택동은 10월 2일자 스탈린에게 보내는 전문에서 중국은 최초 적군이 38선을 돌파할 경우 의용군 4개 사단을 파견할 계획을 가지고 있었으나 여타 지도자들과 세부검토결과 (1) 중공군의 준비부족 (2) 중공군 참전 시 미·중 전쟁이 될 가능성 및 이

---

88) Weathersby, "New Russian Documents on the Korean War," p.31; 외무부, 「한국전 문서요약」, p.33; 관련 영문번역 전문(문서 18)은 *CWIHP Bulletin*, Issues 6-7, p.43을 참조.

89) Weathersby, "New Russian Documents on the Korean War," p.31; 관련 영문번역 전문(문서 22)은 *CWIHP Bulletin*, Issues 6-7, p.44를 참조.

90) Alexander Y. Mansourov, "Stalin, Mao, Kim, and China's Decision to Enter the Korean War, September 16-October 15, 1950: New Evidence from the Russian Archives," *CWIHP Bulletin*, Issues 6-7, p.98.

91) 외무부, 「한국전 문서요약」, pp.53-54; 영문번역 전문(문서 6)은 *CWIHP Bulletin*, Issues 6-7, pp.111-112을 참조.

92) Mansourov, "Stalin, Mao, Kim, and China's Decision to Enter the Korean War, September 16-October 15, 1950," pp.98-99; 외무부, 「한국전 문서요약」, p.55; 영문번역 전문(문서 10)은 *CWIHP Bulletin*, Issues 6-7, p.114를 참조.

경우 중·소 동맹조약에 의거, 소련군의 참전 불가피 (3) 중공군 참전 시 미국의 중국 내 반동세력 준동 가능성 등의 이유를 내세워 당분간은 의용군을 파견치 않고 인내심을 보일 필요가 있다고 하면서 앞으로 북한군은 유격전 형태로 투쟁해야 한다고 말하였다.[93] 이에 대하여 10월 5일 스탈린은 모택동과 주은래에게 보내는 전문에서 미국은 현 상태에서는 큰 전쟁을 치를 준비가 되어있지 않고 일본은 군사적 잠재력은 있으나 아직 회복되지 않은 상태이므로 소련을 배후에 둔 중국의용군 참전은 한반도문제를 북한에 유리한 방향으로 미국이 양보토록 압박하고 한반도가 대륙침략의 도약대가 될 가능성을 사전 방지할 수 있으며 미국으로 하여금 대만을 포기케 할 것이라고 하면서 중국의 한국전쟁 참전을 촉구하였다.[94]

스탈린은 이어 10월 8일 김일성에게 보내는 전문에서 모택동이 10월 7일 9개 사단을 조만간 북한에 파견할 예정임을 자신에게 알려왔음을 통보하면서 김일성이 적군과의 전투에서 결연히 임할 것을 촉구하였다.[95] 모택동도 10월 8일 밤 평양주재 중국대사를 통하여 중국의용군의 참전을 김일성에게 통보하였다.[96]

그러나 10월 9일~10일간 중국의 북한지원문제를 구체적으로 협의하기 위하여 소련을 방문한 주은래(周恩來)와 임표(林彪)가 여러 이유를 내세워 모택동의 참전결정을 번복하려는 태도를 보이자 스탈린은 위험을 무릅쓰고 최후카드를 제시하였다. 10월 13일 스탈린은 중국의 참전 지원에 대하여 미국이 중국을 공격·보복할 가능성이 없으나 지금 중국이 참전하지 않으면

93) Mansourov, "Stalin, Mao, Kim, and China's Decision to Enter the Korean War, September 16-October 15, 1950," p.100; 외무부, 「한국전 문서요약」, p.55; 영문번역 전문(문서 12)은 *CWIHP Bulletin*, Issues 6-7, p.114-115를 참조.

94) Mansourov, "Stalin, Mao, Kim, and China's Decision to Enter the Korean War, September 16-October 15, 1950," p.101; 영문번역 전문(문서 13)은 *CWIHP Bulletin*, Issues 6-7, p.116을 참조.

95) Mansourov, "Stalin, Mao, Kim, and China's Decision to Enter the Korean War, September 16-October 15, 1950," p.102.

96) *Ibid.*

북한은 매우 짧은 시일 내에 붕괴될 것이므로 중국은 중국 북동지역에 북한 인민군을 재배치하고 소련은 연해주 지역에 한국계 소련인과 부상병, 노약 자를 이동시켜 북한 재진입을 위한 피난처를 각기 제공하자고 하면서 일단 북한을 포기하는 최종 제의를 중국 측에 하고[97] 10월 13일 쉬티코프 대사 를 통하여 북한군 철수계획을 김일성에게 실제로 제시함으로써[98] 모택동의 한국전쟁 참전 최종 결심을 유도하였다.[99] 스탈린은 이와 같이 중국을 한국 전쟁에 필사적으로 끌어들이도록 노력을 하였는데 마지막에는 북한 포기라 는 최악의 상황을 제시하여 중국 측의 한국전 참전을 얻어 내었다.

5. 전쟁과 휴전협상의 장기화 유도

유엔군의 인천상륙 후 북한의 패색이 짙어지자 스탈린은 9월 30일 소련 공산당 정치국회의를 소집, 협의를 한 후 외무성으로 하여금 유엔에 제출할 소련 측 정전결의안을 초안하도록 지시하고[100] 10월 1일 즉각 정전, 외국군 철수 및 국제 감시하 총선 등 요지의 초안을 모택동과 협의 후 유엔주재 소련대표부로 타전하였다.[101] 유엔군이 인천상륙작전 후 승기를 잡은 상황 에서 미·영이 주도하는 유엔총회 정치위원회는 10월 4일 상기 소련 측 결 의안을 부결시켰으며 이어 유엔총회는 찬성 47, 반대 5, 기권 7표로 북한 패배 후 유엔주관으로 한반도에서의 통일 자주 민주국가 수립을 위한 선거 실 시 등 요지의 결의안을 통과시켰다. 동 결의안 표결이 있는 날 워커(Walton

97) *Ibid.*, pp.102-103.

98) *Ibid.*, p.104; 관련 영문번역 전문(문서 14)은 *CWIHP Bulletin*, Issues 6-7, p.118.

99) *Ibid.*; 중국 측 입장에서 논술한 중국의용군의 한국전 참전 결정 경위에 대한 상세 내용은 Goncharov et al., *Uncertain Partners: Stalin, Mao and the Korean War*, pp.168-202를 참조.

100) Mansourov, "Stalin, Mao, Kim, and China's Decision to Enter the Korean War, September 16-October15,1950," p.98.

101) *Ibid.*, p.99.

Walker) 장군의 제1기병부대의 선두는 38선을 돌파하였다.[102]

그러나 10월 19일 밤 중국군이 압록강을 도강하여 공격에 나서자 유엔군과 한국군은 다시 후퇴, 전황이 어렵게 된 상황에서 12월 유엔주재 인도, 영국, 스웨덴 대표와 리(Trygve Lie) 사무총장은 중국 대표에게 중국이 수락할 정전조건 제시를 요청하였다. 이에 대하여 주은래는 12월 7일 한반도에서의 모든 외국군 철수, 대만 및 대만 해협으로부터의 미군철수, 한국문제는 한국인 스스로 해결, 중국 정부 대표의 유엔 참여 및 대만 정부 대표 축출, 일본과의 평화조약준비를 위한 4강국 외상회의 개최 등의 정전 조건을 스탈린에게 제시하면서 그의 의견을 문의하였다.[103]

같은 날 스탈린은 주은래에게 보낸 회답과 소련 공산당 정치국의 유엔주재 비신스키대사 앞 훈령에서 미국이 패퇴를 거듭함에 따라 완패를 모면하고 시간을 벌기 위하여 한반도에서의 군사 활동 중지에 관한 제의를 빈번히 하고 있는 현 상황에서 주은래가 제시한 정전조건들은 적절치 않다고 답변하였다.[104] 스탈린은 이어 10월 9일 주은래에게 보낸 전문에서 서울이 아직 해방되지 않은 시점이므로 중국 측이 모든 카드를 제시할 때가 아니라고 하면서 주은래가 미국과 유엔이 먼저 정전조건을 제시토록 하는 전략을 택할 것을 제시하였다.[105] 유엔 측이 다시 1951년 1월 11일 정전 제안을 해왔을 때 주은래는 스탈린에게 문의, 그의 권고에 따라 유엔 측 제안을 거부하였다.[106]

---

102) *Ibid.*, p.101.

103) Weathersby, "New Russian Documents on the Korean War," p.32; 외무부, 「한국전 문서요약」, p.60; 관련 영문번역 전문(문서 47)은 *CWIHP Bulletin*, Issues 6-7, p.52를 참조.

104) Weathersby, "New Russian Documents on the Korean War," p.32; 외무부, 「한국전 문서요약」, pp.60-61; 관련 영문번역 전문(문서 48)은 *CWIHP Bulletin*, Issues6-7, p.52를 참조.

105) Weathersby, "New Russian Documents on the Korean War," p.34; 관련 영문번역 전문(문서 49)은 *CWIHP Bulletin*, Issues 6-7, pp.52-53을 참조.

106) Weathersby, "New Russian Documents on the Korean War," p.34; 관련 영문번역 전문(문서 52)은 *CWIHP Bulletin*, Issues 6-7, pp.54-55를 참조.

1951년 6월 5일 스탈린은 모택동에게 보내는 전문에서 한반도에서의 장기전은 중국군이 전장(戰場)에서 현대전을 연구할 기회를 갖게 될 뿐만 아니라 트루먼 정부를 흔들고 미·영국군의 국제적 위신을 실추시킬 수 있기 때문에 한국전쟁의 속도를 빠르게 하지 않아야 한다고 주장하였다.107) 이 당시 모택동은 국제관계에서의 중국의 위치를 높이고 중국 내 혁명분위기를 고양시키기 위하여 미국으로부터 수락할 만한 조건을 확보할 때까지 전쟁을 계속할 의향을 가지고 있었지만108) 전쟁 종료 시까지 입을 수 많은 사상자 때문에 상기 스탈린의 장기전 요구에 대하여 적극적이지는 않았을 것으로 상상된다.

그러나 1951년 4월과 5월 중공군과 북한군의 대공세 실패는 스탈린으로 하여금 유엔군 사령부와의 휴전협상을 개시토록 압박하였다. 1951년 6월 5일 말리크(Jacob Malik) 주유엔 소련대사는 평화를 원하며 가급적 빠른 시일 내 한국 문제의 평화적 해결을 원한다고 하면서 미국 정부가 이 문제에 관하여 북한과 중국 측과 접촉해 줄 것을 케난(George F. Kennan)에게 통보하였다.109) 며칠 후 김일성과 高崗(만주에 위치하고 있던 중국의 친소 인사로서 1955년 숙청됨)은 동 문제를 협의하기 위하여 스탈린을 방문하였다. 모택동이 6, 7월 2개월간은 중공군과 북한군이 수세적 위치에 있으므로 유엔군사령부와 협상을 개시하는 것이 바람직하다는 의견을 제시해옴에 따라 스탈린은 협상개시를 위하여 필요한 조치를 취하도록 말리크 대사에게 지시하였다.110)

---

107) Weathersby, "New Russian Documents on the Korean War," p.34; 관련 영문 번역 전문(문서 65)은 *CWIHP Bulletin*, Issues 6-7, p.59를 참조.

108) Chen Jian은 모택동이 한국전쟁 시 북한을 지원한 동기는 유엔군의 중국 국경 접근에 따른 안보 위협보다 국제적으로 신생 중국의 위신을 높이기 위한 것이라고 주장하고 있다. Jian, *China's Road to the Korean War*, pp.211-223.

109) Kennan to Matthews, 5 June 1951, in U. S. Department of State, *FRUS*, 1951, Vol. VII(pt.1), pp.507-511.

110) Weathersby, "New Russian Documents on the Korean War," p.35, 말리크 대사는 6월 23일 유엔 라디오 망을 통한 연설로 휴전 협상을 제의하였다.

1951년 7월부터 1953년 7월까지 계속된 휴전협상의 초기 단계에 모택동은 중국 측이 만족할 조건들을 확보할 경우 휴전협정을 체결할 의도를 가지고 있었다.[111] 그러나 스탈린은 미국이 휴전협정을 체결해야 할 더 급박한 필요가 있다고 하면서 중국과 북한 측은 서두르거나 협상의 조기 종결의사를 보이지 않고 계속 강경입장을 견지토록 종용하였다.[112]

교착상태에 있었던 휴전협상은 1953년 3월 스탈린 사망 후 급진전을 보게 된다. 스탈린 사후 2주 후 3월 19일 소련 각료회의는 한국전쟁을 조기 종결토록 결정을 하였던 바, 동 결정은 스탈린이 한국전쟁 계속의 주요인이었으며 그가 죽은 뒤 곧 소련, 중국, 북한이 휴정협정체결을 위한 조치들을 취하였음을 나타내고 있다.[113]

V. 맺음말

제정(帝政) 러시아가 한반도와 국경을 맞대게 된 후 취해온 정책과 같이 소련에 있어 한반도는 극동에서의 국가이익 중 부차적 목표에 불과하였다. 소련은 세계 제2차 대전 종전 처리를 미국 측과 의논하는 과정에 만주에 대해서와는 달리 한반도 전체를 차지할 의사를 미국 측에 강력히 제시하거나 다른 구체적 의견을 제시하지 않았다.

소련은 한반도에 대하여 극동에서의 소련 국가이익의 핵심인 만주지역을

---

111) Weathersby, "New Russian Documents on the Korean War," p.35; 관련 영문번역 전문(문서 84~88)은 *CWIHP Bulletin*, Issues 6-7, pp.66-69를 참조.

112) Weathersby, "New Russian Documents on the Korean War," p.35; 관련 영문번역 전문(문서 95)은 *CWIHP Bulletin*, Issues 6-7, p.72를 참조.

113) Weathersby, "New Russian Documents on the Korean War," pp.34-35; 관련 영문번역 전문(문서 112)은 *CWIHP Bulletin*, Issues 6-7, pp.80-83을 참조.

보호할 수 있는 완충지역으로서의 가치만을 부여하였다. 그러나 소련은 세계 제2차 대전 후 종전 처리문제로 미국과의 관계가 악화되자 1945년 10월 들어 한반도 북반부만이라도 대소 공격기지가 되지 않도록 하는 것에 주의를 기울여 북한지역에 대한 공산화체제 구축을 적극 추진하기 시작하였다.

이러한 소련의 한반도관은 미국과 직접 대결을 해가면서까지 북한을 구원할 의사가 없다는 데까지 이어졌다. 1950년 9월 유엔군이 인천상륙작전에 성공한 후 북한으로 진격함에 따라 북한의 붕괴가 우려되자 10월 5일 스탈린은 소련공산당 중앙위 정치국 회의를 소집하여 소련이 북한을 버리는 것을 감수하더라도 미국과의 직접 군사대결을 회피하여야 한다는 결정을 하고 만주지역으로 북한 정부 망명까지 중국과 북한에 제시하였다.[114] 소련이 한반도에 두는 제한적 이익과 관심을 극명하게 드러내는 사례이다.

한국전쟁이 김일성의 개전 의지와 역사적 결단에 의하여 일어났기 때문에 김일성의 전쟁이라는 주장을 하는 일부 학자들이 국내외에 있다. 그러나 김일성이 1949년 3월, 8월, 9월 등 그 해의 거의 전 기간에 걸쳐 스탈린에게 남침승인 요청을 하였음에도 불구하고 이 기간에 한국전쟁이 일어나지 않았던 것을 보면 김일성의 남침의사만으로 한국전쟁 원인을 설명하는 데는 한계점이 있음을 보여 준다.[115] 또한 그 당시 공산진영 내 스탈린의 위치로 인해 스탈린과 김일성 간의 관계가 주종관계(主從關係)이었음에 비추어 김이 한국전쟁의 개시를 역사적으로 결정하고 주도했다는 것은 상상할 수도 없는 것이다. 울람 교수가 "스탈린은 이미 남침계획을 갖고 있었다. 다만 그는 그가 승인을 하고 도움을 줄 가장 적절한 시기를 기다렸을 뿐이다. … 달리기 경주에서 경주가 출발을 위하여 구부려 기다리고 있는 선수에 의하여 시작되는 것이 아니라 심판이 출발신호를 함으로써 시작되는 것처럼 한국전쟁은 스탈린이 승인을 함으로써 시작되었다"고[116] 지적한 것은 매우

---

114) Mansourov, "Stalin, Mao, Kim, and China's Decision to Enter the Korean War, September 16-October 15, 1950," p.100.

115) 김영호, 『한국전쟁의 기원과 전개과정』(서울: 두레, 1998), p.138.

116) Adam Ulam, "Letters: Stalin, Kim and Korean War Origins," *CWIHP Bulletin*,

적절한 평가로 판단된다.

우리는 스탈린이 한국전쟁을 일으킨 전략적 의도를 1949년 기간 중국제 정세의 변화와 애치슨선언을 연결하여 파악하려는 주장들을 보아 왔다. 이에 따라 우리는 1950년 1월 애치슨 국무장관이 한반도가 미국의 방위선 밖에 있다고 선언하자 스탈린이 유리해졌다고 판단한 국제정세의 변화를 배경으로 하여 세계적화전략의 일환으로 김일성의 남침계획을 승인, 한국전쟁을 일으켰다는 고정관념을 가지고 있다. 스탈린 스스로는 김일성과 모택동에게 애치슨선언을 언급하지 않고 중국공산혁명 성공, 중·소 동맹조약 체결, 소련의 원자력 보유 등으로 미국세력이 공산세력의 도전에 상대적으로 약화되었다는 '변화된 국제환경'을 들어 자신의 한국전쟁 승인 배경을 제시하고 있다.

그러나 스탈린은 애치슨선언이 있기 훨씬 전부터 미국이 한국의 안보를 보장하지 않을 것이라는 것을 영국인 스파이 도날드 맥그린(Donald MacLean)의 보고[117]를 통해 알고 있었으나 일단 전쟁이 일어나면 미국의 군사개입이 있을 것을 예견하고 군사적 역량 측면에서 강자인 미국과 신생 중국이 대결을 하게 하는 구도로 한국전쟁 준비를 하였다. 따라서 한국이 미국의 방위선 밖에 있다고 한 에치슨 선언은 스탈린이 김일성의 한국전쟁 개시 요청을 승인하고 전쟁준비를 하게 한 것과는 무관하다는 결론에 이르게 된다. 그러므로 애치슨선언으로 스탈린의 한국전쟁 개시 승인을 설명하는 것은 한계점이 있다.

스탈린이 중국공산혁명의 성공을 보고 전쟁 개시문제 협의를 위한 김일성의 소련 방문 요청을 수락하고 한국전쟁 개시 시기 결정에 중국을 개입시킨 후 1953년 4월 사망할 때까지 중국에 대하여 취해온 정책들을 검토해보면, 스탈린이 전혀 입 밖으로 제시하지는 않았지만 전쟁에 임하는 스탈린

Issue 4(Fall 1994), Washington, D.C.: Woodrow Wilson International Center for Scholars, p.21.

117) Kathryn Weathersby, "The Korean War Revisited," *Wilson Quarterly* (Summer 1999), Washington, D.C.: Woodrow Wilson International Center for Scholars, p.93.

의 진정한 전략적 의도를 파악할 수 있다. 스탈린은 1921년 중국공산당 창당이래 모택동의 진심과 중국공산당의 능력을 의심한 나머지 오히려 국민당 정부와 마지막 순간까지 연계를 갖고 공산혁명을 방해하고[118] 양자강을 경계로 분단을 고려하기도 하였다. 동 사실은 스탈린이 공산당간의 이념적 유대로 중국공산혁명을 조기에 달성시키기 위하여 중국공산당을 적극 도왔을 것이라는 또 다른 고정관념을 깨는 것이다.

스탈린은 한국전쟁 개시 시기를 고려할 때 미국이 개입할 것을 전제로 하였다. 김일성이 1950년 4월 모스크바 방문 시 남침하더라도 미국이 개입하지 않을 것이라는 의견을 개진하였으나 스탈린은 한국과 미국이 정신을 차릴 시간을 주지 않아야 한다고 하면서 전쟁이 장기화되면 미군이 응당 개입할 것으로 판단하였다.[119] 미국의 군사적 개입 가능성에 대한 스탈린의 판단은 불가닌 국방상과 그로미코 외무상이 1949년 9월 한반도문제에 관한 소련공산당 정치국 결의안을 심의하기 위하여 만든 초안에도 그대로 반영되어 있다.[120]

스탈린은 2차 대전 기간 중 2천만여 명의 소련인민의 사상자를 내었고 전후 경제재건을 위하여 북한이 통일을 위하여 남침을 하더라도 미국과의 대결이 예상되는 한국전쟁에 직접 개입할 수 없다는 구구한 변명을 내세워 한국전쟁 개시 시기 결정 때부터 중국을 개입시키고 북한 붕괴상황에 이르자 북한을 포기한다는 마지막 카드를 제시하여 중국의 참전 지원을 극적으로 유도하였다. 스탈린이 중공군이 한반도의 전장에서 현대전을 연구할 것을 권고하면서 휴전협상을 장기화시켜 중국 측의 희생을 강요한 것을 보면

---

118) 모택동은 1956년 3월 31일 중국주재 유딘 대사와 면담 시 스탈린이 중국공산당 창당 이후 국민당 정부를 지지하면서 중국공산혁명을 방해한 행위를 각종 사례를 들어가면서 비난하였다. 유딘 대사의 본부 보고 전문의 英文譯은 CWIHP Bulletin, Issues 6-7, pp.164-167을 참조.

119) 에프게니 바자노프·나따리아 바자노바, 『소련의 자료로 본 한국전쟁의 전말』, pp.53-54.

120) Ibid., p.43.

스탈린은 중국공산당이 그의 예상 밖으로 조기에 공산혁명을 달성하자 중국 공산당 창당 이후 견지해온 모택동에 대한 의구심과 아시아에서의 제2티토 등장 가능성에 대한 우려에서 중국을 약화하려는 의도로 한국전쟁을 일으켜 중국을 개입시킨 것으로 판단된다. 한국전쟁 발발 후 북경주재 영국 영사 브라이언(Brian)이 "조선전쟁은 중국이 대만을 점령하고 강대국이 되는 것을 방지하려는 특수한 목적하에 소련에 의해 개시된 것"[121]이라고 지적한 것은 상기와 같은 스탈린의 중국 약화 의도를 제대로 파악, 관찰한 것이다.

또한 스탈린은 한국전에 중국을 개입시킴으로써 중국과 서방과의 연계를 차단하고 중국을 확실히 소련의 영향권하에 묶어두려는 것도 고려하였을 것이다.[122] 스탈린이 한국전쟁 개시 승인을 하면서 중국을 개입시킨 것은 1949년 12월 모택동이 새로운 중·소동맹조약을 체결하기 위하여 모스크바를 방문했을 때 여러 가지 이유로 동 조약 체결에 긍정적 반응을 보이지 않던 스탈린이 1950년 1월 영국과 인도가 중국을 승인하자 태도를 바꾸어 조약체결에 응한 것처럼[123] 중국의 대서방 관계개선을 경계한 맥락에서 이해될 수 있다.

신승권 교수는 볼코고노프 저서와 기타 자료들을 종합하여 스탈린은 1949년 1월 한국전쟁을 결심하고 동년 3월 김일성을 모스크바를 불렀다는 의견을 제시하였다.[124] 스탈린은 1월 중순 어느 날 파크로브세프(Pokrevyshev) 비서실장에게 "베리야(Lavrentii Pavlovich Beriya)에게 오늘밤 원자력기구에서 실행되고 있는 실험의 진척상황에 대하여 보고하도록 얘기해 주게…." 라고 지시하고 "비신스키에게 평양에 답신을 보내어야 한다고 전해 주게.

---

121) *Ibid.*, p.107.
122) Goncharov et al., *Uncertain Partners: Stalin, Mao and the Korean War*, p.139, 143; Weathersby, "Soviet Aims in Korea and the Origins of the Korean War, 1945-1950," p.36.
123) 상기는 스탈린이 태도를 바꾸어 신 중·소조약 체결에 응한 이유에 대한 모택동 자신의 평가이다. *CWIHP Bulletin*, Issues 6-7, p.165.
124) 신승권, "스탈린과 한국전쟁," 『한양대 사회과학논총』, 제12집(1993), p.27.

나는 김일성의 방문에 동의하기로 했네, 그를 더 가까이서 살펴볼 필요가 있다네…"라고 말하였다.[125] 1월은 중공군이 북경을 함락하고 국민당군이 남쪽으로 패주하기 시작한 시기이므로 한국전쟁 개시와 관련한 상기 스탈린의 중국 약화 논리와 연결되는 중요한 단서이다. 스탈린은 미 중간의 전쟁을 유발시킴으로써 미국과 중국을 모두 견제하는 동시에 미국과의 전쟁으로 국력이 소진된 중국으로부터 이 기회를 이용하여 만주를 독립시켜 소련의 위성국으로 만든다는 대전략을 세우고 이에 입각하여 한국전쟁을 일으켰던 것이다.[126]

한국전쟁을 일으킨 스탈린의 전략적 의도를 요약하면 다음과 같다. 1949년 스탈린은 군사적으로 미국이 소련보다 월등 강하다고 판단하였다. 그는 세계 제2차 대전 후 대미관계가 급속히 악화되어 가고 있음에도 만주에 비해 부차적 가치 밖에 없는 한반도에서는 미국과 군사적으로 대결할 의사가 추호도 없었으며 북반부의 소비에트화만을 적극 추진하였다. 그러나 스탈린은 자신이 원하던 것과는 달리 모택동이 1949년 후반 중국 대륙을 석권, 공산혁명을 달성하자 1950년 초 그동안 반대해왔던 북한 측의 한국전쟁 개시 요청을 승인하였다. 그는 작전계획을 수립하고 전쟁물자를 지원하고 다수의 군사고문단을 보내어 철저한 전쟁 감독을 하면서도 미국과의 직접 대결을 끝까지 회피하면서 중국을 한국전쟁에 필사적으로 끌어들였다. 스탈린은 북한의 남침 시 미국이 개입할 것으로 보고 한반도에서 중국과 미국을 싸우게 하여 양국을 모두 약화시키려는 세계전략적 차원에서 한국전쟁을 일으켰다는 결론을 내릴 수 있다. 그러므로 중국공산혁명이 성공하지 않았다면 스탈린은 북한지도부가 무력남침을 주장하더라도 이를 승인하지 않았을 것이며 최소한 그 시점에서는 한국전쟁이 일어나지 않았을 것이다.

한국전쟁에 대한 구 소련 비밀문서공개로 한국전쟁은 스탈린이 당시 북

---

125) 드미트리 안토노비치 볼코고노프, 『레닌에서 고르바초프까지, 크렘린의 수령들』 상권, p.337.
126) 신승권, 『소련의 한국에 대한 정책목표분석』, p.255.

한 지도자들의 무력통일론을 이용하여 일으킨 남침전쟁임이 밝혀졌으나 러시아 측이 관련서류를 김일성의 개전의지만 부각되도록 선별적으로 공개함으로써 스탈린이 한국전쟁 승인을 결정한 시기, 그의 전략적 의도에 대하여는 불분명한 면이 많다. 남침사실을 밝히는 구 소련 문서를 공개하는데 러시아의 정치체제가 바뀌고 40년의 기간이 흘렀음에 비추어 또 한번 유사한 기간과 사태 변화가 있어야 상기의 불명확한 점이 해소될 것인가? 만일 러시아 정부가 구 소련의 관련 문서들을 선별함이 없이 더 광범위하게 공개할 경우 상기 문제점들의 진실을 규명하는 학자들의 연구가 활기를 띠게 될 것으로 보인다.

제*4*장

「8·15 평화통일구상 선언」:
지도자의 비전, 시스템과 정제된 언어*

2006년 8월 15일은 광복 61주년이 되는 동시에 박정희 대통령이 「8·15 평화통일구상 선언」을 발표하여 한국전쟁 이후 남북한 간에 모든 형태의 왕래와 교류가 차단되어 교류가 단절되었던 시기를 마감하고 남북대화의 개막을 여는 길을 제시한지 36주년이 된다.

「8·15 평화통일구상 선언」이 발표된 이후 오늘날까지 각종 남북대화가 개시, 중단과 재개를 반복하면서 진행되고 있으나[1] 2000년 김대중 정부 이후의 남북대화의 양상은 박 대통령이 발표한 평화통일구상 선언의 '선 평화, 후 통일'의 정신을 크게 벗어나 위험한 지경에 처해 있다.

---

* 이 논문은 정성화·강규형 편, 『박정희 시대와 한국현대사: 연구자와 체험자의 대화』 (서울: 선인, 2007), pp.221-260에 게재되었다.

1) 남북한은 1971년 이후 1970년대 남북적십자회담과 남북조절위원회 회의, 1990년대 남북고위급(총리)회담, 2000년대 남북정상회담으로 그 격을 높여가면서 회담을 진행하여 왔다. 2007년 6월 30일 현재 남북대화는 공개된 회담과 접촉만 하여도 1971~1999년까지 335회, 2000년 이후 김대중 정부 기간 중 75회, 2003년 이후 노무현 정부 기간 중 133회로 총 543회 개최되었다.

오늘 발표할 내용은 박정희 대통령이 자신의 미래 비전에 맞추어 「8·15 평화통일구상 선언」을 발표하는 획기적인 정책전환을 할 때 어떠한 국내외 환경에서, 어떠한 정책결정시스템으로 그리고 국민과 언론을 대상으로 어떻게 대화를 하였는지에 관한 것이다.

대통령의 지시에 따라 「8·15 평화통일구상 선언」을 초안하고 또 이 작업과정에 직간접으로 동참한 두 분의 증언을 청취하는 것은 우리 사회가 극도로 이념적 갈등을 겪고 있고 특히 7월 5일 북한의 미사일 발사와 10월 9일 핵실험으로 긴장이 조성되어 있음에 비추어 국민들과 특히 후대들에게 경계(警戒)하게 한다는 점에서 의의가 있는 것으로 보인다.

최근 한국 현대사 연구자들 사이에서 박 대통령이 이 땅에 처음으로 국가이성과 국가제도를 도입함으로써 근대국가를 건설하였다는 방향으로 시각이 변화되고 있고 이를 뒷받침하는 연구와 평가들이 나오고 있어 다행스럽게 생각된다.[2]

그러나 이 연구들은 주로 경제적 측면에서의 그의 치적에 한정되어 있다. 최근 국내의 저명학자들이 박정희 대통령을 여러 분야에서 재조명하여 쓴 저서도[3] 전쟁과 대결의 관계에서 대화와 선의의 경쟁 관계로 남북한 관계의 지평을 바꾼 박 대통령의 대북정책에 관한 부분이 빠져 있어 이러한 부분을 보완하고 이 분야의 연구를 촉진한다는 데에도 오늘 발표의 의의를 두고 싶다.

---

2) 그러한 연구서로는 김정렴, 『최빈국에서 선진국 문턱까지: 한국경제정책 30년사』(서울: 랜덤하우스중앙, 2006); 김성진, 『박정희를 말하다: 그의 개혁 정치, 그리고 과잉충성』(서울: 삶과 꿈, 2006); 오원철, 『박정희는 어떻게 경제강국 만들었나』(서울: 동서문화사, 2006); 박진환, 『박정희 대통령의 한국경제 근대화와 새마을 운동』(서울: 박정희기념사업회, 2005); 김용환, 『재정·금융정책비사』(서울: 매일경제신문, 2006)가 있다. 최근에 있은 박 대통령에 대한 해외의 평가로는 하버드대학의 에즈라 보겔(Ezra Vogel) 교수가 국내 언론과의 인터뷰에서 "박정희 대통령이 없었더라면 오늘날의 한국은 없었을 것으로 생각한다"라고 언급한 것을 들 수 있다. 상세 내용은 『조선일보』, 2006.11.11, p.A3을 참조.
3) 김용서·좌승희·이대근·유석춘·김광동·이춘근, 『박정희시대의 재조명』(서울: 전통과 현대, 2006).

I. 외교정책결정이론

남북한은 남북 서로의 관계를 오랜 역사적·민족적 공통성으로 인해 통일을 반드시 달성해야 할 특수 관계라고 주장하지만, 남북한 관계는 이념과 체제가 다른 상태에서 장기간 분단 상태가 유지되고 있어 사실상의 국가 관계라고 할 수 있다.

따라서 한국전쟁 이후 북한과 군사적 대치상태를 유지하고 있던 한국이 1970년대 초부터 북한과 대화를 하는 것으로 정책변경을 하게 된 국가행위를 분석하기 위해서는 국가 간의 외교정책 결정과정 분석틀을 활용하는 것이 불가피하다.

국가의 외교정책결정과정을 분석하는 틀로서는 로즈노(James N. Rosenau)의 국내정치와 국제정치의 상호 연계이론, 퍼트남(Robert D. Putnam)의 국가대표자들 간의 게임과 국가대표자와 국내의 관련이익 집단 간의 게임이 동시에 진행되어 결정된다는 투-레벨 게임이론, 브레처(Michael Brecher)의 외교정책결정이론 등이 있다.[4]

브레처는 외교정책 결정요인으로서 조작적 환경(operational environ-

〈그림 1〉 외교정책 결정과정 분석틀

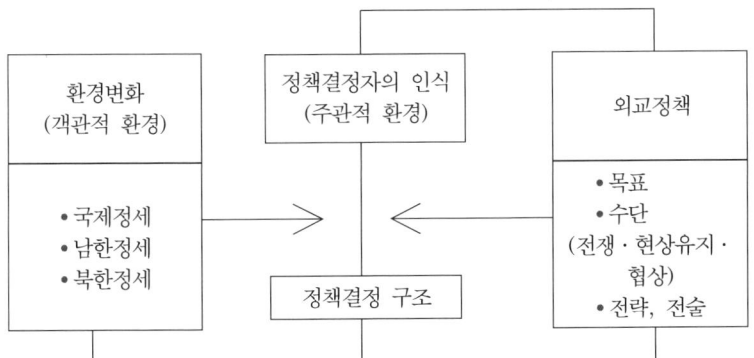

ment)과 심리적 환경(psychological environment)을 제시하였다. 그는 전자를 내적 환경(internal setting)과 외적 환경(external setting)으로 구분하고, 후자를 정책결정자의 태도 프리즘(attitude prism)과 엘리트 이미지(elite image)로 구분하였다. 그는 조작적 환경이 정책결정의 결과에 영향을 미치지만 그것은 정책결정자의 인식을 통해 심리적 환경으로 전환되어 영향을 미치기 때문에 외교정책 결정자의 정세인식이 외교정책 과정에 중요한 영향을 미치는 것으로 주장하였다.5)

로즈노와 퍼트남이 제시한 이론들은 국내정치와 국제정치의 연계를 잘 설명하고 있지만, 변수들이 세분화되어 있어 그들 사이의 상호 관련성을 명확하게 설정하는 것이 어렵다. 또한 한 나라의 국내정치만 하더라도 여러 요인이 복잡하게 작용하여 파악하기가 힘든 실정인데, 다수 국가의 국내정치와 이들 변수들과의 관계를 연계하고자 하는 과정은 더 지난한 일로 평가된다. 따라서 이상과 같은 문제점을 고려하여 브레처의 외교정책 결정이론을 한반도의 현실에 적용시킨 국내학자의 연구틀6)을 일부 수정하여 「8·15 평화통일구상 선언」의 결정과정 분석에 활용하고자 한다.

아래에서 상세히 설명하겠지만, 「8·15 평화통일구상 선언」 준비와 결정 과정은 국제정세, 국내정세와 상대방 국가의 정세와 같은 객관적 환경과 정책결정자의 인식과 같은 주관적 환경이 연결되어 결정된다고 주장하는 학자들의 외교정책결정 학설을 입증하는 전형적 사례이다.

---

4) 이들 외교정책결정이론의 간략한 설명은 강인덕·송종환 외, 『남북회담: 7·4에서 6·15까지』(서울: 극동문제연구소, 2004), 28-33쪽을 참조.

5) Michael Brecher, *The Foreign Policy System of Israel: Setting, Image, Process* (London: Oxford University Press, 1972), pp.2-14.

6) 허문영, 『북한 외교의 특징과 변화 가능성』(서울: 통일연구원, 2001). 기존 연구는 외교정책을 목표, 전략, 수단으로 구분하여 설명하였으나 본 연구에서는 목표, 수단(전쟁, 현상유지, 협상)과 전략, 전술로 구분하였다.

II. 「8·15 평화통일구상 선언」의 주요 내용과 의의

박정희 대통령은 36년 전인 1970년 「8·15 경축사」에서 통일 이전에 전쟁 방지와 평화정착과 같은 중간 단계가 필요하다는 전제하에 북한이 모든 전쟁도발 행위를 중지하고 적화통일 정책을 포기한다면 남북한 간의 인위적 장벽을 단계적으로 제거해 나갈 수 있는 획기적이고 현실적인 방안을 제시할 용의가 있음을 선언하였다.

이어 박 대통령은 북한 측이 유엔의 권위와 권능을 수락하는 조건하에 유엔에서의 한국문제 토의에 북한의 참석을 반대하지 않을 것이라고 하면서 민주주의와 공산독재의 그 어느 체제가 국민을 더 잘 살게 할 수 있으며, 더 잘 살 수 있는 여건을 가진 사회인가를 입증하는 개발과 건설과 창조의 경쟁에 나설 것도 제의하였다.

「8·15 평화통일구상 선언」의 의의는 다음과 같다.

첫째, 「8·15 선언」은 해방 이후 종래의 소모적이고 비현실적인 대북정책 내지 통일정책을 획기적이고 현실적인 방향으로 전환시키는 계기가 되었다. 왜냐하면 이 선언이 나오기 전까지만 해도 한국 정부는 여러 가지 통일방안을 제기하였으나 현실적으로는 실현가능성이 없는 것들이었기 때문이다.

둘째, 북한 정권을 선의의 체제경쟁 대상으로 인정했다는 점이다. 종래에는 대한민국이 한반도의 유일한 합법정부라는 입장에서 북한 공산정권의 실체를 인정하려 하지 않았지만, 이 선언을 계기로 북한지역에 사실상의 공산정권이 존재한다는 현실을 인정한 것이다.

셋째, 이 선언은 통일 이전에 긴장완화, 전쟁방지, 평화정착과 같은 중간 단계의 설정이 필요함을 강조하고 있다. 이를 위해 남북한 간의 인위적인 장벽을 단계적으로 제거해 나갈 수 있는 방안을 제시할 용의를 밝히고 있다.

넷째, 강대국 질서의 틀에서 벗어나고자 했던 박정희 대통령이 좀 더 자주적인 입장을 견지하고자 하는 의지가 반영되었다. 박 대통령은 '한국적 민족주의'를 강조했는데,[7] 이는 히틀러(Adolf Hitler)와 같은 국수적 민족주의에 빠지지 않고 우리나라를 외세 개입 없이 우리 손으로 발전시키자는 것이었다.

다섯째, 경제성장을 통한 박정희 정권의 자신감이 반영되었다. 다시 말해 이 선언은 1970년을 전후한 시점에서 북한의 경제력을 추월한 박정희 정권이 통일논의에서도 이니셔티브를 쥘 수 있다는 자신감을 반영한 것이다.

끝으로 「8·15 평화통일구상 선언」과 1972년 10월 17일 발표된 「10월 유신」과의 관련성 여부이다. 일부 논의들은 박정희 정권이 「8·15 평화통일구상 선언」을 준비할 당시부터 영구집권을 목적으로 유신 개혁을 시야에 넣고 있었다고 보고 있다. 그러나 최소한 이 선언을 준비하고 발표할 때까지는 유신은 전혀 검토되지 않았다고 할 수 있다. 왜냐하면 이후락 중앙정보부장이 유신 발표를 위한 준비 작업을 진두지휘한 것은 강상욱 청와대 공보수석비서관 책임하에 「8·15 평화통일구상 선언」이 준비되어 1970년 8월 15일 박 대통령이 동 선언을 발표한 후 상당 기간이 지난 1972년 5월 초 무렵이었기 때문이다.[8]

요약하면, '선 평화, 후 통일'을 핵심으로 하는 「8·15 평화통일구상 선언」의 발표는 해방 이후 소모적이고 비현실적인 통일정책을 획기적이고 현실적인 방향으로 전환시키는 계기가 되었고 북한 정권을 선의의 체제경쟁의 대상으로 인정했다는 점에서 남북한 평화공존이라는 말까지도 쓸 수 없었던 당시의 엄혹한 상황에 비추어 대북정책의 전환을 의미하였다.

특히 「8·15 평화통일구상 선언」 발표는 1953년 7월 27일 판문점에서 휴전협정을 체결한 이후 남파 간첩, 월남 및 월북귀순자, 납북자들이 휴전선을 통과하는 것 이외에는 남북한 간에 모든 형태의 왕래와 교류가 차단되어 교류가 단절되었던 시기를 마감하고 남북대화의 개막을 여는 길을 제시한 획기적인 정책전환 선언이라 할 수 있다.

---

7) 한국적 민족주의에 대해서는 박정희, 『민족의 저력』(서울: 광명출판사, 1971)을 참조.
8) 1972년 5월 초부터 중앙정보부 안가에서 이후락 중앙정보부장, 신직수 법무부장관, 김정렴 청와대 비서실장, 헌법학자 한태연·갈봉근 등이 모여 헌법 개정안에 대해 연구했다. 한국역사연구회, 『한국현대사 3』(서울: 풀빛, 1991), 113-114쪽.

III. 「8·15 평화통일구상 선언」 발표에 영향을 미친 환경

「8·15 평화통일구상 선언」의 발표는 국내외적 환경변화에 대응하여 남북한 체제경쟁에서 자신감을 얻은 박 대통령이 북한의 대남 혁명 전략을 저지하여 한반도의 긴장을 완화시키고 통일문제에서 이니셔티브를 쥐기 위한 전략적 구상이다.

1970년대 이후 남북한 관계를 획기적으로 전환시킨 「8·15 평화통일구상 선언」발표에 영향을 미친 환경은 다음과 같다.

1. 객관적 환경: 국제정세, 북한정세와 국내정세의 변화

1) 국제정세

당시 한반도를 둘러싼 국제정세로는 닉슨 독트린을 들지 않을 수 없다. 베트남전쟁에 대한 반전여론이 확산되는 가운데 1969년 1월 취임한 미국의 닉슨 대통령이 발표한 닉슨 독트린[9]은 미국군의 개입 축소와 미국의 동맹국들의 자국 방위책임을 강조하면서 소련, 중국 등 공산진영과의 적대관계 완화와 협조관계 모색을 포함하고 있었다.

닉슨 독트린은 세계 곳곳에 미국이 군사적으로 개입하고 있는 위기 구조에 미국 힘의 철수라는 충격을 줌으로써 위기구조를 해소하고 데탕트를 이루자는 것으로서, 이데올로기적인 대결을 지양하고 비록 이념과 체제가 다

---

[9] 닉슨 대통령은 1969년 7월 25일 괌도에서 아시아 각국 사이에 전쟁이 일어날 경우 미국은 동맹조약 체결국에 대해 "원조는 하지만 그들을 대신하여 싸우지는 않는다"는 새로운 아시아정책을 발표하였다. 괌도 선언, 즉 '괌 독트린(Guam Doctrine)'에 이어 이듬해 2월 18일 닉슨 대통령은 의회에 보낸 장문의 외교보고, "70년대의 미국 외교정책: 평화의 구축"에서 '괌 독트린'의 기조에 반영되었던 국제관계의 새로운 현실을 상세하게 분석하고 자신이 괌에서 발표한 아시아정책을 전 세계에 확대 적용시킨 「닉슨 독트린(Nixon Doctrine)」을 발표하였다.

르다고 하더라도 그 차이를 서로 인정하면서 긴장완화와 평화공존을 추구하여 전쟁을 회피하려는 것이었다.

닉슨 독트린이 동맹국들의 안전을 소홀히 하는 정책이라는 비판의 목소리가 높았지만 한국을 비롯한 동맹국들에게 그대로 적용되었다. 미국 측은 1970년 4월 10일 확정된 대한국 군사원조액을 전년도에 비하여 3,000만 달러 삭감한 1억 4,049만 달러로 조정하고, 7월 6일 포터 주한 미국대사를 통하여 주한미군병력의 약 3분의 1에 해당하는 2만 명을 1971년 6월 30일까지 감축, 철수할 것임을 한국 정부에 통보하여 왔다.

이로써 박 대통령은 이제까지의 대화 없는 대결구조의 남북한 관계를 바꾸지 않을 수 없는 상황에 놓이게 되었다.

2) 북한정세

북한의 호전적 태도를 고려하여 전쟁을 막고 통일을 평화적으로 해결하여야 하겠다는 대통령의 의지도 동 선언 발표의 주요한 배경이 되었다. 북한은 1960년대 초반부터 강화해 온 전쟁 준비를 기반으로 하여 1960년대 후반에 한국의 내부 혼란을 조성하는 한편 대남 폭력전술을 노골적으로 구사하였다.[10]

1912년 임자년 태생인 김일성은 1967~1968년 기간 중 인민군부대를 방문하여 "내 환갑잔치를 1972년 4월 15일 서울에서 하자"고 말하고 다닐 정

---

10) 김일성은 1962년 4대 군사노선을 채택하고 1966년 '남조선혁명론'을 촉구한 이래 1960년대 후반부터 본격적으로 남한에 대한 무장도발을 격화시켜 나갔다. 이는 월남전 확대로 남한이 대규모 전투부대를 월남에 파병한 것과 무관하지 않다. 베트남전쟁을 사회주의 진영 전체에 대한 '미제'의 침략으로 인식하고 있었던 북한이 국제혁명역량 강화의 일환으로 한·미의 전쟁수행 정책에 타격을 가하기 위해 남한에 대한 연속적 도발을 감행했기 때문이다. 이 외에도 북한 권력집단 내부에 강경파가 핵심으로 등장한 가운데, 이들이 5·16 군사쿠데타 이후 군사정권에 의한 강력한 반공정책, 한일협정을 둘러싼 남한의 정치 불안정과 한·미·일 간의 남방 '삼각 군사동맹' 형성 가능성 고조, '7개년 경제계획(1961~1967)' 실패와 그에 따른 북한의 경제침체, '5개년 경제계획(1962~1967)' 성공을 비롯한 남한의 경제성장 등을 우려했다는 측면도 지적할 수 있다. 정대철, 『북한의 통일전략』(서울: 백산서당, 1986), 214-218쪽.

도였으며,[11] 1967~1969년은 북한이 1953년 휴전 이래 폭력전술을 가장 강하게 구사했던 기간이었다.

1967년의 예로는 9월 5일 포천 철도 폭파사건, 9월 13일 파주 미군 화물차 폭파사건이 있었다. 1968년에 들어 북한은 본격적으로 무장도발을 하기 시작하였다. 1968년 1월 21일 청와대 기습을 위한 124군 부대원 31명의 서울 침투, 1월 23일 동해상에서의 미(美)함정 푸에블로 호 납치, 10월 30일부터 11월 3일간 북한의 무장 게릴라 130여 명의 울진·삼척 침투는 그러한 예라고 할 수 있다.

이듬해인 1969년 4월 15일 북한군에 의한 미군 EC121정찰기 격추 사건 등이 있었고, 이외에도 무장공격, 남한 어선과 어부의 납북, 민간 항공기 납치, 남한주민 살상 사건이 끊이지 않았다.[12]

〈표 1〉이 보여주는 바와 같이 1960년대 후반 북한의 대남 무장 게릴라 침투 활동과 간첩활동은 급격히 증가하였다.

〈표 1〉 1960년대 후반 남파 간첩 적발 통계

연도	1966	1967	1968
명	50	543	1,247

『동화연감』(1971), 247쪽, 김정원, 『분단한국사』(서울: 동녘, 1985), 370쪽에서 재인용

3) 국내정세

국제적 데탕트 분위기와 북한의 호전적 대남 태도가 전개하는 상황에서 한국 내의 정세도 변화하고 있었다. 박 대통령이 5·16 군사혁명으로 집권

---

11) 송종환·강상욱·강인덕·정홍진, "좌담: 남북한 체제경쟁 선언—8·15평화통일구상 선언 비화," 『월간조선』(2003.8), 229쪽.

12) 한국전쟁 이후 북한의 대남 무력도발에 대하여는 정진위·김용호, 『북한, 남북한 관계 그리고 통일』(서울: 연세대학교 출판부, 2003), 6-9쪽 참조.

<표 2> 남북한 1인당 GNP 비교

(단위: 달러)

	1953	1960	1964	1970	1971	1972	1974	1976
남한	76	94	107	248	285	316	535	800
북한	58	137	194	286	308	316	461	585
남북대비	1:0.76	1:1.5	1:1.8	1:1.2	1:1.1	1:1	1:0.9	1:0.7

민족통일연구원, 『남북한 국력추세 비교연구』(서울: 민족통일연구원, 1992), 233쪽을 재작성

을 한 후 조국근대화라는 슬로건을 내걸고 경제건설을 추진하여 한국은 1969년을 계기로 경제적 측면에서 북한을 앞지르게 되었다.

'선 건설 후 통일' 기조의 정책을 추진하고 있던 박 대통령은 남북한 경제력의 역전을 보고 향후 10년 동안만 고도경제성장을 계속한다면 동서독 관계처럼 남한이 북한을 압도하게 될 것이고, 그것은 곧 북한의 '남조선혁명로선'을 제압하고 통일의 주도권을 장악하는 길이라고 확신했다. 이처럼 체제경쟁에서 반드시 승리한다는 확신을 갖게 된 박정희 정권은 북한의 대남혁명 전략을 저지시키기 위한 새로운 전략을 구상하게 되었고, 그 결과 제시된 것이 북한과의 대화 개시 선언이었다.[13]

1960년도 남북한의 1인당 국민소득을 비교해 보면, 한국이 81달러, 북한이 120달러였으며 이러한 열세는 1968년까지 계속되어 그해 한국이 168달러, 북한이 198달러였다. 그러나 1967년에 시작된 제2차 경제개발 5개년 계획이 고도 성장을 지속하여 1969년에는 한국이 208달러가 되고 북한이 194달러로 떨어지게 되었다.[14]

---

13) 康仁德, "南北對話の實際と教訓: 東アジア安全保障に及ぼす影響を中心に,"『訪日學術研究者論文集 アカデミック』第8卷(日韓文化交流基金, 2001), p.10.

14) 1969년은 남북관계의 결정적인 전환점이 되는 해였다. 1969년 중앙정보부 북한국은 1974년까지 만 5년간 연인원 2,000여 명이 참가하여 총 9권, 총 4,925쪽에 달하는 『남북한 경제력 비교』라는 제하의 남북한 체제경쟁을 중간 평가하는 보고서를 발간하였다. 이 책자는 1974년 발행 당시부터 3급 비밀로 분류되어 일부 부처에 배포된

한편 남한 내부의 정치정세는 1969년 10월17일 실시된 「3선 개헌」 국민
투표를 전후하여 결코 순탄하지가 않았다. 김영삼, 김대중, 이철승 등이 이
끄는 야당이 민주화 투쟁을 본격적으로 전개하면서 박정희 정권의 장기집권
을 공격하고 남북한 간의 교류를 주장하고 나서자 1971년 대통령선거에 대
비하여 통일문제 논의에서 이니셔티브를 확보할 필요가 있었다.

2. 주관적 환경: 정세 인식과 대통령의 비전

동 선언 발표에서 강조되어야 할 것은 이러한 대북정책의 전환이 국가발
전을 위한 박정희 대통령의 미래 비전과 연계되어 제시되었다는 것이다. 박
대통령은 경제개발의 기초를 다진 1960년대를 「민족중흥의 전진 대열을 정
비한 역사적 전환점」으로 규정하고, 1970년대에 개발도상국, 1980년대에
중진국, 1990년대에 중진국 선두 및 선진국 진출 준비를 하여 세기 말에
선진국 대열에 진입한다는 비전을 세우고 각종 국가정책의 초점을 이 비전
실현에 맞추었다.[15]

박정희 대통령은 앞에서 설명한 대내외 정세 변화가 한국의 운명에 미치
는 영향을 정확히 읽고 '선 경제 건설, 전쟁 방지와 평화정착, 후 통일'의
비전 구현에 입각하여 대북정책을 전환하기 시작하였다.[16]

것 이외에는 일반에 알려지지는 않았지만, 당시 한국 정부로 하여금 북한과의 대결에
서 자신감을 얻게 하였다. 남북한 경제력을 비교하는 이 보고서는 박정희 대통령의
지시로 시작되었는데, 이 작업의 시작 동기는 크게 두 가지이다. 하나는 두 차례나
경제계획 목표를 달성한 시점에서 북한과의 경쟁에 대한 중간평가의 필요성이 제기
되었다는 점이고, 다른 하나는 국가전략의 장기 예측을 위한 것이었다. 강인덕, "남북
한 체제경쟁의 중간평가 보고서," 『월간조선 발굴, 한국현대사 자료 125건』(조선일보
사, 1996.1), 261-262쪽.

15) 강상욱 전 청와대 공보수석비서관 겸 대변인 인터뷰(2003.2.5).
16) 김성진 전 문화공보부장관은 2006년 4월 14일 명지대학교 국제한국학 연구소에서
있은 「70년대 정부의 홍보정책」 발표에서 박 대통령의 '선 경제 건설, 후 통일' 비전
은 국민생활의 안정과 산업화 추진이 절실한 시기에 「닉슨 독트린」 이후 미군 감축과

박 대통령은 1969년 3월 1일 정부부처 내에 국토통일원을 설치하였다.[17] 박 대통령은 1969년부터 남북한 경제력 비교에서 한국이 처음으로 우위를 점하게 된 것을 확인한 후 1970년 1월 9일 연두기자회견에서 1970년대 말까지 조국근대화 작업을 매듭짓고 통일을 위한 준비를 완료할 것이라고 제시하고 동년 8·15 경축사에서 「8·15 평화통일구상 선언」을 발표하여 2000년 전후 통일 실현을 위하여 1970년대에는 먼저 남북한 간 긴장상태를 완화하고 평화를 정착시켜야 한다는 원칙을 밝혔다.

북한 측은 이에 대해 8월 22일자 『노동신문』을 통하여 "남한 인민의 반미·반정부 투쟁을 조금이나마 무마하려는 것"이라고 비난하면서 박정희 정부와의 통일 논의를 거부하였다. 그러나 대한적십자사가 「8·15 평화통일구상 선언」의 후속조치로 1971년 8월 12일 이산가족 찾기 운동을 위한 남북적십자회담을 제의하자, 북한은 경제력 역량에서 남한보다는 우월하다는 착각과 1971년 4월 이후 있었던 일련의 미·중 관계 개선 움직임에 잘만 편승

국제적 데탕트 분위기, 당면한 북측의 무력도발로 가중된 안보상의 위협과 국가정체성에 대한 도전, 남북한 체제 경쟁 등 3중의 도전에 직면하여 불가피하게 선택한 실사구시의 현실주의적 접근이었다고 평가하였다.

17) 국토통일원의 창설과정은 다음과 같다. 1960년 「4·19 학생의거」 이후 남한사회에서는 다양한 통일논의가 쏟아져 나왔는데, 특히 혁신계의 중립화통일론, 남북협상론 등은 점차 남한사회의 불안정을 심화시켰다. 더욱이 북한이 공세적인 자세를 강화하는 가운데, 국회에서는 판문점에 이산가족 면회소를 설치하자는 주장이 제기되었고, 1964년 도쿄올림픽에서는 북한의 육상선수 신금단이 남한의 아버지(신문준)를 상봉하는 장면이 전 세계로 퍼져나갔다. 이에 한국 정부는 무분별한 통일논의를 자제하고 박 대통령의 '선 건설, 후 통일론'에 부합되는 방향으로의 대북정책을 모색하였다. '선 건설론'의 경우 경제건설을 제1경제와 제2경제로 나누면서 물질적 풍요와 함께 그에 걸맞은 국민정신을 강조하였고, 그 일환으로 정신문화연구원을 설립하였다. '후 통일론'의 경우 경제건설 이후인 1970년대 후반에 본격화될 통일논의를 대비하여 중앙정보부로 하여금 통일문제에 대한 단기적·장기적인 연구를 담당하게 하였다. 또한 1967년 총선에서는 집권 민주공화당이 총선공약으로 통일문제를 연구하는 전담기구를 설치하겠다고 발표하였다. 1968년 중앙정보부 내부 부서인 통한팀이 '통한단(단장: 이세민)'으로 승격되었고, 박 대통령은 이 부서를 방문한 자리에서 "이제는 통일문제를 국가적 차원에서 연구할 수 있도록 하는 방안을 연구해보라"고 지시하였다. 곧이어 통한단은 국토통일원 직제(대통령령 제3574호) 초안을 만들어 총무처에 전달했고, 이로써 1969년 3월 1일 77명 정원의 국토통일원이 정부부처 내에 설치되었다.

하면 대남 관계에서 결정적 승리를 거둘 수 있다는 판단에서 회담 제의를 수락하였다.

남북한은 적십자 예비회담을 진행하는 과정에 1972년 7월 4일 남북한 간 정치적 대화 개시를 공식화하는 「7·4 남북공동성명」을 발표하게 됨에 따라 남북한 관계는 '대화 없는 대결'에서 인도적 회담과 정치적 대화가 동시에 진행되는 '대화 있는 대결'로 전환되었다.

「8·15 평화통일구상 선언」에서 제시된 박 대통령의 '선 평화, 후 통일' 원칙은 1998년 2월 김영삼 대통령 재직 시까지 최소한 평화정착과 교류의 동시 진행이라는 수준으로 꾸준히 지켜져 왔다. 그러나 김대중 정부가 집권 후 대북포용정책을 내세워 2000년 6월 15일 김정일 위원장과 「6·15 남북 공동선언」을 합의, 발표하면서부터 사실상 그 원칙을 무시하기에 이르렀다.

더욱이 오늘날 한국 정부가 대 북한 교류와 지원을 확대하면서도 북한의 핵·미사일 등 대량살상무기 개발로 인한 안보문제 논의의 당사자 지위 행사에 소극적 입장을 보임으로써 한반도 평화 문제의 적극적 주체가 되지 못하고 있는 것은 「8·15 평화통일구상 선언」의 중대한 후퇴로 개탄할 일이다.

IV. 「8·15 평화통일구상 선언」 준비 및 결정 시스템

「8·15 평화통일구상 선언」과 관련하여 강조할 것은 국가지도자의 비전에 이어 당시 이러한 정책 전환을 결정할 때의 시스템이다. 「8·15 평화통일구상 선언」은 크게 보아 1969년 추석 이후 정책비전과 구상에 의한 대통령의 지시와 이에 따른 대통령의 1970년 연두교서 발표, 1970년 3월 초부터 학계와 언론계의 자문을 받으면서 청와대 공보수석비서관실의 '8·15 경축사' 연설문 초안 작성,[18] 7월 말부터 차관급으로 구성된 관계부처 실무회의에서의 검토, 8월 9일 대통령 주재 장관급 정책 결정 회의에서의 검토 순서로 진행되었는데, 총 소요 기간은 1년 정도 걸렸다.

이 과정에 청와대 비서실과 관계 부처가 각기 맡은 바 소임과 역할을 다하고 박 대통령이 주재하는 마지막 회의에서는 각 부처의 의견을 최대한 반영하기 위하여 언성을 높이면서 갑론을박을 하였다. 8월 9일 오전 10시에 대통령 주재로 시작한 회의에 참석한 청와대 비서실 수석 비서관과 관계부처(외무부, 통일원, 법무부, 국방부, 중앙정보부) 장관들의 팽팽한 의견 대립으로 오후가 되어도 결말이 나지 않자 박 대통령은 김정렴 비서실장에게 의견을 다시 모아오라고 지시하였다.

비서실장실에서 계속된 회의에서도 이호 법무부 장관을 비롯한 율사들은 이 정책 전환이 반공법에 저촉된다는 이유로 끝까지 강력히 반대했다. 박 대통령은 오후 늦게 다시 회의를 주재하면서 법무부 율사들이 반대한 취지와 외무부가 건의한 내용을 즉석에서 받아들여 직접 연설문 초안을 수정하였다. 강한 리더십으로 국가를 이끈 대통령이 주재하는 회의에서 법무부 율사들이 북한을 대화의 상대자로 인정하고 연설문 초안을 준비한 작업 자체가 구속감이라고 지적하자, 대통령의 비전과 구상을 구현하기 위하여 열변을 토하였던 강상욱 청와대 대변인의 모습은 오늘날에도 본받아야 할 시스템적인 정책 협의·조정 과정으로 볼 수 있다.

박정희 대통령은 「8·15 평화통일구상 선언」과 같은 중대한 대북정책 전환을 고려할 때 자신이 주재하는 정책조정회의에서 관계부처의 토론을 유도하고 이견(異見)을 수용하여 종합하는 시스템으로 정책을 협의·조정하였지만, 국회와 야당의 의견을 초당적으로 수렴한 흔적이 없다. 이것이 바로 오늘날 박정희 정부가 정치적으로는 '비민주적 정부'라는 비판을 받는 한계가

---

18) 동 선언을 구체화하는 실무 작업을 맡은 강상욱 당시 청와대 공보수석비서관 겸 대변인은 다른 관계부처와 협조 없이 공보비서관실 단독으로 극비리에 작업을 진행했다. 강상욱 공보수석비서관은 정부와 학계, 언론계 인사가 참여한 가운데 몇 차례의 검토·보완 작업 끝에 대통령에게 연설문 초안을 보고하였으나, 박 대통령은 좀 더 대담한 내용을 포함시킬 것을 지시하였다. 그에 따라 8월 9일 장관급 정책결정회의에 회부된 동 선언 초안에는 이산가족 상봉, 서신왕래, 고향방문, 학술·문화·예술·체육 등 비정치 분야의 교류, 남북교역 및 경제협력 등 구체적이고 대담한 내용이 첨가되었다.

아닌가 하는 아쉬움이 있다.

여기서 국가정책 수립의 전반에 걸쳐 소리 없이 수행된 대통령비서실장의 조정자적 역할과 당시 중앙정보부(현 국가정보원)의 지원 역할도 지적하고 싶다.

당시 대통령 비서실장이 대통령과 정부 각 부처 사이에서, 그리고 경쟁적 입장에 있던 대통령 비서실 내의 각 수석비서관 사이에서 수행한 조정 역할은 중복 보고의 방지는 물론 대통령과 장관, 수석비서관 간의 원활한 대화를 촉진시킴으로써 효율적인 정책 결정을 하는 데 크게 기여하였다.

그러나 이러한 대통령 비서실장의 조정자적 역할은 1980년 전두환 대통령 집권 이후 비서실장의 사무실이 대통령의 집무실이 있는 본관에서 수석비서관들의 사무실이 있는 신관으로 옮겨지고, 비서실장의 배석 없이 수석비서관과 비서관들이 대통령에게 독대 보고하면서 사실상 축소되었다. 지금의 노무현 정부는 청와대 비서실의 복잡한 구성에 비추어 어느 직책에 있는 인사가 당시 비서실장의 역할을 하는지조차 알 수 없는 지경에 이르렀다.

또한 중앙정보부는 1969년부터 1974년까지 강인덕 북한국장의 책임하에 총 9권, 총 4,925쪽에 달하는 「남북한 경제력 비교」 제하의 남북한 체제경쟁의 중간평가보고서를 발간하여 대통령의 대북정책 전환을 뒷받침하였으며, 청와대 공보수석비서관과 관계부처(외무부, 통일부, 법무부, 중앙정보부) 차관급으로 구성된 실무회의에 참가하고 있던 강인덕 국장은 1970년 8월 1일 강상욱 대변인의 요청으로 박 대통령께 보고를 드린 연설문 초안을 검토하여 경제, 스포츠 등 문화교류, 서신 교류 등 전면적 교류를 포함시킨 수정안을 작성, 제출하는 등 정책 전환 작업에 적극 참가하였다.[19]

---

19) 강인덕 전 중앙정보부 북한국장 인터뷰(2003.1.30).

V. 정책 전환과 관련된 언론과 국민과의 대화

박 대통령의 비전 제시와 시스템에 의한 정책결정에 추가하여 강조되어야 할 것은 그는 대중 앞에서는 매우 정제된 언어를 구사하였다는 것이다. 그 당시는 오늘날에 비하여 언론의 보도가 자유스럽지 않았지만, 박 대통령은 자신의 말이 잘못 전달되거나 가십거리가 되지 않도록 그는 보좌진의 의견을 다 듣고 결심을 하기 전까지는 대중 앞에서 불쑥 불쑥 자신의 생각이나 의견을 제시하지 않았다.

「8·15 평화통일구상 선언」 발표 시스템과 관련하여 또 하나 강조될 것은 정부가 이른바 코드가 다른 인사와도 대화를 하고 그들을 통하여 정부의 정책 전환의 취지를 국민들에게 제대로 전달하려고 시도하고 또 그들은 당당하게 자신의 의견을 분명히 밝혔다는 점이다.

박 대통령은 「8·15 평화통일구상 선언」 발표에 대한 국내외의 반발과 파장을 우려하여 관계부처와 중앙정보부로 하여금 주한 외교단, 정계, 경제계, 언론계, 종교계, 예비역 장성, 대학 총·학장 등을 대상으로 사전 설명을 하도록 지시하였다.

이러한 지시에 따라 강인덕 중앙정보부 북한국장의 「8·15 평화통일구상 선언」 사전 설명에 대하여 "김일성이를 무슨 도깨비로 알다가 이렇게 갑자기 제의를 하면 국민에게 주는 충격이 크다"라고 반발한 최석채 조선일보 주필의 당당하고도 분명한 반응은 그러한 예라고 할 수 있다.

이와 같이 대통령이 정책 발표에 신중을 기하고 정부와 언론계를 비롯한 코드가 다른 인사 간에 언로가 열려 있었던 것은 신중치 못한 다변으로 국민을 실망시키고 코드 정치를 하는 현재의 좌파정권이 겸허히 받아들여야 할 일이다.

1998년 집권한 김대중 정부는 북한이 군사적 도발을 하더라도 한국이 먼저 북한을 따뜻하게 포용하면서 교류·협력을 활성화하면 남북한 관계를 정상화시키고 한반도에서 냉전구조를 해체시켜 사실상의 통일을 실현할 수 있다는 대북포용정책으로 정책 전환을 하였고 노무현 정부도 이를 계승하였다.

이 정부들이 이러한 정책전환을 하고 계승할 때 박 대통령이 정책 전환을 할 당시 취한 바와 같은 프로세스를 거친 흔적이 없고 오로지 대통령이 독단으로 결정한 것은 크게 대비가 된다.

VI. 「8·15 평화통일구상 선언」 정신에서 대북정책 재검토 필요

「8·15 평화통일구상 선언」을 발표하여 대북정책을 전환하는 과정을 지금 되새겨보면 노무현 정부에게 주는 좋은 교훈이 많다. 박 대통령이 (1) 국제, 국내정세의 변화와 북한정세를 정확히 읽고, (2) 미래비전에 기초하여 정책을 수립하고, (3) 정부 부처의 활발한 토론을 유도하면서 이견(異見)을 수용하여 정책결정을 하고, (4) 결정적 타이밍에 정제된 언어로 발표한 것이 바로 그것이다.

그러나 지금 정부의 정책 수행은 이러한 교훈과는 거리가 먼 것 같다. 전통우방국인 미국은 해외주둔 미군재배치 계획(global posture review)의 일환으로 주한미군을 감축할 예정이다. 좌파정부의 일방적 유화정책을 배경으로 친북·반미세력들은 국가체제와 이념의 정체성과 역사적 정통성을 부정하는 활동을 하면서 북한의 수령유일지배체제와 연방을 하자고 선동을 하고 있다. 북한의 대남공산화 혁명 전략은 변화하지 않았고 남쪽으로부터 엄청난 지원을 받았는데도 지난 7월 5일 미사일을 발사하고 10월 9일에는 핵실험까지 하였다.

북한의 핵실험으로 이제 한국은 일방적 대북 지원 구실만 하였던 각종 대화를 계속할 수 없는 처지에 놓이게 되었고,[20] 머리 위에 북한핵을 이고 살게 되었다. 첨단화된 수백 개의 재래식 무기를 보유하고 있어도 핵보유국에는 군사전략적으로 상대가 되지 않는다. 그럼에도 불구하고 노무현 대통령은 변화하고 있는 대내외 정세를 정확히 읽지 못하고 있다. 그는 비전도 제시하지 않고 당면한 북한 핵문제나 경제 살리기를 위하여 정부 시스템이 원활하게 움직이도록 리더십을 발휘하지도 못하면서 국민을 불안하게 하는 4년 연임제 개헌 등의 발언을 시도 때도 없이 하고 있다.

박 대통령이 희구하였던 한반도의 평화는 정착되지 않았다. 오히려 한국은 북한의 핵무기 보유로 생사와 존망의 갈림길에서 선택을 강요당하고 있다. 그런데도 정부는 "북한 핵 개발이 일리가 있다", "북한이 핵을 보유하여도 남북한 간의 군사균형이 깨지지 않는다"고 하면서 유사 시 미국이 69만 명의 병력, 5개 항공모함전단과 160척의 함정, 2,500대의 항공기를 자동 지원하게 되어 있는 실리를 버리고 전시작전통제권 단독행사를 추진하고 있고 대북포용정책도 바꾸려 하지 않고 있다.

정부가 북한에 대하여 안이하게 대처하고 반미세력에 대하여 분명한 선을 긋지 않는 이념적 성향을 보이고 있는 것을 배경으로 친북·반미 인사들은 "북한 핵은 통일되면 민족의 재산이 된다", "북한 핵 개발은 미국의 압박 때문이다", "북한 핵은 우리를 겨냥하고 있지 않다", "북한 핵이 한반도의 전쟁을 막아주고 있다"라고 주장하고 있다.

북한이 핵실험을 한 이 시점에서 한국 정부가 할 일은 북한이 모든 핵무기 관련 계획을 폐기하고 핵 장막을 걷어내도록 보다 구체적이고 확실한 조치를 취하여 국민이 안전을 걱정하지 않고 생업에 종사하도록 하는 것이다.

---

20) 김대중 정부 이후 진행되어 온 남북대화를 분석하여 보면, 북한이 경제적 지원을 받기를 바라는 분야의 대화는 진행되고 대화와 신뢰의 기초라고 할 수 있는 군사적 긴장완화와 평화체제 구축을 논의하는 대화는 그들이 원하지 않기 때문에 제대로 시작도 하지 않았다. 개최되었던 군사 분야 회담은 남북한 간 군사적 긴장완화와 신뢰구축 논의와는 거리가 먼 철도·도로 연결을 지원하는 것들이었다.
2000년 「6·15 남북공동선언」의 제1~2항에 대한 남북한 간의 상이한 해석과 관련하여 동 선언 발표 후부터 지금까지 북측은 제1~2항에 의거하여 주한미군 철수와 연방제 통일 실현을 끈질기게 주장하고 있으나, 김대중 전 대통령과 그를 계승한 노무현 정부는 북측의 주장에 대하여 제대로 반박은 커녕 정상회담에서 돌아온 후 국민에게 설명하였던 내용마저 반복하여 밝히지 않고 있다.

그것은 긴밀한 국제공조하에 북한 핵 폐기를 위한 협상을 하되, 유사 시에 대비하여 한미동맹을 강화하는 것이다. 동시에 한국은 북한이 처음부터 전쟁도발을 할 마음을 갖지 못하도록 싸워서 이길 수 있는 군사력을 강화하고 북한이 도전하면 싸우겠다는 의지를 분명히 하고 그리고 이러한 힘과 의지가 있음을 북한이 믿도록 하여 전쟁억지능력을 강화해 나가야 한다.

천재지변으로 재난을 당한 북한 주민을 돕는 인도적 지원 이외의 대북한 지원과 교류, 남북한 철도 연결, 개성공단 건설, 금강산 관광 등은 북한의 핵·미사일의 제거, 재래식 무기의 감축 등 한반도의 군사적 긴장 완화와 평화 정착과 연계되어 추진되어야 한다. 말로는 북한 핵을 용납할 수 없다고 하면서 아무런 일이 없었다는 듯이 북한 핵 무장을 도운 대북포용정책을 계속 추진할 경우 북한은 우리의 북한 핵 불 용납 의지를 얕보게 될 것이므로 지금의 대북포용정책은 전면 검토되어져야 한다.

국민들은 지금 박정희 대통령과 같이 국가발전을 위한 미래 비전을 제시하고 각 부처의 이견을 수용하여 정부 시스템이 모두 제 소임을 잘 할 수 있도록 하면서 정제된 언어로 국민을 단합시켰던 그런 리더십이 있는 지도자의 출현을 원하고 있다.

평화통일은 박정희 대통령이 「8·15 평화통일구상 선언」에서 제시한 바와 같이 남북한이 민족문제의 당사자 해결원칙을 확립하고 전쟁의 위험이 제거된 상태에서 더 많은 접촉과 교류와 협력을 통하여 상생과 공영을 하는 민족공동체 의식을 조성하여야 그 길이 열릴 수 있을 것이다.

국가의 안전과 평화가 위협을 당하고 한반도의 적화현상은 도를 더해 가고 있다. 바로 지금이 박 대통령이 「8·15 평화통일구상 선언」에서 제시한 '선 평화, 후 통일'의 정신을 계승·구현하고 나라의 선진화를 위하여 국민 전체가 하나가 되어 지혜와 힘을 모아야 할 때이다.

〈참고 / 인터뷰〉

【증언 1】

강상욱 | 전 청와대 대변인·국회의원

문 「평화통일구상 선언」 발표 당시 영향을 미친 국내외 정세 및 북한정세는 어떠했습니까?

답 1969년부터 1972년 초까지 2년 정도 청와대 대변인을 맡았는데, 1970 년은 특히 기억이 잘 나는 편입니다. 당시 북한은 1962년 12월 10일부 터 14일까지 개최된 조선로동당 중앙위원회 제4기 제5차 전원회의에서 「조성된 정세와 관련하여 국방력을 더욱 강화할 데 대한 문제」를 토의 하고 국방자위정책을 채택한 이래 「전인민의 무장화」, 「전국토의 요새 화」, 「전군의 간부화」, 「전군의 현대화」라는 4대 군사노선으로 무력적 화 통일을 위하여 군사력을 강화하고 있었습니다. 특히 1912년 임자년 태생인 김일성은 1967~1968년부터 인민군 부대를 방문하면 "내 환갑 잔치를 1972년 4월 15일 서울에서 하자"고 공공연히 말하고 있어 북한 의 군사위협은 위험할 정도였습니다.

남북한 간의 경제력을 비교하여 볼 때 한국의 1인당 개인소득이 북한의 1인당 개인소득을 능가하기 시작한 것은 1968년부터입니다. 국민총생 산(GNP)으로 계산하면 한국의 인구가 북한보다 많기 때문에 약 2.3배 가 되었으며 1970년에는 1인당 개인소득이 두 배, 국민총생산은 4.5배 내지 5배가 되었습니다. 경제력으로 한국의 형편이 월등히 나아지기 시 작하자 중앙정보부와 어느 연구기관이 우리가 북한의 군사적 위협에 방어만 하는 것에 만족하지 말고 거꾸로 우리가 평화공세를 취할 때가 되지 않았나 하는 분석보고를 내었으나 국방부와 외무부는 시기상조라는 반응을 보였습니다.

그러나 박 대통령은 1960년대에 경제개발의 기초를 다진 후 1970년대를 개발도상국시대, 1980년대를 중진국시대, 1990년대를 중진국의 선두 및 선진국 진출준비 시기, 세기 말에 선진국 대열 진입이라는 선견지명과 구상을 가지고 있었으며 앞으로 남북한이 전쟁을 하지 않고 서로 인정하면서 경제성장에 주력하면 통일이 가능할 것으로 보았습니다. 또한 남한 내부의 정치정세는 1969년 10월 17일 실시된 3선 개헌 국민투표를 전후하여 결코 순탄치가 않았습니다. 대통령은 김영삼, 김대중, 이철승 등이 이끄는 야당이 민주화 투쟁을 본격적으로 추진하고 있어 1971년 대통령선거에 대비하여 통일 문제 논의의 이니셔티브를 생각하고 있었을 것입니다.

문 「8·15 평화통일구상 선언」 작성에 주도적 역할을 한 것으로 알려져 있는데, 그 경위는 무엇입니까?

답 대통령은 대북 관계 전환을 위한 구상을 구체화하기 위하여 외무부 등 관계부처에 여러모로 타진을 하였으나 대체로 시기상조라는 반응을 받고, 8·15경축사 등을 통하여 먼저 정책선언을 하고 관계 부처가 후속조치를 할 수밖에 없다는 생각을 하게 되었습니다. 이러한 배경하에서 대통령의 원대한 구상을 구체화하는 데 일익을 담당하게 되었습니다.

나는 1968년 여름부터 가을에 걸쳐 2개월가량 구라파를 여행한 후 우리에 대한 국제사회의 인식이 북한에 비하여 부정적임을 적시하고 대통령께서 광복절, 6·25 등 적절한 기회에 평화통일 의지를 천명하고 현실적인 통일의 단계적 접근 방안에 대한 일차적 기조발표를 할 것을 건의하였습니다. 이 건의가 계기가 되어 1969년 5월 4일자로 청와대 공보수석비서관 겸 대변인으로 임명되었습니다. 대통령께서는 1969년 추석 전후 저를 불러 1960년대를 한번 청산하고 1970년대의 국정 전반에 대한 하나의 비전을 제시할 수 있는, 창조적인 정책에 중점을 둔 담화를 1970년 연두에 발표할 수 있도록 준비할 것을 지시하셨습니다.

박 대통령은 1970년 연두교서에서 우리가 자조정신, 자립경제, 자주국방의 정신으로 나아가면 1970년대 말에 1,000달러 소득, 100억 달러 수출을 달성할 수 있으며 "1970년대에는 국토통일방법을 적극적으로 모색, 추구해 나가는 일방, 평화적 방법이든 비평화적 방법이든 어떠한 방식의 통일방안에 대하여도 즉각적으로 대처하고 대응한다"는 1970년 대 비전을 제시하였습니다.

1970년 3·1절을 지낸 며칠 뒤 대통령은 저를 다시 불러 "우리가 먼저 어떤 제스처를 취하면 북한이 반응을 보일 것이고 이렇게 의견교환을 하다 보면 북한 측의 군사적 도발을 억제할 수 있지 않겠는가"라고 말씀하셨습니다. 이어 대통령은 광복 후 4반세기를 맞으면서 1970년 8월 15일에 지난 4반세기의 남북한 관계를 회고하고 "앞으로 1995년까지 남북한이 서로 반공이니 반동이니 그러한 소리하지 말고 서로 평화를 지키면서 어느 체제가 잘 사는지를 정정당당하게 경쟁을 해나갈 것을 제시해 보자"는 구상을 말하였습니다. 이때 대통령의 구상에는 1995년 이 되어도 통일은 되지 못한다는 계산을 하고 있었습니다.

제가 대통령의 구상에 전적으로 공감이라고 말하자 대통령은 "강 대변인이 1970년 연두교서 작업을 했고 또 8·15광복절 경축사 작성 명령이 떨어지기만을 기다리는 입장일 것"이라고 하시면서 "그래 한번 작업해봐"라고 말씀하셨습니다.

문 대통령의 지시를 받은 후 청와대에서는 어떻게 작업을 했습니까?

답 당시 청와대 대변인실에는 「월요회」, 「화요회」, 「수요회」라는 3개의 자문조직이 있었습니다. 대통령의 지시가 나온 이후 나는 3개의 자문조직에서 2주 동안 각기 2~3회 모임을 갖고 8·15에 무엇을 발표한다는 것은 이야기하지 않고 단지 북한에 대하여 무엇을 제의하는 것이 좋을까에 대하여 여론 수집을 해보았습니다.

저는 그때 좌담회가 열릴 때마다 녹음을 하고 참석자들에게 야당으로서 정부에 할 이야기가 있으면 해달라고 요청을 하였습니다. 이러한 과정을 거쳐서 몇 달 동안에 저와 심융택, 오명호 세 사람이 관계부처와 협조하지 않고 극비리에 「평화통일구상 선언」의 초안을 만들었습니다.

문 대통령께 언제 연설문 초안을 보고하고 그 후 어떻게 검토했습니까?

답 제가 6월 말경 연설문 초안을 대통령에게 보고하자 대통령은 외무부, 통일원, 법무부, 중앙정보부의 차관급으로 실무팀을 구성하여 연설문 초안을 검토하라고 지시하였습니다. 다만 중앙정보부는 1969년경에 강인덕 북한과장이 청와대 어느 모임에 와서 마치 자신이 김일성 머리 위에 앉은 듯이 브리핑을 하고 대통령을 비롯한 참석자들의 질문에 청산유수 같이 답변했던 인상이 강력하게 남아있었기 때문에 차장이고, 국장이고 간에 계급에 상관하지 말고 강인덕 씨를 참가시키도록 지시를 하였습니다. 청와대에서 검토를 하면 비밀이 누설될 것 같아서 8·15 선언 발표 3주 전인 7월 25일부터 면목동 저희 집에서 윤석헌 외무차관, 강인덕 중앙정보부 북한국장과 함께 저녁에 만나서 세 차례 검토를 한 후 검토한 초안을 8월 1일인가, 2일에 대통령께 보고드렸습니다.

문 초안이 마련되었기 때문에 대통령께서 관계 장관들과 회의를 하시지 않았습니까?

답 대통령께서는 연설문 초안을 직접 수정한 것을 주면서 8월 9일 연설문 초안을 검토하는 관계 장관회의를 하자고 지시하셨습니다. 그날 대통령, 최규하 외무장관, 이호 법무장관, 김영선 국토통일원장관, 김계원 중앙정보부장, 김정렴 비서실장, 신직수 검찰총장, 유근창 국방차관과 제가 대통령 집무실에서 갑론을박의 토론을 하였습니다.

먼저 대통령의 질문에 최규하 외무장관이 이의가 없다고 발언을 하자 이호 법무장관은 강한 경상도 사투리 억양으로 "북한이 남침의 기회를 호시탐탐 노리고 있어 국민들이 허리띠를 졸라매고 대북 경각심을 높여나가야 한다"고 하면서 "연설문 초안에 나와 있는 것은 시기상조이며 대통령의 통치권 행사라고 하여도 반공법의 테두리를 벗어나면 곤란하다"는 반대 의견을 개진하였습니다. 그는 이어 "대통령에게 이런 것을 건의하여 혼란을 일으키게 하는 사람이 의심스럽다"라고까지 하였습니다. 이렇게 법무부의 반대 의견이 강하자 대통령께서는 비서실장실에서 장관들과 계속 토론을 하여 결론을 가져오라고 지시하셨습니다. 비서실장실에는 윤석헌 외무차관, 이종원 대검검사를 비롯한 2~3명의 대검검사, 심융택 비서관 등 비서실 실무팀, 강인덕 국장이 대기하고 있었습니다. 김정렴 비서실장실에서 재개된 회의에서 이종원 대검검사는 법률적 차원에서 연설문 초안 내용이 절대로 용납될 수 없다는 의견을 노트에 정리하여 와서 발표하면서 이런 작업을 한 것 자체가 구속감이라고 하였습니다.

저는 우리가 반공정책을 포기하겠다는 것도 아니고 승공의 입장을 견지하면서 남침을 노리고 있는 북한에게 전쟁을 하지 말고 어느 체제가 국민을 더 잘살게 할 수 있는가를 경쟁하자고 던져주는 것이 전쟁 억제를 위하여 몇십 배의 효과를 낼 수 있는 고등전략이라고 주장하였습니다. 저는 새마을운동의 성과가 점차 나타나기 시작하고 경제성장이 제 궤도에 오르고 있는 우세한 상황에서 대통령이 남북문제를 국가가 풀어야 할 기본 명제로 보고 입장을 발표하는 것이 어떻게 반공법에 저촉되느냐고 반박하면서 검찰에서 계속 반공법을 내세워 반대를 하면 대통령께서 불쾌하게 생각하실 것이라고 강하게 말하였습니다.

지금 생각해 보면 그때 박 대통령이 8·15경축사에서 발표하고자 한 내용은 안보를 전혀 무시하고 북한에게 퍼주기만을 한 김대중 대통령의 햇볕정책과는 차원이 전혀 다른 것이었습니다. 신직수 검찰총장은 토론의 거의 마지막 단계에 "그러면 빨리 결론을 내자"고 하면서 제 주장에 동의를 하는 듯하였으나, 점심을 먹고 오후 4시가 되어도 법적 검토 때문에 회의가 끝나지 않았습니다.

문 결국 대변인께서 몇 달 동안 수고하여 8·15경축사라는 결실을 거두었는데,

추가하여 더 하실 말씀은 없습니까?

답 이 연설 내용에 UN을 가급적 많이 언급하는 것이 좋겠다는 외무장관의 건의를 받아들여 대통령께서 직접 추가한 "이러한 우리의 요구(북한 공산주의자들은 무장공비 남파 등의 모든 전쟁도발 행위를 즉각 중지하고 소위 무력에 의한 적화통일이나 폭력혁명에 의한 대한민국의 전복을 기도해 온 종전의 태도를 완전히 포기하겠다는 것을 명백하게 내외에 선포하고, 또한 이를 행동으로 실증해야 할 것을 요구)를 북한 공산집단이 수락, 실천하고 있다는 것을 우리가 확실히 인정할 수 있고"라는 구절 다음에 "또한 유엔에 의해서 명백하게 확인될 경우에는"라는 문구를 추가하였습니다.

법무부와 검찰청은 이 선언이 반공법에 저촉되지 않도록 최선의 노력을 하였는데, 이들은 반공정책을 더 강조하는 선에서 경축사 앞부분에 "번영의 희망과 기대는 북한 공산집단이 도발한 참혹한 전란 속에 한 조각 허공에 뜬 구름처럼 흩어져 버렸고"라는 구절과 "6·25 남침의 참혹한 동족상잔에 이어서 휴전 후 오늘날에 이르기까지 7,800여 건이 넘는 무력도발을 자행해 왔고, 최근에는 무수한 무장공비를 남침"시키면서 "이들 도당들은 언필칭 평화통일이니, 남북협상이니, 연방제니, 남북교류니 하는 등 파렴치한 상투적 선전을 되풀이하고 있다"는 구절을 포함시켰습니다. 「8·15 평화구상 선언」은 연설문 초안보다 직접적이고 또 강경한 어조로 바뀌어졌고, 연설문 초안에 들어있던 서신왕래, 고향방문, 경제협력 등 구체적인 내용은 삭제되었습니다.

대통령이 국방부 의견을 하문하자 국방차관은 대통령께 말씀드리는 것보다도 강 대변인에게 말하겠다고 하면서 "이 연설문 준비 과정이 몇 달쯤 진행된 것 같은데 국방부에 사전 의견을 묻는 협조를 하지 않은 것에 서운하다"고 하였습니다.

문 박 대통령은 「8·15 평화통일구상 선언」 발표를 통하여 분명히 「선 평화, 후 통일」이라는 새로운 대북정책을 밝히고 이듬해부터 북한과 대화를 할 수 있는 길을 열었습니다. 그러나 1972년 10월 유신을 반대해 온 여러 사람들은 박 대통령이 이 선언을 준비할 때부터 영구집권을 할 목적으로 유신을 생각하고 있었다고 평가하고 있었습니다. 이러한 주장들에 대하여 어떻게 생각하십니까?

답 10월 유신을 반대하다 보니까 이 선언이 2년 후에 있을 유신을 위한 장기적 포석이라는 비난을 받고 있고 그 진가가 훼손되고 있습니다. 최소한 선언을 준비하고 발표할 때까지는 유신은 전혀 검토되지 않았습니다. 그 뒤에 정확히 언제인지는 기억이 나지 않지만, 동 선언 발표 후 상당한 기간이 경과한 뒤에 이후락 씨가 10월 유신 작업을 하는 것을 보았습니다. 저는 그 과정을 잘 모르지만 대통령이 1971년부터 북한과 대화를 진행하면서 통일의 물꼬를 트고 통일을 완성하려면 우리도 당분간 이 체제를 끌고 나가야 하겠다는 사명감을 느끼고 그것이 유신으로 발전된 것이 아닌가 하는 추측을 하였습니다.

문 남북관계 전반에 대하여 고견을 말씀해 주시겠습니까?

답 힘든 일이지만 우리는 북한과 대화를 하고 전쟁이 일어나지 않도록 계속 노력을 해야 합니다. 그러나 김정일이 우리에게 하는 것을 보면 우리가 같은 민족으로서 북한에 대한 동정심에서 아무런 검증 절차도 없이 일방적으로 퍼주고 돈 주고 하는 것은 전략 미스라고 생각합니다.

오히려 우리 정부는 세게 나가면서, 하나하나 조건을 붙여서 동독을 다루었던 서독 식으로 단계적으로 북한과 협력을 해나가야 합니다. 예를 들면 우리가 북한 측에 2억 불을 지원하면 북한도 거기에 상응하는 대가를 지불하여야 한다는 것입니다. 만일 그러한 단계와 과정을 거치지 않고 북한이 요구하는 대로 지원을 한다면 그들의 통일전선전략에 말려들게 될 것입니다.

〈참고 / 인터뷰〉

【증언 2】

강인덕 | 전 중앙정보부 북한국장·통일부 장관

문 1970년 8월 15일에 발표된 「8·15 평화통일구상 선언」을 준비하는 작업에 깊이 관여하셨는데 당시 국제정세, 남북관계, 국내정세에 대하여 설명해 주시겠습니까?

답 남북대화에 관한 이야기를 시작하기 전에 명백히 알아야 할 것은 그때의 국제정세와 남북관계, 특히 북한의 대남인식이 어떠했는가를 미리 알고 시작해야 된다고 생각합니다. 김일성은 1960년대 초반부터 강화해 온 전쟁준비를 기반으로 하여 1960년대 후반에 한국의 내부 혼란을 조성하는 한편, 무력남침에 대응하는 한·미의 의지와 힘을 시험하기 위하여 대남 폭력전술을 노골적으로 구사하였습니다.

김일성이 1966년 10월 5일 「당대표자회의」에서 "현 남조선정세에서의 특징은 미제와 그 주구들이 전쟁정책을 더욱 강화하고 있는 것이며 이로 인해 미제의 식민통치에 심각한 위기가 조성되고 있는 것"이라고 지적하고 "남조선에서 혁명역량을 급속히 성장시키며 민족해방·인민 민주주의혁명을 촉진할 것을 촉구"한 이래 북한은 본격적으로 한국에 대한 무장도발을 격화시켜 나갔습니다. 1968년은 북한이 1953년 휴전 이래 폭력전술을 가장 강하게 구사한 해라고 할 수 있습니다. 동년 1월 21일 북한 민족보위성 정찰국 직속 124군 부대의 무장공비 31명이 청와대 기습을 목표로 서울에 침투하고 1월 23일 동해상에서 북한 해군

함정이 미 정부수립 함정 푸에블로 호를 납치하고 10월 30일부터 11월 3일간에는 북한의 무장 게릴라 130여 명이 경계 취약지구인 경북 울진과 삼척에 침투하여 민간 주민을 난폭하게 살해하면서 유격근거지를 확보하려고 하였습니다. 그러나 북한 측은 울진·삼척 침투사건을 통하여 월남식 게릴라 근거지 작전이 남한에서는 통하지 않는다는 것을 확인하였습니다.

이듬해인 1969년 1월에 김일성이 참석한 가운데 개최된 「인민군 당 제4기 4차 대회」를 개최하고 그동안의 군 지휘부인 김창봉 인민무력부장, 최광 총참모장, 허봉학 인민군 총정치국장 등을, 인민군대 내의 유일사상 체계를 문란케 하였다는 이유를 내세워 모두 숙청하였습니다. 이들의 숙청은 사실상 대남 전략 추진 실패의 책임을 물은 것이지만, 1972년 5월 김일성은 이후락 부장과 회담을 할 때 게릴라를 남한에 보낸 것을 후에 알고 모두 철직(해임)시켰다고 하였습니다.

닉슨 독트린이 한국에 미친 영향은 지대합니다. 「닉슨 독트린」은 (1) 미국은 이미 체결한 조약상의 모든 의무를 준수한다, (2) 핵병기에 의한 위협에 대하여는 미국이 직접 방위 조치를 취한다, (3) 재래식 병기에 의한 공격 또는 국내 반란의 경우는 아시아 각국이 방위력을 강화하여 대처토록 한다는 3개 원칙으로 요약될 수 있는데, 이 3개 원칙은 그해 11월 3일 닉슨 대통령의 연설에서 「베트남전쟁의 베트남화」로 정리되었습니다.

「닉슨 독트린」이 발표된 후 미국은 중국과 소련을 대상으로 하여 데탕트를 본격적으로 추진하였습니다. 1972년 2월에는 닉슨 대통령이 중국을 방문하여 중국과의 관계 수립을 다짐한 상해공동성명을 발표하고, 1969년 3월 진보도 사건(소련명: 다만스키 섬)으로 중국과 무력 충돌을 한 소련과는 동년 5월 제1차 미소 정상회담을 개최하여 제1단계 전략핵무기제한협정(SALT I)을 체결함으로써 바야흐로 국제관계는 데탕트 시대를 열기 시작하였습니다.

월남전이 종식되면 우리가 월남에 파병한 국군을 자연히 철수하겠지만 우리 정부로서는 월남 파병 조건으로 한국에 남아 있던 미국의 2개 사단 중 1개 사단이 철수하는 것에 대한 대책을 세울 필요가 있게 되었습니다. 실제로 미국 측은 1970년 4월 10일에 확정된 1970회계연도의 대한 군사원조액을 1969년에 비해 3,000만 달러를 삭감한 1억 4,049만 달러로 조정하고, 6월 6일 포터(William P. Porter) 주한 미 대사를 통하여 주한 미군 2만 명 철수를 정일권 국무총리에게 공식 통보하여 왔습니다.

이러한 상황에서 정부로서는 이제까지의 대화 없는 대결구조의 남북관계를 바꾸어야 할 상황이 왔다고 느끼게 되었습니다. 이러한 정책 전환을 고려함에는 1969년을 기점으로 하여 한국이 그동안 열세에 놓여 있던 남북한 경제력 관계에서 우위를 차지하게 된 것이 큰 요인이 되었습니다. 1960년도 남북한의 1인당 국민소득을 비교해 보면 우리가 81달러, 북한이 120달러였으며 이러한 열세는 1968년까지 계속되어 그해 우리가 168달러, 북한이 198달러였습니다. 그러나 1967년에 시작된 제2차 경제개발 5개년계획이 고도 성장을 지속하여 1969년에 가면 우리가 208달러가 되고 북한이 194달러로 떨어지게 되는데, 그것은 북한이 1967년에 끝나는 제1차 7개년경제계획을 완수하지 못하고 3년을 연장할 수밖에 없게 됨에 따라 나온 결과입니다. 1961년부터 1967년까지 추진한 7개년경제계획은 「국방건설과 경제건설의 병진」이라는 경제노선에 입각하여 중공업우선 정책을 무리하게 추진한 결과 실패로 끝났던 것입니다.

1969년은 남북한 관계 전환에 있어서 결정적 계기가 되는 해였습니다. 1969년 박정희 대통령의 지시에 따라 중앙정보부 북한국은 1974년까지 만 5년간 연인원 2,000여 명이 참가하여 1974년에 전 9권, 총 4,925쪽에 달하는 「남북한 경제력 비교」 제하의 남북한 체제경쟁의 중간평가 보고서를 발간하였습니다.

이 책자들은 일부 부처에 배포된 것 이외에는 일반에 알려지지 않았지만 우리 정부로 하여금 북한과의 대결에서 자신감을 얻게 하고 「8·15

평화통일구상 선언」과 같은 국가전략을 수립함에 있어 상당한 영향력을 미쳤다고 생각됩니다. 대내외 정세가 긴장완화와 평화공존이 강조되는 시기에 우리의 경제력 우위와 자신감이 북한에게 체제경쟁에 나오라는 메시지를 발표할 수 있게 하였다고 할 수 있습니다.

문 당시 중앙정보부 북한국장으로서 「8·15 평화통일구상 선언」을 준비하고 있는 청와대에 어떻게 협조하였습니까?

답 1970년 8월 1일 오후 강상욱 대변인이 저에게 전화를 하여 국제정세와 북한 문제를 잘 아는 전문가 2명과 함께 저녁에 면목동 집으로 오라고 연락해 왔습니다. 한국일보 논설위원인 박동운 선생과 서울대 손제석 교수와 함께 저녁 6시경 대변인 댁에 도착하니 거기에 윤석헌 외무차관, 심융택 비서관이 있었습니다. 6명이 저녁을 하면서 국제정세와 북한정세에 대한 격의 없는 토론을 하였는데, 외교적인 문제는 윤 차관이, 남북관계 문제는 제가 얘기했습니다. 윤 차관과 제가 한 말은 그동안 청와대에 보고했던 정세판단을 요약한 것이었습니다.

이런 의견교환이 2시간 이상 지속되고, 이후 밤 10시경 강 대변인은 "대통령께서 8·15 광복 25주년 경축사에 통일에 대한 대담한 구상을 발표하기를 원한다"라고 말하고 그동안 청와대 실무진이 기초한 연설문 초안을 여름휴가 중인 진해의 대통령께 보냈는데, 대통령은 좀 더 대담한 내용을 포함시키라는 지시가 있었다고 하였습니다. 그날 동석자들은 이에 긍정적인 반응을 보였고 오늘 주고받은 의견을 보충하면 좋을 것이라는 의견 일치를 보았습니다. 이렇게 하다 보니까 밤 11시 30분이 되어 귀가하게 되었는데 그때 강 대변인이 밖으로 나오는 저를 불러 "8·15 연설문 초안이야, 강 국장이 오늘 여기서 논의하였던 내용을 내일까지 첨가해 주시오"라고 요청하였습니다.

그때는 통행금지가 있을 때였기 때문에 나는 박동운, 손제석 선생에게 야간통행권이 있는 제 차로 제가 쓰던 반도호텔로 가는 차 중에서 "통행금지로 댁에 돌아가시기가 곤란하시므로 호텔에서 주무시고 아침에 제가 수정한 것을 검토해 주십시오"라고 부탁을 드렸습니다. 나는 8·15 연설문 초안을 읽고 정치군사문제에 대한 언급은 불가하다고 생각하고 경제, 스포츠, 인도적 문제 등 문화교류, 서신교류 등 전면적 교류를 하자는 제의를 포함시켜 연설문 초안을 수정하였습니다. 아침에 두 분 선생님의 검토를 받아 오후 1시경에 호텔 6층에 있던 제 방에 오신 강 대변인에게 전해 드렸습니다.

문 그 후 8월 9일 청와대 검토회의에도 참석하였습니까?

답 네. 참석했습니다. 저도 김대중 정부의 각료를 해보았지만 율사들이 법률적 검토 의견은 물론 통치권에 대한 문제에 대해서도 굽히지 않고 주장하는 것을 보고 율사들이 대단하구나, 하는 것을 느꼈습니다. 오전에 시작된 대통령 주재 검토회의에서 좀처럼 의견 접근이 되지 않자 대통령은 김정렴 비서실장 주재로 검토회의를 한 후 그 결과를 보고하도록 지시하였습니다. 김 실장 방에서의 논쟁은 김영선 국토통일원장관, 청와대 강상욱 대변인이 한편이 되고 이호 법무장관과 함께 참석한 대검검사팀과의 논쟁이었습니다.

김계원 중앙정보부장은 제가 그동안 8·15경축사 작성과정과 내용을 보고드려서 잘 알고 있었기 때문에 중간 위치에서 지켜보고만 있었습니다. 오전에 시작된 회의는 점심을 먹고 오후 5시가 되어도 좀처럼 합의를 보지 못하고 논쟁만 계속하였는데, 오후 5시 30분경에 대통령이 보고할 준비가 되었느냐고 하면서 자료를 모두 지참하고 대통령 집무실로 오라고 하였습니다.

대통령 주재로 다시 열린 회의에서 대통령은 김정렴 실장이 준 수정된 연설초안을 보시고 펜으로 죽죽 긋더니 다시 직접 쓰신 후 우리 모두에게 돌아가면서 한번 읽어 보라고 하셨습니다. 대통령은 법무부의 강한 반대 의견을 고려하여 연설문 초안에 있던 이산가족 상봉, 학술·문화·예술 등 비정치 분야의 교류와 남북교역 등 구체적 항목의 제의 내용을 삭제하고 "인도적 견지에서 통일기반 조성에 기여할 수 있고 남북한에

가로놓인 인위적 장벽들이 단계적으로 제거되면 남북한 간에 통일문제
에 대한 현실적이고 획기적 방안을 제시할 용의가 있다"로 고쳤습니다.
대통령이 고쳐서 완성된 연설문은 당초 우리들이 포함시켰던 구체적인
남북교류 제안을 완전히 삭제한 것이었습니다. 율사들과 우리 모두 이
정도면 괜찮은 것 같다는 반응을 보였습니다. 대통령은 "보안유지를 위
하여 중앙정보부에서 인쇄하지" 하시면서 대통령이 쓰신 최종안을 나에
게 주었습니다. 그러면서 대통령은 "이 연설문이 발표되면 여러 가지
찬반 의견이 나올 테니까 중앙정보부에서 사전에 설득하는 작업을 좀
하지"라고 김계원 부장에게 지시하였습니다.

문 대통령이 지시한 사전 설득 작업을 어떤 대상에게 어떻게 하였습니까?

답 나는 8월 9일 저녁에 사무실로 돌아와 중앙정보부 인쇄소에 연설문 인
쇄를 요청하는 한편 중앙정보부 국내 담당 부서에게 연설문이 나가면
즉각 해설을 담당할 대상자를 선정해 줄 것을 요청하였습니다. 실제 설
득 작업은 8월 10일부터 시작되었는데, 나는 당시 남산에 있었던 KBS
TV 방송국(현재 영화진흥공사)으로 나가서 정계, 경제계, 언론계, 학계,
종교계 인사, 예비역 장성, 대학 총·학장들을 아침, 점심, 저녁 할 것
없이 계속 만나서 연설문 요지를 설명하고 설득하기 시작하였습니다.
그러한 설득 작업을 하면서 내 기억에 강하게 남아 있는 것은 조선일보
최석채 주필의 반응이었습니다. 제가 연설문 내용을 설명하자 그는 "이
거 너무 빨리 가는 것 아니냐, 김일성을 무슨 도깨비로 알다가 이렇게
제의를 하면 국민에게 주는 충격이 크다. 이러한 정책 전환을 하기 위해
서는 1~2년 정지작업을 하여 분위기를 만든 다음에 해야, 이렇게 나
오면 곤란하지 않느냐"는 반응을 보였습니다.
지금 그 연설문을 읽어 보면 아무런 문제가 없는 것 같지만 그 당시는
남북한 평화공존이라는 말까지도 쓸 수 없어 「평화정착」이라고 써야
할 시절이어서 「8·15 평화통일구상 선언」의 내용은 대북정책의 큰 전
환을 의미하는 것이었습니다. 이 선언의 특징은 통일 이전에 전쟁방지

와 평화정착과 같은 중간 단계의 설정이 필요하고 남북한 간의 인위적
장벽을 단계적으로 제거해 나갈 수 있는 획기적이고 현실적인 방안을
제시할 용의를 밝히고 북한 정권을 실제적 체제경쟁 대상으로 인정한
것입니다.

그러나 북한 측은 8월 22일 『로동신문』 사설을 통하여 "박 정권과는
어떠한 통일 논의도 할 수 없으며 남한 정권이 민주적인 인민정권으로
교체되면 그때 가서 통일 논의를 하겠다"고 하면서 우리의 제의를 전면
거부하였습니다. 이어서 김일성은 1971년부터 일본의 아사히신문(朝日
新聞), 마이니치신문(每日新聞), 지지(時事)통신, 교도(共同)통신, 세카
이(世界) 잡지와 인터뷰를 하고 남한이 체제경쟁을 하여 북한을 이기려
한다고 비난을 하기 시작하였지만, 우리로서는 이 연설문을 통하여 북
한의 호전성을 부각시키는 한편 1년 뒤인 1971년부터 북한과의 대화의
길을 여는 논리적 근거를 마련하였습니다. 박 대통령의 「8·15 평화통
일구상 선언」은 그야말로 대북정책의 전환을 밝힌 중요한 계기를 조성
했다고 하겠습니다.

문 「8·15 평화통일구상 선언」이 10월 유신을 위한 장기적 포석이라는 의견도
　　있는데 이에 대한 의견을 말씀해 주시겠습니까?

답 10월 유신을 하기 위하여 8·15 선언도 발표하고 남북대화도 하지 않았
　　나 하는 의심을 하는 분들이 있으나 이 선언 발표 당시에는 유신을 생각
　　하지 않은 것 같았습니다. 야당 세력이 아무리 강하게 저항을 해도 당시
　　정부는 그 저항을 통제할 수 있는 힘이 있었습니다. 그런 의미에서 8·
　　15 선언은 말 그대로 남북 간의 체제 경쟁에서 자신감을 갖게 된 표현
　　으로서 제시된 것입니다.

문 이후락 부장이 북한을 최초 방문했을 때 김일성은 자주, 민족대단결, 평화의 순
　　으로 그 이야기를 하였으나 「7·4 남북공동성명」에 자주, 평화, 민족대단결 이
　　런 식으로 반영되었습니다. 오늘 증언한 것을 보면 그때 우리가 바꿀 수 있었으
　　면, 평화를 맨 위에 두었으면 좋지 않았겠느냐 하는 생각이 듭니다. 앞으로도

북한 공산주의들이 원칙을 먼저 제시할 텐데 이 문제에 대하여는 어떻게 대처하는 것이 좋을지 남북대화에 참고가 될 만한 고견을 말씀해 주시겠습니까?

답 남북대화를 시작할 때 나는 무엇을 교과서로 삼을 것인가 하고 걱정을 하였습니다. 그래서 제일 먼저 채택했던 참고문헌이 장개석 총통이 쓴 『중국 안의 소련』이라는 책이었습니다. 그것을 내가 청계천에서 20여 권 샀습니다. 왜 이 책을 샀는가 하면 1920년대와 1930년대 후반부터 1945·1946년까지 중국공산당이 전개한 국공합작, 즉 장개석 국민당과의 합작전략과 전술, 우리가 흔히 말하는 통일전선 전술을 김일성이 반드시 원용할 것이라고 생각하였기 때문입니다.

「자주, 평화, 민족적 대단결」이라는 「3대원칙」에 대해 나는 「자주」는 미군철수의 명분을 얻기 위한 것이므로 뒤로 돌리고 「평화」를 앞세워, 평화가 오면 미군철수도 무방하다는 원칙을 고수해야 한다고 주장하며, 순서를 평화, 자주, 민족적 대단결 순으로 하자고 주장했으나, 윗선에서 이미 자주, 평화, 민족적 대단결이라는 북측 주장을 받아들였다고 하기에 침묵했습니다. 앞뒤로 용어를 바꾸는 것이 뭐 그리 중요한가 하겠지만 남북대화 담당자들은 세밀한 부분까지 유념하고 기만당하지 않도록 노력해야 합니다.

2000년 6월 정상회담을 앞두고 우리 측에서는 이번에 북한이 경제 협력 문제를 들고 나올 것이라고 말하는 사람이 있었으나 당시 일본에 있던 나는 김정일이 김대중 대통령에게 조국통일의 기본원칙 문제를 들고 나올 것이라고 짐작하였습니다. 만일 김 대통령이 북한의 통일 3대 원칙 주장에 잘못 대처하면 주한미군 철수 주장의 명분을 주고 이용될 것을 우려한 나머지 나는 1999년 평양출판사가 조성박 이름으로 출판한 「김정일민족관」의 제10장 조국통일관을 반드시 숙지하고 회담에 임해야 한다는 것을 강조하고 고위대화담당에게 이 책 2권을 사서 보냈습니다.

오랜 경험에 비추어 북한과 대화를 할 때는 우리의 논리대로 해야지, 북한의 논리대로 하면 안 됩니다. 따라서 우리는 평화를 앞세우고, 민족

자주라는 말을 쓰더라도 우리식의 해석이 담기는 작품이 나오도록 노력을 해야 한다고 생각하고 있습니다. 만일 북한식 해석이 담긴 작품이 나오면 그것은 재앙이 됩니다. 바로 「6·15 남북공동선언」의 제2항 "남측의 연합제안과 북측의 낮은 단계의 연방 제안이 서로 공통성이 있다"고 합의한 것이 거기에 해당된다고 할 수 있습니다.

「6·15 남북공동선언」은 남북정상 간에 합의한 역사적 문서이지만 이 선언에는 평화에 관한 조항이 없기 때문에 앞으로 남북대화의 기준이 될 수 없으므로 우리 정부는 북한과 평화에 관한 새로운 합의를 보아야 합니다. 그런 의미에서 남북한 총리 간에 1991년 12월 13일에 합의한 「남북 사이의 화해와 불가침 및 교류·협력에 관한 합의서(남북기본합의서)」가 남북대화의 기준이 될 수 있습니다.

「6·15 남북공동선언」 발표 후 한동안 우리 사회에서 북한이 전략적으로 변화하여 김대중 대통령과 정상회담을 가졌다는 분석이 있었는데, 정상회담 이후 「6·15 남북공동선언」의 각 조항에 대한 북한의 주장과 그 후의 북한태도를 보면 김정일이 김 대통령과의 정상회담에 응한 것은 전략적으로 통일전선을 구축하기 위한 것으로 분석됩니다. 그 후 김대중 정부는 북한에 대한 희망적 기대를 지나치게 강조한 때문에 우리 사회의 대북관이 우려될 정도로 흔들리게 되었습니다.

우리가 북한과 대화를 할 때 반드시 검토하고 확인해야 할 점은 북한이 광복 이후 지금까지 지키고 있는 민족해방혁명과 인민민주주의 혁명 노선이 변화되고 있는가? 남한 내의 어떤 계층과 어떤 명분으로 통일전선을 형성하려 하는가를 면밀히 검토하면서 대처해가야 합니다.

2000년 6월 남북정상회담 이후 우리가 겪은 것이지만, 우리 정부가 앞장서서 북한이 주한미군 주둔을 요해했다고 본 것이나, 국가연합에 동의하고 연방제를 포기하였다고 해석하였던 어리석은 잘못은 다시는 하지 않아야 할 것입니다. 우리에게 있어 북한의 현실을 제대로 파악하고 이해하는 것은 남북대화 준비의 핵심이라고 할 수 있습니다.

〈참고 / 인터뷰〉

【증언 3】*

정홍진 | 전 중앙정보부 협의조정국장, 남북조절위원회 간사위원

문 제가 1972년 초부터 정홍진 대표님의 회담 보좌관이 되어 판문점, 서울, 평양에서 개최되는 각종 회의에 수행하였던 것이 벌써 31년이 되었습니다. 1973년 8월 28일 북한 측의 일방적인 대화 중단 선언으로 제대로 된 대화는 사실상 중단되었지만 1970년대 초 우리 정부가 북한 측과의 대화에 두었던 목표는 무엇이었습니까?

답 1972년 초부터 송 박사가 나를 수행하여 이후락 부장과 김영주 부장 간의 대화를 협의하기 위하여 판문점의 북측 지역인 판문각에 처음 가자(저자 注: 1971년 11월 하순부터 1972년 초까지는 이병웅 대한적십자사 총재 특별보좌역이 수행) 북측 김덕현 대표도 그 다음 비밀접촉부터 김일성대학 출신인 이성철을 수행시켰던 것이 뚜렷이 기억납니다. 송 박사도 그 후 실무자로서 모든 회담의 계획 수립에 참가하고 회담에 수행하여 잘 알겠지만, 1970년대 초 남북대화에 둔 우리의 목표는 「8·15 평화통일구상 선언」의 정신에 연결됩니다.

우리는 회담의 목표를 전쟁 방지를 위한 남북한 간 긴장완화와 신뢰회복에 두고 실제 회담에서도 남북한 간 신뢰회복을 목적으로 하여 경제·

---

* 정홍진 대표의 증언은 저자가 2003년 7월 10일 『월간조선』 회의실에서 박정희 대통령의 「8·15 평화통일구상선언」(1970년)에 대하여 강상욱·강인덕·정홍진 대표와 가진 대담록에서 인용하였으며, 동 대담록은 『월간조선』, 2003년 8월호에 게재되었다.

사회·문화 교류를 제안하였습니다. 북한 측은 연방제나, 군사문제 우선 해결 등을 제안하였지만 남북한이 서로를 불신하면서 이런 제안들이 어떻게 협의, 실현될 수 있겠습니까?

따라서 우리 측은 남북대화를 통하여 통일을 달성할 수 있다고 생각하지는 않았습니다. 남북대화를 하면서 전쟁을 방지하고, 경제성장·자주국방과 정치안정을 먼저 하고 통일은 그 다음에 해야 하는 일로 생각하였습니다.

문 1970년대 초 남북대화와 관련시켜 최근의 남북대화에 대하여 정 대표께서 한 말씀 해주시겠습니까?

답 1970년대 초에도 북한은 우리 정부를 공산화 통일을 위한 상층통일전선전술의 대상으로 생각하였습니다. 그들은 朴正熙 대통령 정부와 연방제와 군사문제 우선 해결을 합의하여 반공법을 폐지하고 주한미군을 철수시키기만 하면 북한식 통일을 달성할 수 있을 것으로 생각했던 것 같습니다.

그러나 북한은 남북대화를 진행해 본 결과 남한 당국과 상층통일전선을 구축할 수 없음을 확인하였고 회담을 할수록 자신들이 수세에 몰린다는 것을 알았습니다.

북한은 우리 정부가 1973년 6월 23일 「6·23 평화통일외교정책선언」을 발표하자 우리 정부가 분열 노선을 추구하고 있다고 비난하면서 대화 중단을 선언하였지만 그것은 핑계에 불과하였던 것입니다. 사실 그들은 남북대화를 하는 과정에 대화를 깨야 한다는 결심을 이미 하고 있었던 것입니다.

우리 측은 1970년대 초 대화에서 남북한 긴장완화와 불신해소라는 목표를 달성할 수 없었지만 우리 국민들이 일방적이고 맹목적인 반공의식에서 북한을 있는 그대로 올바르게 인식할 수 있게 되고 이것을 바탕으로 1980년대 이후 북한과의 대화를 공세적으로 제기할 수 있게 되었습니다.

북한의 반대로 회담에 두었던 목표는 달성할 수 없었지만 회담을 통하여 부수효과를 거두었다는 것입니다.

앞에서 김대중 정부 이후 우리 정부의 지도자들과 일부 국민들의 대북한 인식이 조금은 감상적이고 비현실적인 것 같아서 우려가 됩니다. 우리 정부는 먼저 북한을 올바르게 알고 대화를 할 것을 권하고 싶습니다. 북한 주민의 고통을 덜어 주는 인도적 지원은 힘 자라는 대로 계속하고 강화해 나가야겠지요. 그러나 남북대화는 체제를 달리하는 남북한 간의 대화라는 현실에서 자유민주주의체제를 대변하는 우리 대표단은 우리의 주장을 보다 당당하고 힘 있게 주장하여야 할 것입니다.

이제 한국은 북한에 비하여 국력이 앞서 있으므로 여유를 갖고 대화에 임하여야 합니다. 따라서 우리 측은 북한 측과 정치적 목적으로 실천되기 어려운 합의문서의 채택에 연연해할 필요가 없다고 생각합니다.

제5장

북한의 「민족공조론」 주장 배경과 전술적 함의*

Ⅰ. 서론

1994년 10월 21일 「미·북 핵 타결 합의문」(U. S.- North Korea Nuclear Agreement 또는 Geneva Agreed Framework for Resolving the Nuclear Issue)으로 봉합되었던 북한 핵 문제는 강석주 외무성 제1부상이 2002년 10월 3~5일 부시(George W. Bush) 대통령의 특사 자격으로 평양을 방문한 켈리(James Kelly) 동아태 차관보에게 우라늄 농축프로그램의 존재를 시인함으로써 다시금 남북한은 물론 한반도 주변 4강국을 비롯한 국제사회의 현안문제로 제기되었다.

김대중 대통령의 햇볕정책을 계승한 노무현 대통령과 부시 대통령 간에

---

* 이 논문은 『극동문제』(*East Asian Review*), 2003.4, pp.33-52에 게재된 내용을 일부 수정·보완하였다.

는 2003년 2월 25일 취임 후 한동안 마찰음이 들렸으나 두 정상은 3월 13일과 4월 4일 두 차례의 전화통화를 통하여 북핵 문제에 대하여 계속 긴밀한 공조를 유지하여 평화적 해결을 모색한다는 방향으로 가닥을 잡은 것으로 보인다.

이와는 반대로 북한은 '우리 민족끼리의 민족공조'를 내세우고 있와. 2003년 1월 1일자 『로동신문』·『조선인민군』·『청년전위』의 '위대한 선군 기치 따라 공화국의 존엄과 위력을 높이 떨치자' 제하 공동사설이 "우리 민족끼리…. 민족공조를 실현하는 것은 통일에로의 지름길이다. 피줄도 하나, 언어도 하나, 문화도 하나, 력사도 하나인 우리 민족에게 있어서 민족공조는 당연한 리치이며 생존방식이다. 우리는 민족공동의 리익을 첫 자리에 놓고 모든 것을 여기에 복종시키며 민족자주, 애국애족의 리념에 기초하여 민족대단결을 실현해 나가야 한다. 권력욕과 부귀욕에 물젖어 외세와의 '공조'를 추구하는 반민족인 책동을 철저히 배격해야 한다"[1]라고 주장한 것을 계기로 북한 측은 신문, 방송을 통해 그리고 남한 측 대표 접촉 시 민족공조를 강조하고 있다. 또한 4월 5일 북한 양형섭 최고인민회의 상임위원회 부위원장은 김일성의 '조국통일을 위한 전민족대단결 10대 강령' 발표 10주년 평양시보고회 연설에서 민족공조를 위한 남북 간 대화 필요성을 강조하면서 남한 측이 대화 분위기 조성에 나설 것을 촉구하였다.

오늘날 북한의 통치이념은 1960년대 후반 이후 마르크스-레닌주의를 대체한 '김일성주의'로 변모되었지만, 그 기본은 공산주의이다. 원래 공산주의자들에게는 민족은 1차적인 관심이 아니고 계급이 역사변동의 원동력으로서 주된 관심사이었고 마르크스주의의 계급과 서구 민주주의의의 민족의 개념은 상극적인 것이었다. 이 글에서는 북한 핵 문제와 관련한 오늘의 토의의 문제제기로서 북한 측이 그들의 이념과는 달리 민족이라는 개념을 내세우고 북한 민족공조를 강조하는 배경, 동기와 북한의 민족관을 살펴본 후 북한 핵 위기 해소 방안을 제시하기 위하여 제2라운드의 북한 핵 위기의

---

1) 『로동신문』, 2003.1.1, p.1.

본질을 논술하고 결론에서 나름대로의 방안을 제시해보고자 한다.

II. 공산주의자들의 민족통일전선전술과 북한의 「민족공조론」 주장

민족의 개념은 인종, 국민의 범위와는 반드시 일치하지는 않지만 동일한 인종적 및 지역적 기원을 가지는 역사적 운명과 문화적 전통, 특히 언어, 종교, 역사, 생활 양식 등을 공통으로 하는 기초적 사회집단이다.[2]

그러나 오늘날 정치적 단위로서 사용되는 민족, 민족주의라는 근대적 정치이념은 1789년의 프랑스 혁명 이후 등장된 것으로서 서구 근대국민국가를 구성하는 민족으로 이해된다. 여기서 민족은 역사적, 정치적 개념임과 동시에 민족주의의 인적 구성이며 근대국가의 형성과 완성을 위한 정치사회운동의 주체이다. 그리고 민족은 단순한 객관적 실체가 아니라 '내' 나라라는 귀속감과 정감의 소유자인 사람과 집단의 집결체이면서 동시에 '나라의 주인'이다.[3] 따라서 민족이란 개념은 근대라는 사회 역사를 지나면서 결집된 실체이며 절대봉건왕정에 저항하여 수립된 근대국민국가의 주체라고 할 수 있다.

반면에 마르크스(Karl Heinrich Marx)와 엥겔스(Friedrich Engels)는 역사와 정치사회적 현상들을 계급적 관점에서 해석하였기 때문에 민족문제는 계급에 비하여 부차적인 의미를 지녔으며 계급투쟁에 종속되었다.[4] 그들은 민족을 근대 부르주아가 국가권력을 장악하고 사회를 자본주의적 생산양식

---

2) 한국어대사전 편찬회(편), 『한국어대사전』(서울: 현문사, 1976), p.634.

3) 노재봉, 『한국민주주의』(서울: 서문당, 1977), p.10.

4) 김창근, "김정일민족관: 내용과 특징," 『극동문제』, 2002.8, p.17.

화하면서 나타난 사회역사적 발전의 산물로 인식하였기 때문에 마르크스는 부르주아에 대한 프롤레탈리아의 승리는 동시에 전억압민족해방의 신호라고 주장하였으며 엥겔스는 프롤레타리아의 지배는 제 민족의 민족적 격리와 대립의 소멸을 가일층 촉진하고 다른 민족에 대한 한 민족의 착취나 지배를 근절하게 될 것이라고 강조하였다.5)

그러나 프롤레타리아만이 자본주의적 소유관계를 제거하여 민족적 차이와 적대감을 궁극적으로 제거할 수 있다는 마르크스와 엥겔스의 주장은 제1차 세계대전 때 독일, 프랑스 등의 사회애국주의(social patriotism)의 상대가 되지 못하였으며 민족과 민족주의는 프롤레타리아 국제주의라는 인위적 개념보다 훨씬 강하다는 것이 입증되었다.

마르크스와 엥겔스 이후 민족문제 논의는 민족자결권 인정여부를 중심으로 (1) 로자 룩셈부르크(Rosa Luxemburg), 트로츠키(Leon Trotsky) 등 민족운동과 민족자결권을 부인하고 프롤레타리아의 계급자결을 견지한 견해, (2) 오토 바우어(Otto Bauer) 등 오스트리아 마르크스주의자들의 민족자치론, (3) 민족문제가 국제사회주의혁명 성공에 지닌 전략적 가치를 주목하여 민족자결을 강조한 레닌의 견해, 즉 반제국주의 통일전선전술로서의 민족이론으로 나누어지게 된다.6) 여기에서 국제공산주의 혁명의 성공을 위하여 공산주의자들이 구주 선진국에서는 프롤레타리아 통일전선전술, 후진국 또는 식민지국가에서는 반제국주의 통일전선전술을 추진한 배경을 살펴보자.

볼셰비키 혁명 초기에 레닌은 볼셰비키 당의 강철같은 규율하에 무자비한 프롤레타리아 계급독재를 추구할 것을 선언하였으며7) 구주 각국의 사회주의 제 정당들을 가리켜 "프롤레타리아 혁명운동에 대한 부르주아 개량주의의 배신자들"이라고 규탄하면서 그들과는 단호한 투쟁을 전개해야 한다고

---

5) 『혁명에 관한 마르크스 레닌주의의 리론 및 전술에 대하여 II』(평양: 조선로동당출판사, 1965), p.29.

6) 이범준 외, 『동남아공산권 연구』(서울: 박영사, 1991), p.7.

7) Vladimir I. Lenin, "Left Wing," *Communism. An Infantile Disorder* (Peking: Foreign Language Press, 1970), pp.5-8.

촉구하였다.[8]

레닌과 함께 부하린(N. I. Bukhalin), 트로츠키 등 여타 소련 공산당 지도자들도 1919년 초 모스크바에서 개최된 코민테른(communist international) 제1차 대회 당시만 하더라도 각국에서 전개된 공산주의 혁명은 프롤레타리아 단일계급의 힘만으로도 수행될 수 있다고 확신하고 타 계급의 도움은 물론 우경 사회주의자들과의 연합과 같은 통일전선 전술이 불필요한 「혁명의 결정적 시기」로 판단하였다. 즉, 레닌이 제안한 「부르주아 민주주의와 프롤레타리아 독재에 관한 테제」와 부하린이 쓴 「공산주의 인터내셔널의 선언」, 그리고 트로츠키가 기초한 「전세계의 프롤레타리아에 대한 공산주의 인터내셔널의 선언」 등 일련의 문서들은 한결같이 낙관적인 정세인식을 피력하였다.

그러나 코민테른 제1차 대회(1919.3.2~6)부터 제3차 대회(1921.6.22~7.12)에 이르는 기간의 유럽정세는 점차 비관적 정세로 역전되었다. 독일, 헝가리, 이탈리아, 체코슬로바키아에서 총파업이 실패하거나 애써 세운 공산주의정부가 단명으로 그침으로써 코민테른 제1차 대회 이후의 정세는 전반적으로 프롤레타리아 혁명 투쟁이 패배 일로를 걷는 정세였다.[9] 이러한 공산혁명정세의 퇴조기에 즈음하여 코민테른 지도부는 공산주의 혁명의 퇴조를 예방하기 위한 새로운 전략·전술을 모색하지 않을 수 없었다.

1921년 6월 22일부터 7월 12일까지 개최된 코민테른 제3차 대회는 7월 9일 「전술에 관한 테제」를 채택하여 불리해진 정세 변화에 대응한 당면과제로서 공공연한 무장투쟁 대신 노동자 대중에의 침투와 프롤레타리아 통일전선 전술을 제시하였다. 그중 국제공산주의혁명을 위한 전술로서의 통일전선 이론은 동년 12월 18일에 소집된 코민테른 집행위원회가 자본의 공세에 반대하는 「노동자 계급의 통일전선에 관한 테제」를 채택하고 1922년 11월

---

8) 강인덕, 『공산주의의 통일전선에 관한 연구: 조선노동당의 전략을 중심으로』(서울: 극동문제연구소, 1977), pp.7-10.
9) *Ibid.*, pp.10-11.

5일부터 12월 5일까지 개최된 제4차 대회에서 「통일전선 전술에 관한 테제」를 채택하게 됨에 따라 공식화되었다. 코민테른 제4차 대회에서 채택된 동 테제는 통일전선전술에 대하여 다음과 같은 정의를 내리고 있다.

> 통일전선전술은 공산주의적 전위가 광범한 노동자 대중의 가장 필요 불가결한 생활 이익을 위한 일상 투쟁의 선두에 서서 나아가는 것을 의미한다. 이 투쟁에서 공산주의자는 배신적인 사회민주당이나 암스텔담파의 배반적 지도자와도 대화할 용의가 있다.10)

또한 동 테제는 통일전선 전술에 있어 제일 중요한 것은 노동자 대중을 선동에 의하여 그리고 조직적으로 결집시키는 데 있다고 강조하면서 통일전선전술의 진정한 성공은 '아래'로부터, 노동자 대중 자신의 깊숙한 곳으로부터 생겨난다고 하면서도 공산주의자는 경우에 따라 대립적인 노동자 정당들의 지도자와 대화하는 것을 거부한다는 의미가 아니라고 선언하여 「아래로부터의 통일전선전술」을 주전술로 하되 상황이 혁명의 퇴조기인 경우에는 주적(主敵)인 자본계급의 반격을 저지하고 공산혁명을 위한 공산주의 세력 형성을 위하여 비볼셰비키 지도층과의 제휴도 불가피하므로 「위로부터의 통일전선」도 가능하다고 지시하였다. 결론적으로 통일전선전술은 각 국이 처한 구체적 조건들에 따라 위로부터의 형태든 또는 아래로부터의 형태든 다양한 형태로 적용될 수 있다는 것이다.11)

---

10) 도서출판 동녘 편집부(편역), 『통일전선민족식민지 문제』, 코민테른 자료선집 3(서울: 도서출판, 1989), p.100.
11) *Ibid.*, p.101.

III. 후진국에서 통일전선과 민족의 결합

통일전선전술은 후진국가 또는 식민지국가에서는 레닌의 혁명이론의 중심 고리의 하나가 되었던 반제국주의 통일전선 형태로 나타난다. 바야흐로 후진국과 식민지국가에서 통일전선과 민족이 결합됨으로써 공산주의이론에서 '계급'에 밀렸던 '민족'은 화려하게 재기하게 되었다. 레닌이 제기한 바에 따라 코민테른 제4차 대회 폐막일인 1922년 12월 5일에 채택된 「동양문제에 관한 일반 테제」는 서구 제국에서의 프롤레타리아 통일전선과 중국 등 동양 식민지에서의 반제국주의 통일전선을 다음과 같이 명확히 구분하고 있다.

> 서구에서는 세력을 조직적으로 축적해야 할 과도기의 조건 하에서 노동자통일전선이라는 슬로건이 제기되었는데, 식민지적 동양에서는 현재 반제국주의 통일전선이라는 슬로건을 내세우는 것이 필요하다. 이 슬로건이 적절하다는 것은 ···. 토착지배 계급이 인민 대중의 기본적 이익에 반하는 방식으로 외국 자본과의 타협을 꾀하는 경향이 보이는 만큼 더욱더 필요하다 ···. 반제국주의 통일전선 슬로건은 근로 대중의 혁명적 의지를 발전시키고 그 계급적 자각을 일깨우는 데 도움이 될 것이며 그들을 제국주의뿐만 아니라 모든 봉건 잔재와도 싸우는 선진국 투사의 대열에 가담시키는 데 도움이 될 것이다.[12]

반제국주의 통일전선은 제4차 대회에서 구체화되었지만 먼저 1920년 7월 19일부터 8월 7일까지 개최된 코민테른 제2차 대회에서 레닌이 보고한 「민족 및 식민지 문제에 대한 위원회 보고」에서 제기되었다. 그는 선진 자본주의국가가 아닌 후진지역에서의 공산주의혁명의 가능성을 이론화하기 위하여 지주 부르주아 계급과 노동자 계급이 구분되는 것처럼 세계를 억압국가인 제국주의국가와 피억압국인 소련 공산주의자와 식민지 제 민족으로 구분하고 코민테른의 정책은 같은 피억압국의 입장에서 억압국으로부터의

---

12) *Ibid.*, pp. 264-265.

아시아 지역의 민족 및 식민지의 해방운동과 소비에트 러시아와의 밀접한 동맹을 실현시키는 것이라고 주장하면서 소련의 지도성을 강조하였다.[13]

또한 레닌은 코민테른 제2차 대회의 토의에 붙이기 위하여 1920년 6월 5일 작성한 「민족 및 식민지 문제에 대한 테제」에서 모든 민족 및 식민지 해방운동과 소비에트 러시아의 가장 긴밀한 동맹을 실현하는 정책을 취할 필요가 있다고 하면서 이와 관련하여 소련의 경험으로써 완전한 통일로 나아가는 과도적 형태인 연방제를 다음과 같이 요구하기도 하였다.

> 연방제는 여러 민족의 노동자가 완전한 통일로 나아가는 과도형태이다. 연방제의 적절함은 이미 러시아 사회주의 연방소비에트 공화국과 다른 소비에트공화국들(이전에는 헝가리·핀란드·라트비아 공화국, 현재는 아제르바이잔·우크라이나 공화국)과의 관계뿐만 아니라, 러시아 사회주의 연방소비에트 공화국 내에서 이전에는 국가로서의 존재도 자치형태도 갖지 못했던 민족들(예컨대 1919년과 1920년에 창설된 러시아 사회주의 연방 소비에트 공화국 내의 바쉬끼르 자치공화국과 타타르 자치공화국)과의 관계에 의해서도 실제로 명백히 증명되고 있다.
>
> 이 점에서 코민테른의 임무는, 소비에트 제도와 소비에트 운동을 기반으로 하여 발생하고 있는 이들 새로운 연방을 한층 더 발전시킴과 동시에, 그것을 연구하고 경험에 의하여 검토하는 것이다. 연방제가 완전한 통일로 나아가는 과도형태라는 점을 인식하고, 군사, 경제적 동맹 등을 염두에 두면서 점점 긴밀한 연방적 결합을 지향하지 않으면 안 된다.[14]

연방주의 정치체제를 채택한 미국과 스위스의 경험으로부터 많은 영향을 받은 서방의 연방제 이론은 국가나 집단 간의 거시적 규제의 틀이 형성되어 있지 않은 상황에서의 기능적 교류 및 협력은 상호 협조와 이익을 보장할 수 없기 때문에 연방 형성이라는 상부구조의 통합을 먼저 이룩하여 이를 기능적 통합으로 역확산(逆擴散)시켜야 진정한 통합을 이룩할 수 있다고 보

---

13) *Ibid.*, pp.232-237.
14) *Ibid.*, pp.226-227.

왔다.15)

또한 서방에서의 연방제의 핵심은 같은 정치·경제체제와 이념을 가진 각 개체가 주권을 포기하고 제3자인 연방이라는 초국가적 권위체를 형성하여 통일이라는 공동선을 성취하는 것이며16) 무정부상태인 국제정치체제에서 국가 간의 권력투쟁을 통제할 수 있는 초국가적 중앙정부를 설립하여 평화와 안전을 보장하는 것이었다.17) 따라서 서방에서의 연방제 구성 동기는 연방을 구성하는 국가들의 공동선의 성취 내지 평화와 안전 보장인 데 비하여 구 소련의 연방제 구성 동기는 각 민족들을 반제국주의 통일전선에 묶는다는 점에서 서로 다르다.

레닌은 코민테른 제4차 대회에서 반제국주의 통일전선이 프롤레타리아의 계급적 투쟁의식이 아직 형성되지 않은 식민지와 반식민지에서 적용되어야 한다는 점에서 제국주의자들과의 장기적인 투쟁이 전망된다고 하면서18) 제5차 대회(1924년 6월 7일) 및 제6차 대회(1928년 7월 17일~9월 1일)에서 투쟁목표를 보다 구체화하였다. 특히 제6차 대회에서 채택된 「식민지 및 반식민지 국가의 혁명운동에 관한 테제」는 중국, 인도 등 식민지 및 반식민지 제국에서의 혁명은 프롤레타리아 독재와 사회주의혁명의 전제조건을 준비하는 부르주아 민주주의혁명이라는 새로운 규정을 내리고 제국주의의 질곡으로부터의 민족해방투쟁을 전개할 것과 프롤레타리아 및 농민 독재의 수립과 프롤레타리아 헤게모니 강화, 대중에 대하여 커다란 영향력을 가진 강대한 공산당의 강화 등을 기본임무로 제시하였다.19)

민족문제가 사회주의와의 연관성 속에서 이론적으로 체계화된 것은 스탈

---

15) 박기덕, "남북한 정치적 통합모델의 모색 — 이론적 논의," 박기덕·이종석(편), 『남북한 체제비교와 통합 모델의 모색』(성남, 경기도: 세종연구소, 1995), p.354.

16) 임혁백, "남북한 통일정책의 비교분석," 이용필 외, 『남북한 기능통합론』(서울: 신유, 1995), p.46.

17) 김국신, "남북연합 형성 및 운영 방안 연구," 민족통일연구원 연구보고서 94-13 (1994.11), pp.15, 17.

18) 도서출판 동녘 편집부(편역) (1989), p.265.

19) *Ibid.*, pp.292-293.

린에 의해서였다. 그는 제국주의 열강에 맞서면서 소련사회주의를 완성해야 하는 대내외적 필요에 의해 슬라브 민족주의에 호소하고 중앙집권적 사회주의정책을 폈다. 그는 프롤레타리아를 견지하기보다는 '대(大)러시아민족주의'를 고양시켰고 국가의 소멸보다는 소련이라는 국가를 강화시키는 기틀을 제공하였다.[20]

반식민지 상태에 있던 중국이 1921년 13명의 대표에 의한 중국공산당 창당 후 「위로부터의 통일전선전술」에 의거한 1923년 제1차 국공합작, 「아래로부터의 통일전선전술」에 의한 1937년 제2차 국공합작을 거쳐 1949년 10월 통일된 민족국가를 실현한 전 과정은 코민테른의 민족통일전선전술 지도에 의하여 모택동(毛澤東) 등 공산 지도자들이 일본이라는 민족적 적을 물리치기 위하여 민족주의를 적절히 이용한 사례라고 볼 수 있다.

결론적으로 공산주의자들은 공산주의 운동이 프롤레타리아의 힘만으로 극복할 수 없는 위기의 사태에 직면했을 때 모든 계급을 초월한 민족적 단결에 호소하는 민족주의를 사용하였다.

IV. 북한의 민족관

1945년 8월 15일 광복 이후 통일전선전술에 의하여 정권을 수립한 북한 공산주의자들은[21] 레닌의 반제국주의통일전선전술을 그대로 적용하여 "남조선 인민들은 … 오늘에 이르기 까지 제국주의의 멍에에서 해방되지 못하였으며 미 제국주의의 지배 밑에서 계속 식민지적 및 봉건적 압박과 착취를 받고 있다"[22]고 하면서 "현 단계에 있어서 남조선사회의 기본모순은 미제와

---

20) 김창근(2002), p.18.
21) 상세 내용은 강인덕(1977), pp.101-116을 참조.

그와 결탁한 지주, 예속자본가, 반동 관료배들을 한편으로 하고 로동자, 농민, 도시 부르주아 및 민족 자본가들을 한편으로 하는 둘 사이의 모순"23)이라고 규정하고 있다.

이러한 대남인식에 근거하여 북한 공산주의자들은 미 제국주의자들로부터 남한을 해방하는 '민족해방'과 남한에서 노동자, 농민 등이 착취계급이 쥐고 있는 정권을 탈취하는 '인민민주주의혁명'을 달성하는 대남 전략과 통일정책을 수립한 후 지난 반세기 동안 이 틀에서 조금도 벗어난 적이 없다.24)

따라서 북한의 대남 전략과 통일정책을 가장 잘 나타내고 있는 북한 노동당 규약이 1956년 4월 제3차 전당대회, 1961년 9월 제4차 전당대회, 1970년 11월 제5차 전당대회와 1980년 10월 제6차 전당대회에서 각기 수정 내지 개정되었지만 당의 당면 목적이 공화국 북반부에서의 사회주의의 완전한 실현과 "전국적 범위에서의 민족해방과 인민민주주의 혁명과업 완수"로 표현되는 공산화 통일이며 최종목적이 온 사회의 공산주의사회 건설이라는 것에는 조그마한 변동도 없다.

북한 측이 이러한 대남 전략과 통일정책을 성취하기 위하여 통일혁명당을 조직, 하층 통일전선전술을 시도하기도 하고 1970년대 이후 남북한 당국 간 대화를 통하여 상층통일전선전술을 추진하기도 하였다. 그러나 북한 공산주의자들은 남북한 당국 간 대화가 그들이 기대와는 달리 공산화 통일을 위한 상부 통일전선전술에 부합되지 않게 진행될 경우 즉, 남측이 북측의 공산화 통일을 지지하지 않는다고 평가할 경우 당국 간 대화를 중단시키고 남북의 정당, 단체 대표와 각계각층이 참가하는 정당, 사회단체 연석회의 또는 대민족회의 소집을 제의함으로써 하층 통일전선전술을 강화하는 것이 기본이라는 김일성의 교시25)를 충실히 이행하였다. 2000년 6월 「6·15 남

---

22) 김일성, 『김일성저작선집 4』(평양: 조선로동당출판사, 1968), p.220.
23) *Ibid.*, p.233.
24) 이상우, 『북한정치입문: 김정일 정권의 특성과 작동원리』 개정증보판(서울: 나남출판, 2000), p.183.

북공동선언」이후 북한 측이 자주원칙을 내세우면서 정상회담의 후속회담
에는 응하지 않고 정당, 사회단체의 대표들이 참가하는 '민족대토론회' 개최
를 주장한 것은 남한 당국을 상대로 한 상층 통일전선전술에서 하층 통일전
선전술로 전환한 것으로 평가된다.

이렇게 볼 때 남한에 거주하는 주민 중 북한이 같은 민족이라고 간주하는
기준은 우선은 그가 남한 정부에 봉사하는 사람이든, 재벌이든, 지식인이든
출신 성분을 고려하지 않고 북한식 '자주'와 민족대결에 의한 공산화 통일
을 위하여 북한 측과의 통일전선 형성을 지지하느냐 여부이다.

김일성이 해방 직후 첫 대중연설에서 "돈 있는 자는 돈을 내고, 총이 있는
자는 총을 내고, 식량이 있는 자는 식량을 내고, 힘이 있는 자는 힘을 내고,
전문 기능이 있는 자는 전문 기능을 바쳐서"[26]라는 중국공산당의 '8·1 선
언'에서 제시되었던 구절을 원용하여 "돈 있는 자는 돈으로, 지식 있는 자는
지식으로, 노력을 가진 노력으로"[27] 전민족적 대동단결과 자주독립국가건
설을 이룩하자고 역설한 것은 북한 공산주의자들의 민족통일전선전술을 잘
나타내는 것이다.

북한은 상층통일전선전술에 따라 남한 당국과 대화를 개시하면 자기 측
의 제의에 남한 측이 응하여 왔다고 주장한다. 1998년 김대중 대통령의 취
임 초기에 햇볕정책을 반대, 비난하던 북한 측이 2000년에 들어 김 대통령
과 회담을 한 것은 1997년 8월 4일자 '위대한 수령 김일성 동지의 조국통일
유훈을 철저히 관철하자' 제하의 최초의 통일논문에서 김정일이 "사상과 신
앙의 차이, 자본가, 군장성, 집권 상층여부와 관계없이 지난날 민족 앞에

25) 김일성(1968), p.92.
26) 「中國ソウェト政府中共中央抗日救國のために全同胞に告げる書」(1935.8.1); 日本國
際問題研究所 中國部 編, 『중국공산당사자료집 7』(동경: 勁草書房, 1973), p.526; 이
종석, 『현대북한의 이해』(서울: 역사비평사, 2000), p.172에서 인용.
27) 김일성장군의 연설 요지」(1945.10.14), 『조선중앙년감』(평양: 조선중앙통신사, 1949),
p.63. 김일성은 1993.4.7 '조국통일을 위한 전민족대단결 10대강령'을 발표하면서 "힘
있는 사람은 힘을 내고, 지식 있는 사람은 지식을 내고, 돈 있는 사람은 돈을 내어"라
는 표현을 사용하였다.

지운 죄를 뉘우치고 통일의 대오에 나설 것을 주장"한 광폭정치28)에 남한당
국이 응하여온 것으로 정당화하고 있다.

오늘날 북한의 사전은 민족은 "오랜 역사적 기간 자주성을 위한 투쟁을
하여 오는 과정에 언어와 피줄, 령토와 문화의 공통성 그리고 경제생활의
공통성에 기초하여 이루어진 사람들의 공고한 집단"이라고 정의를 하고 있
다.29) 민족이란 단어에 대한 서방 측과 남한의 정의와 비슷하지만 북한 측
의 정의는 "(민족이) 자주성을 위한 투쟁을 하여 오는 과정에 이루어진 것"
임을 강조하는 차이를 보이고 있다.

이러한 정의는 민족문제의 첫 번째 본질로 자주성을 강조해온 김일성과
김정일의 주장을 반영한 것이다. 김일성은 1972년 9월 17일에 있었던 일본
『마이니찌 신붕』 기자들이 제기한 질문에 대한 대답에서 "털어놓고 말하여
나라를 자주적으로 통일한다는 것은 미제가 남조선에서 나가도록 하며 그밖
에 다른 나라 세력이 우리나라의 통일문제에 간섭하지 못하도록 하여야 한
다는 뜻"30)이라 말하고 "조선통일의 기본 장애는 미군의 남조선 강점입니
다. 그러므로 조선통일의 선결조건은 남조선으로부터 미군을 몰아내는
것"31)이라고 주장하였다. 결국 김일성은 1972년 5월 3일 방북한 이후락 부
장과 면담할 때 자주원칙을 민족자결원칙에 비중을 두어 설명하였던 것32)
과는 달리 북한의 대남전략인 남한 내 "인민민주주의 혁명" 성취의 전 단계
인 주한미군 철수를 의미한다고 하면서 남한을 미 제국주의로부터 해방시켜
야 한다는 뜻임을 분명히 하였다. 김정일 역시 민족문제의 본질로서 자주성
을 강조하고 남한의 민족문제는 '반미 민족해방혁명'을 통하여 해결될 수 있
으며 미군철수와 미국의 식민지적 지배의 청산이 최대 과제임을 분명히 하

---

28) 김정일, 『김정일 선집 14』(평양: 조선로동당출판사, 2000), p.351.
29) 사회과학원 언어학연구소, 『현대조선말사전』(평양: 과학, 백과사전출판사, 1981), p.1047.
30) 김일성, 『김일성저작선집 6』(평양: 조선로동당출판사, 1974), p.287.
31) 김일성, 『외국기자들이 제기한 질문에 대한 대답』(평양: 조선로동당출판사, 1973),
   p.80.
32) 김일성, 『김일성저작집 27』(평양: 조선로동당출판사, 1984), p.166.

고 있다.[33]

북한의 민족이론의 두 번째 핵심은 민족대단결이다. 민족대단결은 김일성이 1972년 5월 평양을 방문한 이후락 부장에게 공식적으로 제기하여 「7・4 남북공동성명」에 명문화되었는데, 그 당시 북측은 남북한이 사상과 제도를 초월하여 서로 상대방을 적대시하는 정책을 쓰지 않아야 하며 서로 자기의 사상과 제도를 상대방에게 강요하려 하여서는 안 된다고 주장하였는데[34] 그 주장의 핵심은 남한 사회의 민주화와 각당, 각파, 각계 인사들의 정치활동의 자유 보장이었다.[35]

그러나 1990년대 초 독일 통일, 구 소련을 비롯한 동구 공산권의 붕괴를 목격한 북한은 체제유지를 위한 방어적 입장에서 사회주의니, 공산주의니 하는 용어 대신 그 자리에 모두 '민족'이란 용어를 대치하거나[36] '우리식 사회주의' 강화를 통치이념화하면서 민족주의를 사회주의에 결합시키고[37] 김일성의 전민족대단결 10대 강령(1993.4.7), 김정일의 민족대단결 5대 방침(1998.4.18)을 통하여 민족을 전면에 내세우기 시작하였다. 이와 같이 북한이 민족대단결 원칙을 강조하게 된 배경은 당시의 어려운 대내외 정세를 반영하여 대내적으로는 주민 단결, 대남적으로는 민족적 정서에 호소하여 민족통일전선을 형성하기 위한 것이었는데, 김정일의 경우에는 남한 당국이 반북 대결정책을 연북 화해정책으로 바꿀 것을 요구하고 외세와의 공조를 보다 강하게 규탄한 것이 특징이다.[38]

---

33) 조성박, 『김정일민족관』(평양: 평양출판사, 1999), pp.46-49.

34) 김일성(1984), p.171.

35) 김일성(1974), p.288.

36) 1991년 2월 25일자 『로동신문』은 '민족'이란 단어가 165회나 등장하는 '우리 민족 제일주의'라는 구호를 담은 9천5백자의 논설을 게재하였으며, 동년 8월 5일자 『로동신문』 제1면은 종래의 사회주의 우월성에 대한 호언장담과 공산화 통일을 요구하지 않고 오로지 민족에 의한 민족 통일을 주장하면서 '민족'이란 단어를 221회나 사용한 '우리 민족의 대단결을 이룩하자' 제하의 김일성의 담화문을 게재하였다. 김창순, "'민족'을 연발하는 북한 주장의 이념적 본성을 규명한다,"『북한』 2003. 3월호, pp.29-30.

37) 김창근(2002), p.30.

앞에서 논술한 바와 같이 마르크스-엥겔스에 의하면, 민족은 계급투쟁에 종속되고 프롤레타리아 계급투쟁에 의하여 사회주의가 도래하면 소멸되므로 민족과 계급의 상호관계는 상극적이었지만, 레닌의 반제국주의 통일전선 전술에 의하여 후진국에서는 민족과 계급이 공산화 혁명을 위하여 서로 융합되었으며, 스탈린에 의하여는 '대슬라브민족주의'가 소련사회주의 국가를 건설을 위하여 강조되었다.

김정일은 레닌의 민족과 계급의 융합, 스탈린의 일국사회주의론보다 훨씬 강하게 민족개념을 부각시켜 민족이 계급보다 우선한다고 주장하였다. 즉, 그는 민족은 핏줄과 언어, 지역의 공통성에 기초하여 연결된 사회집단이며 계급은 국가주권과 생산수단에 의한 소유관계에 기초하여 형성된 사람들의 집단으로서 다같이 사회적 집단이라는 공통성을 가지고 있으나, 민족 내부에 여러 계급과 계층이 있기 때문에 민족이 계급보다 더 포괄적인 사회적 집단이며 민족이 있고서야 계급이 있을 수 있을 수 있으며 민족의 이익이 계급의 이익보다 귀중하며 민족은 영원한 것이지만 계급은 영원한 것이 아니라는 입장을 제시하였다.[39]

이러한 민족우선주의에 기초하여 김정일은 같은 민족끼리 정견과 주의주장, 사상과 제도가 다르다고 하여 서로 배척하거나 적대시하지 않아야 하며 외세의 식민지적 지배와 간섭으로 인하여 노동자, 농민을 비롯한 근로자들의 자주권과 생존권이 유린되고 있는 한국에서는 민족적 자주권 확립을 본질적 내용으로 하는 통일달성을 위하여 계급투쟁보다 반미자주화투쟁, 즉 민족적 해방 투쟁이 선차적이고 근본적인 문제라고 하면서 남북한 민족이 이를 위하여 함께 투쟁하여야 한다고 주장하였다.[40]

유구한 역사, 한 핏줄, 하나의 언어와 문화 전통 근면 진실하고 재능있는 민족성 이외에 조선 민족을 구성하는 요소와 관련하여 김정일 시대에 들어

---

38) 김정일(2000), pp.412-427.
39) 조성박(1999), pp.74-80.
40) *Ibid.*, pp.81-82.

와 가장 중요하게 강조되고 있는 특징은 '수령을 모신 김일성 민족'이라는 것이다. 김정일은 "수령님을 떠나서 우리 민족의 높은 존엄과 영예, 긍지에 대하여 생각할 수 없습니다. … 지금 해외 동포들은 조선민족을 김일성 민족이라고 하고 있습니다. 우리는 수령님의 존함으로 빛나는 조선민족의 자존심을 높여나가기 위한 사업을 더욱 잘하여야 합니다"[41]라고 강조하였다. 이어서 북한의 방송들은 "우리 민족은 수령을 시조로 하는 '김일성 민족', 태양의 나라에 사는 김일성 김정일민족"이라고 북한 주민들을 교양하고 있다.

국내외 정세가 불리하게 될 때와 후진국에서 공산혁명 달성을 위하여 공산주의자들이 전술적으로 사용한 민족관에 기원을 두고 있는 북한의 민족 개념은 북한식 민족 자주성, 민족대단결, '수령을 모시는 김일성 민족'으로 대표되는 것으로 서방권이나 한국에서 통용되는 민족 개념과는 달리 계급투쟁적이며 '수령'을 숭배하는 특이한 개념이다.

V. 민족공조와 국제공조의 조화를 통한 「북한 핵」 문제 해소

「6·15 남북공동선언」 제1항 "나라의 통일문제를 그 주인인 우리 민족끼리 서로 힘을 합쳐 자주적으로 해 결해 나가기로 하였다"와 관련하여 김대중 전 대통령을 비롯한 당시 정상회담에 관여한 한국 정부 관계자는 제1항이 외세를 배격하는 의미가 아니라 민족자결을 의미한다고 설명하고[42] "공동선언은 북한 측이 미군의 존재를 인정하는 바탕 위에 이루어진 것"이라고 강조하였다.[43]

---

41) 김정일, 『김정일 선집 13』(평양: 조선로동당출판사, 1998), p.428.

42) 『조선일보』, 2006.6.17, p.3.

43) 『중앙일보』, 2000.6.20, p.2.

그러나 북한 측은 동 선언의 제1항이야말로 외세인 주한 미군 철수를 의미한다고 하면서 "민족끼리 통일문제를 해결한다고 하면서도 외세의 도움과 방조를 청하는 것은 6·15 공동선언에 어긋난다"고 주장하고 있다.[44]

북한 측이 2002년 10월 3일~5일간 북한을 방문한 켈리(James Kelly) 미 대통령특사에게 농축우라늄에 의한 핵개발을 시인함으로써 핵 위기가 야기된 이후 북한 측은 핵확산금지조약(1985.12.12 가입), IAEA와의 전면 핵안전협정(1992.4.10 발효), 「제네바 미·북 핵 타결 기본 합의」(1994.10.21 체결), 「한반도의 비핵화에 관한 남북한 공동선언」(1992.1.20)의 정신과 합의 사항을 차례로 파기하였다.

특히 북한은 2000년 12월 12일 「제네바 미·북 핵 타결 기본 합의」에 의하여 동결된 핵 시설들의 가동과 건설 재개 발표, 12월 22일 핵 시설 봉인과 감시카메라 제거 작업 개시 발표, 12월 27일 국제원자력기구(IAEA)사찰단 추방 발표, 12월 29일 핵확산 금지조약(NPT) 탈퇴 시사에 이어 2003년 1월 11일 동 조약 탈퇴 선언을 하고 2월 5일 전력 생산을 위한 핵 시설 재가동을 발표하였다.

또한 북한 측은 핵 문제가 "남과 북의 조선민족 대 미국과의 문제"이므로 남한이 외세와 공조하는 것은 반역행위이라고 하면서 남북한이 「6·15 남북공동선언」에 따라 민족공조를 강화하여 온 민족이 단합된 힘으로 미국의 대북 핵 압력에 공동 대항하자고 주장하는 일방 북·미 간 불가침조약 체결을 위한 양자 대화를 개최하자는 주장을 반복하고 있다.

북한의 민족공조 강조는 과거 구 소련이나 중국이 강대한 외적에 직면하여 프롤레타리아 계급의 힘만으로는 극복할 수 없는 위기의 사태에 직면하였을 때 전술적으로 계급을 초월하여 민족적 단결을 호소하는 민족주의를 사용한 것과 같이 핵 비확산 국제체제를 유지하기 위하여 북한의 핵 개발 의혹에 강경하게 대처하고 있는 미국과의 대결에 한국 국민의 민족 정서를

---

44) 『6·15 남북공동선언』제1항과 관련한 북한 측 주장에 대한 상세 내용은 송종환, 『북한 협상행태의 이해』(서울: 도서출판 오름, 2002), pp.253-255를 참조.

이용하려는 계산이 있다. 또한 이러한 북한 측의 민족공조 주장의 기본 목적은 평화통일을 위하여 민족끼리 공조한다는 것이 아니라 '민족해방'과 '인민민주주의혁명'에 의한 공산화 통일 정책의 기조에서 2002년 6월 발생한 '여중생 사망사건' 이후 확산된 남한 내 반미감정을 자극하는 한편 한미공조 체제를 약화시켜 미국 즉 외세 반대를 함께 하자는 것이며 핵 문제 등 군사 이슈는 미국과 해결하고 남북한 간에는 경협문제만 논의한다는 '반쪽' 공조이다.[45]

북한의 핵 개발은 한국, 미국 및 국제기구와의 핵 관련 합의사항을 모두 위반한 것이며 실제로 북한이 핵 보유국이 될 때는 동북아 국가들의 핵 무장 도미노 현상이 불가피할 것이므로 이 문제는 핵확산을 방지하고자 하는 국제체제의 유지와 남북한 민족의 생존에 동시에 관련되는 사안이다. 따라서 동 문제의 해결을 위한 논의는 (1) 국제적으로는 과거 북한의 조약, 합의사항 위반을 묵인하거나 보상을 해주지 않는 원칙하에 플루토늄, 우라늄에 의한 북한의 핵개발 프로그램 완전 폐기로 핵 비확산 체제 유지, (2) 북한에 대한 체제 보장 및 경제 지원, (3) 북한의 대남 군사적 위협 제거 등과 관련되어 남북한 간에 및 관련 주변국 간에 동시에 진행되어져야 할 것이다.

대북정책과 관련하여 한국의 새 정부는 남북당사자 원칙에 기초해 국제협력을 추구하겠다는 원칙을 제시하였지만,[46] 북한 핵 위기 해소 문제가 민족생존의 당사자 간의 문제이며 「한반도의 비핵화에 관한 남북한 공동선언」에 관한 문제인데도 이 문제의 논의에 남북한 당국이 중심에 서야 함을 명시하지 않음으로써 스스로의 입지를 격하하였다. 북한 핵 위기 해소를 포함하여 한반도에서 평화체제를 구현하는 과제는 국제적 성격을 띠고 있지만 남북한의 문제이다. 따라서 북한 측은 민족당사자인 한국을 배제하고 미국과의 대화만을 주장해서도 안 되며 한국도 핵 문제를 미·북한 간 대화로

---

45) 홍용표, "북한의 한국 신정부에 대한 정책전망," 2003 국제문제조사연구소 한국국제정치학회 공동학술회의 「신정부의 대북 및 대미정책 과제와 방향」 주제발표문(2003. 2.27), p.15.
46) 노무현 대통령의 16대 대통령 취임사 전문, 『조선일보』, 2003.2.26, p.A8.

넘겨서도 안 된다.

　북한으로부터의 끝없는 군사적 위협에 맞서고 있는 한국은 한반도의 평화정착과 민족의 공동 번영과 발전을 위하여 진정한 의미의 민족공조(민족문제의 당사자 해결)와 한미동맹관계 강화를 포함하는 국제공조를 지혜롭게 조화시켜 나가야 할 것이다. 이를 위하여 한국은 북한이 주장하는 민족공조의 의미를 올바르게 인식하고 한반도 안보문제, 특히 북한 핵 문제에 대한 미국과의 시각의 차이를 공개적으로 노출하는 것 대신 외교적 협력을 통하여 조정해 나가야 할 것이다.

　미국의 조야에서는 핵무기를 개발하고 중거리 미사일을 시험하면서 미국의 비무장 정찰기를 추락시켜 인질을 잡으려 하는 북한을 두둔하는 듯한 일부 한국인들의 반미감정에 배신감을 느끼고 있다. 그들 사이에서는 '이제 한국은 미국의 우방이 아니라 중립국'이라는 비난[47]의 소리가 높아져서 행정부와 의회에서 주한미군 철수 문제가 정식으로 논의되고 있다.

　북한이 실제로 수개월 내에 사용 후 핵 연료봉의 재처리 재개로 플루토늄에 의하든, 고농축 우라늄에 의하든, 핵보유국임을 선언함으로써 한국인들이 비핵보유국으로서 안보위기를 체감하게 되어서야 북한의 「민족공조」 주장이 '우리 민족끼리의 협력이나 남북한 간의 민족화해를 의미하지 않음'을 뒤늦게 깨닫는 어리석음을 범하지 않아야 할 것이다.

---

47) 상세 내용은 2003년 3월 10일자 *The New York Times*에 게재된 William Safire의 "The Asian Front" 제하의 글을 참고.

제6장

북한 협상행태 연구의 문화적 접근[*]

I. 서론

남북적십자회담 개시 협의를 위한 파견원 접촉이 시작된 1971년 8월 20일부터 2006년 10월 31일까지 남북한 간에는 총 523회의 회담[1]이 진행되었으며 그중에서도 남북한 당국은 회담대표단장의 격을 부총리 급 장관, 총리, 정상의 순으로 격상하면서 각기 「7·4 남북공동성명」, 「남북한 화해와 불가침 및 교류·협력에 관한 합의서(이하 남북기본합의서)」, 「6·15 남북

---

[*] 이 논문은 송종환, 『북한 협상행태의 이해』(서울: 도서출판 오름, 2002)와 한국협상학회의 학회지인 『협상연구』 제8권 제2호(2002.12)에 게재된 논문의 내용을 업데이트하여 심연 최성철 교수 정년기념저서인 『현대정치이론과 현상』(서울: 홍익재, 2007), pp.413-443에 게재된 내용을 일부 수정하였다.

[1] 1971~1999까지 234회, 2000년 「6·15 남북정상회담」 이후 김대중 정부 기간 중 176회, 2003년 노무현 정부 기간 중 113회가 개최되었다.

공동선언」과 같은 합의서를 생산하였다.

특히 국내외의 지대한 관심 속에 2000년 6월 13일부터 15일까지 평양에서 개최된 남북정상회담에 관한 언론 보도들이 한반도 전문가들 사이에 북한의 변화론에 관한 논쟁을 유발하면서 북한 협상행태의 변화 여부도 주목을 받았다. 은둔 속에 있던 김정일은 국가수반으로서, 김대중 대통령과 회담을 가진 후에는 상냥한 외교관처럼 손님에게 기분을 맞추는 주인으로서 재치 있게 이야기하기를 좋아하는 사람으로 세계무대에 갑자기 등장하였다.[2]

또한 그는 정상회담과 그 이후 남측 인사들과의 대화에서 주한미군 철수와 국가보안법 철폐 등에 대한 기존의 입장을 변경할 것 같은 발언을 하고 노동당 규약 개정도 언급하였다. 김정일의 이러한 언동과 이에 대한 김대중 정부의 희망적 해석으로 인하여 「6·15 남북공동선언」 발표 이후 한동안 북한의 변화를 확신하는 주장이 북한의 변화를 불신하는 주장을 압도하였으며[3] 북한이 남북대화에서도 문제해결전략에 입각하여 진의협상(眞意協商)을 하고 있고 그들의 협상행태도 과거 1950년대 휴전협상, 1970년대 초 남북적십자회담과 남북조절위원회 회의, 1990년대 초 남북고위급 회담 때와 현격히 달라졌다고 평가하는 측에 힘을 실어주었다.[4]

그러나 「6·15 남북공동선언」 이후 6년 반 동안 진행된 남북대화와 남북한 관계의 추이에 비추어 북한 측의 전사적 협상행태(戰士的 協商行態)는 남한으로부터 경제적 실리를 추구하려는 것을 예외로 하고는 본질적으로 변

---

2) *Washington Post*, October 26, 2000, p.A 01.

3) 『신동아』가 「6·15 남북공동선언」 발표 이후 한국 내 오피니언 리더 100명을 연쇄 인터뷰한 결과 전체 답변자 98명 중 79명(80.6 %)이 김정일이 변화를 위하여 루비콘 강을 건넜다고 답변하고 북한 변화에 대한 비관적 평가를 한 답변자는 17명(18%)에 불과하였다. 『신동아』, 2000년 8월호, pp.76-79.

4) 대표적 연구논문으로는 홍양호, "탈냉전 시대 북한의 협상행태에 관한 연구," 단국대 박사학위 논문, 1997; 김용호, "북한의 대외협상 행태 분석,"『국제정치논총』제40집 4호(서울: 한국국제정치학회, 2000)와 허문영, 「6·15 남북공동선언 이후 북한의 대남 협상행태: 지속과 변화」, 통일연구원 연구총서 05-14(서울: 통일연구원, 2005)가 있다. 또한 이 연구들은 공통적으로 탈냉전 상황의 도래로 인해 북한의 협상행태가 변하고 있다는 입장을 견지하고 있다.

하지 않은 것으로 평가된다.

이 논문은 먼저 협상행태 연구에 관한 문화적 접근방법을 소개한 후, 이 접근방법에 따라 북한 협상행태의 특징과 협상의 단계별로 나타나는 행태들을 논술하고자 한다.

II. 문화적 접근방법

1990년대 초 공산권의 붕괴로 국제관계가 탈 이데올로기적 질서로 재편됨에 따라 북한 협상에 관한 연구에 적용한 이론들은 과거 공산주의이론과 남북한 분단현실을 배경으로 한 북한의 대남전략·전술론으로부터 탈 이데올로기적 접근 방법으로 변천해 가고 있다.[5]

그중에서도 협상 연구의 행태적 접근은 협상과정에 나타난 협상 대표들의 행태가 신사적인가, 위협적인가 등을 분석하고 이러한 협상행태가 협상에 어떠한 영향을 미치는가를 연구한다.

협상행태 연구의 대표적 예들은 휘셔(Roger Fisher)와 유리(William Ury), 프루이트(Dean G. Pruitt), 월(James A. Wall, Jr.), 처치맨(David Churchman) 등에 의한 협상전략(협상에서 바람직한 성과를 얻기 위하여 쓰여지는 광범한 계획)과 전술 행태(협상 전략을 구체화하는 구성요소)에 관한 연구들이다.

휘셔와 유리는 전략을 연성협상과 경성협상으로 대별하고[6] 프루이트는

---

5) 북한 협상에 관한 선행 연구 및 이론적 검토의 상세 내용은 송종환(2002), pp.22-37을 참조.

6) Roger Fisher and William Ury, *Getting to Yes: Negotiating Agreement Without Getting In*, Second edition with Answers to Ten Questions People Ask (New York: Penguin Books, 1991), p.9.

경쟁전략, 문제해결전략, 양보전략, 무행동 또는 회피전략으로 구분하고 있다.[7] 월은 협상전술을 비합리적 전술과 합리적 전술로 대별하고 다시 합리적 전술을 홍정전술과 논쟁전술로 구분한 후 홍정전술을 강경전술(Aggressive Tactics), 유연전술(Nonaggressive Tactics), 태도전술(Posturing Tactics)로 세분하고 강경전술의 예로 위협과 위압전술, 유연전술의 예로 회유와 보상전술로 그리고 태도전술의 예로 경성, 연성, 중립성 전술을 제시하였다.[8]

처치맨은 협상 개시 후 협상 대표들이 사용하는 의제, 장소, 접주는 역할과 어루만지는 역할을 분담하는 협상대표단 구성, 중개자 활용, 홍정 분위기 조성, 허세, 시한 설정, 양보, 교착, 지연, 무시, 후려치기 홍정(haggling), 인내와 끈기, 설득, 전제조건, 제안, 유보, 살라미 양보(매우 사소한 양보만 되풀이), 시빌의 예언서(Sibylline Books),[9] 위협과 최후통첩, 합의 등 51가지의 각종 전술을 상세히 설명하고 있다.[10]

그러나 상기 학자들의 전략·전술 구분은 이념과 문화를 공유하고 있는 구미 국가들 간의 협상을 염두에 두고 이론을 구성한 것이기 때문에 각기

---

7) Dean G. Pruitt, "Strategy in Negotiation," in Victor A. Kremenyuk (ed.), *International Negotiation: Analysis, Approach, Issues* (San Francisco: Jossey-Bass Publishers, 1991), p.78.

8) James A. Wall, Jr., *Negotiation: Theory and Practice* (Glenview, Illinois: Scott, Foresman and Company, 1985), pp.50-67.

9) 이 전술은 협상 일방이 협상 과정에 양보를 하지 않고 더 수락하기 어려운 제안을 추가하여 상대방을 압박하는 것으로서, 고대 로마 신화 속에서 그 유래를 찾을 수 있다. 큐우메(Cumae)의 예언의 여신 시빌(Sibyl)은 로마 전설 시대의 최후 군주인 타킨 대제(Tarquin the Proud)에게 아홉 권의 예언서를 팔려고 하였다. 타킨은 그 예언서가 정치를 하기 위하여 필요는 하나 그 가격이 너무 비싸다고 생각하여 예언서를 사는 것을 거부하였다. 그러자 시빌은 아홉 권 중 세 권의 예언서를 태워 버리고 나머지 여섯 권을 처음 제시한 가격에 살 것을 제의하였다. 타킨이 다시 사는 것을 거절하자 그 여신은 세 권을 더 태우고 같은 가격을 제시하였다. 타킨은 그 여신이 남아 있는 세 권마저 태울 것을 우려하여 그 세 권을 처음 아홉 권에 대하여 제시된 가격으로 샀다. Fred Charles Iklé, *How Nations Negotiate* (New York: Harper & Row, Publishers, 1964), pp.210-212.

10) David Churchman, *Negotiation: Process, Tactics, Theory*, Second Edition (New York: University Press of America, Inc, 1995).

문화가 다른 국가의 협상행태를 분석, 설명하기에는 적절하지 않은 문제점
이 있고 또 어떤 영향을 받아서 그러한 전략과 전술을 구사하는지에 대한
설명을 생략한 단점이 있다.

이러한 관점에서 각국의 상이한 문화가 각국의 협상행태에 중요한 영향
을 미치는 변수라는 주장이 제기되었다. 살라큐스(Jeswald W. Salacuse)는
국제협상이 정치적·법률적 다원성, 국제 경제적 요소, 외국 정부와 관료주
의의 역할, 불안정성과 변화, 이데올로기의 차이, 문화의 차이 등 6가지 점
에서 국내협상과 구별이 된다고 주장하였다.11)

제노식(Robert J. Janosik)도 문화적 가치가 협상행태에 중요한 영향을
미치기는 하지만, 유일한 변수는 아니라고 주장하였다. 즉, 이질적인 문화적
배경을 가진 협상자를 이용한 실험적 연구들에서 문화적 가치와 더불어 관
료적 통제 정도, 협상의 공개 여부 등과 같은 상황적 요인들과 연령, 직업,
종교, 성격, 성별 등과 같은 개인적 요소도 중요한 요인이 되는 것으로 발견
되고 있기 때문에 문화는 협상행태에 영향을 주는 주요한 요소들 중 하나로
파악하는 것이 적절하다는 것이다.12)

그러나 최근에는 문화가 협상행태에 미치는 주요한 요소 중의 하나라는
이론에 만족하지 않고 각국의 고유한 문화가 각 국가의 협상행태와 협상력
에 결정적 영향을 미친다는 입장에서 문화적 접근 방법에 의한 특정국가의
협상행태 사례 연구가 늘어나고 있는 추세에 있다.

협상연구의 문화적 접근론은 모든 국가가 채택하는 협상의 기술들이 논

---

11) Jeswald W. Salacuse, "Making Deals in Strange Places: A Beginner's Guide to
    International Business Negotiation," in J. William Breslin and Jeffrey Z. Rubin
    (eds.), *Negotiation Theory and Practice* (Cambridge, Mass.: The Program on
    Negotiation at Harvard Law School, 1999), pp.251-259.

12) 이달곤, 『협상론: 협상의 과정, 구조, 그리고 전략』(서울: 법문사, 1995), p.55. 협상
    과 문화의 관계에 대한 제 학설을 검토한 제노식의 견해는 Robert J. Janosik,
    "Rethinking the Culture-Negotiation Link," in J. William Breslin and Jeffrey Z.
    Rubin (eds.), *Negotiation Theory and Practice* (Cambridge, Mass.: The Program
    on Negotiation at Harvard Law School, 1999), pp.235-245를 참조.

의되고 있는 특정 의제의 내용이나 개별 외교관의 개성을 초월하여 비교적
독립적으로 빈발하는 행태적 현상을 나타낸다는 것이다. 즉, 미국의 람보형
협상스타일, 일본의 적응형 협상스타일, 중국의 개인적 관계와 우정을 강조
하는 협상스타일처럼[13] 모든 국가들의 외교관들이 서서히 확립되어온 국제
사회의 외교절차와 규칙에 순응해 가지만 각기 다른 나라와 구별되는 방식
으로 협상을 한다는 것이다.

1716년 드 카리에르(François de Callières)는 스페인 외교관들이 프랑스
외교관보다 참을성이 있고 서두르지 않는 장점이 있다고 하면서 이렇게 협
상행태가 다른 것은 출생지가 다르기 때문이라고 주장하였다.[14]

니컬슨(Harold Nicolson)은 영국, 미국, 독일, 불란서, 이탈리아 등 유럽
제국 등이 나라마다 외교이론과 실제 외교행위가 다르다고 하면서 그 이유
는 각 나라의 특성, 전통과 요구가 다르기 때문이라고 지적하였다.[15] 또한
딘 대사는 그의 광범한 외교관 경험으로부터 "각국의 외교 스타일은 공식
정책뿐만 아니라 그 외교관을 배출한 사회의 특성과 그를 가르쳐온 관점을 반
영하는 국가성격의 일종이다"라고 말하였으며[16] 솔로몬(Richard Solomon)
은 각국의 상이한 문화가 각국 협상행태를 구별하게 하는 측면을 계속케
하는 요소라고 하였다.[17]

---

13) 김용호(2000), p.294.

14) François de Callières, *On the Manner of Negotiating With Princes*, translated
from the French by A. F. Whyte (Notre Dame, Indiana: University of Notre
Dame Press, 1963), p.36.

15) Harold Nicolson, *Diplomacy*, 3rd ed. (London: Oxford University Press, 1963),
p.127.

16) Arthur H. Dean, *Test Ban and Disarmament: The Path of Negotiation* (New
York: Harper & Row, 1966 b), p.34; quoted in Louis J. Samelson, *Soviet and
Chinese Negotiating Behavior: The West View* (Beverly·London: Sage Publi-
cations Inc., 1976), pp.10-11.

17) Richard H. Solomon, *Chinese Negotiating Behavior: Pursuing Interests through
'Old Friends,'* with a new essay by Chas. W. Freeman, Jr. (Washington, D.C.:
United States Institute of Peace Press, 1999), p.xiv.

이러한 관점에서 각 국가의 국가협상스타일(national negotiating style)
에 초점을 맞춘 연구들이 많이 발표되었는데, 블레커(Michael Blaker)의 20
세기 일본의 협상행태, 솔로몬의 중국 협상행태, 스미스(Raymond Smith)
의 소련 협상행태 분석, 비넨딕(Hans Binnendijk)이 편찬한 중국, 소련, 일
본, 프랑스, 이집트, 멕시코 협상행태 연구는 대표적 예들이다.18)

외교와 협상이 특정 국가의 체제와 그 특성을 반영한다는 이론은 공산권
에서도 강조되고 있다. 소련 외상을 수십 년간 역임한 그로미코(Andrei A.
Gromyko)는 외교정책과 외교는 특정 국가의 체제의 성격이나 집권계급의
이념에서 유래하기 때문에 그 체제나 계급의 이익을 위하여 봉사하며 다른
계급과 구별되는 특정 계급의 특성을 가지고 있다고 말하였다.19) 이러한
관점에서 소련 학자들은 미국, 프랑스, 서독, 영국, 일본과 중국의 외교 특징
과 각기 구별되는 행태를 연구하여 발표하였다.20)

1997년 이래 미국의 평화연구소(United States Institute of Peace)는 상
기 연구 추세에 따라 '다른 문화 간 협상 프로젝트(the Cross-Cultural
Negotiation Project)'를 추진하고 있다. 이 프로젝트는 외교관 및 여타 협상
자들이 그들의 협상상대를 보다 잘 이해하도록 도와주거나 군사적 대치상태
로 고조될 수 있는 문제에 대하여 상호 만족스러운 정치적 해결책을 준비하
도록 (1) 국제적 의사소통에 문화적 요소가 미치는 충격에 대한 광범위한
연구와 (2) 특정국가의 협상스타일을 좀 더 집중적으로 연구하는 데 도움을

18) Michael Blaker, *Japanese International Negotiating Style* (New York: Columbia University Press, 1977); Richard h. Solomon, *Chinese Political Negotiating Behavior: A Briefing Analysis* (Santa Monica, California: Rand Corporation, 1985; Raymond F. Smith, *Negotiating with the Soviets* (Bloomington: Indiana University Press, 1989); Hans Binnendijk (ed.), *National Negotiating Styles* (Washington, D.C.: Foreign Service Institute, Center for the Study of Foreign Affairs, Department of State, 1987).
19) O. B. Borisov et al., *Modern Diplomacy of Capitalist Powers*, with a Foreword by Andrei A. Gromyko, translated by Y. S. Shirokov and Y. S. Sviridov (Oxford: Pergamon Press, 1983), p.vii.
20) 상세 내용은 상기 Pergamon Press 발간 책자를 참조.

주는 것을 목표로 하고 있다. 전자의 연구는 코헨의 『다른 문화 간 협상: 상호의존적 세계에서의 국제적 소통』,21) 에이브러치(Kevin Avruch)의 『문화와 분쟁 해결』22)과 프리맨(Chas. W. Freeman, Jr.)의 『힘의 예술: 정치술과 외교』23)가 있고 후자의 국가별 협상행태 연구 결과는 구소련 및 러시아, 중국, 북한, 일본에 관하여 출판되었다.24)

국가협상스타일 내지 행태 연구의 이론적 바탕을 제공한 코헨(Raymond Cohen)은 문화에 대하여 많은 정의가 있지만, 문화가 (1) 개개인의 특성이 아니라 그 개인이 속한 사회의 특성이고, (2) 개인이 그것을 변용(變容)하거나 사회화함으로써 각 사회로부터 습득되며, (3) 각 문화는 사회생활의 모든 분야를 포괄하는 속성들의 독특한 집합체라는 세 가지 핵심 측면을 가지고 있는 것에 일반적인 지지를 받고 있다고 주장하였다. 코헨에 의하면, 문화는 각 개인의 개성과도 다르며, 진귀한 가공품이나 의식(儀式)이 아니라 각 개인이 속한 사회의 물질적·지적 및 조직적 차원을 포괄하는데, 이러한 문화를 그 사회에 소속된 사람들에게 가르치는 방법은 종교 및 세속적 방면에서의 교육, 선전과 홍보, 군복무제도의 유무, 포상 징벌제도 등과 같이 공식적 영향과 가정과 직장에서의 비공식적 영향이 있다고 한다.25)

---

21) Raymond Cohen, *Negotiating across Cultures: International Communication in an Inter-dependent World*, Revised Edition (Washington, D.C.: United States Institute of Peace Press, 1998).

22) Kevin Avruch, *Culture and Conflict Resolution* (Washington, D.C.: United States Institute of Peace Press, 1998).

23) Chas. W. Freeman, Jr., *Arts of Power: Statecraft and Diplomacy* (Washington, D.C.: United States Institute of Peace Press, 1997).

24) Jerold L. Schecter, *Russian Negotiating Behavior: Continuity and Transition* (Washington, D.C.: United States Institute of Peace Press, 1998); Solomon (1999); Scott Snyder, *Negotiating on the Edge: North Korean Negotiating Behavior* (Washington, D.C.: United States Institute of Peace Press, 1999); Michael Blaker, Paul Giarra and Ezra Vogel, *Case Studies in Japanese Negotiating Behavior* (Washington, D.C.: United States Institute of Peace Press, 2001).

25) Cohen(99), pp.11-12.

따라서 문화는 각종 교육을 통한 학습된 행태이며 문화에 가치나 지배적
사상이 깊이 스며들어 있기 때문에 학습된 사람의 개성과 행태가 문화권
별로 유사하거나 차이가 나며 결국 협상행태에서도 차이가 나타나기 마련이
라는 것이다.26)

문화가 없으면 의사소통, 사회생활 그 자체가 불가능하게 되므로 문화는
공동체를 가능하게 한다. 따라서 문화는 어느 그룹이 인식하고 해석을 하고
평가하고 대내외적으로 행동을 하게 하는 공유의 의미(shared meaning)에
기초를 두고 있다고 할 수 있다.27) 따라서 오늘날 서방에서는 남녀가 동등
하게 창조되었다는 것이 당연하게 생각되지만, 세습적 계급, 사회계층 또는
인종 및 남녀 구분에 의하여 지배되는 사회에서는 남녀동등이 충격이 되는
것처럼 문화는 그 사회에서의 만남과 이별, 친절, 교제, 협상 등 모든 행동의
상호작용의 규칙들을 정하여 그 사회 내 사람들의 행위들을 형성한다.28)

각 사회의 문화적 특성이 개인주의적이냐, 집단주의적이냐에 따라 각국의
협상스타일의 특징이 다르게 된다. 미국과 같은 개인주의사회에서는 개인의
자유, 개성의 개발, 자아표현, 개인의 성취와 창의를 최고의 덕목으로 여기며
단체나 사회보다 개인의 의견과 이익을 우선하며 직접적이고 단도직입적
(getting down to business) 대화 자세를 선호한다. 정부가 정기적으로 선
거를 치러야 하므로 결과 지향적 협상을 하며 협상시한에 신경을 쓴다.

집단주의적 사회에서는 단체나 공동체의 복지와 협동노력이 개인 활동의
지침이 되고 개인의 희망이나 욕망을 종속시킨다. 개인보다 가족에 대한 명
예와 사회에 대한 충성이 중요시된다. 가정에서 아버지의 권위가 최고이므
로 이러한 상하관계의 모델이 사회와 정치의 모든 수준에서 만들어진다. 결
과적으로 공동체를 우선시하는 사회는 계급체제를 자연적 질서의 한 부분으
로 받아들인다. 교육의 중점은 개인적 자치보다 전통과 권위에 대한 존경심

---

26) 이달곤(1995), pp.48-49.

27) Kevin Avruch and Peter W. Black, "The Culture Question and Conflict
    Resolution," *Peace and Change*, No.16(1991), pp.27-30.

28) Cohen(1999), p.13.

을 갖도록 하는 데 둔다. 체면을 중요시하기 때문에 상대방과 대화를 함에 있어 솔직한 의견교환에 앞서 간접적이며 정확하지 않고 미묘한 말로 인간관계를 만들고자 하며 협상에서의 시한은 그렇게 중요한 요소가 되지 않는다.[29]

이렇게 볼 때 각국의 협상행태에 큰 영향을 미친다는 문화는 인간의 지식, 믿음, 예술, 도덕, 법, 관습, 그리고 인간이 사회성원으로서 습득한 여러 가지 능력과 습관을 포함하는 복합체(complex whole)[30]라는 인류학자들의 광의적 정의보다 전승되고 창조된 내용으로서, 가치나 사상의 유형으로서, 또는 인간행동의 형성을 좌우하는 상징적·의미적 체제(symbolic-meaningful system)[31]라는 협의적 정의로서 역사, 전통, 정치체제와 이념, 정책목표 등을 모두 망라하는 정치문화라고 할 수 있다.

정치문화의 개념은 한 사회의 전통이나 정치적·사회적 제도들의 정신, 시민들의 감정이나 집단적 사고 그리고 지도자들의 스타일이나 행동양식 등을 서로 관련된 것으로 간주하고 그러한 관계를 분석하기 위해 사용됨으로써 포괄적이면서도 특별히 정치적 영역에 한정된 의미를 갖는다. 예를 들면, 개인적 수준에서 정치문화는 효율적인 정치적 행태를 위한 한정된 지침과 방향을 제시해주며 집단적 수준에서는 제도나 조직의 기능 수행에서 요구되는 가치와 합리적 사고의 체계적 구조를 제공해준다.[32]

정치문화라는 단어를 처음 사용하기 시작한 알몬드(Gabriel A. Almond)와 버바(Sydney Verba)는 정치문화를 "한 사회구성원들의 정치적 정향

---

29) 개인주의 사회와 집단주의 사회의 특징에 대한 상기 논술은 Cohen(1999), pp.28-38을 참조.

30) Clyde Kluckhohn, "Culture," in Julius Gould & William Kolb (eds.), *Dictionaries of Social Science* (New York: Free Press of Glencoe, 1964), pp.165-168; 오명호, 『현대정치학이론』(서울: 박영사, 1990), p.418에서 인용.

31) A. L. Kroeber and Talcott Parsons, "The Concepts of Culture and Social Systems," *American Sociological Review*, XXIII(October 1958), pp.582-583; 오명호(1990), p.419에서 인용.

32) 신정현, 『비교정치론: 이론대상사례』(서울: 법문사, 2000), p.112.

(political orientation) 또는 정치적 성향(political predisposition)에 의해 형성되는 정치적 행동패턴"이며[33] "사회구성원들의 정치적 자세, 가치, 감정, 기술 등의 총화"라고 정의하였다.[34] 정치문화를 개인수준의 정치의식에 초점에 맞춘 알몬드, 버바의 관점과는 달리 사회전체의 집합적 속성으로 이해하는 전체론적 관점도 있다. 즉, 정치문화는 "개인의식의 단순한 집합체가 아니라 사회적 총체로서의 독특한 속성을 중시하면서 특히 정치적 전통과 관행, 민족성과 국민성, 개인성품과 정치의식 등이 함께 어우러져 형성된 사회전체의 총체적 정치정향"을 지칭하는 개념으로 파악되기도 한다.[35]

정치문화의 개념이 개인수준의 정치의식에 초점을 맞추든, 사회전체의 총체적인 정치정향에 초점을 맞추든, 협의의 의미의 문화, 즉 정치문화가 인간의 행위와 행태를 결정하는 중요한 요인이 된다는 정치학자들의 이론들은 각국의 협상행태 연구를 위하여 문화적 접근론을 발전시킨 코헨의 협상이론을 뒷받침하는 것이라고 할 수 있다.

III. 북한의 정치문화와 북한 협상행태의 특징

이 장에서는 앞에서 서술한 문화적 접근방법에 따라 북한이 한국과 민족역사, 언어, 풍습, 유교적 영향, 일본 식민지 경험 등 공통되는 요소가 있음에도 북한의 협상대표들이 남한의 협상대표들과 달리 전사적 협상행태를 구

---

33) Gabriel A. Almond and Sidney Verba, *The Civic Culture: Political Attitudes and Democracy in Five Nations* (Princeton, N. J.: Princeton University Press, 1963), p.17.

34) Gabriel A. Almond and G. Bingham Powell, Jr., *Comparative Politics Today: A World View*, 2nd ed. (Boston: Little, Brown and Co., 1980), p.42.

35) 김호진, 『한국정치체제론』 전정 4판(서울: 박영사, 1994), p.78.

사하게 하는 북한의 정치문화를 상술하고 이러한 정치문화의 영향을 받은
협상행태의 특징들을 검토하고자 한다.

1. 북한의 정치문화

북한의 협상행태에 영향을 미치는 북한 주민과 사회 전체가 의식하고 있
는 정치문화는 혁명적 이데올로기에 입각한 협상관, 적대적 대남관과 공산
화 통일전략, '수령'과 주체사상이 지배하는 전체주의적 대가족관, 군인식의
사고와 행동을 하게 하는 군사국가체제문화와 위험감수문화를 포괄하는 것
이다.

1) 혁명적 이데올로기에 입각한 협상관

한국을 비롯한 서방권 국가들은 협상을 상충되는 이해관계를 조정하는
흥정의 과정으로 보기 때문에 협상에서는 어떤 합의를 모색하기 위하여 쌍
방 간에 「주고」, 「받음」으로써 공동문제를 교섭하는 것으로 이해하고 있
다.[36]

그러나 북한은 협상을 '다른 수단에 의한 전쟁' 또는 '제국주의에 대한 투
쟁의 한 형태'로 간주하는 구소련과 공산 중국의 혁명적 특수협상관을 견지
하고 있다.[37]

---

36) 서방권의 협상관에 대한 상세한 기술은 송종환(2002), pp.63-64를 참조.
37) 구 소련의 협상관에 대하여는 V. I. Lenin, *Sochineniya*, 3rd ed., Vol.26(Moscow:
   Institut Marksa-Engelsa-Lenina pri TsK VKP(b); Gosudarstvennoe Izdatelstvo
   Politicheskoi Literaturi, 1928-37), p.6; quoted in Nathan Leites, *The Operational
   Code of the Politburo*, The RAND Series(New York: McGrow-Hill Book
   Company, Inc., 1951), p.88과 조선로동당출판사(편), 『타협에 관한 맑스·레닌주의
   이론 및 전술에 대하여』(평양: 조선로동당출판사, 1965), p.352를, 공산 중국의 협상
   관은 William E. Griffith, *The Sino-Soviet Rift*(Cambridge: The M. I. T. Press,
   1964), p.386을 참조.

김일성은 1968년 9월 7일 북한 정권 창건 20주년 경축대회에서 "조국의
평화적 통일에 관한 우리의 주장은 …… 민족의 원쑤들과의 그 어떤 ≪타협≫
이나 사회제도의 이른바 ≪평화적 이행≫에 관한 ≪리론≫과는 아무런 공
통성이 없다"고 천명하였으며,[38] 1971년 9월 25일 군사분계선 지하관통(땅
굴) 전투명령을 하달하면서 "남한과의 대화는 긴장된 적을 해이시키고 전쟁
준비를 위하여 적보다 우세한 힘을 가질 시간을 벌고 국제여론을 유리하게
이끌어 나가기 위하여서만 필요한 것이 아니라 협상은 적을 공격해서 궁지
에 몰아넣는 혁명의 적극적인 공격형태"라고 주장하였다.[39]

이러한 혁명적 특수협상관에 따라 북한의 현대말 사전들은 양보를 "자기
의 권리나 의견을 내세우지 않고 남에게 넘기거나 내주고 물러서는 것"이라
고 하면서 "계급투쟁에서 양보란 항복을 의미한다"라고 설명하고 있다.[40]

김일성의 이러한 언급들은 협상에 대한 레닌(V. I. Lenin)과 모택동(毛澤
東)의 가르침을 따른 것으로서, 남한 당국과의 협상을 혁명달성을 위한 수
단으로 생각하는 북한의 협상관을 극명하게 보여주는 것이다.

2) 적대적 대남관과 공산화 통일전략

북한은 '공화국 북반부'가 한반도 전체를 대표하는 유일합법 정부이며, 남
반부는 '남조선혁명'의 대상, 즉 미 제국주의자로부터 해방되고 남한의 노동
자, 농민들이 폭력으로 정권을 탈취하여 '인민민주주의정권'을 수립해야 하
는 해방과 혁명의 대상이라는 대남관을 견지하고 있다.[41]

북한의 이러한 대남관은 '민족해방'과 '인민민주주의혁명'으로 남한에 공

---

38) 김일성, 『김일성저작선집 5』(평양: 조선로동당출판사, 1972), p.198.

39) 김부성, 『내가 판 땅굴: 남침음모를 증언한다』(서울: 갑자문화사, 1976), p.60.

40) 『현대조선말사전』(평양: 과학, 백과사전출판사, 1981), p.2680; 『조선말대사전 2』
   (1992), p.1409.

41) 허종호, 『주체사상에 기초한 남조선혁명과 조국통일이론』(평양: 조선로동당출판사,
   1975), pp.269-270; 김일성, 『김일성저작선집 4』(평양: 조선로동당출판사, 1968),
   p.301.

산정권을 수립하여 이 정권이 북한 정부와 합작을 하여 공산화통일을 완성한다는 공산화 통일전략의 기초가 되었으며 지난 반세기 동안 결코 이 틀에서 벗어난 적이 없다.[42]

그러나 김일성이 북한 노동당 제5차 대회에서 한 중앙위원회 사업총화보고에서 "우리는 남조선에서 민족적 양심을 가진 민주인사가 정권에 들어 앉아 미군철거를 주장하고 정치범들을 석방하며 민주주의적 자유를 보장하는 조건이라면 그들과 언제 어디서나 평화적 조국통일문제를 가지고 협상할 용의가 있다는 것을 누차 표명하였다"[43]라고 밝힌 바와 같이 북한은 남한 정부가 '남조선혁명'에 의한 공산정권이 아니라 하더라도 만일 북한의 '민족자주' 통일정책에 동조하거나 지지를 할 경우 대화를 통하여 한반도를 평화적으로 통일시킬 수 있다는 상층통일전선전술을 구사하고 있다.

북한 측은 이러한 상층통일전선이론을 배경으로 하여 마땅히 투쟁과 혁명의 대상인 남한 정부와 대화를 하면서 주한미군 철수와 과도적 형태의 연방제 통일을 요구하고 합의를 유도한다. 북한 측이 남북정상회담에서 「6·15 남북공동선언」의 제1항과 제2항을 합의한 후 남한 측이 주한미군 철수와 연방제 통일을 이행해야 한다고 계속 주장하는 것은 공산화 통일전략과 상층통일전선전술 차원에서 보면 쉽게 이해가 된다.

3) 전체주의적 대가족관

1998년 9월 5일 수정 보충된 사회주의헌법 제11조가 "조선민주주의인민공화국은 조선로동당의 영도 밑에 모든 활동을 진행한다"라고 규정한 바와 같이 북한은 헌법에 의하여 설치된 국가기관이 당에 의하여 결정된 정책을 집행하는 하부 기구가 되는 공산당 1당 독재체제국가이다. 그러나 북한에는 구소련과 중국 등 타 공산국가들과는 달리 수령이라는 초월적 존재가 당과

---

42) 이상우, 『북한정치입문: 김정일 정권의 특성과 작동원리』 개정증보판(서울: 나남출판, 2000), p.183.

43) 김일성(1972), p.489.

국가의 상위에 있어 수령의 지시가 당 규약이나 헌법을 초월하는 절대적 권위를 가지고 있다.

김일성 수령에 의한 유일지배체제는 1950~1960년대의 정치숙청과 1967년 5월 개최된 당 중앙위원회 제4기 제15차 전원회의에서 있은 유일사상 확립에 대한 김일성의 강령적 교시, 1974년 4월 14일 중앙당 및 국가, 경제기관, 근로단체, 인민무력, 사회 안전, 과학, 교육, 문화예술, 출판보도 부문 일꾼들 앞에서 한 김정일 당 중앙위 정치위원의 유일사상체계 확립의 10대 원칙 제시로 점진적으로 강화되어왔다. 특히 제10원칙의 3항은 "당 중앙의 유일적 지도체계와 어긋나는 사소한 현장과 요소에 대해서는 묵과하지 말고 비타협적으로 투쟁할 것"을 규정하고 있다.[44]

김정일은 1980년대에 들어와 수령유일지배체제를 이론적으로 뒷받침하기 위하여 혁명적 수령관과 사회정치적 생명체론을 제시하였다.[45] 혁명적 수령관은 인민 대중이 역사의 창조자이지만 지도자 없는 대중은 무의적인 비조직 군중에 불과하므로 혁명에서 승리하기 위해서는 수령이 필수적이라는 것이다.[46] 사회정치적 생명체란 최고뇌수인 수령이 주는 정치적 생명을 매개로 하여 어버이 수령, 어머니당, 인민대중이 혈연적 관계를 맺으며 수령-뇌수, 당-중추, 인민-지체(肢體)의 관계를 이룬다는 것이다.[47]

따라서 북한 권력구조의 특징은 수령·당·대중으로 연결되는 하나의 사회정치적 생명체가 되는 사회주의 대가정이며 수령이 영도하는 전체주의적 대가족 국가체제이다. 북한 주민들은 수령이 당을 통하여 지시하는 것을 무조건 이행하고 수령의 교시에 어긋나는 것에 대하여는 비타협적으로 투쟁을 해야 하는 객체가 되었기 때문에 회담장에 나온 협상대표들은 오로지 수령

44) 김정일, 『주체혁명위업의 완성을 위하여 3』(평양: 조선로동당출판사, 1987), pp.115-117.
45) 이종석, 『현대북한의 이해』(서울: 역사비평사, 2000), pp.142, 212-220.
46) 김정일, 『친애하는 김정일 동지의 문헌집』(평양: 조선로동당출판사, 1992), pp.15, 20-21.
47) 김정일, 『김정일 선집 12』(평양: 조선로동당출판사, 1997), p.292.

이 제시한 대남 전략이나 통일정책을 관철하기 위하여 투쟁을 하며, 중앙으로부터의 지시에 기계적으로 움직이는 부품이 되고 말았다.

4) 군사국가체제문화

북한 인구의 반 이상이 군인의 신분이며[48] 북한이 추구하는 4대 군사로선('전인민의 무장화', '전국토의 요새화', '전군의 간부화', '전군의 현대화')과 김정일의 선군영도체제, 강성대국 건설, 국방위원장 중심의 권력체제, 유아기 때부터 죽을 때까지 계속되는 사상교양사업과 군사교육, 군대식인 일상생활 등은 북한 주민 모두를 군사체제문화에 젖게 한다.

북한은 1945년 8월 15일 한반도가 분단된 이후 공산주의자들이 점진적으로 실권을 장악하고 한국전을 겪으면서 주민에 대한 사상교육과 일상생활의 통제 등 모든 면에서 군부의 영향이 강한 군사국가체제가 되었기 때문에 북한 주민들은 평시에도 모두 전사가 되고 상부 명령에 철저히 맹종하는 인간 총폭탄으로 개조되었으며 북한의 협상대표들은 회담장에서 타협과 양보를 하는 것보다 중앙통제에 따라 전사적인 행동을 하게 되는 것이다.

5) 위험감수문화

루시안 파이(Lucian Pye)는 현대 한국인들의 특이한 정치문화의 하나는 명백한 위험이 있음에도 위험을 감수하려 하는 위험감수문화(risk-taking culture)라고 지적하였다. 파이는 한국인들이 무엇이든 할 수 있다고 생각하는 대담성과 배짱을 그들의 행태에서 흔히 볼 수 있으며 정책결정을 할 때도 예상되는 부정적 결과에 개의치 않고 위험스럽게 돌진한다고 지적하였다.[49]

---

48) 북한의 병력은 1999년 현재 총인구 약 2,275만 명(출처: 2002년 『조선중앙년감』) 중 정규군 117만여 명, 14세부터 60세까지의 예비병력 760만여 명 등 총계 877여만 명이다. 60세 이상의 남자와 30세 이상의 여자들과 노약자를 뺀다면 북한 인구의 반 이상이 군인인 셈이다. 통일부, 『2004 북한 개요』(서울: 통일부, 2003), pp.116-117.

49) Lucian W. Pye, *Asian Power and Politics: The Cultural Dimensions of Authority*

비록 오늘날 경제적 궁핍을 당하고 있지만 북한인들의 행태에 나타난 위험감수문화인 대담성과 배짱은 남한보다 높았으면 높았지 결코 뒤지지 않는다. 김일성을 비롯한 북한 지도자들의 경험들은 협상을 포함한 어려운 상황에 직면할 경우 어떻게 북한인들이 행동할 것인가에 대한 모형을 제시하고 있다. 일본 식민통치에 대항하던 빨치산 게릴라 활동 앞에 어떤 장애물이 놓이더라도 그들은 살아남았으며 항거불능의 곤경에 직면하여 자신을 유지하고 살아남으려는 의지력은 잃을 것이 거의 없는 북한 협상자들에게 벼랑 끝 전술과 같은 대담성과 배짱을 부리는 중요한 교훈을 주었다.[50]

이러한 대담성과 배짱을 증폭시키는 것은 김일성의 주체사상(the idea of self-reliance)이다. 사람이 모든 것의 주인이며 모든 것을 결정한다는 김일성의 주체사상은 1960년대 중반까지 자주성 확립과 북한 사회주의의 발전 전략적 차원에서 주장되었다가 1960년대 말부터 굴절, 변질되기 시작하였지만, 여전히 북한의 정치사회화 과정에 있어 가장 중요한 요소가 되고 있으며 고난 중에서도 북한 주민들을 앞으로 나아가게 하고 수수께끼와 같은 김 부자의 지도력을 계속 지지하게 하고 북한이 붕괴되지 않고 지탱되도록 하는 데 공헌을 하고 있다.[51]

북한 측이 경제력에 있어 절대 우세에 놓여 있는 한국은 물론 군사적으로나 경제적으로 세계 유일초강대국인 미국과 대화를 할 때에도 합리적으로 생각할 때는 도저히 상상할 수 없는 막가파식인 협상을 하는 행태는 무엇이든 할 수 있다는 위험감수문화에서 연유되었다고 할 수 있다.

(Cambridge, Massachusetts: The Belknap Press of Harvard University Press, 1985), pp.216-217.

50) Snyder(1999), p.22.

51) Dae-Sook Suh, "Leadership and Political Culture in Korea," IMKS Special Lecture Series No.4(Seoul: Institute for Modern Korean Studies, Yonsei University Press, 2000), p.10.

2. 북한 협상행태의 특징

니컬슨은 근대에 들어와 나타난 외교이론을 두 가지 조류로 구분하였다. 첫째는 봉건체제를 생존케 한 군사적·정치적 신분질서 이론인 「戰士 또는 영웅(warrior or heroic) 이론」이며, 둘째는 상업의 계약에서 야기된 부르조 아적 개념인 「무역업자 또는 상인(mercantile or shopkeeper) 이론」이다. 전자에 의하면, 외교는 「또 다른 수단에 의한 전쟁」이라고 볼 수 있으며, 후자에 의하면, 외교란 「평화적 상업을 위한 도움」이라고 볼 수 있다.[52]

전자의 경우 외교는 마치 군사작전과 같고 협상의 목표는 승리이며 완전한 승리를 하지 못하는 것은 패배이며 양보라든가 조약의 체결은 어떤 분쟁의 최종적 해결로 간주되지 않고 약함과 후퇴의 증거이며 다음의 승리를 준비함에 있어 즉각적으로 이용될 수 있는 근거로 간주한다. 후자의 상인적 외교는 일반적으로 적대자와 타협하는 것이 적대자를 완전히 파멸하는 것보다 유익하다는 생각에 기초를 두고 있다. 따라서 이 경우 협상이란 생사를 건 투쟁의 양상이 아니라 어떤 항구적인 이해에 도달하기 위한 상호 양보에 의한 시도로서, 상충되는 이해관계를 조정하여 타협점을 모색하기 위하여 문제된 안건을 협상의 테이블 위에 놓고 인간적인 이성과 신뢰, 그리고 정당한 흥정을 하는 통상적인 과정이다.

아래에서는 북한이 남한 당국과의 대화에서 보인 전사적 협상행태의 구체적 행태로 회담 개막 단계에는 회담분위기를 조성하면서 '통일을 위한 일반원칙'의 합의에 주력한 후 강력한 중앙통제하에 군사작전식 협상을 하며 좀처럼 타협과 양보를 하지 않으려 하며 협상과 선전을 병행하되, 협상과정에 전격적으로 태도를 바꾸어 상대방의 주장을 수용하는 것 등을 차례로 설명하고자 한다.

---

52) Nicolson(1963), pp.51-54.

1) 회담분위기 조성과 '일반원칙' 합의 유도

북한 측은 회담의 개막 단계에는 축제 분위기를 조성하고 회담 일시, 장소, 의제 등에 대한 북한 측 안을 선제의(先提議)하여 회담을 주도하려 하는 한편 공산국가들의 특유한 협상방식인 '일반원칙(agreements in principle)' 합의에 주력하면서 남한 측 대표를 회유하려 한다.

모스리(Philip E. Mosely)는 소련과의 협상 경험에 비추어 볼 때, 서방국가들도 자신들이 희망하는 '원칙'을 관행상 주장하나 소련은 그 원칙들을 고려할 때부터 계획한 끝까지 추구하는 점이 다르다고 경고하였다.[53] 중국도 1972년 2월 닉슨(Richard M. Nixon) 대통령의 중국 방문을 계기로 발표한 「미·중 상해공동성명」에 '주권과 영토보존의 상호존중, 상호불가침, 상호내정 불간섭, 평등호혜, 평화공존'의 5원칙을 명기하였다. 소련이나 중국이 회담 개막 단계에 '원칙' 합의를 중요시하는 것은 이들 국가가 제시한 원칙들에 상대방이 동의하지 않으면 협상할 의사가 없는 것으로 압박을 가할 수 있고 상대방이 이를 받아들이면 추후 자의(恣意)로 해석하여 수용할 수 없는 세부 사항까지 요구할 수 있는 일석이조의 효과적인 근거로 사용하기 위한 것이다.[54]

북한 측은 소련과 중국에게서 배운 대로 회담 개막 단계에 남한 측이 쉽게 동의할 수 있는 매우 추상적인 일반원칙들을 제시하여 합의서에 명문화시키는 데 성공하였다. 1972년 「7·4 남북공동성명」의 자주, 평화, 민족대단결이나, 동년 9월 13일 서울에서 개최된 제2차 남북적십자 본회담 합의서의 제1항에 "남북적십자회담의 의제로 설정된 모든 문제들의 해결에 있어서 민주주의적 원칙과 자유로운 원칙 … 을 철처히 구현한다"를 포함시킨 것이 예라고 할 수 있다.

2000년 남북정상회담과 그 이후 「6·15 남북공동선언」의 제1항 '우리민

53) Philip E. Mosely, "Some Soviet Techniques of Negotiation," in Raymond Dennett and Joseph E. Johnson (eds.), *Negotiating with the Russians* (Boston World Peace Foundation, 1951), p.22.

54) Iklé(1964), p.8; Solomon(1999), p.71.

족끼리 서로 힘을 합쳐 자주적으로 해결'과 제2항 '남측의 연합제 안과 북측의 낮은 단계의 연방제 안이 서로 공통성이 있다고 인정하고 앞으로 이 방향에서 통일을 지향과 같이 북한의 대남전략의 구현에 적용할 수 있는 애매한 용어를 합의한 후 제1항을 주한미군 철수, 제2항을 김일성의 고려민주연방공화국 통일로 해석하고 있는데, 이것도 변하지 않은 행태이다.

2) 군사작전식 협상

북한 대표들은 온유한 태도를 보이는 회담의 개막기를 지나면 협상장에 '타협하러 나온 사람'이기보다는 '싸우러 나온 사람'이라는 본색을 드러낸다. 그들은 목표 달성을 위하여 군사작전식 협상을 하며 회담의 공동이익 추구나 호혜적 반대급부보다 일방적 이익과 양보를 주장하고 기대하였던 목표 성취가 어렵게 되면 회담 상대방에게 거칠고 무자비하게 대하는 조야성(toughness)을 보인다.[55]

특히 북한 측은 각종 회담에서 의제를 협의하는 단계에서부터 의제전투(agenda battle)를 시작하여 회담 중간 단계에는 자기 측 주장을 관철하기 위하여 군사작전식으로 다양한 책략을 구사하며, 대화를 중단시키려 할 경우에는 전사적 협상행태를 더욱 노골적으로 나타낸다. 대체로 북한 측은 환담, 기조연설, 북한 측 입장을 제시한 후 남측 대표단이 이를 수락할 것을 요구하고 남측 대표단이 북측 제안을 수락하지 않을 경우 외부로부터의 메모 지시를 받아 남측 대표단을 비난하는 순서의 군사작전식 협상을 하였다.[56]

북한의 전사적 협상행태와 관련하여 반드시 짚고 넘어가야 할 것은 북한이 힘의 논리에 입각하여 협상을 차별하여 진행한다는 것이다. 북한이 국력면에서 절대적 격차가 있는 미국과 비교적 대등하다고 생각하는 남한과 협상을 할 때 각기 다른 협상전술을 구사하였다고 임동원이 증언한 것처럼,[57]

---

55) 문광건, "북한식 협상행태의 변화 전망과 대북 협상 원칙," 『국방논집』 제26호(1994), pp. 184-185.

56) 2002년 4월 16일 송영대 전 통일부 차관과 4월 23일 제5차-6차 남북장관급회담 참석 한국 측 대표 인터뷰.

북한은 협상에서 '힘의 차이'에 민감한 반응을 보였다.

그들은 상대방이 그들의 강경자세에 양보하는 기색을 보이면 더욱 많은 것을 요구하고 공격적 전술을 구사하게 된다. 그들은 최고지도자의 영도로 이룩한 군사력에 대한 강한 자부심을 공공연히 나타내며, 심지어 상대방의 힘을 존경한다. 북한 측이 힘의 논리에 입각하여 회담을 진행하기 때문에 남북고위급회담과 군사공동위원회의 초기회담에서 한국 측 대표들의 유화적이고 정중한 언행이 오히려 북한의 강탈적 요구를 유발하였으며 이후 따질 것은 따진다는 자세가 북한으로 하여금 신사적인 협상태도로 돌아서게 하였다.[58]

국제관계를 국가 간의 힘의 관계로 보는 시각은 김정일에 의하여 더욱 강화되었다. 그는 2000년 8월 12일 방북한 한국 언론 사장단과의 대화에서 미사일을 개발하여 시리아와 이란에 판매하고 있음을 밝히면서 "나라가 작을수록 자존심을 굳게 세우고 열강 대국에 맞서야 한다"라고 말하였다. 또한 그는 같은 날 한국 언론사장단에게 "내 힘의 원천으로는 두 가지가 있습니다. 첫째가 모두가 일심 단결하는 것이고 두 번째가 군력입니다. 외국과 잘 되어도 군력이 있어야 하고 외국과의 관계에서 힘도 군력에서 나오고 내 힘도 군력에서 나오고 있습니다. 다른 나라와 친해도 군력을 가져야 합니다"라고 말한 것[59]은 그의 이러한 시각을 잘 드러낸 사례라고 할 수 있다.

3) 타협과 양보의 기피

북한은 협상을 혁명 달성을 위한 다른 형태의 투쟁으로 보기 때문에 제국주의자들과 타협을 할 때에는 '혁명의 원칙'과 '근본적 이익'에 반하지 않아야 한다고 강조하고 있다. 김일성은 1980년 10월 북한노동당 제 6차 전당대회에서 다음과 같이 말하였다.

---

57) 임동원, "남북고위급회담과 북한의 협상전략," 곽태환 외, 『북한의 협상전략과 남북한 관계』(서울: 경남대학교 출판부, 1997), pp.117-118.

58) 문광건(1994), pp.183-184.

59) 『중앙일보』, 2001.8.14, pp.3-4.

사회주의 국가들은 …… 제국주의 국가들과 원칙에 맞지 않는 타협을 하지
<u>않아야 한다.</u> 물론 사회주의 국가나 비동맹 국가들도 제국주의 국가들과 외교
관계를 가질 수 있고 그들과 경제, 문화교류를 발전시킬 수 있다.

그러나 그들은 <u>원칙문제에 대하여 제국주의자들과 흥정을 하지 않아야 하며</u>
<u>혁명의 근본적 이익을 그들에게 팔지 않아야 한다.</u> 사회주의 국가와 비동맹 국
가들은 제국주의 국가들과의 외교관계를 개선하기 위하여 반제국주의 입장을
포기하지 않아야 하며 그들 자신의 이익을 위하여 다른 공산주의 국가들의 이
익을 희생시키지 않아야 한다.[60](밑줄 친 것은 필자가 강조하는 의미에서 추가)

「조선로동당 규약」의 관련 규정을 보면, 당의 당면목적이 전국적 범위에
서 '민족해방과 인민민주주의 혁명 과업'이며 최종목적이 온 사회의 주체사
상화와 공산화 통일이라는 것이 북한이 지향하는 '원칙'과 '혁명의 근본적
이익'이며, 당의 대외정책의 원칙도 사회주의 국가들과의 단결, 제3세계 인
민들의 반제민족해방 운동과 자본주의 국가의 노동자 계급의 혁명투쟁 지지
에 있으므로 그들이 부득이 남한과 자본주의 국가들과 협상을 하게 될 때도
결코 '원칙'과 '근본적 이익'을 벗어나지 않는다.

북한 측의 경우, 양보는 항복을 의미하므로 협상에서 자기 입장을 고집하
는 요지부동의 자세를 취하고 장기간에 걸쳐 똑같은 제안을 반복하면서 회
담을 끝없이 지연시키고 마라톤회담을 하는 것에 익숙해 있다. 그러므로 그
들이 타협을 할 때는 지금까지의 북한 측 주장이 정당하였음을 장황하게
강조한 후 자신들이 타협한 사실을 숨기려 하거나 그들의 최초 입장이 변경
되었음을 인정하지 않으려 하며 사소한 양보에 대하여도 남측이 고마워하도
록 하게 하며 그들이 제공한 양보보다 더 큰 양보를 상대방으로부터 끌어내
려 한다.

4) 강력한 중앙통제

소련, 중국 등 공산국가의 협상대표단이 보이는 뚜렷한 특징은 회담에 임

---

60) 김일성, 『김일성저작집 35』(평양: 조선로동당출판사, 1987), pp.361-362.

하는 기본지침은 물론 사소한 절차문제에 있어서도 그들이 모스크바나 북경으로부터의 훈령에 전적으로 추종하고 자유재량권이 없다는 것이다. 회담대표단에 대한 중앙통제나 내부 기강강화는 노동당 1당이 독재를 하는 군사국가체제이면서도 유일적 수령이 영도하는 전체주의적 대가족국가인 북한의 경우가 스탈린(Joseph V. Stalin) 시대의 소련, 모택동 시대의 중국에 못지 않다고 할 수 있다.

북한의 남북대화 운영체계는 최고 지도자의 정책노선을 받들어 대남전략을 총괄하는 대남사업비서와 당의 대남관계 업무 담당인 통일전선부가 남북대화에 임하는 방침을 정하고 그 전위조직인 조국평화통일위원회를 통하여 회담대표단에게 일사불란한 하향식 명령체계로 이어지도록 일원화되어 있다.[61]

회담 현장에 나와 있는 북한 대표는 회담 진행 중에 CCTV나 VTR로 세세히 관찰되고 세세한 사항에 이르기까지 지시를 받는다.[62] 따라서 북한 측 대표는 회의에서 발언을 할 때 대표 개인 의사를 한 마디도 첨가할 수 없으며 다수의 메모 쪽지에 의하거나 동석한 감시요원(통상 명목상의 제2인자)에 의하여 철저히 통제된다.[63] 또한 그들은 중앙으로부터 지시가 내려오지 않을 경우 이미 한 발언을 다시 반복하기도 한다.[64]

5) 협상과 선전의 병행

북한 언론은 당 선전선동부에 의하여 강력히 통제되며 특히 신문은 서방권 국가나 한국의 언론기관들과는 달리 주로 당국의 방침을 북한 주민들에

---

61) 양영식, 『북한의 협상전술: 남북대화 20년사를 중심으로』(서울: 국토통일원, 1990), pp.27-29, 33.

62) 2002년 3월 15일 임태순 전 남북체육회담 대표 및 남북고위급회담 남북군사분과위원회 위원 인터뷰.

63) 문광건(1994), p.185.

64) 2002년 6월 11일 윤여준 전 남북정상회담 예비접촉 대표 및 남북정상회담 실무절차 협의를 위한 대표접촉 수석대표 인터뷰.

게 전달하는 자료 역할을 담당한다.[65] 따라서 북한의 언론은 회담 기간 중
당의 지침에 따라 북한 측에 유리한 협상환경을 조성하기 위하여 주력을
한다. 일반적으로『로동신문』,『조선중앙통신』등은 사설, 논평 등으로 대
남 협상에서 제기되는 문제에 대한 북한 측 입장을 강경하게 대변케 하거나
회담대표들의 기자회견 내용을 상세히 보도하여 북한 측이 남한 당국과의
대화에서 '조국통일'을 위하여 주도적 입장을 견지하고 있음을 북한 주민들
에게 주입시키고 회담 상대방에게는 북한 측의 확고한 입장을 전달하려고
한다.

　이렇게 협상과 선전을 병행하는 북한 측 행태는 소련 협상가들로부터 배
운 것이라고 할 수 있다. 소련 협상가들은 마르크스-레닌주의에 의거하여
공산주의의 역사적 필승론을 선전하여야 하는 입장에서 서방과의 협상을 공
산주의 이론을 전파하기 위한 유용한 포럼으로 활용해왔다.[66] 이와 관련하
여『소련 외교사전』은 "제국주의자들의 침략계획과 행위들을 폭로하는 것
은 제국주의 정부들의 침략정책에 대항하는 전 세계 민주여론과 인민대중을
집결하는 것을 돕는 사회주의외교의 중요한 방법의 하나이다"라고 적고 있
다.[67]

---

65) 북한에도 한국이나 서방권의 신문에 해당하는 '참고통신'과 '참고신문'이라는 것이 있
　　다. 조선중앙통신사의 '참고통신 편집국'이 제작하여 주로 중앙당 부부장급, 내각 부
　　상(차관)급 이상 간부에게 오전과 오후에 1회씩 배포하는 '참고통신'은 '남조선정세',
　　'국제정세'와 '과학기술통보'의 세 가지 종류가 있다. '참고신문'은 북한의 일반신문처
　　럼 4면으로 되어 있으며 중앙당이나 내각의 중간 간부, 각 기관단체의 책임자, 2급기
　　업소(종업원 3,000명 정도) 이상 당 비서에게 배포된다. '참고통신'은 논평 없이 사실
　　을 객관적으로 기술하고 있으나 '참고신문'은 '참고통신'과 기본적으로 비슷하나 다분
　　히 비판적이고 표현이 거친 것이 특징이다.『조선일보』, 2001.5.14, p.43.

66) Louis J. Samelson, *Soviet and Chinese Negotiating Behavior: The Western View*
　　(Beverly Hills·London: Sage Publications, Inc., 1976), p.43.

67) *Diplomaticheskii Slovar* [Diplomatic Dictionary], Vol.1(Moscow: State Publishing
　　House for Political Literature,1960), quoted in U. S. Congress, Senate,
　　Committee on Government Operations, Subcommittee on National Security and
　　International Operations, *The Soviet Approach to Negotiation: Selected Writings*,
　　91st Congress, 1st Session(Washington, D.C.: U. S. Government Printing

또한 북한은 북한 내에 있는 언론을 선전에 동원할 뿐만 아니라 자국에 호감을 가진 인사들을 활용하거나 자국에 대하여 부정적인 언론을 배제시킴으로써 여론을 주도해 나가려고 노력한다. 해리슨(Selig Harrison), CNN 등 친북 인사나 언론 매체를 활용[68]하는 한편 조선일보 기자의 취재 입북을 거부하는 등 반북 인사나 언론을 길들이기 위하여 노력하는 것이 그러한 예라고 할 수 있다.

6) 전격적 태도 전환

앞에서 논술한 북한 협상행태의 특징을 보면, 북한과는 협상이 불가능한 것처럼 보인다. 그러나 북한 측은 남한 당국과의 대화를 시작할 때나 대화를 하는 과정에 대화를 통하여 얻을 수 있는 이익과 손해를 냉철하게 계산하기 때문에 최대·최종목표인 한반도의 공산화 통일과 최소·당면 목표인 체제유지를 위하여 국내외의 정세변화에 적응하면서 안보와 경제적 실리 추구를 고려한다.[69]

특히 북한 측은 현안문제 토의에 임하는 남한의 유연성을 충분히 분석하여 상대방이 더 이상 양보할 가능성이 적다고 평가하고 또 그 정도로 합의하여도 북한의 목표와 이익에 어느 정도 부합한다는 결론에 도달하면, 비교적 긴 탐색과 논쟁을 갑자기 종료하고 합의를 하였다. 즉, 북한 측은 토의되고 있는 문제에 대한 상대방의 입장이 물러설 여지가 없이 단호하다고 판단하면 합의를 하였을 때와 합의를 하지 않았을 때의 이해득실을 계산하여 합의를 할 경우가 더 이익이 되면 전격적으로 태도를 바꾸어 상대방의 주장을 수용하였다.[70]

Office, 1969), pp.80-81.

68) 김용호(2000), p.301.

69) 북한 측이 타도 대상인 남한 당국과 대화를 시작할 때 영향을 미치는 요인 중의 하나는 주변 환경 변화에의 적응과 경제적 실리 추구인데, 1970년대 초, 1980년대 말부터 1990년대 초 및 2000년대 초 남북한 당국 간 대화에 영향을 미친 북한 측의 주변 환경과 실리 추구에 대한 상세한 설명은 송종환(2002), pp.107-125을 참조.

북한 측이 남한 당국과의 협상에서 전격적으로 태도를 바꾸는 것에는 합의를 할 때와 합의를 하지 않을 경우에 대한 냉철한 득실 계산이 크게 영향을 주겠지만 구소련과 중국으로부터 전수받은 유연성도 영향을 주었다고 할 수 있다. 1905년 레닌은 "공산주의로 가는 길이 일직선이거나 단순하지 않고 구불구불하고 복잡하기 때문에 소련 공산당은 환경의 모든 변화에 어떻게 적응할 것인가를 알아야 한다"고 말하였으며[71] 1925년 스탈린도 "우리에게 필요한 것은 굽히지 않고 계속 추진하는 것이 아니라 최대한의 유연성을 발휘하는 것이다 … 만일 유연성이 결여될 경우 우리는 나라를 다스리고 있을 위치를 유지할 수 없을 것이다"[72]라고 말하였다. 1940년 초 모택동도 "우리는 어떤 적절한 순간에 정지하고 그 싸움을 중지하여야 한다 … 그리고 우리가 먼저 적과의 화해를 모색하고 … 평화협정을 체결하여야 한다"라고 말하였다.[73]

공산당은 환경변화에 적응하면서 공산주의로 나아가야 한다고 한 레닌의 말을 모방하여 김일성도 1990년 5월 24일 최고인민회의 제9기 제1차 회의에서 한 시정연설에서 "사회주의에로의 길은 전인미답(前人未踏)의 길인만큼 사회주의가 전진하는 과정에 예견치 않았던 난관에 부닥칠 수도 있고 일시적인 우여곡절을 겪을 수도 있으며 또한 사회주의를 건설하는 방법을 변화 발전하는 현실에 맞게 끊임없이 개선해 나가지 않으면 안 된다"라고 말하였다.[74]

---

70) 송종환(2002), p.150.

71) Leites(1951), p.32.

72) Joseph Stalin, *Leninism*, Vol.1(London: Modern Books, Ltd., 1932-33), p.250; quoted in Leites(1951), pp.32-33.

73) Gerald D. Steibel, *How Can We Negotiate with Communists*(New York: National Strategy Information Center, Inc., 1972), p.28.

74) 김일성, 『김일성저작집 42』(평양: 조선로동당출판사, 1995), p.319.

IV. 협상단계별 북한의 협상행태

1971년부터 2006년까지 시작과 중단을 반복해온 35여 년간의 남북한 당국 간 회담의 과정을 자세히 관찰해보면, 몇 가지 단계로 구분할 수 있다. 이 단계들의 공통적 정형(定型)은 (1) 양측이 처음 축제 분위기에서 만나 인사를 나누는 개막 단계, (2) 서로 관심사에 대하여 서로의 의도를 파악, 토론을 하는 중간 단계, (3) 쌍방의 입장을 반영하여 합의를 하는 단계, (4) 합의사항의 이행을 협의하는 이행단계 등 네 단계들로 구성되며, 이 단계들은 연속적으로 일어나면서도 비교적 쉽게 구별이 된다.

또한 남북한 연락원접촉부터 시작한 회담의 전 기간을 보면, 대체로 이러한 단계들은 하나의 선상(線上)에 있는 것이지만, 회담대표의 격이 높아지고 의제가 달라질 때마다 또는 위기 발생 시에는 개막 단계와 중간 단계를 다시 거치는 순환적인 측면도 있다.[75]

북한 측은 개막 단계에 민족통일을 위하여 남북대화가 갖는 의의와 동포애를 강조하면서 만찬, 참관 행사 등으로 남한 대표단을 환대하여 축제 분위기를 조성하고 선제의(先提議)를 통하여 회담 장소, 일시 결정에 주도권을 확보하려 하며[76] 북한의 목적 달성에 유리한 의제와 '일반원칙' 합의를 유도하며 재북 가족이 있는 남한 대표들을 회유하려 하였다.

특히 개막 단계에 해당되는 시기에 평양에서 남북한 당국 간 회담이 진행되면 북한 측 최고지도자가 한국대표단을 접견하여 회담에 직접 관심을 표명하였다. 회담 개막 단계에 나타나는 주요한 특징의 하나는 북한 측이 남

---

75) Snyder(1999), pp.62-63.

76) 북한 측은 항상 자기 측 지역에서 먼저 회담할 것을 주장하였으나, 1989년 2월 8일부터 1992년 9월 18일까지의 기간에 개최된 남북고위급회담의 예비회담과 본회담을 각기 판문점의 남한 측 장소인 「평화의 집」과 서울에서 먼저 개최하는 것에 동의하였는데 이는 서독의 동독 흡수 통일, 동구 공산권 붕괴 등 국제정세 변동에 비추어 북한 측이 남북고위급회담 성사에 얼마나 다급하였는가를 반증하는 것이다.

북통일의 열기를 고취하기 위하여 각종 체육, 예술분야의 교류 실시에 호응하고 주요 스포츠 경기의 단일팀 구성·참가 및 이산가족의 고향 방문단 교환을 위한 남북적십자회담 개최에 적극적 자세를 취한다는 것이다.

북한 측은 기간적으로 비교적 긴 중간 단계에서는 남한 측의 주장, 목표, 유연성 정도를 알아보기 위하여 다양한 책략을 동원한다. 그들은 회담을 촉진하기 위하여 비밀접촉과 비공개회의를 통하여 양보와 절충을 하고 부분합의와 일괄타결을 시도하는 한편 남한 대표에게 압력을 줄 목적으로 선결론을 반복 주장하고 요구사항을 단계적으로 확대하며 협상속도를 조절하며 지연전술을 썼다.

심지어 북한 측 대표들은 회담 상대방에 대하여 비난을 하고 회담장을 박차고 나가거나 회담을 일방적으로 연기하는 위협도 하며 회담장 밖에서 신문, 방송을 이용한 심리전 활동을 지속적으로 전개하였다. 또한 그들은 회담의 개막 단계에 합의한 '일반원칙'을 남한 측이 위반하였음을 추궁하고 상대방과의 입장 차이를 첨예화하면서[77] 자신들의 입장에 반대하는 상대방 회담 대표를 거부하거나 인신공격과 모멸적 태도를 취하는 논쟁 전술을 구사하였다.[78]

남북한 쌍방은 상대방의 의사를 탐색하고 논쟁을 하는 지루한 회담의 중간 단계를 지나면 합의단계에 이르기도 하였다. 북한 측이 남한 측과의 대화에서 주요한 합의를 할 경우는 대체로 토의되고 있는 안건에 대한 남한 측의 입장이 더 이상 양보하지 않을 것 같이 강경하게 보이고 이 정도의 선에서 합의를 하더라도 북한에게 이익이 된다는 결론을 내리게 될 때인데, 이러한 결론에는 북한의 최고 지도자가 직접 개입되었다. 「7·4 남북공동성

---

77) 「남북기본합의서」 합의 과정에 첨예하게 대립된 쟁점에 대한 남북한 간의 입장에 관하여는 임동원(1997), pp.93-94를 참조.

78) 2001년 11월 9일부터 14일까지 금강산에서 개최된 제6차 장관급 회담이 결렬되자 북측 대표단은 11월 14일 "북남 상급회담의 전망을 어둡게 만든 책임은 전적으로 남측의 무성의와 특히 수석대표의 전횡과 불순한 태도에 있다. 우리는 남측 수석대표가 앞으로 우리 대화 의 상대가 되겠는가 하는 문제를 검토하지 않을 수 없을 것이다"라는 성명을 발표하였다. 『로동신문』, 2002.11.15, p.4.

명」, 「남북기본합의서」 및 「6·15 남북공동선언」은 남북한 협상대표단 간의 의견대립으로 쉽게 합의가 되지 않던 중 '수령'이 최종적으로 개입하여 합의를 본 예라고 할 수 있다.

또한 합의단계에 북한은 자기 측의 요구가 관철되지 못한 부분이 있을 경우 합의서에 이를 부기(附記)하여 추후 재론할 여지를 남겨둔다. 예를 들면, 북한 측이 「남북적십자 본회담 기타 진행절차에 관한 합의문」 채택 시 자문위원의 발언문제를 유보해둔 것이나, 1992년 9월 15일부터 18일까지 평양에서 개최된 제8차 남북고위급회담에서 남북정치분과위원회와 남북교류·협력분과위원회 회의에서 국제기구에의 단일 명칭, 단일 의석 가입 등 쌍방의 의견 대립으로 합의를 보지 못한 북한 측 주장들을 「남북기본합의서」의 제1장 남북화해의 이행과 준수를 위한 부속합의서와 제3장 남북교류·협력의 이행과 준수를 위한 부속합의서에 부기하여 남한 측과 채택한 것이 대표적 실례라고 할 수 있겠다.

일반적으로 여타 국가들 간의 협상에서는 합의를 하게 되면 이를 구체적으로 어떻게 이행할 것인가를 협의하고 이행하는 단계가 잇따라 진행된다. 그러나 남북한 간에는 여타 국가 간 협상에서와는 달리 사실상 이행단계가 없었다. 즉, 합의사항의 구체적 이행문제를 토의하는 단계에 들어가면 북한 측은 예정된 회담을 일방적으로 취소하여 합의사항 이행 협의에 소극적 반응을 보이고 남한 내부의 각종 이유를 들어 서울에서의 회담 개최를 거부하면서 북측 지역에서 회담을 개최할 것을 고집하였다.

또한 북한 측은 합의사항을 자의적(恣意的)으로 해석하여 남측이 이를 이행할 것을 요구하고 만약 남측이 이를 수락하지 않을 경우 남측 대표에 대하여 폭언을 하고 모욕을 주며, 종국에는 일방적으로 대화를 중단시키고 회담재개 조건을 제시하였다.

V. 남북정상회담 이후의 북한 협상행태 평가와 바람직한 한국의 자세

남북한은 2000년 6월 역사적으로 처음 정상이 만나 「6·15 남북공동선언」을 발표한 후 2006년 10월 31일 현재 총 289회(2000년 6·15 남북정상회의 이후 176회, 2003년 참여정부 이후 113회)의 회의를 갖고 125건의 합의서를 생산하였다.

북한은 남한의 햇볕정책 내지 대북포용정책에 따른 대북지원 성격의 교류·협력 증가에 힘입어 4조 원 이상의 지원을 받으면서 미사일과 핵무기를 개발하였다. 7월 5일 북한의 미사일 발사 후 7월 11일부터 13일까지 부산에서 개최된 제19차 장관급회담에서는 쌀과 비료 지원을 요청하면서 북한의 선군정치가 남한의 안보를 돕는다는 물의를 일으키는 발언을 하여 예정된 일정을 마치지 못하고 귀환하였다. 더욱이 2006년 10월 9일 북한의 핵실험으로 향후 회담 개최도 어려운 상황이 되었다.

남북정상회담 후에도 1970년대 초 남북적십자회담과 남북조절위원회 회의를 하면서 휴전선지역을 관통하는 남침용 땅굴을 판 것과 같이 회담을 하면서 회담 상대방을 공격하기 위하여 미사일과 핵무기 개발을 부단히 진행하고 있고 대남 전략과 연방제 통일정책과 관련된 김일성의 유훈을 받들어 남한과의 협상을 공산화 통일을 위한 다른 수단으로 보는 혁명적 협상관을 유지하고 있다.

남북정상회담 후 북한의 협상행태도 근본적 변화가 없다. 회담 개막 단계에는 북한의 최고 지도자가 남한 대표를 환대를 하면서 회담에 적극 개입하여 북한 측이 강조한 통일의 일반원칙 합의에 주력하고, 합의사항의 이행을 토의하는 단계에 들어가면 북한 측이 합의사항을 일방적으로 해석하여 대화를 교착시키고 북한의 최고지도자가 방북한 남한 대표단을 접견하지 않는 것도 변함이 없다.

남측의 국내 사정을 들어 예정된 회의를 일방적으로 연기하거나 서울에서의 회담 개최 불가를 표명하는 것도 크게 다르지 않다. 북한 측 대표가 회담장 밖에서 오는 메모 지시에 따라 발언하고 행동하고 북한 측의 일방적인 제안을 수락하지 않을 경우 상대방 대표를 인신공격하는 것도 과거와 다르지 않다.

그러나 북한은 1980년대 말 이후 사회주의권 붕괴에 따른 국제적 고립 심화, 1990년대에 들어와 겪게 된 식량, 에너지, 외화의 부족과 같은 극심한 경제난으로 인한 주민불만의 증대뿐만 아니라 김일성의 갑작스런 사망, 남한과의 국력 격차 확대 등 국내외의 제반 요인에 의하여 총체적 위기상황에 직면하게 되었다.

이러한 위기적 환경에 직면하자 김정일 체제는 체제유지와 '남조선혁명'을 통한 한반도 공산화 통일이라는 2개 목표의 동시 병행 추진에서 '체제안정성 확보'에 우선순위를 두는 것으로 국가목표를 조정하지 않을 수 없게 되었다.

대남공산화통일 전략을 포기하지 않으면서도 체제안정성 확보에 우선순위를 두도록 국가목표를 조정함에 따라 북한은 대내 경제정책과 대외관계에 변화를 보임과 동시에 2000년 6월 남북정상회담 이후 대남 관계와 협상행태에도 변화된 모습이 관찰되고 있다. 남북한 당국 간 대화에서 보인 구체적 예를 들어보면, (1) 북한 측은 남북정상회담 이후의 후속회담에서는 남한으로부터의 경제적 지원 획득을 위한 경제회담 개최에 적극적이며, (2) 북한 대표들이 과거에 비하여 회담 상대방을 비난하는 일이 적으며 과거처럼 회담에서 억지를 부리지 않고 회담 상대방에게 부드럽게 대하는 변화된 모습을 보인다는 것이다. 부득이 북한 측이 한국 정부 당국을 비난해야 할 때에도 최고당국자에 대하여는 실명을 거명하지 않고 비난을 하는 그 나름의 선을 지키고 있으며, (3) 북한 측은 남한의 국내 사정이나 국제정세를 핑계로 회담을 연기하기는 하나 경제적 실리추구를 고려하여 과거와는 달리 회담중단을 공식 선언하지 않고 있다.

그러나 「6·15 남북공동선언」 이후 남북한 간 대화의 추이는 각 항목에 대한 상이한 해석과 대북 지원적 교류와 갈등의 연속이었다. 따라서 북한이

'민족해방'과 '인민민주의혁명'을 통한 '남조선혁명'을 골자로 하는 대남전략을 수정하여 남북한 간의 상생·공영을 표방하지 않고 북한체제가 변화하지 않는 한 북한의 협상행태는 쉽게 변하지 않을 것이고 남북대화도 큰 성과를 거두기가 용이하지 않을 것으로 보인다.

게다가 한국이 이제까지 한반도의 냉전 질서에 갇혀 북한만을 상대로 경쟁·타협하고 무원칙한 지원과 협력으로 북한을 변화시키려던 전략도 효과를 거두지 못하고 있다. 이렇게 하여서는 30년이라는 한 세대가 다시 지나가도 북한을 변화시킬 수 없고 남북한 관계의 질적인 개선도 요원하게 보인다.

여러 가지 요인이 복합적으로 작용하여 이제까지의 대화에서 거둔 성과가 비효율적이고 앞으로의 기대도 낮지만, 남북대화는 남북한이 화해와 협력을 통하여 평화를 정착하고 통일을 추진하기 위하여 고려될 수 있는 유일한 대안이다. 이러한 점에서 본 논문의 결론으로 한국 측이 북한과의 대화에서 견지해야 할 방향과 자세를 대폭 수정하여 제시하고자 한다.[79]

첫째, 한국 측은 북한의 협상관, 대남 전략, 협상행태 등에 대한 정확한 이해와 인식의 바탕 위에 분명한 협상목표를 견지하는 것이 필요하다. 북한과의 대화에서 평화, 자유, 민주, 복지 사회 건설, 세계의 보편적 가치인 인권 존중과 민족의 상생·공영을 위한 분명한 목표와 원칙을 견지하면서 평화 정착을 위한 군사적 긴장완화 조치와 남북한 간 신뢰회복을 위한 비정치 분야의 교류·협력을 병행하여 추진하여야 한다.

둘째, 북한과의 대화 성사를 서두르거나 대통령의 임기 내에 성과를 거두려는 것에 조급해 하지 않아야 하며, 서로 다른 해석이 가능하지 않도록 명확한 합의를 하여 '합의하면 반드시 이행한다'는 관행을 만들어 협상의 효율성을 제고하여야 하는데, 이를 위하여 남북대화를 국내정치에 이용하지 않는 자세를 정립하는 것이 긴요하다고 본다.

셋째, 한국 측이 북한을 대하는 가장 효과적인 자세는 상대에게 대화를

---

79) 북한과의 대화 자세와 관련한 지침의 상세 내용은 강인덕·송종환 외, 『남북회담: 7·4에서 6·15까지』(서울: 극동문제연구소, 2004), pp.388-417을 참조.

애원하는 것도 아니고 상대를 압도하는 것도 아니므로 의연하면서도 당당한 자세로 대화에 임하여야 한다. 한국 측은 북한이 계속 개혁과 개방의 방향으로 가도록 여건을 조성해가야 하지만 북측에 대화를 애원하면서 북한을 지원하면 국민 여론이 분열되고 북한을 압도하려 하면 북측으로부터 반발을 살 가능성이 있음을 유의하여야 한다.

넷째, 한국 측은 한반도문제가 남북한 당사자가 해결해야 할 문제이면서도 주변 열강의 이해관계에도 긴밀히 연결되어 있는 복합적 문제임을 인식하고 미국, 일본과의 공조를 강화함과 함께 북한에 가장 영향력이 있는 중국과의 협력관계도 긴밀히 하는 등 한반도의 평화정착과 통일에 대한 주변 열강의 이해를 꾸준히 넓혀 나가는 일방 국제사회의 지지를 확보하기 위한 외교도 강화해 나가는 것이 바람직하게 보인다.

다섯째, 디지털 정보시대에 맞추어 구태의연한 정치, 경제, 사회 분야의 각종 제도를 과감하게 선진제도로 쇄신하여 북한에게 모범을 보이는 것이 필요하다. 만일 한국이 지향하고 있는 자유민주주의체제와 시장경제체제가 흔들리지 않고 선진국 수준으로 발전을 하면 결국 북한은 스스로 체제 개혁을 하고 평화 통일에 응하여 올 것이다.

요약하면, 북한의 대남전략과 협상관·협상행태에 대한 정확한 이해와 인식의 바탕 위에 분명한 협상 목표 달성을 위하여 원칙에 따른 대화를 하면서 국제공조를 강화하고 국내의 정치, 경제 제도를 선진국 수준으로 끌어올리면 지금까지 보다 나은 대화의 성과를 기대할 수 있을 것이다.

제7장

「6·15 남북공동선언」 7주년 평가와 전망*

I. 서론

2007년 2월 8일부터 13일까지 베이징에서 개최된 제5차 6자회담 3단계 회의에서 북한이 취할 「9·19 공동성명」 초기 이행조치와 이에 대한 5개국의 상응조치를 합의한 문서가 발표되었다. 「2·13 합의」는 북한이 이미 개발해 보유한 핵무기와 고농축 우라늄(HEU)을 포함하지 않았고, 북한 핵 시설의 불능화(disabling) 개념도 모호하여 완전해결까지는 많은 문제가 있다는 지적을 받으면서도 한동안 북한 핵 해결을 위한 조치로서 새로운 기대를 모았다.

이러한 기대를 배경으로 하여 제20차 남북장관급회담(2월 27일~3월 2일,

---

* 이 논문은 송종환, 『북한협상행태의 이해』(오름: 2007), 개정증보판의 부록 pp.442-500 에 수록된 내용을 일부 수정하여 게재하였다.

평양) 개최, 김계관 북한 외무성 부상의 미국 방문(3월 6일~7일), 이해찬 전 국무총리의 방북(3월 7일~10일), 이산가족 면회소 건설을 위한 남북한 쌍방 적십자 단체 간 실무접촉(3월 9일, 금강산), 상반기 열차 시험운행을 위한 남북경제협력위원회 위원 접촉(3월 14일~15일, 개성), 제5차 이산가족 화상상봉(3월 27일~29일) 제8차 남북적십자 회담(4월 10일~13일, 금강산), 남북경제협력추진위원회 제13차 회의(4월 18일~22일, 평양)가 이루어졌고, 8·15 남북정상회담까지 거론되고 있다. 그러나 북한 핵 문제를 해결하기 위한 6자회담과 남북한 간의 대화 재개에도 불구하고 북한이 핵 개발을 쉽게 포기하지 않을 것이라는 전망과 함께 북한이 오는 12월 19일 한국의 제17대 대통령선거에 개입하겠다고 표명[1]함에 따라 「6·15 남북공동선언」이후 지금까지 증폭되어온 남남갈등이 심각해질 조짐을 보이고 있다.

2007년 6월은 분단 55년 만에 남북한의 정상들이 처음 만나 민족의 장래와 운명을 자주적으로 해결할 것을 합의하여 한반도문제의 당사자해결원칙을 확인하고 당국 간 대화를 제도화함으로써 전 민족의 기대를 모으고 세계의 이목을 집중시켰던 「6·15 남북공동선언」 발표 7주년이 되는 달이다.

2000년 6월 「6·15 남북공동선언」 발표 이후 우리 사회에서는 남북한 간 비정치 분야의 교류·협력이 양적으로 괄목하게 증가된 것을 근거로 긍정론을 피력하는 의견과 동 선언 제1항과 제2항에 대한 남북한 간의 서로 상이한 해석과 군사적 긴장 완화 없는 일방적 대북 지원을 문제시하는 의견으로 양분되어 갈등과 대립이 심화되어 왔다.

6자회담과 남북대화의 재개와 함께 「6·15 남북공동선언」 7주년을 계기로 동 선언을 재평가해보고 앞으로의 남북한 관계 개선을 위한 의견을 제시해보고자 한다.

주로 문헌 분석 방법에 의한 이번 연구는 북한과 협상을 계속하여야 하는

---

1) 북한의 노동당, 군, 청년동맹의 기관지인 「노동신문」, 「조선인민군」, 「청년전위」는 1월 1일 신년 공동사설을 통하여 "남조선의 각계각층 인민들은 반보수대련합을 실현하여 올해의 대통령선거를 계기로 한나라당을 비롯한 친미반동세력을 결정적으로 매장해버리기 위한 투쟁을 힘있게 벌려 나아가야 한다"는 대남 투쟁노선을 발표하였다.

한국 정부 관계자에게 도움을 주는 것은 물론 국내외 관련분야 학자들의
토론과 연구 활성화에 기여할 수 있을 것으로 기대된다.

II. 「6·15 남북공동선언」의 의의와 문제점

2000년 6월 13일부터 15일까지 남북한 정상들이 평양에서 만나 남북정
상회담을 개최한 의의는 1994년 7월 8일 사망한 김일성의 조문(弔問)문제
로 북한 측이 거부해온 한국 당국과의 대화가 6년 만에 복원되고 그것도
분단 55년 만에 처음으로 정상들이 대화를 통하여 민족의 장래와 운명을
자주적으로 해결해 나갈 것을 합의하여 한반도문제의 당사자 해결원칙을 구
현하고 당국 간 대화를 제도화한 것이었다.[2] 실로 해방 후 김구·김규식의
'남북협상론', 1972년의 「7·4 남북공동성명」 그리고 1992년의 「남북 사이
의 화해와 불가침 및 교류·협력에 관한 합의서」(이하 「남북기본합의서」)에

---

[2] 「6·15 남북공동선언」의 의의와 성과에 대하여는 통일부의 「남북정상회담 결과 해설
  자료」(http://unikorea.go.kr/kr/load/Z01/Z0138htm)와 아태평화재단, 『남북정상회
  담 이해의 길잡이』(서울: 아태평화재단, 2000.8)를 비롯하여 아래 세미나 자료와 학술
  논총에 국내 학자들의 견해가 발표되어 있다. 연세대학교 김대중도서관/통일연구원·
  북측 통일문제연구소 공동 주최 6·15 남북공동선언 4주년 기념 국제토론회 「6·15
  남북공동선언 4년에 대한 회고와 전망」(2004.6.15); 통일연구원 주최 「6·15 남북공
  동선언과 한반도 평화·번영: 평가와 전망」(2005.6.9); 연세대학교 김대중도서관 주최
  「6·15 남북공동선언 5주년 기념 국제학술회의」(2005.6.13); 북한 경제전문가 100인
  포럼·매일경제신문사 공동주최 「6·15 이후의 남북관계 평가 및 향후 과제: 경제·산
  업/정치·군사·외교/사회·문화」(2005.6.24~25); 홍용표·조한범, 「6·15 남북공동선
  언 재조명: 이론과 실제」, KINU 정책연구시리즈 2005-03(2005.6). 주요 미국 측 시각
  은 James A. Kelley, "North-South Relations after the Summit," *A Presentation to
  the CSIS-KINU Exchange on the Theme of The Dynamics of Change on the
  Korean Peninsula in the New Century*, Seoul, November 16, 2000와 장성민(편역),
  『부시행정부의 한반도 리포트』(서울: 김영사, 2001), pp.255-269를 참조.

이어 민족 통합을 위한 역사적 실험을 다시 시도하였다고 평가할 수 있다.3)

또한 「6·15 남북공동선언」을 추진한 한국 측의 당시 실무책임자였던 임동원 대통령특별보좌역이 말한 바와 같이 동 선언은 한반도에서 냉전종식의 시작을 알리면서 새 역사를 여는 선언으로서, 남북한 간에 전쟁위험을 해소해나가고 자주와 평화의 원칙에 따라 점진적·단계적으로 통일을 추진해 나갈 수 있는 계기를 마련한 역사적 쾌거였으며4) 동북아의 새 시대를 여는 여명(dawn)5)이라고 평가할 만하였다.

그러나 역사적 평가에도 불구하고 「6·15 남북공동선언」은 남북한 쌍방이 1989년 2월부터 1992년 2월까지 거의 3년간 예비회담과 총리회담을 거쳐 합의, 발표한 「남북기본합의서」를 이행하고 준수하려는 노력을 등한시하여 이를 사문화시킴으로써 쌍방의 정권교체 시 전 정부가 합의하여 발효시킨 사항들을 무시할 수 있는 사례를 남기는 아쉬움을 남겼다. 결국 과거의 '좋은 합의'가 확인되지 않고 무시될 때 '새로운 합의'가 지켜진다는 보장이 없다는 우려를 낳기도 하였다.6)

그뿐 아니라 동 선언은 남북한 간의 대화와 통일을 위한 이정표에 반드시 포함되어야 할 항목을 결여하고 있을 뿐만 아니라 동 선언 제1항 자주적 원칙과 제2항 북측의 낮은 단계의 연방제와 남측의 연합제와의 공통점을 인정한 통일방안을 둘러싼 남북한 간의 중대한 해석상의 차이로 이를 실천에 옮길 수 없는 문제점을 안고 있다.

---

3) 이호재, "현재 한민족은 어디에 있는가, 어디로 가야 할 것인가," 평화포럼 주최 토론회 「남북대화를 향한 초당적 협력방안」(2000.11.10), p.7.

4) 임동원, "6·15 남북공동선언의 의의와 과제," 6·15 남북공동선언 4주년 기념 국제토론회 「6·15 남북공동선언 4년에 대한 회고와 전망」(2004.6.15), pp.13-15.

5) Donald P. Gregg, "Implementation of the June 15 North-South Joint Declaration: The South, North, and International Response," International Conference to Commemorate the 4th Anniversary of the June 15 North-South Joint Declaration (June 15, 2004), p.23.

6) 이동복, "김대중 정부의 대북정책: '공동선언' 6개월 이후의 남북관계 개관," 한국사회문화연구원 제36회 공개토론회 「김대중 정부의 대북정책: 성과와 문제점 그리고 향후 전망」(2000.12.18), p.33.

첫째, 동 선언에는 기존의 중요 남북한 간의 합의에 포함되었던 군사적 긴장완화와 한반도의 평화구축에 관한 항목이 전혀 포함되어 있지 않다.[7] 즉, 「7·4 남북공동성명」의 7개항 중 제2항은 "크고 작은 것을 막론하고 무장도발을 하지 않으며, 불의의 군사적 충돌사건을 방지하기 위한 적극적인 조치를 취하기로 합의하였다"라고 규정하고, 「남북기본합의서」의 제2장 제9조부터 제14조는 무력 불사용, 분쟁의 평화적 해결 및 우발적 무력충돌 방지, 불가침 경계선 및 구역 설정, 군사직통전화의 설치운영, 이를 위한 협의이행 기구 등을 합의하였으나, 「6·15 남북공동선언」은 군사적 긴장완화에 관한 합의를 결여하고 있다.

「6·15 남북공동선언」에 남북한 간의 교류협력단계를 넘어 남북연합단계 또는 '낮은 단계'의 연방제로 나아가기 위하여 거쳐야 하는 교량과 중간 단계인 한반도 평화구축문제가 빠진 것은 한반도의 평화문제가 남북한 민족문제이면서 국제적 사안이라는 점에서 주변국들의 입장과 이해관계를 보다 충실히 고려하여 추후 과제로 넘겨졌다는 해설도 있으나,[8] 이것은 북한 측의 미·북 군사문제 논의 고집[9]에 양보하였거나 한국 대표단이 이 정도로 하여도 평화문제가 해결되었다고 생각하였거나 추후 남북한 간에 논의될 수 있을 것으로 안이하게 생각하였을 가능성이 크다.

김대중 대통령은 2000년 6월 18일 『로스앤젤레스 타임스』에 기고한 글에서 "남북정상회담의 가장 중요한 성과는 더 이상 한반도에 전쟁이 없을 것"이라고 하면서 "북한이 더 이상 무력 통일을 기도하지 않을 것이며 남한도 북한을 해치지 않을 것"이라고 밝혔다.[10] 또한 김 대통령은 남북한 간

7) 문정인, "햇볕정책과 냉전구조 해체: 남북정상회담의 재조명," 연세대학교 통일연구원 주최 「남북정상회담과 한반도 냉전구조의 해체」(2000.8.24), pp. 21-22.
8) 조민, 「한반도 평화체제 구축과 통일전망」, 연구총서 05-16(서울: 통일연구원, 2005), pp. 76-77.
9) 북한은 1954년 6월 15일 제네바 정치회의 최종회의 이래 남북한 간에 평화협정 체결을 제의하였으나 1974년부터 북·미 간 평화협정 체결을 주장해왔고, 1994년 4월 28일 이래 미국과의 평화협정 체결을 포함한 '새로운 평화보정체제'수립을 위한 포괄적 협상을 주장하고 있다.

군사직통전화 개설, 국방장관 회담, 군사위원회 개설 등을 통하여 한반도 긴장완화를 위한 방안을 논의해야 하며, 4자회담을 통해 휴전협정을 평화협정으로 바꾸어야 한다고 주장하였다.[11]

이러한 주장에 따라 한국 측은 군사적 긴장완화를 구체화하기 위하여 2000년 9월 25일부터 26일까지 제주에서 열린 국방장관 간 회담에서 국방장관 회담의 정례화, 군사당국자 간 직통전화 설치, 대규모 병력 이동 통보, 상호 훈련 참관, 비무장지대의 평화적 이용 등 남북한 간의 군사적 긴장완화와 신뢰구축 및 국군포로 송환문제를 의제화하고자 하였다.

그러나 북한 측은 경의선 복원 및 도로 개설과 관련되는 것만을 주장함으로써 남북국방장관회담은 군사적 긴장완화와 항구적 평화정착 문제가 긴요한 문제라는 것에 이해를 같이 하였으나 북한 측 주장대로 경의선 복원에 관련되는 것만 합의하였다.[12] 결국 북한 측의 반대로 군사문제의 최고책임자간의 회의를 갖고도 군사문제 해결의 초보 단계인 긴장완화문제에 대한 실질조치에 관하여는 아무런 합의를 보지 못하였다.

노무현 정부 취임 후 한국 측의 강력한 요구에 의하여 장성급 군사회담이 2004년 5월 26일 이후 7차례 개최되어 서해상에서의 우발적 충돌을 방지하는 문제를 협의하고 6월 4일 구체적 실천방안을 합의하였으나, 동 합의 이후 계속되고 있는 북한 경비정과 어선들의 북방한계선 침범으로 기대에 미치지 못하고 있다. 또한 북한 측은 동 장성급 군사회담에서 합의한 군사분계선(MDL)일대 선전수단 제거 작업과 관련한 접촉에도 적극성을 보이지 않고 있다.

2006년 10월 9일 북한의 핵실험 이후 북한 핵 문제 해결을 비롯한 한반도 안보문제 논의가 직접 당사자인 남북한보다 주변 강대국들이 포함된 6자

---

10) 『중앙일보』, 2000년 6월 19일자.
11) 『조선일보』, 2000년 6월 26일자. 김대중, "고위공직자 특별연찬 특강 말씀"(2000.9. 2); 한반도 문제 전문가 초청 만찬 연설문(2000.9.7); Korea Society 만찬 연설문(2000.9.8); 『중앙일보』, 2000년 11월 28일자.
12) 『조선일보』, 2000년 9월 27일자.

회담에서 이루어지는 것은 「6·15 남북공동선언」에 군사적 긴장완화와 한반도의 평화구축에 관한 항목이 결여되어 있는 자연적 귀결로도 보인다.

둘째, 「6·15 남북공동선언」 제1항 자주원칙에 관하여 중대한 해석상의 차이가 있다. 동 선언에 명기된 자주원칙이 그동안 북한 측이 주한 미군철수 주장의 근거로 원용해 왔던 "외세에 의존하거나 외세의 간섭을 받음이 없이"로 표기되지 않고 「7·4 남북공동성명」 협의 당시부터 한국 측이 주장해온 통일문제의 민족당사자 해결원칙을 의미하는 문구, 즉 "통일문제를 우리 민족끼리 서로 힘을 합쳐 자주적으로 해결"로 표기되었기 때문에 일견 김일성의 자주통일원칙에 대한 북한 측의 종전 주장과 다른 새로운 합의로 평가될 수 있었다.[13]

6월 15일 서울로 귀환 후 국무회의에서 한 김 대통령의 설명은 이러한 평가를 더욱 강하게 가지게 하였다. 그는 "과거에는 자주를 외세를 배격하는 의미로 해석되었는데, 이것은 이제 그렇게 좁게 볼 것이 아니라 오히려 주변국과 잘 지내며 우리 문제를 남북이 자주적으로 해결해 나간다"는 의미라고 하면서 자주원칙과 국제협력이 모순되지 않는다고 설명하였다.[14]

또한 김 대통령은 김정일 위원장과의 정상회담에서 "소련 붕괴 후 NATO가 그대로 남아 유럽의 안정을 이루었듯이 한반도 긴장완화, 동북아 세력균형을 위해서도 미군주둔은 필요하다"는 요지로 설득하자 김 위원장은 "휴전선의 비상사태 때 주한미군이 조정자 역할을 해줄 수 있는 것 아니냐"고 답변하였다고 덧붙여 설명하였다.[15] 한국 정부 관계자는 더 나아가 동 선언의 제1항을 설명하는 과정에서 "공동선언은 북한 측이 미군의 존재를 인정하는 바탕 위에 이루어진 것"이라고 강조하였다.[16]

---

13) 서동만, "남북정상회담 이후 외교환경의 변화와 정책방향," 한국통일안보학회 제3회 학술회의 「통일환경의 변화와 한반도 변화의 모색」(2000.11.11), p.27.

14) 『조선일보』, 2000년 6월 17일자.

15) 『중앙일보』, 2000년 6월 20일자.

16) 『중앙일보』, 2000년 6월 20일자. 2000년 10월 9일자 아사히(朝日)신문은 한국 정부 고위관리의 말을 인용하여 주한 미군문제에 대한 양 정상 간의 대화 내용을 보다 구

그러나 북한 측은 동 선언 직후에도 주한미군 철수에 대한 기존의 입장을 추호도 변경하지 않았으며 오늘날까지 그대로 견지하고 있다. 심지어 2002년 10월 초 북한 측의 우라늄 농축 발언으로 미·북한 간 긴장이 조성된 제2의 북한 핵 위기 이후 북한 측은 주한미군 철수 주장을 넘어 남한이 북한과 힘을 합쳐 미국에 대항하여야 한다는 '북한식 민족공조론'으로 발전시켜 이를 거듭 주장하고 있다.

북한 측은 2000년 6월 16일 평양방송을 통하여 "미국은 더 이상 자주적 평화통일을 방해하지 말아야 하며 미군의 남조선 강점을 끝낼 용단을 내려야 할 것"이라고 주장하고[17) 9월 27일 "영구강점 기도를 버려야 한다"는 제목의 『로동신문』 글을 통해 "통일이 이룩된 후에도 미군을 한반도에 계속 주둔시키려는 미국의 기도는 음흉하고 파렴치 하다"면서 "남북화해 분위기에 맞춰 미군을 즉시 철수시켜야 한다"[18)고 주장하였다. 9월 28일자 "미군은 아시아에 남아있을 그 어떤 명분도 없다"는 제목의 중앙방송 시사 논평도 「6·15 남북공동선언」 제1항을 들어 통일이 된 이후에도 한반도에 미군을 계속 주둔시키려는 미국 측 움직임을 비난하고 있다.

북한 측이 신문, 방송 등을 통하여 주한 미군에 대한 종전의 주장을 되풀이하고 특히 북한 측이 민족자주가 통일문제 해결의 근본 열쇠라는 주장을 강화하고 있는 것은 북한 주민들에게 「6·15 남북공동선언」 이후 주민들에게 남한에 대한 환상을 갖지 말라는 사상 교육을 강화함과 동시에 북한 측이 주한미군문제에 대한 입장을 변경한 것이 아니라 향후 남북대화의 장(場)에서 주한미군 철수를 재주장할 명분을 축적하기 위한 것으로 보인다.

실제로 2003년 2월 심병철 이름으로 북한주민을 교양하기 위하여 평양출판사가 출판한 『조국통일문제: 100문 100답』이라는 책자는 남한 측이 「6·15 남북공동선언」 제1항을 "남조선 주둔 미군 용인론"으로 그릇되게 해석 유포

체적으로 보도하였다.

17) 『조선일보』, 2000년 6월 17일자.

18) 리현도, "영구 강점 기도를 버려야 한다," 『로동신문』, 2000년 9월 27일자.

시키고 있다고 하면서 주한미군을 그대로 둔다는 민족자주는 있을 수 없으
며 그것은 민족자주 그 자체에 대한 부정이라고 주장하고 있다.[19]

이와 같이 남북한이 제1항을 달리 해석하는 한 제1항은 국민전체의 지지
를 받을 수 없을 뿐만 아니라 이행할 수 없는 공문서가 될 것이다.

셋째, 남측의 연합제안과 북측의 '낮은 단계의 연방제'안이 서로 공통성이
있다고 인정하고 앞으로 이 방향에서 통일을 지향시켜 나가기로 합의한 동
선언 제2항에 대한 남북한 간의 해석 차이도 크다.

김대중 대통령의 3단계 통일론의 제1단계는 1민족, 2국가, 2체제, 2독립
정부, 1연합의 남북연합이다. 이 단계에서는 2개의 남북한 독립국가가 서로
다른 체제를 그대로 유지한 채 국가연합을 형성하여 남북 협력을 제도화하
여 통일과정을 효율적으로 관리하되, 상호 화해와 협력을 통하여 평화와 번
영을 추구하는 가운데 민족의 동질성 회복을 위하여 전력을 다할 것을 상정
하였으며, 국가연합단계는 10년[20] 내지 20~30년[21]이 될 것이라고 예견하
였다.

제2단계는 1민족, 1국가, 1체제, 1연방정부, 2지역자치정부로 구성되는
연방제이다. 이 단계에서는 하나의 체제 아래 외교, 국방 그리고 주요 내정
(內政)을 중앙정부가 관장하고 그 밖의 내정은 2개의 지역자치정부가 담당
하게 되며 통일헌법에 따라 연방대통령을 선출하고 연방의회를 구성한다.
이는 1국가 2체제를 전제하는 북한의 '고려민주연방공화국' 창설방안과 근
본적으로 다른 형태이다.[22]

제3단계는 완전통일단계로서 중앙집권제 또는 여러 개의 지역자치정부들
을 포함하는 미국이나 독일식 연방제를 채택하는 단계이다. 남북 지역자치
정부로 구성되는 연방으로의 진입만으로도 한반도의 통일은 이미 실현되었

---

19) 심병철, 『조국통일문제: 100문 100답』(평양: 평양출판사, 2003), p.165.
20) 아태평화재단, 『김대중의 3단계 통일론: 남북연합을 중심으로』(서울: 아태평화재단, 1995), p.35.
21) 『조선일보』, 2000년 7월 11일자.
22) 아태평화재단(1995), p.35.

으나 미국식이나 독일식 연방체제로 갈 것인지 여부는 그때에 가서 국민의 사에 따라 결정하게 된다.[23]

북한은 1960년 연방제를 처음 제의한 후 내외의 정세 변화에 따라 연방제 내용과 강조사항을 변화시켰으나 1980년 완성형 연방제인 '고려민주연방공화국(Democratic Confederal Republic of Korea)'안을 내놓았다.[24] 북한의 '고려민주연방공화국'안은 김 대통령의 3단계 통일안과는 달리 1민족, 1국가(연방제), 2체제, 2지역자치정부를 예견한다. 즉, 아무런 예비단계도 거치지 않고 바로 2체제가 연방제 국가를 구성하는 것이다. 남북한 동수(同數)의 대표들과 해외동포 대표로 '최고민족연방회의'를 구성하고 산하에 중앙정부격인 '연방상설위원회'를 조직하여 남과 북의 지역자치정부들을 지도하며 정치문제와 국방문제, 대외문제 등 국가와 민족의 전반적 이익과 관계되는 공동의 문제를 관할하도록 하고 통일국가는 '민족연합군'을 창설하고 '10대 시정방침'하에 운영한다는 것이다.[25]

김일성은 1991년 신년사에서 연방제에 대한 "민족적 합의를 보다 쉽게 이루기 위하여 잠정적으로 연방공화국의 지역적 자치정부에 더 많은 권한을

---

23) 아태평화재단(1995), p.35. 2007년 4월 1일 김대중 전 대통령은 "왕래하고 교류하고 같이 돈벌이 하면서 싸우는 사람이 없다"고 하면서 "북한 경제가 안정되면 연방제 정부는 쉽게 들어갈 수 있고 완전통일로도 갈 수도 있다. 한 10년이면 그런 상태가 온다"고 말하였다. 『중앙일보』, 2007년 4월 2일자.

24) 김일성은 1980년 완성형 연방제를 제안하기에 앞서 두 번에 걸쳐 잠정적, 단계적 연방제를 제안하였다. 즉, 1960년 8월 14일 김일성 수상은 8.15 경축연설에서 "과도적으로 남북한이 현재의 정치제도를 그대로 두고 점차 남북한의 경제, 문화 제도를 조절하여 완전한 통일을 해나가자"는 남북연방제안을 제안하였으며, 1973년 6월 23일 김일성 주석은 구스타프 후사크 체코슬로바키아 공산당 중앙위 총비서 일행 방북 환영 연설에서 "북과 남에 현존하는 두 제도를 당분간 그대로 두고 고려연방공화국을 단일국호로 하는 남북연방제를 실시할 것"을 제안하였다. 김일성의 8.15 경축연설과 6.23 환영연설은 『김일성저작집』 제14권(평양: 조선로동당출판사, 1981), pp.243-244와 『김일성저작집』 제28권(평양: 조선로동당출판사, 1984), pp.390-391을 각기 참조.

25) 1980년 10월 10일 노동당 제6차대회에서 제기된 고려민주연방공화국 제안에 대한 김일성의 연설은 『김일성저작집』 제35권(평양: 조선로동당출판사, 1987), pp.339-356을 참조.

부여하며 장차로는 중앙정부의 기능을 더욱더 높여나가는 방향에서 련방제 통일을 점차적으로 완성하는 문제도 협의할 용의가 있다"[26]고 밝혔는데, 이 부분이 6·15 선언에 언급된 '낮은 단계의 연방제'이다. 다시 말해 북한의 '낮은 단계의 연방제'는 1민족, 1국가, 2체제, 2지역자치정부를 원칙으로 하되, 지역자치정부들이 '높은 단계의 연방제'의 중앙정부가 갖는 정치, 군사, 외교권을 갖고 그 위에 민족공동의 이익에 맞게 남북관계를 통일적으로 조정하는 민족통일기구를 둔다는 것이다.[27]

형식상으로 김대중 전 대통령의 국가연합제와 북한의 '낮은 단계의 연방제'는 공통성을 갖고 있다.

첫째, 완전통일을 이루기 전까지 사실상 2국가, 2체제, 2지역자치정부를 인정한다.

둘째, 연합제와 '낮은 단계의 연방제'는 통일의 완성형태가 아니라 과도기적 형태이다.

셋째, 연합제와 '낮은 단계의 연방제'에 있어서는 지역자치정부에 외교권과 국방권을 맡긴다.

넷째, 그 동안 남한은 당국 간 대화를 통한 통일 협상을 주장한 반면 북한은 정치협상회의, 대민족회의(大民族會議) 등 통일전선기구를 통한 협상을 주장하였으나, 이번 정상회담을 통하여 남북 지역정부가 동등한 자격으로 중앙정부에 참여하는 것을 합의하였다.[28]

그러나 연합제와 '낮은 단계의 연방제'는 형식상 공통성의 인정에도 불구하고 통일완성형태로서의 1국가 2체제의 북한 연방제와 민주주의 및 시장경제하의 1국가 1체제를 추구하는 김 대통령의 제2단계 연방제 간에는 어느 쪽도 자기 안을 포기할 수 없는 근본적 입장 차이가 있고 특히 북한이 '낮은

---

26) 『로동신문』, 1991년 1월 1일자.

27) 한응호, "련방제 통일방안은 가장 정당하고 현실적인 통일방도," 『로동신문』, 2000년 10월 9일자.

28) 남궁영, "남북한 통일방안 재고찰: 연합제와 낮은 단계의 연방제," 『통일경제』 제70호 (2000.10), p.90.

단계의 연방제'인 2국 2체제를 장기간 원하겠는가 하는 문제이다.[29] 또한 북한의 연방제는 '남조선해방론'에서 고안된 것이고 특히 연방제를 실시하여 성공한 나라들의 사례를 보면 연방을 구성하는 각 주(州)의 정부들은 모두 하나의 정치 이데올로기와 하나의 경제 제도였지 남북한과 같이 각기 다른 체제하에서 연방을 구성한 예가 없다는 난점이 있다.[30]

「6·15 남북공동선언」 제2항의 이행을 어렵게 하는 이론적 문제와 함께 남북한 양측은 해석도 달리하고 있다. 2000년 10월 9일 김 대통령은 이회창 한나라당 총재와의 영수회담에서 "연방제는 외교, 군사권을 중앙정부에 일임하는 것인데 '낮은 단계의 연방제'는 그렇지 않기 때문에 북한 측이 연방제를 포기한 것으로 본다"고 말하고, 박재규 통일부장관도 11월 6일 통일부에 대한 국정감사장에서의 야당의원 질의에 대하여 "북한 스스로 연방제가 실효성이 없다고 보고 사실상 포기한 것"이라고 답변하였다.

그러나 2000년 10월 6일 북한의 주요 요인들이 참석한 김일성의 '고려민주련방공화국 창립방안 제시 20돌 기념 평양시 보고회'에서의 조국평화통일위원회 서기국장 안경호의 보고 내용을 보면 북한이 연방제를 사실상 포기하였다는 심증을 주는 부분은 전무하다. 그는 김일성의 "뜻이고 유훈인 련방국가 창립방안을 기어이 실현해 나갈 굳은 결의를 다진다"고 말하였다. 또한 동년 10월 9일 김일성의 '고려연방공화국 창립방안 제시 20주년'을 기념하여 실은 『로동신문』 글에서 북한 측은 '련방제 통일방안은 가장 정당하고 현실적인 통일방도'임을 강조하고 '낮은 단계의 연방제'가 연방제 통일로 가기 위한 과도적 조치임을 밝혔다.

요약하면 김대중 대통령이 재야시절에 제시한 연합제(남북연합 → 남북연방제 → 완전통일)와 김일성이 1991년 신년사에서 제시한 '낮은 단계의 연

---

29) 박건영, "3단계 통일론과 남북정상 합의 추진 방향: '연합제'와 '낮은 단계의 연방제'간의 공통성 인정문제를 중심으로," 한국통일포럼 주최 「남북통일방안의 모색」(2000. 7.15), pp.37-38.

30) 정용길, "통합의 사례와 한반도 모델 모색," 한국통일포럼 주최 「남북통일방안의 모색」(2000.7.15), p.13; 하영선, "21세기를 내다보며," 『조선일보』, 2001년 1월 5일자.

방제'는 완전통일을 이루기 전까지의 과도적 형태라는 점과 2국가, 2체제, 2지역자치정부를 인정하고 지역자치정부에 외교권과 국방권을 위임하는 형식상 공통성이 있다. 그러나 '남조선해방론'에서 고안된 북한 연방제와 민주주의와 시장경제하의 1국가 1체제를 추구하는 김 대통령의 제2단계 연방제 간에는 어느 쪽도 자기 안을 포기할 수 없는 근본적 입장 차이가 있어 처음부터 제2항은 합의될 수도 없고 또 합의해서는 안 되는 일을 합의하였으므로 이행 가능성이 없었다.

대다수 한국 국민들은 아래 이유로 소련 연방의 공산화를 위하여 1920년대 초 레닌이 제시한 과도적 형태의 연방제를 추종한 북한의 '낮은 단계 연방제'를 받아들이지 않을 것으로 보인다.

첫째, 한국의 헌법은 자유민주주의와 사적 소유에 기초하는 자본주의를 구현하는 단일국가를 지향하므로 공산당 일당독재의 인민민주주의 체제와의 연방 구성을 합의하는 것은 위헌 행위이다.

둘째, 신뢰구축 과정 없이, 민족동질성이 전혀 회복되지 않은 상태에서 정상회담과 정치적 결단으로 국가권력을 안배하여 통합을 하였던 남북예멘이 4년 만에 내전에 돌입한 것처럼 사회, 경제, 문화 분야에서의 민족통합 없이 국가연합 같은 것을 먼저 실시하는 것은 내전을 초래할 가능성이 있다.

셋째, 지금까지 연방제를 실시하여 성공한 나라들의 사례를 보면, 연방을 구성하는 각 주(州)의 정부들은 모두 동일한 정치 이데올로기와 하나의 경제 제도이며 서로 공존과 공영을 추구하기 때문에 남한에 공산주의를 신봉하는 '인민정권'이 들어서거나 북한에 자유민주주의 정부가 들어서지 않는 한 연방제는 구성될 수가 없다.

20~30년간 남북한이 국가연합 형태로 지내면 연방제로 갈 수 있다는 주장은 북한이 남한의 체제를 전복하여 공산화 통일을 추구하는 대남전략을 포기하지 않는 한 희망일 뿐이며 자칫 잘못하면 공산화 연방제를 초래할 위험이 있다.

결국 연방제는 구성하는 국가들이 서로 공존, 공영을 추구하면서 정치, 경제 체제를 같이 하게 될 때에야 가능하다는 연방제 채택 국가들의 사례에 비추어 오늘날 남북한이 상이한 체제를 고수하면서 해석을 달리하는 남북한 연방제 통일 논의는 현실적으로 가능하지 않은 것으로 보인다.[31]

넷째, 「6·15 남북공동선언」은 이상과 같이 해석을 달리 하고 서로의 체제상 이행할 수 없는 사안들을 합의한 문제점을 안고 있는 것과 함께 태생적 문제가 있다. 2003년 6월 현대그룹 정몽헌 회장이 동 정상회담 성사를 위하여 김대중 정부의 인지하에 현대그룹이 정상회담 개최 전에 현금 4억 5천만 달러와 평양체육관 건설 자재, 트럭 등 5천만 달러를 비밀리에 제공한 것을 밝힘으로써 그동안 김대중 정부 측이 강력히 부정해온 「6·15 남북공동선언」의 태생에 대한 의혹이 확인된 것이다.[32] 거짓이 진실로 발전될 수 없는 것이 진리이다.

III. 「6·15 남북공동선언」 이후 남북한 간의 협력과 갈등

군사적 긴장완화와 한반도 평화정착에 관한 항목의 결여, 「6·15 남북공동선언」의 제1~2항에 대한 남북한 간의 상이한 해석, 동 선언 태생의 문제점과 함께 그 이후에 진행된 남북대화를 비롯한 남북한 관계의 추이는 남남 갈등을 더욱 증폭시키는 요인이 되고 있다.

동 선언 발표 이후 북한 측이 제1~2항을 원용하여 주한미군 철수와 연방제 실현을 끈질기게 주장하고 있으나, 한국 측은 김대중 대통령 본인은 물론 그를 계승한 정부도 제대로 반박은커녕 정당회담 당시의 주장마저 하지 않고 있다.

「6·15 남북공동선언」 이후 지금까지의 대화를 보면, 북한이 원하는 분야

---

31) 송종환, "한반도 연방제의 조건," 『국민일보』, 2005년 11월 29일자.
32) 정몽헌 회장 특검 소명서는 『조선일보』, 2003년 7월 3일자를 참조.

의 대화는 진행되고 그들이 원하지 않는 군사적 긴장완화와 평화체제 구축에 관한 대화는 제대로 시작도 되지 않고 있으면서도 경제, 사회, 문화 분야의 교류와 협력 행사들은 외형적으로는 괄목할 만하게 증가하였다.

남북정상회담의 주요 관련 회담의 토의 내용과 개최 횟수를 보더라도 북한이 바라는 경제협력·지원 관련 회담에 편중되어 있다. 2007년 6월 1일 현재 주요 관련회담으로 정상회담, 장관급 회담 등 정치 분야 회담 49회, 군사 분야 회담 39회, 경제협력·지원 관련회담 75회, 인도분야 회담 24회, 사회문화 분야 회담 17회 등 총 204회를 개최하였다.[33] 군사 분야 회담 중 대부분은 남북한 간 군사적 긴장완화와 신뢰구축 논의와는 거리가 먼 철도·도로 연결과 관련된 것들이었다.[34]

경제회담에 치중한 결과 남북한은 2003년 8월 20일 경제협력 활성화를 위한 투자보장, 소득에 대한 이중과세방지, 상사분쟁 조정절차, 청산결제 등 분야에 대한 4개의 「경협 합의서」를 발효시키고[35] 2005년 10월에는 개성에 남북경협협의사무소를 열어 남북 간 직교역의 기반을 갖추었다.

교역 면에서는 2000년 4억 2,500만 달러, 2001년 4억 300만 달러, 2002년 6억 4,200만 달러, 2003년 7억 2,400만 달러, 2004년 6억 9,700만 달러, 2005년 10억 5,500만 달러, 2006년 13억 4,974만 달러로 2000년 남북정상회담 전인 1999년 3억 3,300만 달러에 비하여 대폭 증가하였다.

교역품목수도 1989년에는 25개에 불과하였으나, 2002년 572개, 2003년

---

33) 남북적십자회담 마련을 위한 파견원 접촉이 있었던 1971년 8월 20일부터 2007년 6월 1일 현재 총 539회의 개최(남북한 이외의 국가가 참가한 4자 및 6자회담 제외)되었다. 상세 내용은 http://dialogue.unikorea.go.kr의 회담소식/연도별 회담 현황을 참조.

34) 북한 측이 남북 당국 간 군사적 긴장완화와 신뢰구축 논의를 기피해온 것에 대하여는 pp.447-448을 참조.

35) 4개의 「경협합의서」 이외에도 「남북사이의 열차운행에 관한 합의서」, 「개성공업지구와 금강산관광지구의 출입 및 체류에 관한 합의서」, 「남북상사중재위원회 구성·운영에 관한 합의서」, 「남북 사이에 거래되는 물품의 원산지 확인절차에 관한 합의서」, 「개성공업지구 통신에 관한 합의서」, 「개성공업지구 검역에 관한 합의서」, 「개성공업지구 통관에 관한 합의서」, 「남북철도 및 도로연결 공사 자재·장비 제공에 관한 합의서」 등이 있다.

588개, 2004년 634개, 2005년 775개, 2006년 757개로 2006년 북한 미사일과 핵실험으로 소폭 감소한 것 이외에 꾸준히 증가해 왔다. 위탁가공교역 (임가공교역)도 1992년에는 불과 84만 달러에 불과하였으나 2000년 1억 2,900만 달러, 2003년에는 1억 8,500만 달러, 2004년 1억 7,600만 달러, 2005년 2억 1,000만 달러, 2006년 2억 5,296만 달러로 전체 남북한 교역의 5분의 1일을 차지하고 있다.[36]

2006년도 남북한 간의 교역액 13억 4,974만 달러를 상업적 거래와 비상업적 거래로 분류해 보면 다음과 같다.

전체 교역액의 68.8%를 차지하는 상업적 거래는 9억 2,807만 달러로 전년 대비 34.6% 증가하였는데, 이 중 반입은 5억 1,839만 달러로 전년 대비 52.5% 증가하였고, 반출도 4억 968만 달러로 전년 대비 17.2% 증가하였다.

상업적 거래 중 일반교역은 3억 413만 달러로 전년 대비 45% 증가하였고 위탁가공교역도 2억 5,296만 달러로 전년 대비 20.6% 증가하였다. 그 밖에 개성공단 2억 9,880만 달러, 기타경제협력 1,553만 달러로 전년 대비 각각 69.1%, 149.2% 증가하였다.

한편 전체 교역액의 31.2%를 차지하는 비상업적 거래는 4억 2,167만 달러로 전년 대비 15.6% 증가하였는데, 그중 사회문화협력은 241만 달러로 전년 대비 208.8% 증가하였고 비료·식량 등 대북지원은 4억 1,925만 달러로 전년 대비 14.9% 증가하였다.

남북한 간 교역수지는 명목상으로는 남한이 흑자이나 경협사업, 대북지원 등을 제외한 실질교역 수지는 적자이다. 1989년부터 2006년까지 누적 명목수지는 남한이 4억 5,085만 달러 흑자인 반면, 누적 실질수지는 23억 8,764만 달러 적자이다. 이러한 교역수지 구조는 개성공단 개발의 본격화 및 금강산 관광사업의 활성화에 따른 물자반출의 증가, 대북 지원 물품의 증가 때문이다. 실질 교역수지의 불균형은 주로 북한의 구매력 부족 때문으

---

36) 상세 통계는 통일부, 『통일백서 2006』(서울: 통일부 통일정책실, 2006), pp.105-109; 통일부, 『통일백서 2007』(서울: 통일부 통일정책실, 2007), pp.38-43을 참조.

로 북한의 외환사정을 고려할 때 당분간 지속될 것으로 예상된다.[37]

1995년 대우의 남포공단 합영 사업 승인 이후 2006년까지 개성공단을 제외한 민간분야 남북경제협력사업 승인은 총 45건에 달하고 있다. 그러나 이러한 외형적 증가에도 불구하고 지금까지 대북경제교류·협력 사업을 추진한 많은 중소기업들이 도산하였고 현재 대북 사업을 하고 있는 63.3%가 적자상태에 있다.[38] 2005년 10월 21일 남북경협 관련 시민단체인 「남북포럼」이 발표한 성명에 의하면, 그동안 대북사업에 참여한 1,000여 개 회사가 부도가 나거나 상당한 피해를 입었는데, 그 사유는 사업에 대한 남북한의 관점 차이, 열악한 인프라, 북측의 예고 없는 정책 변경 등을 들고 있다.[39]

2000년 8월 22일 현대아산이 북한과 합의 후 북한으로부터 토지를 50년간 임차, 공업단지로 개발 후 국내외 기업에 분양하는 방식으로 진행되는 개성공단 사업은 공단 800만 평, 배후도시 1,200만 평을 개발하여 2012년에 2,000개 업체가 입주할 계획이다. 2003년 6월 30일 1단계 330만m²(100만 평) 개발에 착공함으로써 본격적인 개발에 착수하여 2006년 10월 2.8만 평의 시범단지에 15개 업체가 입주하였으며 2007년 3월 현재 15개 시범단지 입주기업을 포함하여 총 22개 기업이 가동되고 있으며, 북한 측 근로자 11,803명이 남한 측 800여 명 근로자와 함께 근무하고 있다.

개성공단 입주기업의 대부분이 심각한 경영난에 시달리고 있는데도[40] 한국 정부는 정치논리로 과잉 홍보를 하고 있다. 또 개성공단에 근무하는 근로자의 임금이 근로자에게 직접 지급되지 않고[41] 북측의 무리한 요구가 계

---

37) 통일부(2007), pp.39-40.

38) 대북 사업에 대한 상세 통계와 문제점, 개선방안에 대하여는 김영윤, "남북경협의 현주소: 무엇이 경협확대의 제약요소인가?" 한국수출입은행·통일연구원 공동주최 2004 북한경제 심포지엄 「북한경제와 남북경협: 현황과 전망」(2004.7.7), pp.27-55.

39) 『조선일보』, 2005년 10월 22일자.

40) 2007년 5월 15일 「남북포럼」이 발표한 '개성공단 22개 공장 실태 현황'에 의하면, 개성공단 입주 기업들은 경영 자율성 제약, 안정적 인력수급 미흡 등의 이유로 대부분 심각한 경영난을 겪고 있는 것으로 나타났다. 『문화일보』, 2007년 5월 15일자.

41) 개성공단 입주 한국 기업은 근로자 1인당 57.5달러를 북한 당국에 지급하고 있다.

속되고 있다.[42] 이와 같은 문제점이 있는데도 남북한 간 긴장완화와 신뢰구축이 제도화되어 있지 않은 상태에서 특히 당면 북한 핵문제가 해소되지 않은 상태에서 한국 정부가 무리하게 지원을 해가면서[43] 개성공단사업을 본격적으로 진행하는 것은 지극히 우려스럽다.

한편 북한에 대한 인도적 무상지원은 1998년부터 2007년 3월까지 정부 차원의 대북 지원 8억 4천529만 달러(9,528억 원), 민간차원 5억 3천940만 달러(6,221억 원) 등 13억 8천469만 달러(1조 5,749억 원)이다.[44] 이러한 지난 9년간의 대북지원은 1995년부터 1997년까지 3년간 정부의 대북무상

북한 당국은 이 중 사회보장비 7.5달러, 무료교육, 무상치료 등 사회문화시책비로 15달러를 제하고 남은 35달러를 북한의 공식 환율(1달러당 143원)로 계산하여 북한 돈 5,000원 정도를 근로자에게 지급하고 있다. 5,000원은 북한 근로자 평균 월급 3,000~4,000원보다 많지만 북한 암시장에서 1달러는 3,000원 정도이므로 사실상 2달러를 받는 셈이다. 박성현, "통계로 보는 남북한 경제·사회·산업의 비교." http://www.freedomkorea.org(검색일: 2007.4.9).

42) 2006년 12월 말 북한은 개인의 성과에 따라 임금을 차등 지급하는 인센티브 제도와 달리 근로자의 학력 별로 임금을 차등지급하는 것을 요구하고 장기 체류를 원하는 남측 인원들에게 체류수수료를 요구하였다. 『조선일보』, 2007년 4월 18일자.

43) 개성공단 입주 한국 기업들의 행정 편의를 봐주고 도로·상하수도·정수장 등 기반시설을 관리하기 위해 2004년 만들어진 개성공단 관리위원회(이하 관리위)는 입주 업체들의 행정수수료를 받아 운영하게 되어 있지만, 현재 개성공단 업체들은 관리위에 행정수수료나 운영비를 내지 않고 있다. 대신 관리위는 세금으로 조성된 남북협력기금에서 '연리 1%, 5년 거치, 10년 상환' 대출 형식으로 운영비를 받아쓰고 있다. 현재까지 대출 금액은 2004년 43억, 2005년 89억, 2006년 79억, 2007년 104억 원이나, 통일부의 설명에 의하면 입주사가 적고 생산성이 높지 않아 언제부터 운영수수료를 받고 대출을 상환할 지 알 수가 없다고 한다. 『조선일보』, 2007년 4월 25일자.

44) 정부의 대북 무상 지원에는 WFP, WHO, UNICEF 등 국제기구를 통하여 지원한 1억 3천386만 달러(1,525억 원)를 포함하나, 2000년도 이후 2005년까지 다섯 차례 연리 1%, 10년 거치, 20년 상환 조건으로 북한에 제공한 식량 차관에 소요된 6억 3천755만 달러(7,223억 원)와 식량차관을 주기 위하여 양곡관리특별 회계에서 손실 처리한 2조 1,332억 원은 포함되어 있지 않다. 만일 해상운송 및 선적료, 보험료, 통관 수수료 등 부대비용까지 추가한다면 어마어마한 액수가 될 것이다.
민간차원의 무상지원에는 장전항 부두와 해상호텔, 온정각 휴게소, 공연장 시설투자 등 금강산 사업으로 추진된 현대그룹의 6,600억 원과 대북 불법 제공 5,000여억 원, 용천열차폭파사건에 대한 지원은 포함되지 않았다. 통일부(2007), pp.131-145.

지원 2억 6천 172만 달러(2,118억 원), 민간 차원의 대북 무상지원 2천 236만 달러(196억 원)에 비하여 그 규모가 훨씬 확대된 것이다.

북한에 대한 민간차원의 인도적 무상지원은 1999년부터 대한적십자와 함께 2006년 말 현재 요건을 갖춘 65개 단체가 대북지원 사업을 맡고 있다. 정부가 2000년부터 민간단체가 추진하는 대북지원 사업 중 지원의 필요성, 북측 수혜 대상과 분배지역, 분배투명성 확보 정도 등을 고려하여 일정 요건을 갖춘 인도적 지원 사업에 대해 남북협력기금을 지원해오고 있는 것에 기대어 대북지원사업자가 민간 차원의 모금 없이 북측에 지원 약속을 일방적으로 한 후 통일부의 남북협력기금 보조를 신청하여 정부에 부담을 주는 사례가 발생하고 있다.[45)]

「6·15 남북공동선언」 이후 남북한 간의 교육학술, 체육, 문화·예술, 언론·출판, 종교분야의 교류·협력은 북한이 핵실험을 한 2006년을 제외하고는 양적으로 확대 추세에 있다. 2005년도에는 10,777명의 남한 주민이 북한을 방문하고 675명의 북한 주민이 남한을 방문하였으나, 2006년도에는 4,324명의 남한주민이 북한을 방문하였으며 293명의 북한 주민이 남한을 방문하였다.

그 중 북관대첩비 환수 및 북한으로의 반환, 안중근 의사 유해발굴을 위한 남북공동 현지조사, 겨레말큰사전 편찬사업 등은 민간의 전문성과 정부의 지원, 남북당국의 지원합의가 상호견인 역할을 한 좋은 사례로 앞으로의 민관 협력의 발전적 모델을 제시했다는 점에서 의의가 있다.[46)] 그러나 남한 주민의 북한 방문자와 북한 주민의 남한 방문자는 비교가 되지 않을 정도로 불균형을 이루고 있으며, 남북한 간의 민간 교류·협력 행사 때마다 한국측이 북한에 일방적으로 대가를 지불하는 것으로 물의를 빚고 있다.[47)]

---

45) 2006년 12월 16일 평양을 방문한 이화영의원은 자신이 이사장인 방정환재단 명의로 북한 민화협과 1만두 규모의 돼지 농장 추진 합의서를 체결하였는데, 이의원은 재단의 여력이 없기 때문에 30~50억 원의 소요비용을 통일부의 남북교류기금 보조를 신청할 예정이라고 말하였다. 『조선일보』, 2007년 4월 19일자.
46) 통일부(2007), p.90.

또한 그동안 있은 남북한 간의 각종 사회문화교류는 '일회성 전시사업'이나 '행사를 위한 행사'로 전락하는 경우가 많았고 남측은 사회문화교류를 '통일 지향적 교류협력'으로 보는 데 비해 북측은 '체제 보존적 교류협력'을 추구하는 인식의 차이로 인해 현실적인 성과를 낼 수 없었고 특히 이러한 교류협력이 정치적 상황에 종속됨으로써 근본적인 한계를 드러냈다.[48]

1998년 4월 「남북경협활성화조치」에 의해 기업인의 방북이 허용된 후 그해 6월 고 정주영 현대그룹 명예회장 일행이 북한을 방문하여 조선아시아태평양평화위원회와 금강산 관광 및 개발 사업에 합의하고 11월 18일에 금강호가 동해항을 첫 출항함으로써 시작된 금강산 관광 사업은 2000년에 20만 명의 관광객이 다녀오는 등 순조롭게 진행되었으나 2002년에 이르러 사업자의 자금난과 통제된 '제한관광'으로 인해 중단위기에 직면하였다.

정부는 금강산 관광사업의 지속을 위하여 공동사업자인 한국관광공사에 남북협력기금 900억 원을 대출하고, 2002년 4월부터 학생, 교사, 이산가족 등에 대해 관광경비 일부를 보조하였으며, 북한과 합의하여 2002년 12월 동해선 임시도로 연결 공사를 완료한 후 2003년 9월부터 육로관광을 실시하였다. 금강산 관광객은 2005년 6월을 기점으로 100만 명을 돌파한 후 2006년 말 현재 130만 명을 넘어섰으나, 여전히 북한 군인들의 삼엄한 경계 하의 '울타리 관광' 수준을 벗어나지 못하고 있다.[49]

남북한적십자 간 이산가족 교류사업도 대면상봉, 화상상봉, 생사확인, 서

---

47) 2004년 한 해의 예를 들어보더라도 통일부는 8월 25일 금강산의 관광도로건설에 31억 원의 남북협력기금을 투입키로 하였으며, 북한 측 기구인 개성공단 관리기관의 청사 건립과 운영비로 240억 2,100만 원을 대출해주고, 아테네 올림픽에 참가한 북한 측 선수단에 8,000만 원, 북한의 올림픽 방송 중계에 1억 5천만 원을 교류협력기금에서 지출하는 등 273억 5,100만 원 규모의 사용계획을 국회에 제출하였다. 『중앙일보』, 2004년 8월 26일자.

48) 배기선, "6·15 이후의 남북관계 평가 및 향후 과제," 북한 경제전문가 100인 포럼·매일경제신문사 공동주최 「6·15 이후의 남북관계 평가 및 향후 과제: 경제·산업/정치·군사·외교/사회·문화」(2005.6.24~25), pp.63-65.

49) 금강산 관광 이외에도 2005년 8월에 1,600여 명이 개성시범관광을, 2003년과 2005년에 총 2,400여 명이 평양관광을 각기 다녀왔다. 통일부(2007), pp.47-48.

신교환 등 다양하게 진행되고 있다.

2000년 8월 15일부터 2007년 5월 14일까지 15회 대면상봉을 통하여 3,188가족 총 15,381명(남측 10,155명, 북측 5,226명)이 상봉을 하고, 2005년 시작된 5차례의 화상상봉을 통하여 399가족 총 2,695명(남측 1,631명, 북측 1,064명)이 상봉을 하였다. 남북으로 흩어진 가족, 친척의 생사와 주소도 대면상봉을 통한 35,685명, 화상상봉을 통한 6,883명, 2회의 생사·주소 확인 작업을 통한 2,267명 등 총 44,835명이 확인되었으며 2001년 3월 15일 남북한 각각 300명이 서신교환을 실시하고 이산가족 방문단 교환 과정에서 79건의 재북 가족 편지를 수신하였다.[50]

그러나 이러한 사업들은 1972년 6월 16일 제20차 남북적십자회담 예비회담에서 합의한 후 8월 29일부터 9월 2일 까지 평양에서 개최된 제1차 본회담에서 확인한 본회담 의제 5개항[51]에 입각하여 이산가족 문제를 근본적으로 해결하려 하기보다는 이벤트화된 일회성 행사로 진행되고 있다. 특히 제1차부터 제3차(2000.8.15~18, 11.30~12.2, 2001.2.26~28)까지는 이산가족들이 서울과 평양을 동시 교환 방문을 하였으나, 2002년 4월 28일부터 5월 3일에 실시된 제4차 이후부터는 북한 측이 2001년 9월 11일 미국에서 발생한 9·11 테러로 인하여 한국 측이 경계태세를 강화한 것을 구실로 이산가족 상봉 장소를 금강산으로 고정하였다.

더욱이 2006년 3월 20일~25일에 있은 제13차 상봉행사에서 북한 측 요원들이 남한 측 기자들의 송고 내용을 문제 삼아 위성송출을 가로막으면서 취재제한조치를 하고[52] 2007년 3월 27일~29일에 있은 화상상봉에서는 북

---

50) 상기 통계는 이산가족정보센터의 인터넷 사이트(http://reunion.unikorea.go.kr)를 참조.

51) (1) 남북으로 흩어진 가족들과 친척들의 주소와 생사를 알아내며 알리는 문제
   (2) 남북으로 흩어진 가족들과 친척들 사이의 자유로운 방문과 자유로운 상봉을 실현하는 문제
   (3) 남북으로 흩어진 가족들과 친척들 사이의 자유로운 서신거래를 실시하는 문제
   (4) 남북으로 흩어진 가족들의 자유의지에 의한 재결합 문제
   (5) 기타 인도적으로 해결할 문제

한 가족이 제17대 대통령선거에서 한나라당 후보가 되어서는 안 된다는 정치선동을 함으로써 그나마 제한적으로 이루어지고 있는 이산가족 상봉행사를 흐리게 하고 있다.

「2·13 합의」 후 재개된 제8차 남북적십자회담(4.10~13, 금강산)에서 한적 측은 이산가족의 대부분이 90세 전후의 고령이므로 설이나 추석 등을 계기로 100가족씩 부정기적으로 만나는 현행 방식에서 벗어나 '두 달에 한 번 대면상봉, 매달 화상상봉'을 하고 540여 명으로 파악된 국군포로와 485명의 납북자를 '특수이산가족'으로 이산가족 상봉행사에 포함하던 기존방식에서 벗어나 별도의 생사확인과 상봉을 하자는 새로운 방안을 제안하였다.

북적은 8·15와 추석을 계기로 화상상봉 2회, 추석을 계기로 16차 이산가족 상봉 진행, 추석을 계기로 영상편지 시범 교환에는 응하면서 한적 측이 제안한 국군포로와 납북자란 용어를 쓰는 것까지 문제삼으면서 "이런 식이라면 회담 진행이 어렵다"고 엄포를 냈다. 한적 측은 '평양의 적십자병원 현대화 사업 단계적 실시'라는 선물을 주고 언제 될지 모르는 애매한 문구인 "남과 북은 전쟁시기와 그 이후 소식을 알 수 없게 된 사람들의 문제를 실질적으로 해결하기 위해 협력하기로 하였다"라는 제18차 남북장관급 회담(2006년 4월 21일~24일, 평양)의 공동보도문 합의를 반복 채택하였다.[53]

결국 남북적십자회담은 북한은 하자는 대로 끌려 다니고 있고, 그동안 있은 합의나 행사들은 근본적 해결에의 접근이라기보다 남북한 관계 진전과 대북 지원 분위기 조성을 위하여 보여주기 위한 것일 뿐 실천을 위한 것이라고 평가할 수가 없다.

남북한 대표단은 10개월 만에 2007년 4월 19일 평양에서 재개된 남북경제협력추진위원회(이하 경추위) 제13차 회의의 마지막 날인 21일을 넘겨 22일 새벽까지 연쇄 접촉을 갖는 진통 끝에 5월 17일 열차시험운행 실시와 6월 중 남측의 경공업 원자재 제공 및 북측의 지하자원 개발 협력을 일괄타

---

52) 『조선일보』, 2006년 3월 24일자.
53) 『조선일보』, 2007년 4월 14일자.

결하면서 차관방식으로 쌀 40만 톤(남측 생산 15만 톤과 외국산 쌀 25만 톤) 제공, 개성공단 활성화, 제3국 공동 진출 협의 등 10개항을 합의, 발표하였다.[54]

이번 합의는 한국 측이 엄청난 액수가 소요되는 대북 쌀 차관과 신발·옷·비누 등 8,000만 달러 상당의 경공업 원자재 제공을 합의하면서도 북한 핵 문제 해결을 위한 「2·13 합의」이행 문제를 합의서에 포함시키지 못함으로써 또다시 북한 측에 끌려 다니는 모습을 보였다.[55] 다만 한국 측이 모처럼 제13차 경추위 회의의 기조 발언에서 북측의 「2·13 합의」에 대한 성실한 이행 여부에 따라 5월 말 개시될 대북 쌀 차관 제공 시기와 속도를 조정할 수 있다고 주장하여 대북 쌀 차관 제공과 북한 측의 「2·13 합의」이행을 연계시킨 원칙을 계속 고수할 것인지 주목된다.[56]

또한 5월 2일부터 4일까지 개성에서 있은 제2차 경공업·지하자원 개발 협력 실무협의에서 남북한은 남한 측이 6월 27일 1차분으로 섬유 500톤(80만 달러 상당)을 인천↔남포를 통하여 제공하고 북한 측은 남북이 각기 15명 이내로 구성된 남북공동조사단을 구성하여 6월 25일부터 7월 6일까지 함경남도 단천 지역의 검덕(아연), 용양(마그네사이트), 대흥(마그네사이트)을 공동조사하기로 합의하여[57] 지금까지와는 달리 주고받기 식 남북한 경

---

54) http://www.unikorea.go.kr(검색일: 2007.4.22).
55) 북한은 제13차 회의 개최에 앞서 연락관을 통하여 남측 기조 발언문, 공동보도문 초안, 식량제공합의서 교환을 요구하는 관행에 없는 억지를 부린 후 회의 개최에 응하였다. 회의에서 남측은 5월에 열차시험운행, 경협물자의 육로 수송, 남북직선항공로의 정기노선 설치를 제의하면서 "2·13 합의를 조속히 이행하는 것은 남북경협에 대한 국제사회의 확고한 지지를 이끌어 낼 수 있는 지름길이 될 것"이라면서 합의 이행을 촉구하였다. 이에 대해 북측은 보충 발언을 통하여 '2·13 합의를 남북경협에 결부시키는 것은 부당하다"고 주장한 뒤 일방적으로 퇴장하는 등 「2·13 합의」이행과는 상관없이 남측으로부터의 경제적 지원을 획득하려고 하였다. 『조선일보』, 2007년 4월 20일자.
56) 곽태환, "제한된 상호주의를 제창하면서," http://www.tongilnews.com(검색일: 2007. 4.26).
57) http://www.unikorea.co.kr(검색일: 2007.5.5).

제협력이 실현될 것으로 기대된다.

2003년 12월 24일 북한과의 연결지점인 경의선 도라산 역에 남북출입사무소 개소식이 있었다. 앞으로 육로를 통한 남북한 간 사람과 물자의 왕래 문제와 관련된 업무를 담당할 남북출입사무소의 개소는 남북한 교류의 구체적 상징이라고 할 수 있다. 남북한은 남북철도연결공사가 마무리된 상황에서 2006년 5월 11부터 12일에 개성에서 있은 철도·도로 연결 실무접촉에서 25일부터 경의선과 동해선 철도 시험운행에 합의하였다. 그러나 북한이 5월 24일 쌍방 군사당국의 군사적 보장 장치가 아직 취해지지 않고 있는 조건에서 열차시험운행을 할 수 없다는 입장을 일방적으로 통보해옴에 따라 열차 시험운행행사가 이루어지지 않았다.[58]

2월에 있은 제20차 남북장관급회담과 4월에 있은 경추위 제13차 회의의 합의에 따라 4월 27~28일과 5월 13일 개성에서 개최된 제13차 남북철도·도로연결 실무접촉의 두 차례 회의에서 남북한은 5월 17일 「남북철도·도로연결구간 열차시험운행과 관련한 합의서」를 채택하여 열차시험운행의 절차·방식 등을 합의하였다.

북한 측의 제의로 5월 8일부터 개최된 남북장성급군사회담은 5월 11일까지 예정보다 하루를 넘기면서 회의를 진행하여 2007년 5월 17일 오전 9시부터 17시까지 군사분계선을 개방하는 8개항의 열차시범운행 군사보장 잠정합의서를 채택하고 5개항의 공동보도문을 합의하였다. 이번 군사보장합의서는 항구적인 것이 아니라 5월 17일 하루 시험운행에만 적용되는 제한적인 합의이다.

이번 열차시범운행은 경의선의 경우 1951년 6월 12일 한국동란으로 운행이 전면 중단된 후 56년 만에, 동해선은 1950년 후 57년 만에 휴전선을 관통하여 민족의 혈맥을 다시 잇고 앞으로 시베리아횡단철도(TSR)와 중국횡

---

58) 2004년 6월 제9차 경추위에서 2004년 10월, 2005년 7월 제10차 경추위에서 2005년 10월, 2006년 5월 개성에서 열린 철도·도로연결 실무접촉에서 5월 25일 열차시범운행을 각기 합의하였으나, 북한 군부의 군사적 보장조치 거부 핑계로 이행되지 않았다.

단철도(TCR)를 거쳐 유럽까지의 '철의 실크 로드'를 연결할 수 있는 토대를 마련하였다는 의의가 있지만, 하루 시험 운행을 위하여 남측은 5,454억 원을 투입하였다.[59] 또한 5개 항의 공동보도문에 포함되어 있는 서해 공동어로, 북측 민간선박들의 해주 항에로의 직항 문제는 앞으로 북측이 서해상의 북방한계선(NLL)을 무시하고 새로운 해상 경계선 획정 주장[60]을 노골적으로 할 근거가 될 것으로 보여 부담을 안게 되었다. 비록 "서해 해상에서의 군사적 신뢰가 조성되는데 따라"라는 전제가 있지만, 한국 측은 5월 17일 하루 열차시범운행 합의를 얻고 북측은 북방한계선 재설정문제를 이슈화하고 분쟁화하는데 성공한 것으로 평가된다.[61]

2007년 5월 29일부터 6월 1일까지 서울에서 개최된 제21차 남북장관급회담에서 남측은 평화정착, 남북경제공동체 논의를 위한 국책기관 간 회의, 국방장관 회담 개최, 남북한 철도의 단계 개통, 국군포로와 납북자 문제의 실질적 해결 모색 등의 의제를 제안하고 북측은 민족 중시와 외세 배격, 한미합동군사훈련, 국가보안법 철폐 등을 제기하였다. 그러나 제21차 남북장관급회담은 북측의 쌀 차관 즉각 제공 주장과 남측의 「2·13 합의」 이행과 연계한 대북 쌀 차관 제공 주장의 대립으로 진통 끝에 서로 제기한 문제들에 대한 논의를 하지도 않고 결렬되었다.

상기와 같이 양적 증가를 보이고 있는 남북한 간의 인적, 물적 교류는 상호 호혜적인 것이 아니라 대북 지원 성격의 일방적 흐름에 그치고 있고 북한 핵문제 해결은 물론 남북한 긴장완화, 진정한 의미의 남북경협, 이산가족 문제의 해결, 국군 포로와 납북자 송환에 대하여는 사실상 실질적인 진전

---

59) 남측이 투입한 5,454억 원의 내역은 남측 경의선 철도에 914억 원, 동해선 철도에 1,143억 원, 경의선 출입국 사무소 건립에 259억 원 등 총 3,645억 원과 북측 구간 공사에 차관으로 제공한 자재·장비 1,523억 원, 수송비 등 부대비용 256억 원을 합한 1,809억 원이다.

60) 제5차 남북장성급 군사회담 북측 수석대표인 김영철 중장은 5월 11일 종결 발언에서 "북방한계선은 강도가 그은 선"이라고 주장하였다. 『연합통신』, 2007년 5월 12일자.

61) 홍관희, "NLL 분쟁화에 일조한 남 회담 대표의 과오, 제5차 남북장성급 군사회담 평가분석," http://www.chogabje.com(검색일: 2007.5.14).

이 없는 실정이다. 특히 5월 17일 열차시험운행과 관련한 제5차 남북장성급 군사회담의 공동보도문은 서해상의 안보에 크게 문제를 야기할 가능성이 크기 때문에 우려되는 바가 크다.

2월~4월 중 개최된 장관급회담, 적십자회담과 경제협력추진위원회 회의 결과로 진행되고 있는 후속 남북한 관계 일정을 정리해보면 다음과 같다. 2월 13일 베이징에서 개최된 제5차 6자회담 3단계 회의에서 발표된 「2·13」 합의가 방코델타아시아(BDA)의 북한 불법자금 문제로 전혀 이행이 되지 않고 있는 상황에서[62] 남북한이 이와 같이 각종 대화와 행사 개최에 적

내용	시기	장소
제13차 철도도로실무접촉	4.27~28	개성
제2차 경공업·지하자원 개발협력 실무협의	5.2~4	개성
임진강 수해방지 합의서 채택	5월 초	문서교환
제3차 개성공단건설 실무접촉	5월	개성
제15차 이산가족 상봉행사	5.9~14	금강산
열차시험운행	5.17	경의선·동해선
제21차 남북장관급회담	5.29~6.1	서울
제1차 제3국 공동 진출 실무접촉	6월	개성
제1차 자연재해공동 방지 실무접촉	6월	개성
제1차 과학기술협력 실무접촉	6월	개성
경공업 원자재 제공 개시	6월	-
북측 지하자원 개발대상지역 현지 공동조사	6월	미정
민족통일대축전 개최	6.15 전후와 8.15 전후	평양과 남측 지역
남북경제협력추진위원회 제14차 회의	7월	남측지역

---

62) 박용옥, "'2·13 합의' 향배와 기로에 선 한국," 『미래한국신문』, 2007년 5월 26일자.

극성을 보이는 것은 2007년 말 대선 분위기를 반전시키기 위한 정략적이라
는 비판을 받고 있어 귀추가 주목된다.

「6·15 남북공동선언」이 안고 있는 제 문제점과 동 선언 이후 남북한 관
계의 추이는 남북정상회담 직후 흥분으로 설레던 한국인들 사이에도 점차
지지와 반대를 하는 남남갈등을 심화시켰다.

「6·15 남북공동선언」에 대한 문제점은 언론기관의 여론조사에 그대로
반영되었다. 2000년 8월 23일 조선일보·갤럽여론 조사 시에는 대북정책에
대하여 '잘 해왔다'가 86.7%였고, '잘 해오지 못했다'는 8.0%에 불과하였다.
그러나 4개월 후 12월 26일 조사에서 '남북정상회담 이후 지난 6개월간 우
리 정부의 대북정책이 올바르게 진행되고 있느냐, 혹은 그렇지 못하다고 보
느냐'는 질문에 대하여 긍정적 평가는 45.5%로 급락하였고, 부정적 평가는
46.4%로 급등, 찬반이 팽팽한 것으로 나타났다.[63] 『중앙일보』와 한국통일
포럼이 2000년 12월 13일부터 22일까지 열흘간 공동으로 실시한 '국민통일
의식 조사'에 의하면, 북한에 대한 인식도 지난 해 8월 15일 조사 시에는
북한을 도와주어야 할 대상이 44.0%, 적대관계에 있다는 대상이 4.6%였으
나 12월 조사 시에는 각각 32.7%, 22.1%로 악화되었다.[64]

이러한 북한에 대한 인식과 대북정책에 대한 남남갈등은 2003년 들어서
도 크게 개선되지 않았다. 2003년 2월 취임한 노무현 대통령의 대북정책에
대한 『중앙일보』의 2003년 9월 국민의식 조사는 '김대중 정부의 햇볕정책을
계승한 현 정부의 입장에 공감한다' 50.5%, '공감하지 않는다' 49.5%로 찬반
이 비슷하였는데, 이 통계는 노무현 대통령 취임 6개월 조사(2003년 8월
21일자)의 공감 60.9%보다 10.4% 포인트나 낮아진 것이다. 또한 북한의
전쟁도발 가능성에 대하여 '여전히 있다'에 52.4%가 동의하였고, 동의하지

---

63) 『조선일보』, 2001년 1월 1일자.

64) 『중앙일보』, 2001년 1월 3일자. 김대중 정부의 대북정책에 대한 국민 지지율이 급락
하고 북한에 대한 인식을 악화시킨 주요 논쟁들에 대하여는 송종환, "2001년 남북대
화의 전망, 극복과제와 추진방향," 『신아세아』 제8권 제1호(서울: 신아세아연구소,
2001 봄), pp.52-53을 참조.

않는 사람이 14.8%이며 '북한이 핵무기를 가져서는 안 된다'는 의견은 79.3%, '가져도 된다'는 20%, '북한의 핵개발 강행 시 대북 지원과 경협을 중단해야 한다'가 62.8%, '계속해야 한다'가 35%였다.[65]

2006년 11월 20일부터 12월 5일까지 한국리서치가 전국 성인남녀(만 19세 이상) 1,032명을 대상으로 면접을 한 결과 2006년 10월 북한이 핵실험을 하기 전의 조사에서는 한국인의 북한에 대한 비판적 여론이 73%였지만 11월~12월 조사에서는 78%로 상승하였다. 북한은 핵실험으로 미국을 협상 테이블로 끌어내는 데는 성공하였지만, 「6·15 남북공동선언」 이후 비교적 우호적이었던 한국인들이 등을 돌림으로써 정부가 대북 지원을 하는 데 부담을 주게 되었다.[66]

또한 2006년 12월 『한국일보』와 동아시아연구원이 공동 여론조사를 한 바에 의하면, 남북정상회담이 있었던 2000년 이후 해마다 큰 폭으로 안보위기 의식이 증가해왔고 2006년 조사에서는 63.6%로 가장 높게 나타났다. 또한 2006년 10월 9일 북한의 핵실험 여파 등으로 대북 강경책을 주문하는 국민들의 의견이 지배적이 되었다. 대북 포용정책에 대한 입장을 묻는 질문에 47.2%가 '축소해야 한다'고 대답했고, '전면 폐기해야 한다'는 반응도 10.2%였다. 반면 현상 유지를 원하는 응답은 34.2%로 나타났고, '포용정책의 강화가 필요하다'는 답은 6.3%에 불과했다. 자신의 이념성향이 진보적이라고 한 응답자 중에서도 41.5%가 '축소해야 한다'고 답해 '유지해야 한다'는 의견(41.9%)과 거의 차이를 보이지 않았다.

이 같은 흐름은 대북 경제지원 조정 여부에 대한 응답에서 더욱 두드러졌다. '대북경제 지원을 줄이고 인도적 차원으로 한정해야 한다'는 의견(66.6%)이 '현재 수준 유지(18.6%)'보다 세 배 이상 많았다. 북핵 문제가 이슈화되기 전인 2002년 5월 실시된 대국민 여론조사에선 44.1%가 '대북지원을 줄여 인도적 지원으로 한정해야 한다'는 응답했다. 대북 지원 축소를 바라는 견해

65) 『중앙일보』, 2003년 9월 23일자.
66) 『매일경제』, 2007년 3월 6일자.

가 4년 만에 22.5% 포인트 증가한 셈이다. 또 '대북 지원을 더욱 확대해야
한다'는 의견은 2002년 16.6%에서 5.8%로 크게 줄었다. 이에 반해 '경제지
원을 전혀 하지 말아야 한다'는 초강경론도 2002년 15.5%에서 8.5%로 동반
하락했다.[67]

상기의 여론조사들은 남북대화에 나타난 북한의 태도에 대한 국민의 실
망과 특히 북한 핵 사태가 악화일로를 걸음에 따라 북한에 대한 일방적 포
용 대신 상호주의를 강조하는 여론이 높아진 결과로 풀이된다. 북한에 대한
불신과 한국 정부의 대북포용정책에 대한 남남갈등이 이 정도로 심각하고
국민여론이 분열된 상황에서 현 대북정책의 기조를 고수하는 것은 효과적인
대북정책 추진에 어려움을 주고 한국 협상 팀의 협상력을 약화시키는 요소
가 될 것으로 평가된다.

IV. 「6·15 남북공동선언」 이행을 위한 극복과제와 추진방향

남북한은 1971년 8월 20일부터 2007년 6월 1일까지 총 539회(2000년
6월 남북정상회담 이후 204회)의 회의를 갖고 186건의 합의서를 생산하였다.

그러나 이러한 합의서들은 일방적인 남한의 대북한 경제협력·지원과 2~3
일 간의 이산가족상봉, 금강산 관광, 개성공단 건설 추진을 제외하고는 사실
상 이행되지 않고 있다. 2000년 「6·15 남북공동선언」은 1972년 「7·4 남북
공동성명」, 1991년 「남북기본합의서」와 함께 전 민족을 흥분시키고 세계의
관심을 끈 역사적 합의서였지만 이행되지 않은 경우의 대표적 예들이다.

남북한 간의 합의가 이행되지 않음으로써 남북한 간의 직접 교섭과 협상
이 비효율적이었던 배경으로서는 몇 가지 요소가 복합적으로 작용한 것으로

---

67) 『한국일보』, 2006년 12월 18일자.

보인다.[68]

첫째, 남북한은 '협상'이란 개념을 서로 달리 인식하고 있다. 남한은 협상을 이해가 상충되는 당사자 간의 차이점을 조정, 해결하거나 상충되는 이해(利害)를 조화시키기 위한 흥정의 과정이라는 서방권의 협상관에 입각하고 있으나, 북한은 서방권과 다른 특수한 협상관을 따르고 있다. 즉, 북한은 "제국주의와의 협정은 다른 형태의, 다른 수단에 의한 전쟁의 연속"이며[69] "협상은 제국주의에 대한 투쟁의 행태"[70]라는 특수협상관에 입각하여 협상을 혁명 달성을 위한 또 다른 형태의 투쟁으로 보고 있다.[71]

둘째, 협상 상대자에 대한 인식과 협상 목표가 상이하다. 2000년 「6·15 남북공동선언」 이후 한국은 대북포용정책에 입각하여 북한을 적이라는 인식보다 평화적 통일을 달성하여 더불어 살아야 하는 같은 민족이라는 입장을 견지하였고 북한과의 협상에 두는 목표도 남북한 간에 긴장을 완화하고 전쟁을 방지하면서 이산가족의 교류를 포함한 경제, 사회 분야 등 비정치

---

68) 상세 내용은 송종환, "분쟁해결수단으로서의 남북협상: 실제와 교훈," 「한반도 평화회담의 과거와 현재」, 통일연구원·대한국제법학회 공동 학술회의(2004.6.25) 발표논문집, 학술회의 총서 04-05(서울: 통일연구원, 2004), pp.23-70을 참조.

69) V. I. Lenin, *Sochineniya*, 3rd ed., Vol.26(Moscow: Institut Marksa-Engelsa-Lenina pri Tsk VKP(b), Gosudarstvennoe Izdatelstvo Politicheskoi Literaturi, 1928-37), p.6; quoted in Nathan Leites, *The Operational Code of the Politburo*, The RAND Series (New York·Toronto·London: McGrow-Hill Book Company, Inc., 1951), p.88.

70) 중국이 서방과의 협상을 어떻게 보는지는 '제국주의자들과의 평화공존문제'에 대하여 소련과 논쟁을 하는 과정에 잘 나타나 있는데, 1963년 9월 1일자 중국 정부 대변인은 "협상은 제국주의에 대한 투쟁의 한 형태이다. 인민의 근본적 이익을 지키는 원칙이 준수되는 한 협상에서 필요한 타협을 할 수 있다. 그러나 누구든지 협상을 평화공존을 얻기 위한 가장 주요한 또는 유일한 수단으로 간주하거나 제국주의자들과의 타협을 추구하기 위하여 서슴없이 인민의 근본이익을 판다면 그것은 평화공존이 아니라 결국 항복을 하는 공존이다. 그리고 그것은 세계평화를 위협하게 할 뿐이다'라고 논평하였다. William E. Griffith, *The Sino-Soviet Rift* (Cambridge: The M.I.T. Press, 1964), p.386.

71) 서방권과 공산권의 협상 개념 차이에 대한 설명은 송종환, 『북한 협상행태의 이해』 (서울: 도서출판 오름, 2002), pp.63-74.

분야의 교류를 통하여 신뢰를 구축한 후에 통일로 나아가자는 점진적이고 단계적인 통일론에 입각하였다.

그러나 북한에게 있어 남한은 '공화국 남반부'로서 미제로부터 해방되어야 할 '민족해방'과 노동자, 농민이 정권을 잡아야 할 '인민민주주의 혁명'의 대상이기 때문에 남한과의 대화에서 최대·최종목표인 공산화 통일을 위한 '남한혁명' 분위기 조성과 최소·당면 목표인 체제유지를 위하여 안보와 경제적 실리를 추구한다.

셋째, 합의서 채택 당시의 문제점을 들 수 있다. 즉, 합의 당시부터 남북한이 의도하는 바와 해석이 다르나, 각기의 전략적 목표 달성을 위하여 애매모호한 용어로 된 문서에 합의를 한 후 이행문제를 협의하는 단계에 이르러 각기 달리하였던 의도와 해석이 구체화되어 좀처럼 의견 접근이 되지 않은 경우와 북한 측이 세 불리를 모면할 목적으로 일단 합의한 후 이를 아예 이행하려 하지 않는 경우를 들 수 있다. 「6·15 남북공동선언」이 전자라면, 「남북기본합의서」[72]는 이행할 생각도 없이 당시 급변하는 국제정세하에서 외교적 고립과 안보위기 의식으로 절박하였던 북한 측이 체제와 정권의 생존을 위하여 합의한 보장하는 후자의 경우라고 할 수 있다.

넷째, 남북한 쌍방이 합의 후 합의사항을 확고히 이행하려 하지 않고 남한의 새 정부가 들어설 때마다 새로운 합의를 생산하는 관행을 들지 않을 수 없다. 합의사항 불이행 관행은 일단 조약이 성립된 이상 "조약은 준수되어야 한다(Pacta sunt servanda)"라는 근본규범(Grundnorm)[73] 자체를 부

---

72) 1991년 12월 10일부터 13일까지 서울에서 개최된 제5차 남북고위급회담에서 「남북기본합의서」 내용을 최종 마무리하는 협상과정에서 북한 측이 한국 측 주장을 수락, 양보한 것은 급변하는 국제정세를 고려하여 김정일 당 비서가 북한 측 대표단에게 보낸 훈령 때문이었다. 그 내용은 "이번 회담에서 기본합의서 내용을 반드시 타결하고 돌아오라"는 것뿐만 아니라 이를 위하여 "쌍방 간 견해 차이가 있는 내용에 대해서는 우리 측 입장을 일단 고수하지만 관철되지 않을 때는 양보를 하고라도 이번 회담에서 타결하라"는 것이었다. 이동복, "서동권,『김정일 훈령』을 입수하다!"『월간조선』, 2000년 9월호, pp.337-339.

73) 이한기,『수정판 국제법 강의』(서울: 박영사, 1983), p.130.

인하는 것이다.

특히 김대중 정부는 전임 정권이 북한과 합의한 합의사항을 확인, 계승하려고 노력하지 않고 새로운 합의문을 합의하여 전 정부가 합의, 발효시킨 합의서를 무시하였다. 즉, 2000년 6월 김대중 대통령은 남북정상회담에서 「남북기본합의서」 이행을 제의하였으나 김정일 위원장이 이를 반대하자[74] 안보와 평화정착에 관한 조항이 누락되는 등 동 기본합의서의 합의 내용에 비하여 상세하지도 않고 해석에 논란의 가능성이 많은 「6·15 남북공동선언」에 합의하였다.

김대중 대통령의 햇볕정책[75]과 이를 계승한 노무현 정부의 대북정책도 북한과의 합의가 이행되지 않는 것에 일익을 담당하였다. 김대중 대통령은 대북 화해·협력정책을 취한 바가 있는 전임 대통령과는 다른 몇 가지 가정과 인식에 기초하여 대북 화해·협력정책을 추진하였다.

북한을 따뜻하게 포용하면서 교류·협력을 활성화하는 것이 남북관계를 정상화하고 한반도에서 냉전구조를 해체시켜 사실상의 통일로 가는 최선의 길이며, 북한은 타도와 갈등의 대상이라기보다는 화해와 공존·공영의 대상이며, 북한 지도자 김정일 국방위원장이 판단력과 지도력을 갖추었을 뿐 아니라 개방적이며 실용적인 인물인 동시에 남의 말을 경청할 줄 알고 신사적이고 예의바르며 유머감각이 있는 지도자이며, 대북 포용정책은 단기적으로

---

74) 김정일 위원장은 2000년 6월 김대중 전 대통령과 「6·15 남북공동선언」을 합의할 때 "당신은 왜 아름다운 수식어로 가득 찬 그러한 문서(「남북기본합의서」)에 집착하는가"라고 반대하였다. 『讀賣新聞』, 2001년 6월 6일자.

75) 김대중의 햇볕정책은 이솝 우화 중에 있는 다음과 같은 내용의 '북풍과 태양'이라는 이야기를 원용한 것이다. 어느 날 북풍이 이 세상에서 자신이 제일 힘이 세다고 하자 태양은 어떤 남자가 있는 망토를 벗긴 쪽이 이기는 것으로 하자고 제의하였다. 북풍은 강한 바람으로 망토를 날려버리려고 하였으나 남자가 망토를 두 손으로 꼭 쥐고 몸을 웅크렸기 때문에 망토를 벗겨내는 데 실패하였다. 태양은 조금씩 남자에게 햇볕을 쪼이자 그 남자는 더위를 참지 못하고 입고 있던 망토를 벗어던지게 되어 북풍과의 힘자랑에서 승리할 수 있었다. 김대중 정부는 폐쇄된 북한의 문호를 개방하고 변화를 유도하기 위해서는 강공보다 북한을 지원하는 것이 바람직하다는 정책을 일관되게 추진하여 왔다.

는 북한 정권의 위기해소에 도움을 주지만 중·장기적으로는 북한체제를 변화시켜 한국의 체제와 이념 속에 통합시킬 수 있다는 것 등이 그러한 가정들이다.

이러한 가정들에 입각하여 김대중 정부는 북한 측에 의한 잠수정침투사건, 핵개발 의혹 증폭, 대포동 미사일 발사 시험, 상선의 영해 침범, 두 차례의 서해교전 등 도발행위와 김정일 답방 등 합의사항 불이행에도 불구하고 남남갈등을 야기하면서도 시종일관 화해·협력정책을 견지해왔고 오히려 이러한 일관성을 대북정책의 업적이라고 홍보하였다.[76]

김대중 전 대통령의 대북 포용정책과 이를 계승한 노무현 정부의 평화번영정책에 입각하여 북한의 각종 군사적 도발과 국민의 반대에도 불구하고 북한에 대하여 일방적 지원과 협력을 하였으나, 북한이 남한에 대하여 한 것은 경제지원을 계속 요구하면서 2006년 7월 5일과 10월 9일 각기 미사일 발사와 핵실험을 하고 대미 평화체제 수립을 제의하여 정전체제를 평화체제로 전환시키는 논의에 직접 당사자인 한국을 배제한 것이었다. 따라서 1998년 이래의 대북 포용정책은 사실상 실패하였다고 볼 수 있다.

상기한 바와 같이 남북한 간의 합의가 이행되지 않는 배경적 요인은 「6·15 남북공동선언」에도 그대로 적용되고 있다. 남북한의 정상이 합의한 「6·15 남북공동선언」의 각 항목에 대한 해석을 서로 달리하고 북한 측이 핵, 미사일 등 대량살상무기를 개발하면서 일방적 지원을 요구하는 한 진정한 의미의 남북관계 개선을 기대할 수 없고 남남갈등과 동맹국과의 갈등도 해결할 수 없을 것으로 전망된다.

따라서 「6·15 남북공동선언」은 앞으로 다음과 같은 과제가 극복되어져야 이행될 것으로 보인다.

첫째, 「6·15 남북공동선언」에 대한 남북한 간의 해석 차이를 해소해 나가는 문제이다. 남북한이 「6·15 남북공동선언」의 제1~2항을 달리 해석하

---

76) 최완규, "대북 화해·협력정책의 성찰적 분석," 한국정치학회·이정복(편), 『북핵문제의 해법과 전망』(서울: 중앙 M&B, 2003), pp.71-72, 76-77.

는 기저에는 남북한의 다른 통일관이 깔려 있으므로 해석 차이를 해소하기가 실제로 쉽지 않다. 다만 차선책으로 지금과 같이 한국 측이 북측을 자극하지 않으려는 생각에서 북측의 해석에 침묵해오던 태도를 바꾸어 동 선언을 합의할 당시의 한국 측 입장을 분명하고도 당당하게 밝혀 북측을 계속 설득해 나가는 것을 고려할 수 있을 것이다.

둘째, 한반도의 공산화 통일을 목표를 하고 있는 북한 노동당의 규약, 김정일의 선군정치[77]와 사회주의강성대국 건설[78]을 남북한 간 경제협력과 조화시키는 문제이다. 특히 김정일 체제가 개막되면서 북한이 대내외적으로 내세운 구호인 '사회주의 강성대국 건설'이 김일성 시대에 구축한 사상, 군사 강국의 토대 위에 경제건설을 하여 한반도의 공산화 통일을 성취하자는 것을 의미함을 수차 밝히고 있음에 비추어 섣부른 남북한 경제협력이 북한의 공산화 통일 추진을 위한 힘을 증강시킬 우려가 있다.

셋째, 한·미 간의 상이한 대북 시각과 정책을 조화시키는 문제이다. 50여년 한미동맹 역사에 있어서 지금만큼 한국과 미국 간에 북한을 보는 시각과 대북정책에 괴리가 있었던 적은 없다.

북한 핵무기 개발 관련 6자회담의 진전이 없고 인권 등 현안 문제들에 대한 한미 동맹국 간의 현격한 시각 차이가 있는 한 개성공단 사업, 금강산관광, 남북철도·도로 연결사업 등 3대 남북경협 사업은 물론 여타 남북한 관계의 개선이 어려우므로 한국은 우방국과 대북시각을 시급히 조율하여야

---

77) 1998년 9월 5일 김정일 체제의 공식 출범 이후 크게 강조되고 있는 김정일 특유의 선군정치는 군사 선행의 원칙에서 혁명과 건설에서 나서는 모든 문제를 해결하고 군대를 혁명의 기둥으로 내세워 사회주의 위업 전반을 밀고나가는 것이다. 『로동신문』, 1999년 6월 16일자.

78) 김정일 체제가 개막되면서 북한이 대내외적으로 내세운 구호인 '사회주의 강성대국 건설'은 김일성 시대에 구축한 사상, 군사 강국의 토대 위에 경제건설을 하여 '혁명' 성취, 즉 한반도의 공산화 통일을 성취하자는 것을 의미한다. 정관룡·진웅, "김정일 동지는 숭고한 애국애족의 리념을 꽃피워 나가시는 위인이시다," 『로동신문』, 1998년 7월 12일자; 김진욱, "주체의 강성대국," 『로동신문』, 1998년 8월 4일자; 최칠남·동태관·진성호, "강성대국," 『로동신문』, 1998년 8월 22일자; 사설 "위대한 당의 령도 따라 사회주의 강성대국을 건설해 나가자," 『로동신문』, 1998년 9월 9일자.

한다.

넷째, 대북정책에 대한 심각한 남남갈등을 해소하여 국민적 합의를 이루는 문제이다. 2000년 6월 남북정상회담 이후 일방적으로 북한을 포용하고 지원하는 남북대화의 추이로 인해 남한 내에 심각한 내부 갈등은 물론 우방국과의 갈등이 증폭되고 있다.

위에서 제기한 과제들을 극복하기는 쉽지 않을 것이다. 한국은 1969년을 분기점으로 하여 북한에 비하여 경제적으로 우위에 놓이게 되고 국제관계가 미·중 간의 대화 개시로 데탕트 무드가 조성되는 시기인 1970년대 초 군사적 대결을 강화하고 있던 북한에게 대화를 제의하여 대화의 문을 연 이래 1997년까지 한반도의 평화정착과 평화적 통일을 위하여 때로는 문제해결전략, 경쟁전략, 양보전략을 구사하여 합의서를 도출하기도 하고 1998년 이후에는 국내에서의 정치적 갈등에도 불구하고 대북 포용정책을 내세워 이른바 '퍼주기 식 지원'을 하였으나 남북한 관계는 북한의 일관된 공산화 통일전략으로 인하여 의미 있는 관계개선을 이룩하지 못하고 있다.

특히 핵실험 이후에도 포용정책을 수정하지 않고 대북 지원과 교류·협력에 안달을 하는 남한의 의도를 간파하고 「2·13 합의」 후 재개된 남북장관급회담, 적십자회담, 경추위 등의 대화에서 보인 북한의 비타협적이며 고압적인 태도와 주장을 보면 의미 있는 관계개선이 기대되지 않는다.

남북한 간의 경제 격차가 점차 커지고 있는 추세와 함께 한반도 공산화 통일추진은커녕 사회주의국가로서의 생존마저 할 수 없을 정도로 체제적으로 무능하면서도[79] 스스로 회생을 위한 개혁·개방을 하려 하지 않고 핵무기 개발을 하고 있는 북한을 변화시키기 위하여 한국은 가능한 강경책[80]과

79) Nicholas Everstadt, *The End of North Korea* (Washington, D.C.: The AEI Press, 1999), pp.8, 118.
80) 북한의 변화를 강제하기 위한 강경책으로는 국제제재 및 봉쇄, 각종 경제지원의 중단, 외부 소식과 정보의 전달, 내부 저항 등이 있을 수 있다. 김상철, "북한 붕괴의 전망과 미래한국," 워싱턴 인권주간 AEI 발표문(2007.4.24), 『미래한국신문』, 2007년 4월 28일자.

대화 등 온건책 모두를 고려하여야 할 것이다.

이러한 제반 사정을 고려하여 당장 효과가 나지 않더라도 장기적인 관점에서 한국 정부는 대북, 대외, 대내정책을 아래와 같이 검토, 조정하여 북한 핵 문제의 조기 해결과 한반도의 평화정착, 경제·사회·문화 교류의 증대를 통한 평화통일 구현을 추진하여야 하겠다.

1. 대북정책: 정확한 정세 판단과 분명한 협상목표, 과제, 협상지침 수립

어떠한 거래나 협상에서 성공하기 위해서는 협상당사자가 상대방을 잘 알아야 하는 것처럼 한국 측은 북한이 하는 언행의 뜻과 기도를 정확히 파악하는 것이 필요하다. 2500년 전 중국의 고대 군사이론가인 손무(孫武)가 『손자병법』의 모공편(謀攻篇)에서 "상대를 알고 나를 아는 자는 매번 싸움에서 위태롭지 아니하고, 상대를 모르고 나를 아는 자는 한번은 이기고 한번은 지며, 상대를 모르고 나를 모르면 매번 싸움에서 반드시 위태롭다(知彼知己 每戰不危; 不知彼而知己知彼 一勝一負; 不知彼不知彼 每戰必殆)"[81] 라고 한 말은 남북한 관계에도 적용된다고 할 수 있다.

현실진단이 잘못되거나 정확하지 않으면 올바른 처방이나 정책이 나올 수 없다. 북한은 통일을 위한 화해협력의 대상임과 동시에 한반도 평화체제가 구축되기 전까지는 대결의 상대이다. 그럼에도 남북정상회담 이후 한국이 북한을 보는 시각에 더 큰 변동이 있다고 해도 과언이 아니다. 즉, 과거 반공적 입장으로부터 떠나 그들을 동족으로 포용하고 그들의 호의를 얻으려고 무엇이나 좋게 해석하려는 경향이 있다.

그러나 북한의 김정일은 아버지가 정한 정책을 쉽사리 바꾸지 않는다는 것을 명심해야 한다.[82] 북한의 대남전략과 통일정책의 핵심은 "하나의 조

---

81) 孫武 저, 노태준 역, 『신역 손자병법』(서울: 홍신문화사, 1994), p.71.
82) 서대숙, "북한체제의 전망," 서대숙 외, 『정상회담 이후의 북한: 남북관계의 변화와

선"이라는 논리하에 주한미군을 축출하여 "민족해방"을 성취하고 남한에 노동자 계급 중심의 "인민민주주의혁명"을 달성하여 종국에는 북한과 같은 체제로 국가를 통합하자는 것이다. 이것은 김일성 이래 결코 변경된 적이 없다.

북한의 말초적 변화를 본질적 변화로 호도하지 않아야 한다. 전술적 변화를 전략적 변화라고 억지를 부려서는 안 된다. 있는 현상을 그대로 파악해야지 정치적 의도로 희망적인 해석을 하지 않도록 유의하여야 한다. 같은 민족이기 때문에 허심탄회하게 대화를 나누면 이루지 못할 일이 없을 것이라고 생각하는 것은 남한 당국을 타도의 대상으로 여기는 북한에게는 적용되지 않으며 너무나 순진한 생각이다.

19세기 중엽의 서구 자본주의의 가혹한 자본축적으로 야기된 계급투쟁에서 제기된 공산주의 이념을 신봉하는 국가들은 1990년을 전후하여 대부분 몰락하였으며 아직도 이 이념을 고수하고 있는 중국, 베트남도 시장경제체제를 도입하여 새로운 변화와 개혁을 시도하고 있다. 그러나 북한은 '사회주의 강성대국 건설'과 '선군정치'라는 구호를 내세우고 '주체사상을 구현한 우리식 사회주의'와 김일성이 만들어 놓은 체제를 지속적으로 강화시키고 그의 교시를 새롭게 해석하는 선에서 추진하는 '북한식 변화'를 고집하고 있고 북한의 수령유일지배체제는 인권을 유린하면서 경제적 궁핍을 초래함으로써 실패한 사회주의체제의 표본이 되고 있다.

공산주의 이념의 말로(末路)나 북한의 현 실정에 비추어 한국이 남북대화를 통하여 구현할 통일 한국의 체제가 평화·자유·민주·경제적 풍요·인권존중·복지사회를 목표로 하여야 한다는 것은 재론의 여지가 없을 것이다. 특히 한국의 정체성이라고 할 수 있는 자유민주주의가 21세기 인류사의 주된 조류이고[83] 빛의 세계가 어둠의 세계를 제압한다는 점[84]에서 통일한국

전망』(서울: 경남대학교 출판부, 2002), p.6.

83) 이상우, 『우리들의 대한민국』(서울: 기파랑, 2006), p.64.

84) 미국 예일대 법대학장으로 지명된 고홍주(Harold Hongju Koh) 교수는 뉴욕타임스(NYT)와의 인터뷰에서 클린턴 행정부 말기 매들린 올브라이트 국무장관이 북한을 방문했을 때 국무부 차관보로 동행한 후 어두움의 북한 상공을 지나 한국으로 들어서

이 자유민주주의체제를 선택하는 것은 시대의 흐름이며 자연스런 이치의 귀결이다.

따라서 분단 조국이 재통합하여 하나의 민족국가로 나아가기 위하여 전쟁이든 지도자 간의 합의이든 통일만이 최상의 가치와 목표가 되어야 하며 이를 위하여 한국이 기본적 정치, 경제적 자유도 없는 북한과 같은 수령일인 지배체제나 사회주의체제로 접근해 가거나 변화를 하여야 한다는 주장은 전혀 고려될 수 없는 것이다. 이러한 맹목적 통일지상주의는 고귀하게 보이는 '민족이익'에 기반을 두고 있지만, 국가의 안보와 국민의 자유와 생명의 안전을 고려하지 않은 것은 물론 북한 주민들이 북한을 탈출하고 있는 현실을 무시한 것이다.

이러한 제반 사정을 고려할 때 한국은 북한이 「6·15 남북공동선언」의 제1~2항을 제멋대로 해석, 주한미군 철수, 공산당 활동 자유를 겨냥한 국가보안법 철폐, 연방제 주장을 하는 것을 더 이상 방치하지 않아야 한다.

따라서 이제 한국은 평화·자유·민주·경제적 풍요·인권존중·복지사회에 기초를 둔 통일국가 구현을 위하여 남북대화를 통하여 정치적 통합 이전에 전쟁이 제거된 상태에서 남북한 주민들이 서로 자유롭게 오가면서 같은 민족이라는 의식을 갖도록 하는 실천방안을 북한과 합의하여 이를 이행하는 것을 추진하여야 한다.[85] 이를 위하여 남북한 당사자는 먼저 군사적 대결구도를 해소하여 우발적으로 전쟁이 일어날 가능성을 제거하여 평화체제를 구축하는 것[86]과 함께 남북한 주민들이 경제, 사회, 문화 등 비정치 분야에서

자 환하게 불빛이 밝아오면서 사람들의 활기찬 모습을 보았다고 하면서 "남북한은 같은 문화를 공유한 한민족이고, 불과 40~50km 떨어져 있으나 '어둠의 세계'와 '빛의 세계'가 다른 점은 단지 그들이 선택한 정부의 형태였다"고 주장하였다. Marc Santora, "Public Lives; Battling the Darkness, With the Law as His Lamp," *New York Times*, Nov. 11, 2003, section B, page 2.

85) 이상우 교수는 남북한 정부 간에 서로를 인정하고 전쟁을 하지 않기로 합의 → 통행·거주이전·근무지 선택의 자유가 보장되는 삶의 공간의 단일화 → 정치적 통합으로 가는 것이 현실적이며 바른 통일정책의 방향이라고 주장하였다. 이상우(2006), p.86.

86) 한반도 평화체제는 북한 핵의 평화적 해결과 동시에 1991년 채택한 「남북기본합의서」

교류와 협력을 지속적으로 증대하는 노력을 균형, 병행시켜 나가야 한다.

핵, 미사일 등 북한의 대량살상무기는 폐기되어야 하며 이 문제가 해결되기 전까지는 적극적인 대북 경제 교류와 지원은 반드시 지양하여야 할 것이다. 한반도에서 재래식 무기에 의하든 핵전이든 개전 초기에 8백만 명 이상의 인명 살상의 위험이 있는 상황에서 어떠한 한국의 기업인도 스스로 시범적 수준을 벗어난 대규모의 대북투자나 협력을 하려는 위험을 지지 않으려 할 것이며 또한 평화와 협력이 남북한 관계개선을 위한 수레의 두 바퀴라는 점에서도 당면한 북한 핵 위기가 해결되어야 남북한 간에 경제 교류·협력이 확대될 수 있을 것이라는 이 주장은 지극히 타당한 것으로 보인다.

한국의 대북 지원 및 교류·협력은 남북한 주민 모두가 '우리 민족'이라는 같은 의식을 갖도록 하는 것을 목적으로 하되, 그 방식은 천재지변으로 인한 긴급지원을 제외하고는 민간주도와 상호주의를 견지한 서독의 예를 참고하면서[87] 이제까지 북한 당국에 '고기를 주는' 일방적 지원보다 북한 주민들에

에 규정되어 있는 대로 남북한이 불가침을 포함한 군사적 신뢰 조성과 군축을 실현하기 위한 문제를 협의·추진하고 이를 주변 4강이 보장하는 것이어야 한다. 한반도평화체제 수립 방안에 대한 대표적 저서와 논문으로는 송대성·이대우,『평화체제 구축 국제적 경험과 한반도: 중동 및 북아일랜드 경험을 중심으로』(경기 성남: 세종연구소, 2000); 송대성, "정상회담 이후 군사적 긴장 완화 및 평화체제 구축," 세종연구소(편),『정상회담 이후 남북관계 개선 전략』(경기 성남: 세종연구소, 2000); 문정인, "김대중 정부와 한반도 평화체제 구축,"『국가전략』제5권 2호(경기 성남: 세종연구소, 1999 가을·겨울); 한용섭, "한반도 평화체제 수립 방안," 통일연구원·한국세계지역학회 공동 주최 학술세미나「분단국 통합과 평화협정」주제발표 논문(2001.10.19); 한용섭, "한반도 안보현안 해결과 평화체제 구축," 박종철 외,『평화번영정책의 이론적 기초와 과제(서울: 통일연구원, 2003); 조민, "한반도 평화체제 구축 방향: 평화 프로세스," 2007 통일연구원 개원 16주년 기념학술회의「2·13 합의와 한반도평화체제」(2007. 4.6) 등을 들 수 있다. 그러나 임동원 전 통일부 장관은 '2·13 합의'가 순조롭게 이행되고 북한 핵 시설의 불능화 조치까지 취해지면 한·미는 남북한·미·중의 4자 정상회담을 개최하여 정치적 의미를 갖는 '종전 선언'을 시작으로 한 후 평화보장을 위한 조치 마련과 정전협정을 평화협정으로 전환하는 협상에 착수하여야 한다는 주장을 하고 있다. 임동원, "한반도 평화의 길," 한반도평화체제 구축을 위한 대토론회 기조연설문(2007.3.22).

87) 1995년 서독 국회가 발간한「동독 공산당 독재의 역사와 결과청산 조사위원회」발간 자료집 3권은 통독 전 양독 간의 현물 및 현금 이전을 상세 기록하였다. 동 자료를

게 직접 도움을 주고 '고기를 잡는 방법을 가르쳐 주는 식'으로 바뀌어져야 할 것이다.[88]

북한 당국에 일방적 지원을 하는 것보다 북한인들이 스스로 깨우치도록 한국이 대북지원과 교류·협력 방법을 바꾸어야 한다는 주장은 '고난의 행군' 시절(1994~1996년)에 국가만 바라보고 스스로 생존을 위한 활동을 하지 않았던 하급 관리와 교사, 노동당원들이 가장 많이 아사하였으나, 사회정치적 신분보다 나름대로 '능력'을 발휘하여 생존의 노하우를 터득하여 지금까지 살아남았던 사람들은 2002년 「7·1 경제관리 개선조치」 이후 타고난 상술과 손재간으로 스스로 노력하여 거액의 자산을 모았으며, 그들은 개혁·개방에 관심이 높은 사실에 비추어 보더라도 타당하게 보인다.[89]

또한 민간 기업이 주체가 되는 남북경협은 시장경제원리로 풀어야 할 것이다. 기업은 이윤창출을 목적으로 하는 만큼 이제까지의 돈을 쓰는 경협에서 돈을 버는 남북경협으로 눈을 돌려야 한다.[90] 남북한 기업이 정치홍정을 하지 않고 시장경제원리에만 입각하여 경제협력과 교류를 한다면 그것은 지속될 수 있고 남북한 양측에도 경제적으로 서로 도움이 될 것이다.[91] 대북포용정책을 추진하는 정부를 등에 업고 한반도의 평화정착이 제도화되지 않은 상황에서 시장경제원리를 무시한 기업의 대북경제 진출은 현대그룹의 예에서 보는 바와 같이 정부의 부당한 자금지원, 기업의 도덕적 해이와 붕괴,

---

상세 분석하면서 민간주도와 상호주의에 의한 대북 지원 및 교류·협력을 강조한 글은 박광작, "서독, 동독에 퍼주기는 없었다," 『월간조선』, 2006년 11월호, pp.460-477을 참조.

88) 박성조, 『한반도 붕괴: 위기의 남북관계, 그 새로운 전략과 해법』(서울: 랜덤하우스, 2006), pp.142-160; 최광, "식량지원은 북한 농업을 망치는 길," http://www.freedomkorea.org(검색일: 2007.4.19).

89) 한영진, "북한의 사회계층과 의식변화," 서울대학교 통일연구소 새터민포럼 0701 (2007.3.8). pp.2, 8-9.

90) 김영윤(2004), pp.53-55.

91) 홍관희, "남북정상회담 이후 한국의 대북협상전략," 『협상연구』 제6권 제2호 (2001. 2), p.121; 배종열, "남북한 경제협력의 역사적 전개와 발전방향," 『수은 해외경제』, 2002년 7월호, p.20.

국민적 부담이라는 악순환을 낳을 뿐이며 북한과도 서로 불신을 초래하게 될 것이다.

북한도 남북한 경협사업을 제대로 키워 남한 사업 파트너와 이익을 함께 나누는 윈윈(win-win)보다는, 남한의 사업파트너를 일방적으로 착취하는 조폭적인 행태를 더 이상 계속하지 않아야 한다. 북한은 "개성공단에 들어오는 남한기업이 실패하면 우리가 죽는다고 목숨을 걸고 매달릴 때만 성공할 수 있을 것이다"라고 강조한 대북경협사업자의 경고를 경청하여야 한다.[92]

한국이 이와 같은 방식으로 식량생산과 농업, 수산업, 의료, 아동, 교육 등 여러 분야에서 북한 사람을 실질적이며 구체적 분야에서 돕고 시장경제 원리로 경제협력을 할 때 북한 사람들은 빈곤과 부자유에서 해방되기 위한 방법을 스스로 깨우치는 변화를 하고, 한국 사회에서는 '퍼주기'라는 남남갈등과 북한과의 경협을 내세워 국가예산에 부담을 주는 일이 적어질 것이다. 이렇게 할 때 비로소 남측의 자본, 기술과 북측의 자원과 노동력이 시너지 효과를 내면서 호혜적 경제관계를 구축해 나갈 것이다.

남북한은 당장 고통을 받고 있는 이산가족 문제의 해결, 납북자와 국군포로의 송환 문제, 북한 동포를 위한 식량, 약품지원문제와 같은 당면문제들은 평화정착과 비정치 분야의 교류·협력이 제도화되기 이전이라도 같은 민족으로서 인도적 차원에서 협의, 해결해 나가도록 적극 노력하여야 할 것이다.

또한 한국의 새 정부는 취임할 때마다 임기 내에 남북관계 개선의 획기적 전기를 마련하여 성과를 낼 욕심으로 국민적 합의 없이 갈등을 야기해 가면서 무리하게 남북관계를 진전시키는 일이 다시는 되풀이되지 않도록 경계하여야 할 것이다. 남북협상은 정권적 차원의 문제가 아니라 국민 전체의 안보와 민족의 진로가 달려 있는 중대사이므로 국민적 합의와 국민 전체의 지지를 배경으로 하여 추진되어져야 할 것이다. 이렇게 될 경우 협상대표단의 입지가 넓어지고 국민 전체의 힘도 실리게 될 것이다.

---

92) 『월간조선』, 2004년 7월호, pp.170-190.

한국은 북한과 협상관이나 협상행태가 상이하다는 것을 분명히 인식하다는 것이 필요하다. 지난날 북한과의 대화 경험에 비추어 같은 동포이기 때문에 가슴을 터놓고 대화를 하면 통하지 않을리가 없다는 발상은 안이하고 순진한 생각이다. 지난날 북한과 대화를 해본 한국 측 대표들의 경험과 중국, 구소련, 북한 등 공산권 국가들과의 서방국가들의 협상경험을 종합하여 국가지도자를 비롯한 모든 한국의 대북 협상대표들이 참고할 대화지침을 작성, 준용하여야 하되,[93] 북한과의 대화에서는 보다 의연하고도 당당한 자세로 임하여야 할 것이다.

2. 대외정책: 국제공조 강화 특히 '북한식 민족공조'에 대한 오해로 인한 우방국과의 불화 방지에 유의

한반도문제는 민족 내부문제인 동시에 주변 열강의 이해관계에도 긴밀히 연결되어 있는 복합적 문제이기 때문에 한반도 문제가 남북한 당사자만이 해결해야 할 문제라고 고집하거나 회담 부실의 모든 책임이 남북한 당국자들에게만 있다고 주장하는 것은 온당치 않다. 군사, 경제적으로 세계 강국들인 미국, 중국, 일본, 러시아 등 한반도를 둘러싼 주변 4강은 한반도문제에 관한한 여전히 냉전적 시각에서 보고 있고 언젠가는 반드시 등장하게 될 한반도의 통일국가와 자국 간의 관계에 대하여 긍정적인 전망을 내리지 못하고 있는 실정이다.

새롭게 등장할 한반도의 통일국가가 어떤 이념과 체제를 가진 국가이어야 하며 어떤 대외관계를 설정하게 될 것인가는 분명하다. 앞에서 남북대화에 임하는 한국의 목표를 논할 때 논술한 것처럼 공산주의라는 정치이념이 몰락한 오늘날 새롭게 등장할 한반도의 통일국가는 인류가 창조한 보편적

---

93) 북한과의 대화 자세와 관련한 지침의 상세 내용은 강인덕·송종환 외, 『남북회담: 7·4에서 6·15까지』(서울: 극동문제연구소, 2004), pp.388-417을 참조.

가치를 민족의 전통과 문화 속에 용해시켜 자유와 민주, 복지 그리고 시장원리가 거침없이 작용하는 그러한 국가가 되어야 할 것이다. 또한 새로 출현할 통일국가야말로 세계사의 흐름에 철저하게 부응하는 평화지향적인 국가이어야 할 것이다. 이런 시각에서 남북한은 통일 이전에 항상 주변 제국의 의구심을 해소하고 평화와 안전을 위해 노력하고 있는 자신들의 모습을 이들 주변 국가들이 분명하게 이해하도록 보여주어야 한다.

따라서 한국은 한반도에 대한 그들의 이해관계와 관심을 충분히 고려하면서 협력을 요청하는 지혜를 발휘하여 대북정책에 대한 한반도 주변국들의 지지를 얻어 나가야 한다. 미국은 대량살상무기의 확산 방지와 국제테러의 근절의 차원에서, 중국은 북한 붕괴 시 피난민의 중국 유입 방지 등 자국의 안보를 위한 한반도 현상유지 차원에서, 일본은 북한의 대량살상 무기에 대응하는 차원에서, 러시아는 북한에 대한 영향력 회복 차원에서 한반도에 대한 정책을 조정하고 있는데 한국은 이러한 국가들의 대한반도 정책과 조화를 하고 균형을 이루는 것이 중요하다.

남북관계의 개선이나 분단된 조국의 통일문제는 마땅히 남북한 민족 당사자들이 머리를 맞대고 자주적 입장에서 해결해야할 '진정한 의미의 민족공조'의 사안이다. 또한 격변하는 국제정세 속에서 나라의 안보를 지키기 위하여 주변국들과 협력을 하고 군사적 동맹관계를 유지하는 것 역시 당연한 일이다. 그러한 의미에서 한국은 국가이익과 안보를 위하여 동맹을 통한 외교도 벌여야 한다. 이와 같이 자주와 동맹이라는 두 낱말은 서로 부정하고 대결을 하는 의미를 가진 것이 아니라 균형적으로 보완 발전시켜야 하는 과제이다.

이른바 '민족해방'의 입장에서 주한미군 철수를 주장해오던 북한 측은 2000년 6월 정상회담 이후에는 경제적 실리 차원에서 "실리민족공조", 2002년 10월 초 제2라운드의 북한 핵 위기 발생 이후에는 핵문제는 "남과 북의 조선민족 대 미국과의 문제"이므로 남한이 미국의 대북압살정책에 동조하는 것은 반역행위라고 하면서 남북한이 「6·15 남북공동선언」에 따라 민족공조를 강화하여 온 민족이 단합된 힘으로 미국의 대북 압력에 공동으로 대항

하자고 주장하고 있다.[94]

북한이 '민족공조'를 내세워 남북한 온 민족이 미국의 대북 압력에 공동으로 대항할 것을 주장하고 있는 것은 1920년대 초 레닌(Vladimir I. Lenin)이 중국, 인도 등 아시아 제국을 공산화할 목적으로 반제국주의통일전선을 제시하여 이들 국가의 전 민족이 계급을 초월하여 함께 서구 억압국들에게 대항하여 투쟁할 것을 호소한 전술을 따르고 있다. 즉, 북한의 '민족공조' 주장에는 북한의 핵 개발 의혹에 강경하게 대처하고 있는 미국과의 대결에 6·25 동란 이후 태어난 한국의 전후 세대들의 초이념적인 민족주의 성향과 「6·15 남북공동선언」 이후에 조성된 대북한 온정주의에 끌리고 있는 한국 국민들의 민족정서를 이용하려는 계산이 있다.

초보적인 군사적 긴장완화와 신뢰구축을 위한 조치가 마련되어 있지 않은 현 상황에서 핵·미사일까지 개발하고 있는 북한과 군사적으로 대치하고 있는 한국은 한반도의 평화정착과 민족의 공생·공영을 위하여 진정한 의미의 민족공조를 하는 것과 함께 한미동맹관계를 포함하는 국제공조를 지혜롭게 조화시켜 나가야 할 것이다.

이를 위하여 한국은 민족공조의 입장에서 북한과 군사적 대결 해소문제의 논의를 추진하면서 국제공조의 입장에서 북한 핵 위기 해소를 위한 미국 등과의 공조를 긴밀히 하고 안보문제에 대하여 있을 수 있는 미국과의 시각 차이를 공개적으로 노출하는 대신에 외교적 협력을 통하여 조정해 나가야 한다.

특히 남북한 간에 군사적 충돌이 발생할 경우에 한국에 위협을 줄 북한의 핵·생화학 무기, 탄도미사일, 장사정포, 특수부대 등 비대칭전력이 막강하여 미국의 핵우산과 군사 지원이 절대 필요한 상황에서 한국이 한미동맹을 희생해서라도 남북한 관계를 개선하려는 인상을 대내외에 주지 않도록 유의하면서, 한국방위를 주도할 자주국방 대책도 강구하여야 할 것이다.

---

94) 허문영, 「6·15 남북공동선언 이후 북한의 대남협상행태: 지속과 변화」, 연구총서 05-14(서울: 통일연구원, 2005), p.61.

3. 대내정책: 한국이 먼저 선진국 수준으로 체제개혁을 하여 북한의 변화를 견인

국제정세의 탈냉전시대로의 전환에도 불구하고 앞으로도 동북아 관계가 냉전시대의 질서체제와 시각을 벗어나지 못하고 핵무기와 장거리미사일까지 개발하면서 '민족해방'과 '인민민주주의혁명'에 의거하여 현 남한체제를 전복시켜 궁극적으로 한반도를 공산화 통일시키려는 북한의 공산체제와 대남 전략에 본질적 변화가 없는 한, 다시 말하면 북한이 대화의 상대방인 남한 체제를 거부하고 파괴만을 목표로 하는 노동당 규약에 입각하여 행동한다면 또다시 30년이 지나도 남북한 관계는 크게 개선되지 않을 것으로 전망된다.

이렇게 어두운 전망을 돌파하기 위하여 한국은 대내체제를 정비하는 것이 시급하다. 한국은 북한과는 대화의 끈을 놓지 않고 대화를 통하여 북한이 스스로 깨우치고 변화하도록 유도하고 주변국들과도 긴밀한 협조를 해나가야 하지만, 한국이 먼저 정치, 사회체제를 선진국 수준으로 변화하고 개혁하는 모범을 보여 북한의 정치문화와 북한의 정신구조[95]의 변화를 선도, 견인하여야 한다.

정치적 및 시민적 자유, 경제성장과 국민이 향유하는 복지의 수준은 남북한 간에 비교도 할 수 없을 정도로 한국이 월등하게 앞서 있지만, 어느 나라도 한국의 수준을 선진국 수준으로 평가하지는 않을 것이다. 따라서 앞으로 한국은 대내적으로 자유, 민주, 복지를 확대하고 세계 평화와 인권 증진에 기여하는 방향에서 북한에게 모범을 보이는 리더십으로 먼저 진정으로 정치, 경제 체제를 선진국 수준으로 변화시키고 개혁을 하기 위하여 국력을 집중해 나가야 할 것이다.

---

95) 세계외교사는 각 문명권에 고유한 '정신구조들'의 충돌이라고 규정할 수 있는데, 세계의 각 문명권에는 그에 특유한 '정신구조'가 존재한다. 이 정신구조는 세계관 또는 프랑스어의 사고방식(mentalité)에 해당한다. 따라서 김용구, 『세계관 충돌과 한말 외교사, 1866~1882』(서울: 문학과지성사, 2001), p.43.

한국의 자유민주주의체제는 심각한 수준의 지역반목과 대립, 세대 간 갈등으로 인하여 정치시스템이 안정된 수준의 국민적 합의를 조성하지 못함으로써 원활한 국정운영과 경제발전을 저해하고 있고 전·현직 정치지도자들이 부패에 연루되는 일들이 일상사가 되고 있는 정치적 후진성을 면하지 못하고 있다. 한국이 이러한 자유민주주의의 문제점을 개선하고 부패를 추방하는 진정한 의미의 정치적 개혁을 하지 못하는 한 왕조체제와 수령제를 결사적으로 옹위하고자 하는 북한에 변화의 바람을 보내지 못할 것이다. 오히려 북한은 대내외 정책의 현안문제에 대하여 갈라진 한국 사회 여론의 대결과 갈등을 부추기면서 한반도 공산화 통일을 위한 대남 전략을 적극 추진하고 남한에서 이른바 '장군님의 칭송'의 목소리가 날로 높이 울려 퍼지고 있다는 자신감을 키울 것이다.

현대경제연구원이 2007년 4월 22일 발표한 보고서에 의하면 한국경제가 민간소비 회복, 설비투자 호조, 수출 증가세 지속 등 선순환으로 2007년 1분기에 경기 저점을 지나고 있는 것으로 보인다고 하면서도 설비투자의 선행지표인 설비투자 조정압력이 하락하고 건설투자의 선행지표인 건축허가 면적 증가율과 건설수주 증가율이 하락하고 있어 아직 경기회복을 장담하기가 어렵다는 분석을 내놓았다.[96]

4월 25일 한국은행이 발표한 바에 의하면, 2007년 1분기 중 실질 국내총생산(GDP)은 앞 분기 대비 0.9% 성장하여 경기가 바닥을 쳤으나 제조업 성장률은 4년 만에 처음으로 -0.8% 성장을 하고 국내총소득은 0.7% 하락하여 지난 해 1분기 이래 처음으로 마이너스를 기록하였다.[97] 이러한 한국경제로는 한국의 경쟁력을 올릴 수 없고[98] 빈곤층의 어려움을 해결할 수 없을 것이다.[99]

---

96) http://www.hri.co.kr(검색일: 2007.4.22).

97) http://www.bok.or.kr(검색일: 2007.4.25).

98) 2006년 5월 10일 스위스 국제경영개발원(IMD)이 발표한「세계경쟁력보고서 2006」에 의하면, 한국의 2006년 경쟁력은 61개국 중 38위로 낮아졌는데, 그 원인은 정부 경쟁력의 급락, 노사불안과 기업경영의 효율성 저하였다.『조선일보』, 2006년 5월 12일자.

이와 같이 심각한 국내 경제의 침체를 고려한다면, 당장 추진하고 있는 북한과의 경제교류, 협력은 물론 통일에 대비한 남북한 간의 균형 발전 추진도 감당하기가 어렵게 보인다. 외부의 경제원조로 연명하고 있지만 북한은 젊은이들을 포함하여 수백만 명의 사람들이 일자리가 없고 부와 복지가 편중되어 있는 남한의 '경제적 풍요'를 부러워하지 않고 오히려 비난의 소재로 활용할 것이고 고난의 경제를 이겨내는 것을 자랑하려 할 것이다.

이와 같이 정치적 후진성과 함께 경제적 어려움이 가중되고 있으면서도 부와 복지가 편중된 경제상황이 해결되지 않는 한 한국은 북한의 변화를 유도할 수도 없고 기대할 수도 없을 것이다. 따라서 한국 정부는 대북 포용정책 추진 차원에서 북한에 일방적 지원을 하여 북한의 변화를 꾀할 것이 아니라 먼저 국내의 경제회복을 위한 특단의 조치를 시행하고 새로운 일자리를 계속 만들어 고용확대를 통한 탈 빈곤정책을 펴는 것에 전력투구하는 것이 시급하게 보인다.

V. 결론

냉전기는 물론 2000년 이후 진행된 남북대화도 성과가 부실하였다고 평가할 수 있다. 그럼에도 불구하고 남북한이 현안 쟁점들을 해결하려면, 즉

---

99) 중앙일보는 '가난에 갇힌 아이들' 제하 5회의 시리즈 특집에서 한국 사회에는 2003년 12월 말 현재 의식주도 해결하지 못하여 정부로부터 생계지원을 받는 절대빈곤층 가구 출신의 아동을 비롯하여 이혼 등으로 인한 가정해체와 실직 등으로 인하여 갈 곳이 없어서 교육, 의료 등의 혜택을 받지 못하고 있는 빈곤층의 아동이 약 100만 명이 된다고 밝혔으며 2004년 1월 2일 재정경제부는 한국노동연구원의 보고서를 인용하여 2003년도 국내 취업자 숫자가 2002년 말 2,217만 명보다 4만 명이 줄어든 2,213만 명으로서 30대 5명 중 1명이 실직자라고 발표하였다. 『중앙일보』, 2004년 3월 22일자; 『매일경제』, 2004년 1월 3일자.

휴전상태를 평화 상태로 전환하여 평화를 정착하고 화해와 협력을 통하여 민족동질성을 회복하여 통일을 추진하려면 남북대화만이 고려될 수 있는 유일한 대안이라고 할 수 있다.

통일이 아무리 좋다고 하더라도 한국인들이 지난날 한국전쟁을 통하여 막대한 인명과 재산상의 희생을 경험한 것에 비추어 어떠한 경우에도 무력에 의한 통일 시도는 국민의 지지를 얻지 못할 것이다. 또한 분단된 이후 진정한 의미의 공존을 위한 대화다운 대화가 없는 상황에서 일방의 붕괴나 흡수에 의하여 갑작스럽게 통일을 맞게 되는 것은 1990년 독일 통일 이후 독일 정부가 10년간 1조 5천억 마르크(약 900조 원) 이상을 투자를 하였으나 옛 동독 지역 출신 주민들이 겪는 상대적 박탈감은 물론 서독 지역보다 2배나 되는 실업률로 국민적 통합을 이룩하지 못하고 있음을 감안할 때 결코 바람직한 일이 아니다.

또한 공산주의 국가들의 붕괴로 국제정세는 탈냉전적 조류에 있고 북한의 경제난으로 수십만의 동포들이 북한을 탈출하여 중국 등 외국의 땅에서 유리하거나 한국으로 향하고 있고 북한이 핵무기를 개발하려 하여 민족공멸의 위기가 닥쳐오고 있는 상황에서 한국 정부는 대화 없이 대결과 대치만을 하는 현상고정 정책으로 안주할 수도 없다.

지난 36년간의 대화에서 큰 성과가 없었다고 실망하고 한반도 공산화 통일 실현과 일방적 이익만을 노리는 북한 특유의 회담 목표와 대남 전략적 차원에서의 회담운영 때문에 대화를 해보아야 성과가 없을 것이라는 이유로 북한과 더 이상 대화를 할 필요가 없다는 주장도 있다. 그러나 이러한 주장은 격변하는 국제정세와 국민의 염원에 비추어 현명하지도 않고 올바르지도 않은 선택이다. 결국 한국에게는 시간이 걸리더라도 협상을 당당하게 하면서 효율적으로 대외, 대내정책으로 이를 뒷받침하는 문제가 남게 된다.

「6·15 남북공동선언」 이후 남북대화의 추이는 동 선언의 각 항목에 대한 상이한 해석과 일방적 지원·교류와 갈등의 연속이었다고 평가할 수 있다. 북한이 '민족해방'과 '인민민주의혁명'을 통한 '남조선혁명'을 골자로 하는 대남전략을 고수하고 북한체제가 변화하지 않는 한 남북대화에서 큰 성과를 거두기가 용이하지 않을 것으로 보인다.

지난 10년간 이른바 '민족주의'에 갇혀 북한을 상대로 무원칙한 지원과 협력으로 북한을 변화시키려던 한국의 전략도 효과를 거두지 못하고 있다. 이렇게 하여서는 또다시 30년이라는 한 세대가 지나가도 북한을 변화시킬 수 없고 남북한 관계의 질적인 개선도 기대되지 않는다. 여러 가지 요인이 복합적으로 작용하여 이제까지의 대화에서 거둔 성과가 비효율적이고 앞으로의 기대도 낮다.

그러나 한국은 남북대화를 통하여 평화를 정착시키고 남북한 관계가 교류·지원 → 상호 감사와 보람을 느끼는 선순환 관계로 전환되도록 유도하여야 한다. 이를 위하여 한국이 먼저 선진국 사회에 합류하고 북한과 분명한 목표와 원칙 있는 대화를 하면서 우방국들과 협조하여 북한을 견인, 변화시켜 나가지 않을 수 없다. 이러한 점에서 본 논문의 결론으로 한국 측이 북한과의 대화에서 견지해야 할 방향과 자세를 정리하여 보고자 한다.

첫째, 한국 측은 북한의 협상관, 대남 전략, 협상행태 등에 대한 정확한 이해와 인식의 바탕 위에 분명한 협상목표를 견지하는 것이 필요하다. 북한과의 대화에서 평화, 자유, 민주, 복지 사회 건설, 세계의 보편적 가치인 인권 존중과 민족의 상생·공영을 위한 분명한 목표와 원칙을 견지하면서 먼저 북한 핵을 평화적으로 해결한 후 평화 정착을 위한 군사적 긴장완화와 남북한 간 신뢰회복을 위한 조치와 함께 비정치 분야의 교류·협력을 균형 있게 병행 추진하여야 한다.

둘째, 분단된 한반도의 재통합이 단기간에 이루어질 일이 아니므로 북한과의 대화 성사를 서두르거나 대통령의 임기 내에 성과를 거두려는 것에 조급해 하지 않아야 한다. 또한 서로 다른 해석이 가능하지 않도록 명확한 합의를 하여 '합의하면 반드시 이행한다'는 관행을 만들어 협상의 효율성을 제고하여야 한다.

셋째, 한국 측이 북한을 대하는 가장 효과적인 자세는 일방적 포용과 지원으로 상대에게 대화를 애원하는 것도 아니고 우월한 국력을 배경으로 하여 상대를 압도하는 것도 아니므로 의연하면서도 당당한 자세로 대화에 임하여야 한다.

한국 측은 북한이 개혁과 개방의 방향으로 가도록 여건을 조성해가야 하지만, 북측에 대화를 애원하면서 북한을 지원하면 국민 여론이 분열되고 북한을 압도하려 하면 북측으로부터 반발을 살 가능성이 있음을 유의하여야 한다.

넷째, 한국 측은 한반도문제가 남북한 당사자가 해결해야 할 문제이면서도 주변 열강의 이해관계에도 긴밀히 연결되어 있는 복합적 문제임을 인식하고 미국, 일본과의 공조를 강화함과 함께 북한에 가장 영향력이 있는 중국과의 협력관계도 긴밀히 하는 등 한반도의 평화정착과 통일에 대한 주변 열강의 이해를 꾸준히 넓혀 나가는 일방 국제사회의 지지를 확보하기 위한 외교도 강화해 나가는 것이 바람직하게 보인다.

다섯째, 디지털 정보시대에 맞추어 구태의연한 정치, 경제, 사회 분야의 각종 제도를 과감하게 선진제도로 쇄신하여 북한에게 모범을 보이는 것이 필요하다. 만일 한국이 지향하고 있는 자유민주주의체제와 시장경제체제가 흔들리지 않고 선진국 수준으로 발전을 하면 결국 북한은 스스로 체제 개혁의 필요성을 깨우치고 평화 통일에 응하여 올 것이다.

요약하면, 북한의 대남전략과 협상관·협상행태에 대한 정확한 이해와 인식의 바탕 위에 평화, 자유 민주, 시장경제, 인권과 복지 사회 건설을 위한 통일 한국 실현이라는 협상 목표 달성을 위하여 북한과 분명한 목표에 입각하여 의연하고 당당한 자세로 원칙 있는 대화를 하면서 국제공조를 강화하고 국내의 정치, 경제 제도를 선진국 수준으로 끌어올리면 북한을 견인하여 변화시킬 수 있고 지금까지보다 나은 대화의 성과를 기대할 수 있을 것이다.

따라서 이제 한국은 7년 전 「6·15 남북공동선언」으로 인하여 야기된 제반 문제점을 면밀히 검토하여 오로지 올바른 통일국가 구현을 위하여 이제까지 해온 시행착오를 그치고 변화된 행동을 시작하는 새로운 출발선에 서야 할 것이다.

제8장

북한의 핵·미사일 개발,
6자회담 실패와 한국의 대책*

I. 들어가며

1950년대 중반 원자력의 평화적 이용 참여를 내세워 핵 관련 기술 연구에 착수한 북한은 한국, IAEA, 미국과 각각 핵 폐기 협상과 합의를 한 후 2005년 2월 핵무기 보유 선언, 2006년 10월 9일, 2009년 5월 25일 함북 길주군 풍계리에서 두 번의 핵실험, 2010년 11월 초 원심분리기 1,000여 개를 갖춘 우라늄 농축 시설 공개 등으로 9번째 핵보유국을 자처하고 있다.

2008년 2월 이명박 대통령 취임 후 지난 정부의 대북포용정책을 폐기하고 남북한 간의 상생 공영을 위하여 원칙 있는 대북정책을 펴자 북한은 대남 강경입장으로 대응하면서 2010년 3월 26일 천안함 폭침과 11월 23일

---

* 이 논문은 세종대 부설 세종연구원 발간 국가전략연구지 *Global Affairs*, 2011년 봄 (Spring)호 pp.18-31에 게재된 내용을 수정·보완하였다.

연평도 포격과 같은 군사도발까지 하였다.

북한은 2010년 서해에서 있은 군사적 도발에 대한 국내외 압력을 호도하기 위하여 2011년 들어 전 방위 대화공세와 함께 북한이 신고한 검증문제로 중단된 6자회담 재개를 요구하다가 한미 군사훈련을 앞두고 다시 강경자세로 돌아갔다.

2월 27일 북한군 판문점 대표부는 2월 28일부터 3월 10일까지 한국과 미국이 연합하여 실시하는 키리졸브 훈련과 4월 30일까지 실시되는 독수리 훈련에 대해 "핵 공갈에는 우리 식의 핵 억제력으로, 미사일 위협에는 우리 식의 미사일 타격전으로 맞설 것"이라고 하면서 "상상할 수 없는 전략과 전술로 서울 불바다 전과 같은 무자비한 대응을 보게 될 것"이라고 협박하였다.

3월 1일 북한 외무성 대변인은 정당방위를 위한 물리적 대응이 불가피하다고 주장하고 같은 날 『로동신문』은 "전쟁이 터지면 초래될 것은 핵 참화뿐"이라고 협박하였으며, 리비아에 대한 서방 연합군의 공습에 즈음하여 3월 22일 외무성 대변인은 국제사회의 군사 개입에 대비하여 핵무장 강화교훈을 얻었다고 밝혔다.

이러한 북한의 태도는 원자력의 평화적 이용을 내세워 폐연료봉 재처리와 우라늄 고농축으로 개발해온 것으로 보이는 핵무기를 한국에게 쓰겠다고 위협하는 것이며 북한 핵을 폐기하지 않겠음을 노골적으로 밝히는 것이다.

북한 핵무기가 한국에 대한 실체적 위협이라는 인식에서 2011년 들어 한국 사회에서는 학계, 언론계와 국회를 중심으로 자위를 위하여 독자적으로 핵 무장을 하거나 1991년 철수한 미국의 전술핵을 재반입하자는 논의가 대두되고 있다.

이러한 정세를 배경으로 하여 북한의 핵무기와 이를 운반할 미사일 개발 실태, 그리고 6자회담의 진행 과정과 핵·미사일 공격 가능성과 예상 피해를 검토한 후 한국이 취하여야 할 대책을 제시해 보고자 한다.

II. 북한의 핵무기 개발 경위와 제1차 북한 핵 위기

북한은 1955년 3월 과학원 제2차 총회에서 '원자 및 핵물리학연구소' 설치 결정을 한 후 1956년 3월 소련과 '원자력의 평화적 이용에 관한 협정'을 체결, 1962년 11월 영변 원자력연구소를 설립하고 이듬 해 소련에서 연구용 원자로(IRT-2000, 2M We)를 도입하였다.

북한은 원자력의 군사적 목적 이용 방지와 평화적 목적 이용 장려를 위해 설립된 국제원자력기구(IAEA)에 1974년 가입하고 핵무기 보유국의 핵무기 축소 및 비보유국으로의 핵무기 확산을 방지하고자 하는 「핵 확산 금지조약」(NPT)에 1985년 12월 가입하였다.

또한 북한은 한국과 1992년 1월 20일 "핵무기의 시험, 제조, 생산, 접수, 보유, 저장, 배비, 사용을 하지 아니하고" "핵재처리시설과 우라늄농축시설을 보유하지 아니한다"를 요지로 하는 「한반도의 비핵화에 관한 공동선언」(이하 「한반도 비핵화 공동선언」)을 합의하고, 1992년 4월 10일 국제원자력기구(IAEA)와 「핵안전협정」을 발효시켜 핵무기 개발을 하지 않을 것 같은 모습을 보였다.

그러나 그러한 행동은 그동안 해온 핵개발을 은폐하기 위한 것이었다. 한국과는 북한 핵시설 사찰 반대와 한미연합 훈련 영구 중단을 요구하여 1992년~1993년 기간 중 「한반도 비핵화공동선언」에 따라 진행된 상호 핵사찰 논의를 결렬시켰다.

북한은 1992년 4월 10일까지 IAEA와의 핵안전협정 체결을 지연시킨 끝에 동년 5월 4일 16개 핵 시설에 관한 최초보고서를 제출할 때 폐연료봉 재처리 시설 신고를 누락하고 또 누락된 시설에 대한 IAEA의 특별사찰을 반대함으로써 1993년 3월 제1차 북한 핵 위기가 발생하였다.

북한이 IAEA 대신 미국과 핵무기 폐기 문제 협상을 고집하여 미국이 나서서 1994년 10월 21일 북한과 「제네바 기본합의문」을 합의하였다. 이 합의문에서 북한은 흑연 감속로와 관련 핵시설을 동결하고 경수로 완공 시 핵 시설을 해체하는 대신 미국은 2003년까지 100만 KWe급 경수로 2기 지원을 주선하고 대체에너지로 매년 중유 50만 톤 공급을 약속하였다.

미국은 경수로의 주요 핵심 부품의 인도 이전에 북한이 1992년 5월 4일 IAEA에 제출한 북한 내 모든 핵물질에 관한 최초 보고서의 정확성과 완전성을 IAEA가 검증할 것을 주장하고 북한은 이를 경수로 제공 지연 구실이라고 하면서 IAEA 검증을 거부함에 따라 이 합의문도 이행될 수가 없었다.

III. 제2차 북한 핵 위기 후 6자회담 개최 경과와 실패

2002년 1월 25일 취임한 부시(George W. Bush) 대통령의 특사로 켈리(James Kelly) 미 국무부 동아태 차관보 일행이 동년 10월 3일~5일 북한을 방문하였을 때 북한 강석주 외무성부상이 "우리는 그(플루토늄재처리에 의한 핵무기 개발)보다 더한 것(고농축우라늄을 이용한 핵무기 개발)도 가지게 되었다"고 함으로써 제2차 핵 위기가 발생하였다.

북한의 새로운 핵 개발 의혹에 대해 미국은 북한의 비밀 핵 개발로 제네바 합의가 무효화되었음을 표명하고 12월부터 대북 중유 지원중단을 발표하였다.

북한은 12월 들어 5Mwe 원자로, 핵연료 제조공장, 영변 8,000여 개의 사용후 핵연료봉 저장시설, 재처리시설 등에 IAEA가 설치한 감시 카메라를 제거하고 IAEA 사찰단원을 추방한 후 2003년 1월 10일 NPT 탈퇴를 선언함으로써 한반도에는 긴장이 감돌기 시작하였다.

1월 14일 북한 핵 문제를 평화적으로 해결하기 위해 부시 대통령이 다자간회담을 제의한 후 중국이 북한을 설득하여 4월 23일~25일 베이징에서 미·북·중 3자회담, 8월부터 27일부터 한국·북한·미국·중국·러시아·일본이 참가하는 6자회담이 성립되었다.

2003년 8월 27~29일 간에 개최된 제1차 회담, 2004년 2월 25일~28일 간에 개최된 제2차 회담과 2004년 6월 23일~26일간에 개최된 제3차 회담에

구분	주요 내용
2005.9.19 공동성명 (제4차 6자회담)	• 6자회담 목표가 한반도의 검증 가능한 비핵화임을 재확인 • 북한이 핵을 포기하는 대신, 6자회담 당사국들로부터 에너지 등 지원 및 6자회담 참가국들로부터 평화적 핵 이용권 존중 • 동북아의 항구적 평화 안정 노력 및 직접 당사국의 별도 포럼에서 한반도 평화체제에 관하여 협상
2007.2.13 합의 (제5차 6자회담)	• 제1단계: 북한이 60일 내 핵시설을 폐쇄·봉인하고 IAEA 사찰 수용하면 한국 중유 6만 톤 지원, 미·북 / 일·북 관계정상화를 위한 양자대화 개시 • 제2단계: 2007년 말까지 북한이 핵 프로그램을 신고하고 핵시설을 불능화하면 미국은 테러지원국 지정 해제 과정 개시 및 대적성국 교역법 적용 종료 및 추가 95만 톤 중유 지원 • 제3단계: 우라늄농축프로그램에 의한 핵무기 개발, 기존 핵탄두 해체는 제2단계 완료된 후 협의 • 30일 내 6자회담 내 한반도 비핵화, 미·북 관계 정상화, 일·북 관계정상 화, 경제·에너지 협력, 동북아 평화·안보체제 논의하는 5개 실무회의 구성
2007.10.3 합의 (제6차 6자회담)	• 북한은 2007년 내 모든 핵 프로그램의 완전하고 정확한 신고, 모든 현존 핵시설 불능화 완료와 핵물질, 기술 및 노하우 불이전 재확인 • 미국과 일본은 대북 관계정상화 이행 재확인 　– 미국은 테러지원국 해제 과정 개시 및 대적성국 교역법 적용 종료과정 진전에 대한 공약 상기 • 중유 100만 톤 상당 대북 경제·에너지·인도적 지원 제공과 적절한 시기에 6자 외교장관회담 북경 개최 재확인
2008.7.12 합의 (6자회담 수석대표 회담)	• 한반도 비핵화를 위해 6자의 전문가로 구성된 검증체제 수립 　– 시설 방문, 문서검토, 기술인력 인터뷰 및 6자가 만장일치로 합의한 기타 조치, 필요시 IAEA는 자문과 지원 제고 • 합의사항 이행에 관한 감시체제 수립 • 핵 포기와 경제·에너지 지원 시간 계획 작성 　– 한·중은 8월 말 미·러는 10월 말, 일본은 여건이 조성되는 대로, 북한은 10월 말까지 영변 핵시설 불능화 완료 • 동북아 평화·안보체제의 지도원칙 계속 논의 및 6자 외교장관 회담 개최

서 한반도의 비핵화를 대화를 통하여 평화적으로 해결하고 이를 위하여 '말 대 말', '행동 대 행동'의 단계적 과정의 필요성에 대하여 공감대를 형성하였다.

특히 제2차 회담에서 북한을 제외한 5개국은 북한 핵 문제의 '완전하고 검증 가능하며 되돌릴 수 없는 폐기(CVID: Complete, Verifiable, Irreversible Dismantlement)' 방식에 따른 평화적 해결에 동의를 하는 의장 성명 형식으로 최초로 서면 합의를 도출하였다.

이러한 합의를 바탕으로 후속 회담들에서는 아래 요지의 네 건의 합의문서가 채택되었다.

2008년 7월 12일 합의에 앞서 북한은 6월 10일~11일 방북한 성 김(Sung Kim) 미 국무부 한국과장에게 핵 프로그램에 관한 방대한 자료를 넘겨주고 26일 6자회담 의장국인 중국에 핵 신고서를 제출하고 27일 영변 원자로 냉각탑을 폭파하였다. 이에 대해 미국이 대북 테러지원국 지정의 해제 절차에 착수함으로써 제2단계 불능화가 제대로 진행되는 것 같았다.

그러나 다시 북한 핵 신고에 대한 검증 방법문제로 미·북한이 대립하였다.

미국은 동년 10월 11일 북한을 테러지원국에서 해제하기로 밝히면서 샘플링과 실증적으로 규명해 내는 과학적 절차의 이용에 관해서 합의하였다고 하였으나, 북한은 신고하지 않은 핵시설에 대하여는 상호 동의에 의하여 접근하기로 하였다고 발표하였다.

11월 12일 북한은 검증 방법은 현장 방문, 문건 확인, 기술자들과의 인터뷰로 한정한다고 하면서 시료채취를 거부하였고 12월 12일 미국은 대북중유지원을 중단하였다.

북한은 2009년 1월 17일 전면대결태세 선언, 1월 30일 남북한 간 정치·군사 합의 무효화 선언, 4월 5일 장거리미사일 시험 발사, 4월 25일 '폐연료봉 재처리 시작' 발표, 5월 25일 제2차 핵실험, 11월 11월 10일 대청해전, 2010년 3월 26일 천안함 폭침, 4월 8일 금강산 남측 자산 동결, 11월 23일 연평도 포격으로 대남 위협과 동북아 지역의 긴장을 고조시켰다.

2011년 들어 북한이 전방위 대화공세를 하는 가운데 1월 19일 워싱턴에서 개최된 미·중 정상회담에서 양국은 한반도 정세를 안정적 관리와 대화국면으로 전환하기로 합의했다. 두 나라는 공동성명에서 진정성 있고 건설적인 남북대화가 필수적이라고 의견을 모으고 북한의 우라늄 농축 프로그램에 대해 우려를 표하고 한반도 비핵화를 위한 6자회담의 조속 재개를 촉구하였다.

이러한 국내외 정세를 배경으로 2월 8~9일 판문점에서 남북고위급 군사회담 개최를 위한 실무 회담이 개최되었으나 회담의 의제에 대한 의견대립으로 결렬되었다.

IV. 북한 핵무기 투발수단으로서의 미사일 개발과 제원

북한의 미사일 개발은 1969년~70년 사이에 소련이 1965년에 개발한 사정거리 68km의 단거리 전술미사일인 Frog-7을 지원 받음과 동시에 기술자들이 미사일 조립, 시험, 정비 훈련을 받아 본격적인 연구가 이루어지기 시작되었다.

1971년에는 중국과 군사협정을 맺고 중국미사일의 획득, 연구개발 기술이전, 그리고 훈련까지 받았다. 1975년에는 소련제 Frog5-7을 역설계하고 1976년에는 1975년부터 시작된 중국의 미사일 개발 계획(액체연료 추진에 의한 최대사거리 600km, 탄두중량 500kg의 동풍-61)에 참여하여 미사일 기술을 습득했다.

북한이 원하던 SCUD 미사일 기술의 확보에는 이집트가 결정적 역할을 하였다. 1963년 이집트와 국교를 맺은 북한은 1973년 10월에 제4차 중동전쟁이 일어나자 MIG-21기 조종사 1개 중대를 파견하여 이집트를 돕고 1976년 이집트와 군사협정을 체결하였다.

이스라엘 공군기에 대적하기 위해 소련으로부터 제3국에 제공하지 않는다는 조건으로 SCUD-B(사거리 280~300km, 탄두중량 985kg)를 도입한 이

집트는 그 후 소련과의 관계가 악화로 도입한 스커드 미사일의 수입 및 유
지용 부속을 공급받지 못하는 상황이 되자 독자적으로 미사일 개발을 하고
있던 북한에 지원을 요청하였다.

1976년부터 81년 사이에 이집트는 소련제 SCUD-B 미사일 2기와 발사대
를 제공하고 북한은 이 미사일을 역설계하여 탄도미사일 개발을 전진시키는
결정적 전기를 맞이하였다.

1984년 4월 SCUD-B 미사일 최초 시험 발사한 이후 북한이 발사하고 작
전 배치한 미사일제원은 다음과 같다.

구분	SCUD-B	SCUD-C	노동	무수단(IRBM)	대포동 1호	대포동 2호
사거리(km)	300	500	1,300	3,000 이상	2,500	*3,750~ 6,700 이상
탄두중량(kg)	1,000	770	700	650	500	650~1,000 (추정)
비고	작전배치	작전배치	작전배치	작전배치	시험발사	개발 중

주: 「2010 국방백서」, p.282, * 부분은 랜드연구소 추측

현재 북한은 황해북도 신계군 이외 북한 전역에 SCUD-B/C 500여기를
작전배치한 것으로 알려져 있다. 미국이 가장 주목하고 있는 장거리미사일
인 대포동 2호는 2010년 현재 50기 내지 70기를 생산, 보유하고 있는 것으
로 추측되고 있다.

북한에는 최소 4곳 이상의 미사일 제조공장이 있는 것으로 확인되고 있고
SCUD-B의 생산 능력은 월 8~12기(연간 100기), SCUD-C의 생산능력은 월
4~8기로 알려져 있다.

또한 북한은 함경북도 화대군 무수단리 대포동 미사일 시험장과 비교하
여 5배 넓이의 발사장, 1.5배 높이의 발사대를 갖춘 제2 ICBM(대륙간탄도
미사일) 발사 시험장을 중국에 근접한 평안북도 철산군 동창리 인근에 완공
된 것으로 알려져 미국을 놀라게 하고 있다.

2002년부터 공사가 시작되어 2011년 1월경에 동창리 미사일 발사 기지
가 완성된 것을 보면 북한이 남북한 간의 대화나 6자회담 기간 중 또 미국에
유화 제스처를 보일 때도 계속 미사일 기지를 건설해 왔다는 것을 알 수
있다.

V. 북한의 핵·미사일 공격 가능성과 예상 피해 평가

제임스 클레퍼(James R. Clapper) 미 국가정보국장은 2011년 2월 16일
상원 정보위에 출석하여 "북한의 핵무기와 미사일 프로그램이 역내는 물론
역외까지 심각한 위협이 되고 있다"고 하면서 북한의 대륙간탄도미사일 기
술이 상당 수준 발전하였다고 말하였다.

로버트 게이츠(Robert Gates) 미 국방장관은 2011년 1월 12일 북한이
2015년까지 소형 핵탄두를 탑재하여 미국 본토에까지 도달할 수 있는 대륙
간탄도미사일을 발사할 수 있을 것으로 전망하였다. 2010년 초반까지만 해
도 북한이 미국 본토까지 타격할 수 있는 대륙간탄도미사일 개발 시기를
10년 내로 잡아왔다가 2011년에 들어와서는 5년 내로 대폭 앞당긴 것이다.

북한이 보유하고 있는 핵·미사일은 전쟁 상태가 아닌 평시에도 한국에
정치 외교적 요구를 압박할 수 있는 전략무기이다. 또 북한의 대량살상무기
는 미국을 위협하기에는 미치지 못하지만 수도권에 인구와 산업이 밀집한
한국을 군사적으로 충분히 위협할 수 있을 것으로 평가된다.

김정일은 남북한 간에 점점 벌어지고 있는 현격한 경제력 격차로 김일성
시대의 재래식 군사력에 의한 선제공격으로는 승산이 없음을 인식하고 핵무
기·미사일·생화학무기 등 대량살상무기, 특수부대와 잠수함(정) 등 비대칭
무기에 의한 속도전, 침투·국지도발로 대남군사전략을 전환하였다.

제1차 북한 핵 위기에 즈음한 1993년 2월부터 3월 경 어느 날 김일성이

군 최고 간부들을 모아놓고 미국이 핵무기로 공격해 올 경우 어떻게 하겠는가 질문을 하자 당시 최고사령관이었던 김정일이 나서서 "조선이 없는 지구란 있을 수 없으며 원쑤들이 감히 핵 타격을 가해온다면 지구를 깨버리겠다는 것이 우리 군대와 인민의 결사의 의지이다"라고 답변하였다(『로동신문』, 2002. 4.1, p.1; 송종환, "우리도 핵무기를 직접 만들고 싶지만," 『조선일보』, 2011.8.18, p.A35).

이런 김정일과 그를 계승한 수령 유일지배체제가 지속되는 한 북한은 체제유지를 위해 핵무기·미사일 등 대량살상무기를 포기하지 않을 것이다. 북한은 향후 재처리한 플루토늄으로 만든 핵폭탄으로 제3차 핵실험을 할 가능성도 있고, 2010년 11월 방북한 스탠퍼드대 국제안보협력센터 소장인 헤커 박사(Siegfried S. Hecker)에게 보여준 영변의 1,000여 개의 원심분리기에서 생산한 고농축 우라늄으로 핵무기를 만들어 보유하고 있을 가능성도 있다.

북한은 2008년 6월 26일 6자회담 의장국인 중국에 제출한 핵 신고서에서 생성된 플루토늄 총량은 약 38.5kg이며, 핵무기 제조에 사용한 플루토늄 양을 26kg이라고 밝혔다. 미국은 북한이 2007년 현재 무기급 플루토늄 50kg 정도를 보유하고 있는 것으로 추정하고 있다.

플루토늄 6kg에 핵 폭탄 1기 제조 가능 공식을 대입하면 북한은 최소 4기 내지 8기를 보유하고 있다는 계산이 나온다. 북한이 중국에 신고한 연도나 미국의 추정 연도가 2~3년 이상 경과되었고 매년 핵무기 1개씩을 만들 수 있는 우라늄 농축용 원심분리기를 보유하고 있음을 고려한다면 최대 10기를 보유한 것으로 추정된다.

2004년 미국의 반핵단체 NRDC(천연자원보호협회: Natural Resources Defense Council)가 미 국방부 산하 국방위협감소국(DTRA)의 컴퓨터 모델을 이용하여 '한반도에서의 핵사용 시나리오(Nuclear Use Scenarios on the Korean Peninsula)'라는 보고서를 작성하였다.

이 보고서에 의하면 북한이 미사일, 폭격기 등 다양한 경로로 동시에 공습하여 단 한 개의 핵폭탄만이 폭격에 성공하는 것으로 가정한 핵 공격 피해 시뮬레이션을 한 결과의 예상 피해는 다음과 같이 가공할 정도이다(강정민·황일도, "미 NRDC의 한반도 핵폭격 시뮬레이션," 『신동아』, 2004.12, 82-96쪽; http://docs.nrdc.org/nuclear/files/nuc_04101201a_239.pdf).

국방부가 위치한 용산구 삼각지 상공 500m에서 15킬로톤 위력의 핵폭탄이 폭발했다고 가정할 경우 낙진에 의한 간접피해는 거의 발생하지 않지만, 핵폭풍과 열, 초기방사선 등으로 인해 반경 1.8km 이내의 1차 직접피해 지역은 즉시 초토화되고 4.5km 이내의 2차 직접피해 지역은 반파(半破) 이상의 피해를 당하게 된다. 이로 인해 발생하는 사망자만 62만 명이 넘는다.

용산구 삼각지의 100m 상공에서 15킬로톤 위력의 핵폭탄이 터져 비교적 방사능 낙진이 적은 경우 84만 명, 지면에서 폭발이 일어나 낙진이 가장 많이 발생하는 경우에는 125만 명의 사망자가 발생한다는 결과가 나온다. 최악의 경우 서울 인구의 10%가 사망할 수도 있다는 것이다.

북한이 연평도 포격처럼 결정만 하면 현재 작전 배치한 미사일로 한국 영토에 핵 공격을 할 가능성이 있다. 만일 황북 신계에서 SCUD-B를 발사할 경우 서울까지의 거리는 약 100km로서 도달 시간은 3분 40초(220초), 대전까지는 300km로서 약 5분 14초(314초)가 소요되며 부산까지는 500km로서 6분 55초(415초)가 소요될 것이다.

이 경우 단 한 개의 핵폭탄으로 1950년 6월 25일부터 1953년 7월 27일까지 3년간 한국전쟁에서의 한국군과 유엔군의 전사, 부상과 실종·포로를 모두 합친 776,360명보다 훨씬 많은 가공할 피해를 며칠 내에 입게 된다는 계산이 나온다.

VI. 북한의 핵·미사일 공격에 대한 한국의 대책

북한은 61년 전 공산화 통일을 위하여 무력남침을 하였고 1971년 8월 이후 한국과 대화를 하면서도 휴전선을 관통하는 남침용 땅굴을 팠다.

1974년 IAEA에 가입, 1985년 NPT 가입, 1992년 IAEA와 핵안전협정을 체결하고 한국, 미국과 또 자신이 참가한 6자회담에서 각각 북한 핵 폐기에 대한 협상과 합의를 해 놓고도 뒤에서는 재처리를 통한 플루토늄 원자폭탄과 고농축 우라늄 프로그램에 의한 원자폭탄을 만들고 세계를 위협할 미사일까지 개발하였다.

한국은 머리 위에 핵폭탄을 이고 있으면서 전혀 신뢰가 가지 않는 북한의 선의만을 믿고 살 수가 없다. 냉정한 정세 판단을 바탕으로 하여 다각적으로 대책을 세워야 한다.

먼저 남북대화, 6자회담 등 대화와 국제적 제재를 통해 평화적 해결을 적극 모색하여야 한다.

북한 핵의 직접 피해자는 한국이므로 지난 정부처럼 북한 핵 폐기문제를 미국에게만 맡기지 말고, 남북대화가 재개되면 북한 핵 폐기문제를 남북한 간의 교류·협력·지원과 연관시켜 남북한 당사자가 해결할 수 있는 길을 모색하여야 한다.

6자회담을 통한 북한 핵 포기의 실현 가능성은 희박하고 또 참가국들의 이해관계가 다양하고 책임회피가 가능하여 문제점이 없는 것은 아니지만, 과거 북한과 이루어진 북한 핵 관련 양자회담들과는 달리 북한에 다자적 압력을 넣을 수 있을 뿐만 아니라 중국과 미국이 북한 핵 해결을 위하여 적극 참여하고 있는 이점이 있다.

국내외 정세 변화가 계기가 되어 남북한 간에 고조된 긴장이 완화되면 남북회담과 함께 6자회담을 재개하여 먼저 북한의 우라늄농축프로그램의 불법성을 제기, 북한 핵 폐기를 심도 있게 논의하여야 할 것이다.

비록 북한의 두 차례 핵실험에 대한 UN의 제재(UN 결의 1718호, 1874

호)가 중국의 비협조로 실익을 거두지 못하였지만, 앞으로 북한의 핵 보유가 중국과 북한의 발전에 '애물단지'가 되는 상황으로 몰아갈 수 있도록 국제사회의 압력을 계속 가하여야 한다.

두 번째는 자위책을 증강하는 것이다. 북한의 핵보유국 기정사실화와 북한 핵문제의 점진적 악화로 인한 전쟁과 같은 최악의 경우에도 대비하여 북한의 핵무기 관련 활동을 감시하고 선제공격과 방어를 할 수 있는 군사적 체계를 갖추는 것과 동시에 이를 뒷받침하는 정부 당국자와 국민의 일치단결된 결의 등 비군사적 조치를 강구하는 것이 필요하다.

이를 위해서 전략정보 100%, 전술정보 70%를 미군에 의존하고 있는 현 상황을 개선할 수 있도록 국방예산을 대폭 증액하고, 북한의 핵무기, 미사일, 생화학무기, 장사정포, 특수부대, 잠수함(정) 등 비대칭 전력에 의한 각종 도발을 탐지·감시하는 장비와 실질적으로 억지 및 반격할 수 있는 전력을 증강해야 한다.

구체적 방책으로 한국은 고고도무인정찰기 글로벌 호크(UAV), 공중조기 경보기(AWACS) 등을 조기 도입하여 독자적 전략정보 획득 방법을 강구하고 국군 전력의 첨단화 추진과 함께 신뢰성 있는 응징보복용 탄도, 순항 미사일 개발·배치 등 고강도 억제 대책을 세워야 한다.

세 번째는 북한이 한국에 대해 핵무기를 사용하려 할 경우 선제공격 등 적시성 있는 미국의 핵 확장 억제 정책을 구체화하는 등 한미 연합태세를 강화하고 핵 확장 억제정책의 신뢰성과 실천성을 높이는 방편의 일환으로 주한미군의 전술핵무기 재반입을 적극 논의해 나가야 한다.

2011년 들어 학계, 언론계와 국회에서 북한 핵에 대응하는 자위 수단으로 제기하고 있는 한국의 독자 핵 무장은 공포의 균형(balance by terror)으로 이론상 가능하고 역사적으로 있었던 대책이다. 또 한국은 기술, 재정적으로 핵 개발을 할 능력이 있다.

그러나 한국은 핵 비확산 정책을 추진하고 있는 미국의 동의를 얻을 수 없고 한국이 국제사회의 경제제재에 장기간 맞설 수 없는 개방형 통상국가임에 비추어 현실적으로 추진하기가 어렵다. 또 한국의 핵 무장은 일본, 대만에게로 확산되는 핵 도미노 현상으로 중국과 러시아의 반발을 사서 이들 국가와의 관계가 악화될 가능성이 크다.

따라서 한국은 1991년 9월 27일 조지 부시(George Bush) 미국 대통령의 해외 전술핵무기 폐기 선언과 동년 11월 8일 핵무기를 제조·보유·저장·배비(配備)·사용하지 않겠다는 노태우 대통령의 한반도 비핵 5원칙 선언에 따라 철수한 주한미군의 전술핵무기(미국은 1958년부터 1991년까지 950기의 전술 핵무기를 배치했다) 재배치에 대한 전략적 협의를 미국과 적극 추진하여야 한다. 그것은 2010년 한미안보협의회의에서 합의된 확장억제정책위원회를 적극 가동함으로써 협의할 수 있을 것이다.

대도시 전체를 무력화할 수 있는 수백kt 전략핵무기와는 달리 전술핵무기는 군사작전 목표물을 타격하기 위하여 야포나 단거리미사일 등으로 운반할 수 있는 통상 20kt 위력의 소형 핵무기이므로 대북 핵 억지력은 물론 남북대화나 6자회담에서 북한과 중국을 압박할 수 있는 입지를 높여 줄 것이다.

미국의 전술핵무기 재반입 반대론자들은 미국이 수차례 한국에 핵우산을 제공할 것을 약속하였고 또 미국 본토나 해외 미군기지에서의 미사일로 하든 주한미군의 미사일로 반격하든 5분밖에 차이가 되지 않는다고 하면서 북한을 자극하고 중·러의 반발을 감수해 가면서 굳이 미국의 전술핵무기를 재반입할 필요가 있는가 하는 반론을 펴고 있다.

그러나 이러한 주장은 앞에서 설명한 대로 북한의 SCUD-B에 의한 서울 공격이 3분 40초밖에 걸리지 않아 서울이 이미 초토화된 상황을 고려하지 않은 것이다. 이러한 주장은 북한 핵 무기가 대미협상용에 불과하며 북한이 세계 최강 국가인 미국의 보복을 두려워하여 또 설마 동족을 상대로 핵무기를 쓸 것인가 하는 안이한 생각에서 출발한 것이다.

또한 한국은 2014년 시효가 끝나는 한미원자력협정 개정으로 일본이나 스위스처럼 미국의 사전 동의 없이 IAEA의 감시하에 평화목적의 농축과 재처리를 할 수 있는 주권을 추구하고 한·미미사일 협정의 재개정으로 2001년 개정한 300km/500kg까지의 탄도미사일 개발 허용 제한을 풀어야 한다.

주한미군의 전술핵무기 재배치, 우라늄 농축과 폐연료봉 재처리, 미사일의 사거리 연장 등은 이명박 정부와 이를 이을 한국 정부가 이승만 대통령의 한미방위협정 체결 제의 시와 같이 미국의 결단을 받아낼 각오를 해야 획득할 수 있는 어려운 일이다.

북한 핵·미사일 문제는 한국의 생사와 존망이 달린 재앙이다. 북한 핵과 미사일이 한국을 겨냥하지 않고 있고 또 통일이 되면 한국 것이 된다는 망상을 버려야 한다. 특히 북한 핵이 미국의 침공을 막아준다는 터무니없는 친북좌파의 주장에 동조하는 어리석음도 버려야 한다. 전체 한국 국민이 깨어서 국가안보를 위하여 군사적으로, 비군사적으로 만전을 기하는지를 치열하게 비판하여 주권자가 할 몫을 다하여야 할 것이다.

제9장

북한체제의 급변사태 전망과 우리의 대비방향[*]

I. 김정은 3대 세습체제 평가와 전망

김정일 사후 한국 사회에서는 3대 세습에 의한 김정은 체제가 비교적 안정돼 가고 있고 북한체제의 붕괴 조짐이 보이지 않는다는 분석과 전망들이 많이 나오고 있다. 심지어 중국식 경제근대화를 시도할 것이라는 망상에 사로잡혀 있는 전문가도 있다.

그러나 이러한 전망과는 달리 최근 국제사회의 저명 연구소의 학자들은 현재의 북한 체제가 향후 존재하지 않을 것을 전제로 한국 주도의 통일을 전망하고 있다.

---

[*] 이 논문은 저자가 주제 발표자로 참가한 (재)한국통일진흥원·(사)한미안보연구회·(재)한국군사문제연구원 공동주최 「북한체제의 급변사태 조망과 우리의 안보통일 과제(한미공조방안을 중심으로)」, 제36회 통일안보대토론회(2012.11.23.) 자료집, pp.29-56에 게재된 제목과 내용을 일부 수정·요약하였다.

사실 이러한 전망들은 주로 북한 수령유일지배체제의 문제점과 함께 2011년 12월 17일 김정일 사망 전부터 제기되어 왔으나 좌파 정부 기간 중 대북포용정책과 현 정부의 이념을 중요시하지 않게 보는 중도주의로 매몰되었다.

2012년 4월 3대 세습이 공식화된 후 3개월밖에 되지 않은 7월 15일부터 18일 북한에서 '정변'이 일어나면서 김정은 체제 안정에 불확실한 요소가 점증하고 있다.

3대 세습을 뒷받침해온 리영호 총참모장이 모든 공직에서 해임되고 서열 77위의 현영철 대장이 차수로 승진, 후임에 임명되었다. 리영호 해임 과정에 최룡해 총정치국장 측과 교전했다는 첩보도 있다.

2011년 12월 28일 김정일 영구차를 호위했던 군부 4인방, 리영호 인민군 총참모장, 김영춘 인민무력부장, 김정각 인민군 총정치국 제1부국장, 우동측 국가인민보위부 제1부부장이 북한의 권력체계도에서 모두 사라졌다.

2012년 6월 28일 북한이 발표한 내각을 중심으로 하는 새로운 경제관리체계가 기업에 생산·가격 결정권을 맡기고 농민에게 생산량 증가 동기를 부여하고 있고, 7월 6일 과감한 의상과 굽이 높은 킬힐과 미키마우스가 출연하는 모란방악단의 공연, 7월 25일 능라인민유원지 준공식장에서 외교관들과 함께 놀이기구를 타고 이 자리에서 김정은이 그의 부인으로 소개된 이설주와 팔짱을 끼는 등 파격적 행보를 하였다.

새로운 경제관리체계와 이런 파격적 모습을 북한의 개혁·개방성에 연결시키는 것은 북한에 대한 환상이며 북한 당국의 의도와 전혀 맞지 않는다. 7월 29일 '조국평화통일위원회' 대변인은 "우리에게서 그 무슨 정책 변화나 개혁 개방이니 하는 것을 기대하는 것은 해가 서쪽에서 뜨기를 바라는 것과 같은 어리석고 미련한 개꿈에 불과하다"고 하였으며[1] 이례적으로 9월 25일

1) 북한이 개혁·개방을 거부하는 것은 김정일 시대를 개막하는 1998년 9월 5일 최고인민회의 제10기 제1차 회의에서 과거 김일성이 1990년 5월 24일 제9기 제1차 회의에서 외부로부터 개혁과 개방의 바람이 불어와도 끄덕하지 않고 자기 길을 가자고 역설한 '우리나라 사회주의의 우월성을 더욱 높이 발양시키자' 제하의 시정 연설을 틀고 이를

개최된 최고인민회의에서는 경제개혁에 대한 언급 없이 폐막되었다.

이와 같은 최근의 북한 동향을 보고 조지 W. 부시 대통령 때 백악관 국가안보회의의 아시아담당 국장이었던 조지타운대학교 빅터 차(Victor Cha) 국제정치학 교수는 "김정은은 개혁가가 아니다"라는 제목으로 미국의 격월간 외교전문지 포린 폴리시(*Foreign Policy*) 2012년 9/10월호에서 김정은이 스위스에서 유학을 하고 미키 마우스를 좋아한다고 해도 북한 정권이 변화를 수용하는 일은 없다고 분석하였다.[2]

당 절대 우위와 배급체제가 무너진 북한에서 김정은이 개혁·개방을 택하지 않고 권력교체방식을 바꾸지 않고 수령유일지배체제를 고수할 경우 그 같은 체제의 붕괴는 시간문제라는분석은 김정일 사망 이전에도 제시되었다.[3]

김정남이 말한 것처럼 개방 안하면 북한이 무너지고, 개방하면 북한 정권이 무너지게 되어 있다.[4] 김정은이 개혁·개방을 거부할 경우 북한 주민의 경제난이 심각해질 것이고 젊은 나이에 통치 경험이 적은 김정은으로서는 향후 개혁·개방을 둘러싼 파벌 간 투쟁을 제압하기가 쉽지 않게 보인다.

3대 세습은 군 고위지도층의 지지 철회나 경제난에 처한 주민 봉기로 반김정은 쿠데타, 무정부적 내전 상태로 진행될 가능성이 있다.

경륜과 공적이 없는 27세 후계자의 등장으로 선군정치와 수령 신격화의

철저히 관철할 것을 다짐하면서 개혁과 개방을 부정하는 입장을 천명하였다. 이어서 동년 9월 17일자 『로동신문』·『근로자』의 공동논설은 "제국주의자들이 염불처럼 외우는 개혁·개방은 사탕 발림 독약과 같은 것이며 … 결국 자본주의를 되살리라는 것이다. 우리나라의 문호가 언제 한번 폐쇄된 적이 있었는가, 우리에게 이제 와서 새삼스럽게 개혁할 것도 개방할 것도 없다"라고 단언하였다. 공동논설 "자립적 민족경제 건설로 선을 끝까지 견지하자," 『로동신문』·『근로자』, 1998.9.17, p.2.

2) http://www.foreignpolicy.com/aricles/2012.8.21.

3) 2010년 10월 5일 통일연구원이 '독일통일 20년과 한국의 통일 대비'라는 주제로 주최한 국제회의에 참석한 주펑(朱鋒) 베이징대 교수는 김정일의 건강 상황, 높은 인플레이션, 후계자 문제, 외부자금 유입의 차단 등의 요인이 북한 정권이 수개월 안에도 무너지도록 유도할 수 있으며, 더 문제가 되는 것은 북한 정부가 자기의 생존을 위해 의미 있는 정책 변화를 하지 않는 것이라고 지적하였다. 남궁영, "'북한문제' 해결 최선의 길은 통일," 『동아일보』, 2010.11.17. p.A34.

4) 『조선일보』, 2012.1.17, p.A2.

동요가 예상되고 신분 상승을 위해 노력해온 일반당원들과 군부의 세대교체로 권력핵심에서 제외된 오극렬,5) 김영춘 등 군 원로들의 반발도 지켜볼 일이다.

또한 지금 북한에서 전개되고 있는 3대 세습의 향배는 '섭정' 역할을 하는 장성택의 장래와 그가 어느 길을 선택하느냐에 따라 좌우될 가능성이 크다. 그가 김정은 체제가 안정될 때까지 '섭정' 역할을 계속하거나 스탈린 사후 실력자로 행세하던 베리아처럼 숙청될 수도 있어 계속 관찰할 일이다.

II. 북한 급변사태의 전망

이러한 북한의 김정은 체제의 불확실성은 북한 내에 급변사태 발생으로 연결될 가능성이 크다. 급변사태의 사전적 의미로는 매우 빠른 시간 내에 대규모 혹은 근본적인 변화를 초래하는 상황을 말한다.

2011년 3월 신아세아연구소(소장 이상우) 콜로키움에서 한림국제대학원대학교 구본학 교수는 다음과 같이 이제까지 국내학자들이 정의한 북한 급변사태를 종합하였다.

① 한반도의 평화와 안정에 중대한 영향을 주는 위급한 상황이 발생하여
   외부로부터의 긴급지원이 요구되는 비상사태(제성호)
② 북한에서 급격한 변화가 일어나 외부의 군사개입이 불가피할 정도의
   상황이 조성되는 상황(김일영)

---

5) 오극렬은 1992년에 발생한 소련의 사관학교 프룬제 군사대학에 유학했던 젊은 인민군 장교들의 쿠데타가 성공할 경우 지도자로 추대키로 되어 있었으나 동 쿠데타 계획을 김정일에게 밀고한 후 군부 핵심으로 우대받아 왔다.

③ 북한 내에서 급격한 정치적 변화가 발생하여 외부의 정치·군사적인 개입 가능성이 증대되는 상황이 조성되는 사태(김연수)

④ 북한의 정권 혹은 체제의 붕괴를 초래하는 비상사태가 발생하고, 주변 국을 비롯한 국제사회가 비상조치를 강구할 필요성이 있는 상황(라미 경·김학린)

⑤ 매우 빠른 시간 내에 대규모 또는 근본적인 변화를 초래하는 상황(유 호열)

⑥ 북한체제가 단기간 내에 스스로 극복할 수 없는 규모의 내부 불안정이 발생하는 상황이거나, 내부의 불안정이 심화·확대되어 한반도와 동북 아 국제사회의 개입에 의해 해결이 모색되는 상황(백승주)

⑦ 최고 권력자의 유고, 쿠데타, 권력투쟁이나 주민봉기 등 전쟁을 제외 한 북한 내 돌발 상황과 관련된 일련의 과정으로서 정권과 체제가 붕괴되는 극단적 상황(남성욱)

구 교수는 여러 학자들의 정의를 종합하여 북한 급변사태란 북한 내부의 불안정 상태가 급격하게 악화되어 현 정권의 능력으로는 통제하기 어려운 상황, 즉 대규모 데모나 소요사태, 민중봉기나 폭동, 무정부 상태, 민중혁명, 쿠데타, 내란 등의 발생으로 정권과 체제가 붕괴되는 일련의 과정이라고 정의하였다.[6]

북한 급변사태에 대하여 많은 연구를 한 성신여대 김열수 교수는 '북한에

---

6) 구 교수는 북한의 정권 붕괴를 체제가 붕괴되거나 국가가 붕괴되는 진정한 의미의 급 변사태와 구별하면서 후자들은 권력 상층부가 아닌 하층부에서의 광범위한 대중이 주 체가 될 때 가능하다고 분석하였다.
정권이 붕괴될 경우에는 북한 주민들의 식량문제 해결과 정치적 민주화를 위한 북한 주민들의 정권에 대한 대규모 저항이 필수적인데, 북한 정권이 폭력적 진압을 시도하 나 사기가 떨어진 보안요원들의 비효율적 진압으로 인해 사태가 확산되고 권력상층부 내에 권력투쟁과 내분이 생겨 반한·반미 입장을 취하는 다른 정권이 등장할 경우를 정권 붕괴, 개혁·개방을 지향하는 새로운 정권이 등장할 경우를 체제붕괴, 동독처럼 기존정권이 붕괴된 후 새로운 정권이 한국으로의 흡수 통일될 경우 국가붕괴가 된다고 구분하였다.

서 정치, 경제, 사회적 차원에서 급격한 변화가 생겨 한국 또는 한국을 비롯한 국제사회가 정치/외교, 경제, 군사적으로 개입하는 상황'이라고 정의하였다.[7]

김 교수가 국방대학교 안보연구소 재직 시 2009년 서종표 의원의 의뢰로 수행한 「북한 급변사태와 한국의 대응방향」 연구보고서와 데이비드 맥스웰(David Maxwell)이 입안한 '개념계획 5029'와 '작전계획 5029'[8]에 포함된 유형들이 지금도 유효하게 보인다.

북한 급변사태의 유형에 대한 지금까지의 연구가 대체로 2011년 12월 김정일 사망 전에 있었으나, 수령유일지배체제를 그대로 계승한 김정은에게도 그대로 적용되므로 김정일을 김정은으로 바꾸어 정리해 본다.

북한 급변사태는 내부적 원인에 의해서도 발생(implosion)할 수 있고 외부적 원인에 의해서도 발생(explosion)할 수 있다. 내부적 원인에 의한 발생 가능성과 그 유형을 먼저 살펴보면 다음과 같다.

북한에 급변사태가 발생할 수 있는 내부적 원인은 크게 4가지, 즉 정치, 경제, 사회 및 군사적 요인으로 분류할 수 있다.

첫째, 정치적 원인을 살펴보면, 김정은 체제에 대한 불만이 원인이 되어 ① 반 김정은 쿠데타 ② 친-반 김정은 세력 간의 무력충돌로 인한 내전발생 등의 급변사태가 발생할 수 있다.

둘째, 경제적 원인을 살펴보면, 식량난, 에너지난, 외화난 등의 3난과 북

---

7) 김열수, 서종표 국회의원 연구 용역 보고서, 「북한급변사태와 한국의 대응방향」(2009. 9.14), p.10.

8) 티머시 키팅(Keating) 미태평양 사령관과 마이클 나트(Nacht) 미 국방부 세계전략문제 담당관은 각기 2009년 7월 22일과 7월 15일 김정일 사후 급변사태에 대한 대책을 언급하였는데, 이는 김대중 정부 시절인 1999년부터 북한 급변사태에 대한 대비책을 논의하기 시작하여 만든 '개념계획(CONPLAN) 5029'에 대한 구체적 검토를 시사하는 것이다. 실제로 이명박 정부 출범 첫해인 2008년 여름 북한 김정일이 뇌졸중으로 쓰러지자 5029를 언제든 실행 가능한 작전 계획으로 바꿔야 한다는 미국 측 요구가 받아들여져 1년여의 협의 끝에 作計(작계) 5029가 완성된 것으로 알려졌다. 2010년 9월 3일 데이비드 맥스웰 미 육군특수작전사령부 전략팀장은 자신이 '개념계획 5029' 입안에 관여하였으며 이명박 정부 들어 '작전계획 5029'로 발전되었다고 언급하였다.

한의 개혁·개방을 둘러싼 갈등이 원인이 되어, ① 반김정은 쿠데타, ③ 주민 폭동과 이에 대한 유혈 진압, ④ 극심한 공급 불능으로 전반적인 통제 불능, ⑤ 대량난민 발생 등의 급변사태가 발생할 수 있으며, ⑦ 대량살상무기(이하 WMD) 유출 등의 급변사태가 발생할 수 있다.

셋째, 사회적 원인을 살펴보면, 남한과의 협력 과정 속에서 주민들의 남북한 실상 이해, 중국과의 밀거래 행위자들의 남한 실상 이해, 김정은 및 공산주의 체제에 대한 불만, 기아 등이 원인이 되어 ③ 주민 폭동과 이에 대한 유혈 진압, ⑤ 대량난민 발생 등의 급변사태가 발생할 수 있다.

넷째, 군사적 원인을 살펴보면, 한정된 북한 자산의 배분 우선순위를 두고 민간인과 북한 군부의 갈등, 핵무기 포기를 둘러싼 북한 군부의 반발, 접경지역인 개성공단 개방 및 금강산 관광에 대한 군부의 반발, 심지어 평양의 개방으로 자유화 물결의 오염에 대한 북한 군부의 반발 등이 원인이 되어 ① 반 김정은 쿠데타, ② 친-반 김정은 세력 간의 무력충돌로 인한 내전 발생, ⑤ 대량난민 발생 등의 급변사태가 발생할 수 있다.[9]

북한 급변사태를 초래할 수 있는 외부적 원인도 크게 2가지 분야로 나눌 수 있다. 첫째, 국제사회의 제재에 의한 급변사태이다. 현재 진행되고 있는 안보리 제재가 효과를 발휘할 경우, 북한은 전에 경험하지 못했던 경제적 고통을 당할 수 있다. 경제제재가 계속된다면, ① 반 김정은 쿠데타, ③ 주민 폭동과 유혈 진압, ④ 극심한 공급 불능으로 전반적인 통제 불능, ⑤ 대량난민 발생, 그리고 ⑦ WMD 유출 등의 급변사태가 발생할 수 있다.

둘째, 군사적 차원에 의한 급변사태이다. 북한이 핵 프로그램의 완전한 포기를 실행에 옮기지 않거나, 또는 핵물질과 미사일 기술 등 WMD의 해외 반출 등을 기도한다면, 국제사회는 북한에 대한 봉쇄를 단행할 수도 있다. 이런 과정에서 북한에서는 ① 반 김정은 쿠데타 ② 친-반 김정은 세력 간의 무력충돌로 인한 내전발생, ⑤ 대량난민 발생, ⑥ 무력도발, ⑦ WMD 유출 및 통제 불능 등의 급변사태가 발생될 수 있다.[10]

---

9) 김열수(2009.9.14), p.21.

　이렇게 볼 때 내부적 원인에 의한 내폭(implosion)이든 외부적 원인에 의한 외폭(explosion) 이든 북한 급변사태는 ① 반김정은 쿠데타, ② 친·반 김정은 세력 간의 무력 투쟁, ③ 주민폭동과 이에 대한 유혈진압, ④ 극심한 공급불안으로 인한 전반적 통제 불능, ⑤ 대량난민 발생, ⑥ 무력도발, ⑦ WMD의 유출 및 통제 불능으로 나타날 가능성이 크다.

　2010년 9월 1일 버지니아주 콴디코 해병기지에서 열린 세미나에서 미 육군특수작전사령부 전략팀장인 데이비드 맥스웰(David Maxwell)은 이명박 정부 들어 '개념계획'에서 작전계획으로 발전시킨 '작전계획 5029'에는 북한 급변사태 유형으로 ① 핵·미사일·생화학 무기 WMD 유출, ② 북한 정권 교체, ③ 쿠데타 등 내전상황, ④ 북한 내 한국인 인질사태, ⑤ 대규모 탈출 사태 등으로 나누어 대응책이 담겨져 있다고 말하였다.[11]

　김태우 박사가 2008년 국방연구원 재직 시 예상되는 북한체제의 시나리오로 10가지 가능성을 제시하면서 북한 급변사태가 발생할 경우 중국의 군사개입을 주장한 이래[12] 특히 중국이 G2 국가로 부상하고 북한과의 교역과 투자가 증가됨에 따라 최근 이 분야에 대한 연구가 빈번해지고 있다.

　대표적 사례로 2011년 10월 26일 작성되었으나 발표되지 않은 연세대 한석희 교수의 '북한 급변사태와 중국'이라는 논문이 있다. 한 교수는 이 논문에서 중국이 이제까지 북한의 급변사태를 미연에 방지하기 위하여 경제적으로 북한을 지원해 왔으나 북한급변 사태 발발 시에 대비하여 군사적 개입의 구체적 행동수칙까지 명확히 한 인터넷 문건을 소개하고 있다.

　"中朝立即做出震惊世界的行动: 应对半岛有事(한반도 유사사태 대응)"제목으로 인터넷 문건 형식으로 나도는 이 문서[13]는 중국과 북한 사이에 "半

10) 김열수(2009.9.14), p.23.

11) http://www.yonhapnews.co.kr(2010.9.3).

12) 김태우, "북한 권력체제 변화와 한국의 역할: 국제관리 가능한가," 「북한의 붕괴에 어떻게 대처할 것인가」, (사)시대정신 북한위원회 1차 세미나(2008.10.14) 자료집 pp.25-31.

13) http://military.china.com/critical3/27/20101203/16277137.html. 이 문건은 중국의

島和平联合快速反应机制(한반도평화 연합신속 대응시스템)"이라는 새로운 안보협력 시스템을 구축해야 한다고 주장하고 있다.

이 인터넷 문건의 주요 내용은 다음과 같다.

첫째, 중국과 북한은 한반도 정세에 영향을 주거나 분란을 일으킬 수 있는 행위에 대해 사전에 상의하고 미리 계획해야 한다. 이는 중국이 천안함·연평도 사건과 같은 북한의 군사적 도발에 대하여 상당한 안보적 부담을 느끼고 있으며, 북한의 향후 도발 가능성을 염두에 두고 북한과의 소통을 통해서 이를 미연에 방지하려는 의도도 있어 보인다.

둘째, 중국이 한반도 문제에 대해 즉각적으로 대처할 수 있는 전담부대를 만들어야 하며, 이 부대는 한반도 문제의 특징에 맞추어 훈련하고 배치되어야 한다. 위기상황 시 언제든지 북한으로 출동하여 군사적 버퍼 존이나 긴급대처구역을 만들 수 있어야 한다.

셋째, 중국과 북한은 한반도 위기에 대한 연합지휘사령부를 설립하여 쌍방간의 군사입장과 군사행동을 협조·조율하고 중국군의 한반도 진입과 관련된 모든 사항을 조정하며 쌍방의 군사배치와 행동을 지휘하는 것을 책임진다.

넷째, 중국이 북한의 정보시스템을 개선시켜 중국과 북한의 정보시스템을 통일하여 위기 시에 서로 정보공유를 용이하게 한다.

다섯째, 양국 간 연합 군사훈련체제를 설립하여 정기적으로 연합 군사훈련을 실시해 연합전투능력을 향상시켜야 한다.

이와 같은 문건과 더불어 중국이 한반도 유사시에 군사적 개입을 고려하고 있다는 사실은 2011년 여름 한국의 동아시아 연구원(EAI)에서 실시한 중국 국민인식 조사에서도 나타나고 있다. "북한의 체제에 심각한 위기가 발생할 경우, 중국이 북한을 지지하는 것에 대해 어떻게 생각하십니까?"라

공식적인 입장을 반영한다고 볼 수는 없으나 북한에 대한 중국의 입장을 반영하는 문건이나 자료가 거의 없는 상황에서 이러한 문건이 china.com에 공개되고 있다는 것은 나름대로 의미가 있다고 볼 수 있음.

는 질문에 대해 55.9%(매우 긍정 21.4%; 약간 긍정 34.5%)의 중국 일반대
중이 긍정적인 답변을 한 반면, 부정적인 답변은 8.9%(매우 부정 3.8%; 약
간 부정 5.1%)에 머무르고 있다. 이와 같은 국민의식 조사는 과반수 이상의
중국국민들이 북한의 급변사태 때 중국이 북한을 도와주어야 한다는 데에
동의하고 있음을 보여주는 것이다.[14]

김열수 교수는 최근 연구 논문에서 북한 급변 사태 시 중국이 어떤 형태
로든 개입하게 될 것이며 나름대로 계획을 가지고 있는 것으로 보인다고
하면서 중국의 군사개입의 목적, 양상, 형태를 매우 구체적으로 제기하였다.
김 교수의 논문 요지는 다음과 같다.[15]

북한 급변사태 시 중국은 안보적 요인(동아시아 세력 불균형 방지, 중국
의 지전략적 취약성 감소, 북한의 WMD 확산 차단), 경제적 요인(중국의
대북한 경제교류, 투자 보호), 정치·사회적 요인(동북3성의 정정 불안 방지,
친중 정권 수립) 때문에 군사적 개입을 하려 할 것이다.

김 교수는 북한 급변 사태 시 안정화 작전(인도주의적 구호 및 치안), 국
경선 통제, WMD 제거, 재래식무기 비무장화, 억지/저항세력 소탕 등을 위
한 군사력 투입에 필요한 기존 연구,[16] 제2차 대전 이후 미국이 참여한 7개
주요 분쟁의 국가건설과정,[17] 보스니아, 코소보 안정화 작전 사례 연구[18]에
비추어 50만 명의 지상군이 투입될 것으로 예상하였다.[19]

---

14) 한희석, "북한 급변사태와 중국," 2011.10.26 미발표 연구 논문.
15) 김열수, "북한 급변사태 시 중국의 군사개입: 목적·양상·형태를 중심으로,"『신아세
    아』제19권 2호(Summer 2012), pp.207-231.
16) Bruce W. Bennett and Jennifer Lind, "The Collapse of North Korea: Military
    Missions and Requirements," *International Security*, Vol.36, No.2(Fall 2011);
    Paul B. Stares and Joel S. Wit, *Preparing for the Sudden Change in North
    Korea* (New York: Council on Foreign Relations, 2009).
17) James Dobbins et al., *America's Role in Nation-Building: From Germany to Iraq*
    (Santa Monica: RAND, 2003).
18) James Quinlivan, "Burden of Victory: The Painful Arithmetic of Stability
    Operations," *RAND Review* (Summer 2003).
19) 김 교수의 50만 명 필요 설은 미 국방과학원이 북한 붕괴 뒤 저항운동이 전개되면

개입유형은 중국 단독개입, 유엔 주도의 평화유지군 개입, 다국적군 개입 등 세 가지 형태를 고려할 수 있다. 단독개입은 한국을 비롯한 이해당사자들의 반발로 어려울 것이다. 북한은 과거 유엔이 개입해왔던 분쟁지역과는 비교할 수 없을 정도로 막강한 군사력을 보유하고 있기 때문에 최소한의 무장을 한 소규모의 유엔 주도의 평화유지군 활동은 어렵다. 이러한 상황에서 중국은 한반도 관할권을 주장하는 한국 주도의 다국적군과 WMD 제거에 초점을 맞춘 미국주도 다국적군에 경합하여 국경선 통제와 WMD 제거를 구실로 중국 주도 다국적군 개입이라는 차선을 채택할 수 있을 것이다.

III. 북한 급변사태 대비방향

한국 정부는 1990년 독일통일 때 동독 주민처럼 북한주민들이 궁극적으로 북한체제를 자유민주주의체제로 전환한 후 남북한 정치통합에 응하도록 하는 대북정책으로 전환하여야 한다. 아울러 한국 정부는 북한 급변사태로 인해 '들이닥치는 통일', '떠안는 통일'로 나타날 가능성에도 대비하여야 한다.

앞에서 지적한 대로 북한에 급변사태가 발생할 경우 군사적으로 개입하려는 국가가 다수 있으므로 단독이든, 유엔평화유지군이든, 다국적군이든 사전에 논의되어 있지 않으면 개입하려는 국가 간에 군사적 충돌이 일어날 가능성이 크다.

그러나 한국은 북한 급변사태가 한국 안보에 미치는 영향을 최소화하고 오랜 민족의 염원인 통일을 구현하는 계기로 삼아야 하며 유엔을 활용하여

북한에 이라크 주둔 미군 병력의 3배 규모인 최대 46만 명의 한·미 치안 유지 병력이 필요할 것으로 본다는 보고서와 거의 일치한다.

주변국의 개입을 최소화해야 한다.[20]

이를 위해 정부 부처와 산하 연구기관과 학계를 비롯한 민간이 머리를 맞대고 북한 급변사태로 예상되는 유형과 시나리오별 과제들을 분류하고 이에 대한 정부와 민간의 역할과 대책을 세우는 등 좌파 정권 10년 동안 기피해온 연구를 체계화하는 한편 가급적 빠른 시일 내 북한 급변사태 내지 체제 붕괴에 대비한 미국 측 연구[21]와의 협조 체제를 갖추어야 한다.

그러한 과제들로서는 앞에서 지적한 북한 급변사태의 각종 유형에 대한 대책, 북한 급변 사태 시 예상되는 중국의 정치적·경제적·군사적 개입, 북한 지역으로부터 500만 명 이상의 난민 유입,[22] 남북한 군사 충돌, 남한 주민과 북한 유입 주민 간의 갈등, 문화·언어·교과서의 차이, 북한 지역에 남아 있는 대량살상무기의 제거,[23] 북한 주민의 대량기아와 이러한 요소들

---

20) 김열수·김영수, 「북한 급변사태와 안정화 작전: 개입 형태별 작전의 가능성과 작전 개념 정립」, 국방대학교 2009년 정책현안연구과제, pp.44-45.

21) 미 국방부가 의회에 제출하는 '4년 주기 국방검토보고서(QDR)'에서 북한의 체제 붕괴 가능성에 대해 검토하고 있는 것으로 드러났다. 미국의 싱크탱크 전략국제문제연구소(CSIS)의 에린 피츠제럴드와 앤서니 코즈만이 8월 27일 미 국방부가 마련하고 있는 '2010년 4년 주기 국방검토보고서' 초안을 본 뒤 작성한 44쪽 분량의 평가보고서에 따르면, 미셸 플러노이(Flournoy) 미 국방부 정책담당 차관이 이끄는 QDR 팀은 5개 이슈팀을 구성해 모두 11가지의 시나리오를 검토하고 있는데, 제1이슈팀에서 검토하는 4가지 시나리오 가운데 북한의 체제 붕괴 가능성이 포함돼 있다. Erin K. Fitzgerald and Anthony H. Cordesman, THE 2010 QUADRENNIAL DEFENSE REVIEW A+, F, OR DEAD ON ARRIVAL?, Arleigh A. Burke Chair in Strategy Working Draft, August 27, 2009(http://csis.org/files/publication/090809_qdrahc_revised.pdf), p.27.

22) 중국의 정치적·경제적·군사적 개입과 예상되는 난민 유입에 대한 최근 연구로는 정천구, "북한의 급변사태와 대중외교전략," 『통일전략』 제8권 제1호(2009.4.30), pp.125-164를 참조.

23) 미국외교관계협의회는 북한에 급변사태가 발생할 경우, 6~8개의 핵무기를 만들 수 있는 핵 물질, 4,000t의 화생방 무기, 탄도탄 미사일 프로그램에 대한 즉각적인 관리가 최우선 과제가 될 것으로 전망했다. 『조선일보』, 2009.1.29, p.A2. 북한 붕괴 대책에 대한 이동복, 김태우, 안병직 등의 발표와 최주활, 손광주, 박성조의 토론은 사단법인 시대정신, 「북한의 붕괴에 어떻게 대처할 것인가」, (사)시대정신 북한위원회 1차 세미나(2008.10.14) 자료집을 참고.

이 복합적으로 작용하여 조성될 국내 정치·경제의 불안, 이웃 중국, 러시아와의 관계 정립, 북한급변 사태에 대비한 '작계 5029'의 검토 등 한미공조와 북한지역 안정화 작전,[24] 민사전담부대 준비,[25] 재건 방향과 관리방안,[26] 막대한 액수의 통일비용 부담과 동 비용의 국제적 조달문제[27] 등을 생각할 수 있다.

중국에게 있어 북한은 미국 또는 미국과 연합한 민주통일국가와의 완충지가 되고 원자재와 대양으로 향할 수 있는 항구를 제공할 뿐만 아니라 중국 상품의 시장이 될 수 있기 때문에 중국은 한국과의 경제 관계를 확대하면서도 자국 안보와 경제 이익에 비중을 두고 북한이 생존할 수 있는 정부

---

24) 김열수·김연수 공동연구에 의하면, 자유민주주의와 시장경제를 지향하는 통일한국 구현을 위한 한국 주도 안정화 작전은 제1단계 치안 및 질서유지, 구호, 제2단계는 남북한 총선거 분위기 조성(정당 활동, 민주주의, 투표에 대한 교육 등), 제3단계는 총선거를 통한 통일한국이 되어야 한다고 주장하였다. 김열수·김연수(2009.11.30), pp.46-48.

25) 허남성 교수는 미국이 이라크에서 경이로운 작전으로 전투에 단기에 성공하고도 그 후 어려움을 겪은 경험에 비추어 한국군 내에 민사 전담 부대가 창설되고 이를 위해 민정병과가 신설되어야 한다고 제안하였다. 허남성, "북한 급변사태에 대비한 정책 제안," 한나라당 국책자문위원회 주최 「한반도 통일 언제 되나, 우리는 어떻게 해야 하나」, p.79.

26) 김계동 교수는 국제사회는 북한이 붕괴되더라도 한국이 단독으로 북한 지역을 흡수 통일하는 것을 반대하고 국제개입과 국제관리를 주장할 가능성이 있으므로 한국은 국제관리 적극 참여를 통해 통일을 주도해 나가야 한다고 주장하였다. 김계동, "북한 급변 사태 시 주변국 관계," 안보학술논집 제22집 하(2011년 10월), pp.1-61.

27) 2005년 랜드연구소 보고서는 가능성이 높은 붕괴와 흡수를 통한 통일 시나리오를 염두에 두면서 통일비용을 '북한의 국민소득을 두 배로 올리는 비용'으로 정의하면서 주로 독일 통일 사례에 기초하여 500억 달러(약 50조 원)~6,700억 달러(약 670조 원, 2003년 기준)라고 계산했다. 남성욱, "남북통일 가능성: 내수시장 확대, '코리아 디스카운트' 해소. 통일비용 240조~1,200조 원 예상," 『월간조선』·삼성경제연구소 공동기획, 『2030년의 대한민국』, 2009년 1월호 별책부록, pp.180-185.
최준욱 한국조세연구원 선임연구원은 2009년 7월 27일자 「남·북한 경제통합이 재정에 미치는 영향」이라는 제목의 보고서에서 2011년에 통일이 된다고 가정할 경우 한국 국내 총생산의 12%가량에 해당하는 122조의 추가재정이 통일비용으로 투입되어야 한다고 분석하였다. 『한국경제』, 2009.8.28, p.A5. 동 보고서는 한국조세연구원(http://www.kipf.re.kr) Current Issue, 2009.8.27에서 검색할 수 있다.

와 국가로 지속될 것을 바라고 있다.[28]

한반도 통일에 대하여 일본은 이중적 반응을 보일 것이다. 일본은 한반도가 분단된 상황을 가정하여 안보정책을 수립해 왔고 또 주일미군이 주한미군과 긴밀히 연결되어 있기 때문에 통일한국이 주한미군의 계속 주둔 허용 여부에 따라 심각한 전략적 문제를 안게 된다. 국내재건문제로 통일한국이 약한 상태에 있을 경우 일본은 동북아 지역에서 중국과 대치할 수 있는 강대국이 될 수 있으나 한일 간의 역사적 적대감이 누그러지지 않는 한 통일한국과 일본이 어떠한 관계를 가질지도 우려하고 있다.[29]

중국과 일본이 통일한국의 출현을 달가와 하지 않는 것은 막강한 독일이 나타나 과거 히틀러의 독일과 같은 행동으로 유럽의 안정을 해칠 것을 두려워하여 영국, 프랑스가 독일 통일을 노골적으로 반대 의사를 표명한 것과 비슷한 처지이다.

한국은 1989년 11월 9일 베를린 장벽 붕괴 이후 국제환경 변화기에 서독이 영국, 프랑스의 독일 통일 반대를 무릅쓰고 미국의 지원을 받아 적극적 외교로 통일 분위기를 조성해간 독일로부터 교훈을 찾아야 한다.[30]

독일은 처음부터 명백한 통일 지지를 보여준 미국과 1990년 2월 24일과 5월 17일 정상회담을 개최하고, 소련과 동년 7월 16일 코커서스 정상회담을 통하여 30억 마르크의 긴급원조를 약속하고 1994년 말까지 동독 주둔 소련군 34만 명(22개 사단 규모)의 철수, 정착 및 직업훈련 비용 127억 5천만 마르크를 지원하면서 독일 통일의 양해를 확보하였다.

서독 콜 총리는 3월 29일~30일 영국을 방문하여 대처 총리와, 6월 22일

---

28) Ferial Ara Saeed and James J. Przystup(2011.9), pp.1, 12.

29) Ferial Ara Saeed and James J. Przystup(2011.9), p.14.

30) 독일 통일의 과정에 관한 자료와 주요 저서로는 주독대사관, 『동서독 교류협력 사례집』(1993.10); 이영기, 『20년 전 베를린 장벽은 어떻게 무너졌는가』(서울: 도서출판 강남, 2009); 염돈재, 『올바른 통일준비를 위한 독일통일의 과정과 교훈』(서울: 평화문제연구소, 2010); Phlip Zelikow·Condoleezza Rice, *Germany Unified and Europe Transformed: A Study in Statecraft*(Cambridge, Massachusetts: Harvard University Press, 1996)을 참조.

미테랑 대통령과 독일통일을 위한 정상회담을 가졌다. 서독이 정상회담들을 적극적으로 추진한 것과 병행하여 독일통일을 마무리짓기 위해 1990년 5월 5일~9월 12일까지 네 차례에 걸쳐 동서독과 미·영·불·소 4개국이 참가하는 2+4회담을 개최하여 '독일문제의 최종해결에 관한 조약'을 조인하였다.

한국은 통일을 먼저 성취한 서독을 본받아 미국과의 군사동맹을 기축으로 안보를 튼튼히 하면서, 미국, 중국, 일본, 러시아 등 주변 국가와의 양자 외교와 다자 차원의 외교 활동을 일층 강화하여 통일에 우호적인 분위기를 조성해 나가야 한다.

국제무대가 미국 단독 주도의 질서에서 미국과 중국이 견제와 협력을 추구하는 G-2 시대로 바뀌고 두 국가의 새로운 리더십 간의 향배도 주목된다. 미국은 오바마(Barack Obama) 대통령이 2013년 1월 21일부터 집권2기를 맞고 중국은 2012년 11월 15일 중국공산당 '18기 중앙위원회 1차 전체회의'에서 당총서기로 선출되는 시진핑(習近平) 체제가 공식 출범하였다.

이제부터 한국은 미국과의 동맹 체제를 강화해 나가면서 동시에 북한의 혈맹 국가로서 이념을 달리하는 중국과의 경제적 협력을 포함한 전략적 협력 동반관계를 확대해 나가야 한다. 분단한국으로서는 한미동맹과 한중 전략적 동반자 관계는 양자택일을 하거나 등거리 관계를 유지하는 문제가 아니다.

북한 급변 사태로 인해 한국이 통일을 주도하는 것을 우려하는 주변국에 대해서는 먼저 한국 주도의 통일이 주변국에 해가 되지 않고 지정학적으로 득이 됨을 꾸준히 설명해 나가야 한다.

한국은 중국에 대하여 북한의 군사도발이 동북아는 물론 세계 평화와 중국의 번영에 부담이 될 것이라는 메시지를 계속 전달해야 한다. 또한 중국에게는 북한과의 의리보다 미국과 함께 지금의 정치, 경제력에 상응한 G2 국가로서 세계 평화와 국제협력을 위해 리더십을 발휘해 줄 것을 촉구해야 한다.

한국은 중국이 한국 주도 통일을 거부하지 못할 명분을 축적해 나가야 한다. 이를 위해 한국은 현재 벌어지고 있는 중국과의 무역과 인적 왕래를 들어 통일한국이 중국에 유리함을 여러 트랙을 통해 적극적으로 설득, 협의해 나가야 한다.

한미 양국은 전략적 협의를 거쳐 통일한반도 내 미군 주둔과 일본과의 긴밀 관계 유지를 합의한 연후에, 중국의 안보적 불안을 고려하여 "한반도 통일이 안정된 후 미군을 현 휴전선 이북 북한 지역에 주둔하지 않고 철수할 것"을 중국에 약속할 수 있을 것이다.[31]

또한 중국 측이 통일 후 다수 북한 주민들이 한·만 국경을 넘어 만주 등 중국지역으로 탈출할 것을 우려하는 것을 고려하여 한국은 "유엔과 주변국의 지원을 받아 중국지역으로 탈북할 북한주민이나 북한 내에 계속 거주할 주민들의 부양"을 책임질 것도 약속할 수 있을 것이다.

IV. 결론

2012년 4월 11일 제4차 당대표자회의와 4월 13일 최고인민회의로 3대 세습은 공식화되었다. 북한의 최고지도자가 밝힌 정책들은 아버지 김정일이 남긴 유언에 따라 한반도의 공산화 통일을 최종목표로 두고 대내외 강경노선을 견지하고 있다.

---

31) 브루킹스연구소의 마이클 오핸런(O'Hanlon)은 2010년 6월 24일 "A New North Korea Strategy," 제하 보고서에서 미국은 북한이 붕괴되었을 때 미군은 한반도 안정과 북한 핵 확산 방지를 위한 목적으로 일시적으로 북한지역으로 진주하는 것 이외에는 휴전선을 넘지 않을 것이며 또 그러한 맥락에서 한반도가 안정이 되면 미군을 한반도에서 철수시킬 준비가 되어 있음을 중국 측에 약속하자는 의견을 제시하였다. 상세 내용은 http://www.Brookings.edu/opinions/2009/0624_north_korea_ohanlon.aspx를 참조.
중국의 입장을 고려하여 통일한반도에서 미국군을 철수하자는 상기 오핸런의 주장은 미국이 한반도에 두는 전통적인 이해관계를 고려하지 않은 것이다.

북한의 3대 세습 공식화 후 장거리미사일 발사 등 호전적 도발로 인한 위기를 보고도 지난 4월 11일 총선에서 보듯이 한국 사회에서는 북한에 대한 경계심이 해이해지고 있고 북한지지 세력도 줄지 않고 있다. 자유민주주의체제의 통일은 멀리 느껴지고 또다시 많은 전문가들은 김정은 체제의 안착 여부의 상황분석에만 매달려 있다.

1945년 세계 제2차 대전 종전 후 태어난 147개 신생국 중에서 꼴찌에서 두 번째였던 대한민국은 최단기간에 경제발전과 민주정치를 이룩한 자랑스러운 국가로 발전하였다. 국제사회의 저명학자들도 한국 주도의 통일이 가까워지고 있다는 전망을 하고 있다.

글로벌한 차원에서 공산주의 국가와 군사독재 국가의 퇴조, 북한체제의 자체 문제점과 외부정보의 유입으로 인한 존재 계속의 불확실성 고조, 남북한 간의 국력격차 심화, 핵·미사일 등 대량살상무기 개발에 대한 국제사회의 제재 등의 객관적 여건들이 이미 갖추어져 가고 있고 경제, 비경제적 통일편익이 분단 및 통일비용보다 큰 만큼 자유 민주 통일을 주저할 이유가 없다.

실제로 한국이 주도하여 자유민주주의체제하의 통일을 이룩하게 되면 통일한국은 민족사의 정통성을 세우고 전쟁위험으로부터 민족을 구하고 북한 동포를 빈곤과 억압에서 해방하여 자유, 민주, 복지, 인권, 행복 등 핵심가치가 존중되고 세계 번영과 평화에 기여하는 선진일류국가로서, 동서양을 잇는 세계중심국가가 되는 것도 예견된다.

앞으로 한국은 분단으로 인한 당장의 위험을 관리하되, 시대정신인 한국 주도의 자유민주주의 통일을 전략적으로 계획적으로 구현하는 데로 연구 방향을 전환하여 구체적 대책을 마련해 나가는 것이 시급하다.

이 논문은 김정은 체제가 과거처럼 대남공산화 통일전략을 고수하고 한국과의 상생·공영을 하지 않을 경우 북한 당국이 개혁·개방을 하도록 유도하거나 통일한국의 목표와 가치가 북한 주민들에게 스며들고 또 북한 주민에게 직접 다가가도록 대북정책을 조정하는 대책을 제시하였다.

그러나 북한의 3대 세습체제가 붕괴되는 급변사태로 한국 주도의 통일한반도가 구현될 경우와 등소평 치하의 중국처럼 북한이 개혁·개방을 택하여 한국과의 상생·공영을 하려 할 경우에 대한 국내외 종합 대책도 세워 대비해야 한다.

한국 국민은 현재의 남북한 간의 갈등과 고통, 국론분열에 낙심하거나 비판만 하지 말고 북한의 3대 세습으로 인하여 야기된 민족 앞에 놓인 위기를 민족 통일과 미래의 번영을 앞당기는 기회와 비전으로 바꾸는 역사적 대업에 동참하여야 한다.

이를 위해 실질적인 통일 준비를 하는 차원에서 전 국민의 통일의지를 결집하여 통일재원을 위한 기금을 마련하고 각종 대책을 세워 통일을 주도해 나가야 한다.

한국에 들어온 탈북자들이 통일의 전령이며 선물이기 때문에 한국 사회 적응교육 후 이들에게 일자리를 주어 정착시키고 통일선봉대와 자유민주주의 선교사로 양성하는 방안을 체계적으로 강구하는 것도 강조하고 싶다.

마지막으로 통일과정에 북한 당국과 주민을 분리하는 대책과 통일 초기에 북한지역을 통치, 관할할 군의 민정 준비와 북한 핵심 집권층에 대한 청산문제 등도 미리 연구하고 준비해 두어야 할 과제임을 지적한다.

제**10**장

남북한 인도적 문제 해결을 위한
협상 평가와 향후 대책*

1985년 9월 20일부터 23일 소수의 남북한 이산가족들이 예술공연단과 함께 서울과 평양을 처음 교환 방문한 것을 기념하여 오늘 한서대 국제인도주의연구소와 대한적십자사(이하 한적) 국제남북협력본부가 남북한 간 인도적 문제에 관한 전략 세미나를 공동 개최하게 되었음을 축하드린다.

1970년대 초 이병웅 소장님, 최은범 박사님과 같이 판문점, 서울과 평양을 오가면서 남북대화에 참여한 28세 청년이었던 토론자가 40년이 지난 후 선배들과 다시 자리를 같이 하여 이산가족 문제 해결 방법에 대하여 의견을 제시할 수 있게 되어서 감회가 깊고 또 영광이다.

북한이 이산가족 문제 해결을 위한 적십자회담을 대남전략 차원에서만 고려하므로 재개를 하여도 점점 늙어 돌아가시고 있는 노령의 이산가족들을 도울 수 없고 금강산 상봉은 엄청나게 비용이 드는 '정치적 이벤트'이고 또

---

* 이 논문은 저자가 토론자로 참가한 대한적십자사·한서대 공동주최 「남북 간 인도적 문제에 대한 전략 세미나(2012.9.21) 자료집」, pp.48-52에 게재된 내용을 일부 수정하였다.

다른 이산으로 고통을 주고 있다.

국민 행복 차원에서 정부와 대한적십자사가 전체 노령의 이산가족들이 무엇을 원하는지를 설문조사를 하여 그들이 원하는 대로 해주자는 의도에서 설문조사에 포함시킬 몇 가지 현실적이고 가능한 항목을 제시한다.

〈이제까지의 남북한 인도적 문제 해결 위한 노력 평가〉

남북한 이산가족이란 해방 이후 월남 동포(1945~1948), 6·25 전쟁기간 중 월남·납북 또는 월북자(1950~53), 전쟁 후 억류된 국군포로, '인민군'으로 징집되었으나 미귀환, 어부, 여객기 승무원 및 승객 등 납북인사, 최근의 탈북동포를 말한다. 즉, 재결합에 따라 배우자, 형제자매의 혈족 또는 인척으로서의 신분관계를 회복·형성하고자 하는 자를 포함한다고 할 수 있다.[1]

1971년 8월 12일 한적 최두선 총재가 '이산가족 찾기 위한 회담'을 북한 적십자 중앙위원회(이하 북적) 측에 제의한 이후 지금까지 세계적 주목을 받으면서 헤아릴 수 없을 정도의 수많은 회담, 이산가족의 고향방문과 금강산 상봉, 면회소 설치 등의 '이벤트'는 있었으나, 우리와 분단 경험을 같이 한 동서독이나 중국-대만과는 달리 이렇다 할 실질적 성과가 없었다.

특히 1970년대에는 외관상 수많은 회담을 하였지만, 남북한 적십자사가 회담을 하는 목표와 제의 내용이 서로 달라 문제 해결에는 전혀 접근을 할 수 없었다.

한적 측은 남북으로 흩어진 이산가족들 간의 인도적 문제를 해결하여 남북한 관계 개선과 통일로 나아갈 수 있는 상호 간의 신뢰회복에 목표를 두었다. 추진방법은 국제적십자위원회(ICRC)의 심인사업본부(CTA)가 개발하여 각국 적십자사에 권고한 이산가족 심인사업 방식에 따라 희망하는 모든 이

---

1) 이산가족에 대한 한국 정부의 공식 정의는 이산의 사유와 경위를 불문하고 현재 남북으로 흩어져 있는 8촌 이내의 친·인척 및 배우자 또는 배우자이었던 자를 말한다. 「이산가족교류 경비지원에 관한 지침」, 통일부훈령 제291호, 제2조(정의) 1.(1998. 12.25).

산가족을 대상으로 하여 ① 생사와 주소 확인 및 통보, ② 서신 교환, ③ 상봉과 왕래 및 ④ 희망자의 경우 원하는 쪽으로 영구적 재결합을 제의하였다.

북적 측은 예비회담에서 의제를 합의하는 과정에 가족·친척 이외에 친우를 사업 대상에 포함시키고 사업 방법도 당사자 간에 남북한 간 자유로운 왕래와 상호 방문을 주장하였으나 대체로 한적 측이 제안한 5개항을 따랐다.

그러나 평양과 서울을 오가면서 예비회담에서 합의한 의제 제1항「이산가족·친척의 주소와 생사 확인」실천을 논의하는 본회담에 이르자 북적 측은 적십자회담을 순전히 남한 혁명 분위기 조성의 수단으로 이용하고자 하였다. 북적 측은 이산가족 문제 해결보다 한국의 법률적·사회적 환경 개선론, 요해해설 요원 파견 등을 주장하면서 반공 태세 이완을 획책하였다.

1985년 9월 20~23일 시범적으로 이산가족의 남북한 상호방문(한적 측에서는 35가구가 재북 가족 45명과 상봉하고, 북적 측에서는 30가구가 재남 가족 51명을 상봉)이 있은 후, 2000년 이후 지금까지 18차례의 이산가족 상봉이 실현되었다.

그중 2000년 8월 15일~18일과 11월 30일~12월 2일 두 차례는 남북한을 상호 방문하였으나, 2001년 2월 26일부터 2010년 11월 5일까지 있은 16차례의 이산가족 상봉 장소는 금강산으로 제한되었다.

이산가족 상봉 장소를 금강산으로 제한하고자 하는 북측의 의도는 남북한 간 체제 경쟁에 패배한 나머지 상호 지역을 방문함에 따른 부담감과 이산가족 파악과 훈련, 상대 지역 파견에 따른 여러 가지 어려움이 있었기 때문으로 보인다.

한적 측이 기존의 국제적십자위원회의 심인사업 방식이나 남북한 상호 방문을 고집하지 않고 말도 안 되는 북적 측의 금강산 상봉 주장에 양보한 것은 북한 지역에 살고 있는 이산가족을 만나고자 하는 우리 측 지역 이산가족들의 절절한 열망에 부응하고 특히 당시 정부의 대북포용정책에 순응한 것으로 보인다.

제한된 숫자의 이산가족들이 대한민국의 온 미디어가 현장 중계를 하는 가운데 진행된 2박 3일의 금강산 눈물 상봉은 상봉 후 재상봉은 물론 서신

교환마저 허용되지 않는 재이산(再離散)을 강요하는 '정치적 이벤트'였다.

1988년부터 2012년 7월 31일까지 상봉 신청인은 128,716명이었으나 그 동안 51,591명이 사망하여 77,125명이 남아 있다.[2] 지금부터 고령이산가족을 1개월에 1천 명씩 상봉하게 해도 앞으로 70개월이 더 걸린다. 그중에도 80세 이상이 36,097명이나 되니 이런 고령의 이산가족들은 지금까지의 2~3일간 상봉 방식으로는 보고 싶은 가족·친척을 볼 수 없는 실정이다.[3]

〈'금강산 상봉 쇼' 방식은 지양하고 현실적으로 가능한 방법과 기본으로 돌아가야 한다!〉

이제까지의 이산가족 문제는 대체로 정부와 대한적십자사가 이산가족들의 의사를 일일이 묻지 않고 선의로 주도해 왔다고 볼 수 있다. 그러나 1971년 이후 해온 노력들이 북한 측의 거부로 전혀 진전을 보지 못했고 특히 지난 정권은 정치적으로 '이용'한 점도 없지 않았다.

이산가족들은 점점 늙어 가고 있는데 이산가족 문제 해결을 위한 전망도 보이지 않는다. 대한적십자사와 한서대 국제인도주의연구소는 이산가족들을 돕는 차원에서 전체 이산가족 당사자들을 대상으로 그들이 무엇을 어떻게 해주기를 원하느냐에 대한 전수조사(全數調査)를 먼저 하고 이를 반영한 대책을 수립, 북한 측에 제의하고 추진할 것을 권고한다.

이러한 전수조사에는 아래 구체적 항목들이 설정될 수 있을 것이다.

(1) 당당히 공개적 대북 지원 제시하여 이산가족 문제 해결 추진

금강산 상봉은 돈은 돈대로 드는 이벤트 행사이지 이산가족 문제의 근본적 해결이 전혀 도움이 되지 않는다.

---

2) https://reunion.unikorea.go.kr(2012.7.31).

3) 상봉행사의 숫자 제한으로 상봉행사에 포함될 수 있는 경쟁률도 매우 높다. 실례로 2000년 8월 15일 이산가족교환 방문 때 신청한 이산가족 76,693명 중 100명만이 방문하게 되어 그 수혜자는 767대 1이었다.

2009년 10월 6일 국회 외교통상통일위원회 정옥임 한나라당 의원이 공개한 국정감사 자료에 따르면, 북한이 쌀과 비료 지원을 이산가족 상봉과 연계시킨 가운데 정부가 2000년부터 2007년까지 대북 쌀, 비료 지원, 금강산 면회소 건설, 행사 경비 등으로 총 1조 7,489억 원을 지원하였으나 상봉 실현이 부진하였고, 북측의 가족을 만나는 데는 막대한 비용이 들어갔다고 지적한 바 있다.[4]

정부와 대한적십자사는 대북경제지원의 반대급부를 당당히 제시하고 이산가족의 생사와 주소 확인, 서신 교환, 면회소 상설 및 확대, 고향 방문, 이산가족 상봉 제도화를 추진고자 노력하고 있다.

특히 이산가족 상봉을 꼭 하겠다면 최소한 2000년 전으로 돌아가서 금강산 상봉보다 고령이 되어가고 있는 이산가족들이 먼 금강산지역으로 고생하며 가는 것보다 지난날 남북한을 동시 교환 방문했던 이전 방식으로 돌아가야 할 것이다.

(2) '조용한 비밀협상'에 의한 독일 정치범 송환 방식

1990년 통일이 되기 전 서독 정부는 이산가족 문제를 공개적인 협상이나 이벤트성 행사보다 동독 정부와의 '조용한 비밀 협상'을 통하여 25만 명의 동독 거주 이산가족과 정치범을 서독으로 합법적으로 이주시켰다.

특히 동독의 반체제 인사의 석방 경우 당시 서독과 동독은 당국이 적접 나서지 않은 채 교회, 변호사 등 민간이 주도하는 사업으로 진행시켰고 언론도 협조해 철저하게 비밀리에 이뤄졌다. 1963년 첫 사업을 시작한 이래 베를린 장벽이 무너지던 1989년까지 이어졌는데, 서독은 3만 3,755명을 송환한 대가로 34억 6,400만 마르크에 해당하는 현물을 동독에 지불했다.

따라서 우리도 통일 전 서독이 한 것처럼 금강산 '상봉 쇼'에 소요되는 비용이나 대북 경제 지원비로 이들을 구출해오는 '독일 정치범 송환 방식 Freikauf: 자유를 산다)을 은밀히 추진하여야 하는 것이 바람직하다고 하겠다.

---

4) http://www.dailynk.com(2009.10.06).

중국과 대만 간에는 중국이 1983년부터 87년 사이 홍콩적십자사를 통하여 대만에 이산가족을 위한 적십자 통신을 보내었고 대만은 1987년 국제적십자위원회 심인사업본부를 통하여 회신을 보내었고 그 후 양측은 홍콩에 위치한 국제적십자위원회 아세아대표부를 통하여 서신 거래가 이루어졌다.

1987년 이후 중국과 대만 사이의 정치 상황은 아직 긴장관계가 지속되고 있지만, 이산가족의 친척 방문, 병문안, 조문 등의 명목으로 상봉문제는 해결된 것으로 보인다.

(3) 이산가족 당사자들의 직접 노력 허용 및 이에 대한 정부의 지원

정부와 대한적십자사는 이산가족 당사자들이 개별적으로 북쪽 지역 이산가족의 생사와 주소를 확인하는 일을 조용히 지원하고 또 제3국을 통하여 재북 가족에 소규모의 송금을 하는 것도 허용하자.

이 경우 중국에서 활동하는 기업, 민간단체나 현지 브로커를 통한 가족생사 확인과 같이 현실적으로 가능한 방도도 추진할 수 있을 것이다.

(4) 국제적십자위원회의 심인(尋人)사업방식 채택을 위한 국제여론 호소

이러한 모든 일들이 북한의 반대로 어렵다면 남북적십자 예비회담에서 합의한 국제적십자위원회의 심인사업방식인 기본으로 돌아가서 국제여론에 호소하자.

(5) 유엔경제사회 이사회를 통한 이산가족 문제 제기

정부는 국내 민간단체가 유엔경제사회이사회 자문역 비정부기구(UN ECOSOC Consultative-status NGO)의 지위를 확보하여 남북이산가족 문제를 유엔인권위원회나 소위원회에 꾸준히 제기하여 이 문제가 유엔과 국제적십자위원회 등 국제사회에서 공론화될 수 있도록 지원해 나가야 할 것이다.[5]

---

5) 2011년 7월 1일 이동복 전 남북대화대표 인터뷰.

결론은 정부와 대한적십자사는 이벤트 행사인 금강산에서의 이산가족 상봉 재개를 추진할 것이 아니라 이산가족 당사자들이 원하는 방식을 최대한 수렴하여 북한에 제의하고 또 관련 국제기구들과 협력할 일들을 적극적으로 추진하여 그들의 한을 풀어 주어야 할 것이다.

제11장

우리 국회의 북한 인권법 제정 지연[*]

미국의 수도 워싱턴 디 씨에 있는 국제인권단체 프리덤 하우스가 금년 1월 16일 발표한 '2013 세계연례자유보고서'는 이 단체가 조사한 195개 나라 가운데 북한을 시민적, 정치적 자유가 없는 가장 최악의 나라로 지목됐다.

최근 북한은 북한 주민의 탈북을 막기 위해 중국 국경과 가까운 두만강 일대 마을을 파괴하여 강제 이주시키고 국경수비대에 첨단감시 장비를 보급한 것으로 알려졌다.

북한 인권이 지속적으로 악화되고 있는 상황의 개선을 요구하는 국내외의 움직임도 최근 두드러지게 강화되고 있다.

4월 21일 스위스 제네바에서 열린 제22차 유엔인권이사회는 북한 인권 실태를 전방위적으로 조사하는 공식기구 출범 안을 담은 북한인권결의안을 47개국 이사국이 만장일치로 채택하고 북한 정권의 반인도주의 범죄를 조사할 북한인권조사위원회(COI: Commission of Inquiry)를 창설했다.

---

* 이 글은 국제인권연맹의 『국제인권보』, 2013년 5월호에 게재되었다.

5월 7일 유엔인권이사회는 마르즈끼 다루스만 현 북한인권특별보좌관 등 3명을 북한인권조사위원으로 임명했다고 밝혔는데, 이들 조사위원들은 앞으로 10~20명 규모의 조사팀을 구성해 내년 3월까지 북한 정권의 인권탄압에 대한 조사를 하게 된다.

4월 25일 '한반도의 인권과 통일을 위한 변호사모임 창립위원회'는 "국회가 북한 인권법 제정 의무를 게을리하고 있다"며 국회를 상대로 헌법재판소에 소송을 내었다.

수잔 솔티 여사 주도하에 4월 29일부터 5월 6일까지 서울, 대전, 김해, 부산 등지에서 진행된 '북한자유주간' 기간 중 북한인권법의 국회통과를 촉구하는 각종 세미나와 기도회, 탈북자 북송반대 집회 등 다양한 행사가 개최되었다.

이러한 활동들은 북한의 인권 유린상황이 날로 악화되고 있음에도 우리 국회가 북한인권법 제정을 지연하고 있기 때문에 촉발되었다고 할 수 있다. 미국과 일본은 지난 2004년과 2006년에 이미 북한 인권법을 통과시켰으며, EU와 유엔도 8년째 북한인권결의안을 채택하는 등 북한인권 개선을 위한 노력을 계속하고 있다.

그러나 정작 당사국인 한국은 북한을 자극하지 않으려는 의도에서 유엔 인권위원회와 유엔총회의 북한인권결의안 채택과정에 불참하거나 기권하는 부끄러운 짓을 한 적이 있다. 대북 온정적 정권이 교체되었음에도 오늘날 우리 사회는 여전히 친북·종북 세력의 반대와 국민들의 무관심으로 국회의원들이 국회에 발의한 북한인권법안들이 결실을 거두지 못하고 있다.

북한인권법은 17대 국회(2004년 5월 30일~2008년 5월 29일)에서 김문수, 황진하 의원이 각각 발의했고 18대 국회(2008년 5월 30일~2012년 5월 29일)에서 황우여, 황진하, 홍일표, 윤상현 의원이 각기 발의했으나 폐기되었다.

특히 2009년 7월 7일 18대 외교통상통일위원회(이하 외통위) 법안심사소위원회는 이상 4명의 의원들이 각기 발의한 4건의 법안을 축조심의한 후 통합·조정된 단일안을 마련했고 이를 외통위의 대안으로 제안하기로 했다.

2010년 2월 11일 국회 제2차 외통위 전체회의에서 최종 단일안을 통과시켰고 이를 2월 14일 법사위원회에 회부했다. 그러나 북한인권법안은 야당인 민주당의 반대로 법사위를 통과하지 못한 채 제18대 국회의 임기 만료와 함께 자동 폐기되었다.

2012년 5월 30일 임기가 개시된 19대 국회에서는 이인제, 황진하, 윤상현, 조명철 의원이 각기 북한인권법안을 국회에 제출하였으나 심의조차 하지 않고 있다.

인권은 인류의 보편적 가치이고 같은 민족으로서 당사자인 우리가 북한 주민의 인권 참상에 침묵한다면 국제사회에 낯을 들 수 없을 것이다. 민족 양심가들은 북한인권법 제정을 반대하는 반인류 비양심 몰인격 의원들의 명단을 폭로하자는 주장도 하고 있다.

박근혜 대통령은 2012년 11월 5일 대통령선거 운동 기간 중 '신뢰외교와 새로운 한반도' 제하 외교·안보·통일정책의 기조와 과제를 발표하면서 "우리와 더불어 통일시대를 열어갈 북한 주민들이 겪고 있는 고통을 더 이상 방치해서는 안 된다"고 하면서 인도주의와 인권을 향상시키기 위한 북한인권법 제정을 강조하였다.

동 발표에서 박 대통령 후보는 탈북민의 보호와 지원, 이들의 강제 북송을 막기 위한 유엔고등판무관(UNHCR) 등 국제사회와의 협력 강화와 탈북민들의 국내정착 지원 인프라와 맞춤형 지원체계 강화도 약속하였다.

우리는 더 이상 국회의 북한인권법안 제정을 지연하지 않아야 한다. 국회의 북한인권법 제정은 필자가 재미 이희문 목사와 협조하여 주재한 작년 7월 4일 '북한인권법 바로 알기' 세미나에서 동국대 한희원 교수가 강조한대로 국제인권법안 차원의 인도적 개입입법이고 통일한국의 연착륙을 위한 북한에 대한 선(先)투자법이고 북한 주민에 대한 관심과 책무로서 한반도의 평화통일을 위한 초석이다.

북한인권법에 담을 내용으로는 박근혜 대통령이 이미 제시한대로 북한지역거주 국민의 현실적 인권 개선, 북한 이탈 주민들의 인권보호와 정착 개선과 북한, 중국 등 관계 당사국을 포함한 국제사회에 협력을 호소하는 것 등이 망라되어야 할 것이다.

더 이상 국회가 북한인권법 제정을 지연시키는 것은 같은 민족인 북한 주민의 고통을 외면하는 수치스럽고 통곡할 일이다. 여야 의원들의 각성과 분발을 촉구한다.

부록

1

North Korean Negotiating Behavior:
A Cultural Approach*

I. Introduction

When the enigmatic dictator of the Hermit Kingdom appeared in the Western media during the historic June 2000 Inter-Korean Summit, his unanticipated behavior captured public attention. Once seen as a drunken, eccentric playboy who was obsessed with films, and even kidnapped starlets, Kim Jong-il strode into the world arena as "an affable diplomat, a congenial host and bright conversationalist."[1]

During the summit, and in meetings with other South Korean delegates, he hinted at changes in his long-standing hostility toward

---

* 이 논문은 *East Asian Review*, Vol.15, No.2, Summer 2003, pp.87-104에 게재되었다.

1) Doug Struck, and Steven Mufson, "N. Korea's Kim Sheds Image of Madman," *Washington Post*, October 26, 2000, A01.

the South and the U.S., and even mentioned revising the Charter of the Workers' Party. As a result of his ostensible change of heart, plus hopeful interpretations by the Kim Dae-jung government, optimism prevailed over pessimism, especially after the June-15 Joint Declaration.[2] In a similar vein, it has been argued that in the inter-Korean dialogues, North Korea showed remarkably different negotiating behavior from past meetings such as the Armistice Negotiations in the 1950's, the Red Cross conferences and the Coordinating Committee meetings in the 1970's, and the high-level talks in the early 1990's.

Based on direct interviews with South Korean representatives at the inter-Korean dialogues and results of the dialogues, this paper evaluates, however, that there has been no significant change in North Korean tactics after the June-15 Joint Declaration, either in its millitant negotiating behavior, or in general inter-Korean relations. By applying a cultural approach to analysis of negotiating behavior, this paper intends to discuss characteristics and styles of North Korean negotiating behavior, including distinct behaviors shown at each stage of negotiations.

II. Cultural Approach Method

With the dawn of the post-ideological international order, new theories are being applied to the study of North Korean negotiating

---

2) In consecutive interviews with 100 Korean opinion leaders on the inter-Korean Summit, 79 people (81 percent) among 98 respondents answered that Kim Jong-il "crossed the Rubicon" toward regime change, while 17 (18 percent) answered negatively. *Shindonga*, Dong-a Ilbosa, August 2000, pp.76-79.

behavior. The cultural approach studies distinct negotiating behavior of the country, irrespective of the specific agenda or the personal traits of the diplomats involved. As evidenced by the "Rambo-style" negotiations of the U.S., Japan's adaptive negotiation style, and the Chinese style that emphasizes friendship and *guanxi* relations,[3] diplomats from each country, while conforming to the normal rules and procedures of international society, exhibit unique negotiation styles.

In sum, a plethora of research[4] on national negotiating styles exists. François de Callières argued in 1716 that Spanish diplomats were more patient negotiators than the French, mainly because of their different origins.[5] Harold Nicolson pointed out the fact that various diplomatic strategies of the U.S., Germany, France, and Italy were attributable to the differing characteristics and traditions of each nation.[6] From his extensive experience as a professional diplomat, Arthur H. Dean stated that those styles are based not only on official policy, but also on social and national traits affecting the personal characteristics of each diplomat.[7] Richard Solomon[8] also argued that

---

3) Yong-ho Kim, "North Korea's Negotiation Behavior" (in Korean), *The Korean Journal of International Relations*, Vol.40, No.4(2000), p.294.

4) Michael Blaker, *Japanese International Negotiating Style* (New York: Columbia University Press, 1977); Richard H. Solomon, *Chinese Political Negotiating Behavior: A Briefing Analysis* (Santa Monica, California: RAND Corporation, 1985); Raymond F. Smith, *Negotiating with the Soviets* (Bloomington: Indiana University Press, 1989); Hans Binnendijk (ed.), *National Negotiating Styles* (Washington, D.C.: Foreign Service Institute, Center for the Study of Foreign Affairs, Department of State, 1987).

5) François de Callières, *On the Manner of Negotiating With Princes*, tr. by A. F. Whyte (Notre Dame, Indiana: University of Notre Dame Press, 1963), p.36.

6) Harold Nicolson, *Diplomacy*, 3rd ed. (London: Oxford University Press, 1963), p.127.

7) Arthur H. Dean, *Test Ban and Disarmament: The Path of Negotiation* (New York: Harper and Row, 1966), p.34, quoted in Louis J. Samelson, *Soviet and Chinese Negotiating Behavior: The West View* (Beverly Hills and London: Sage, 1976), pp.10-11.

8) Richard H. Solomon, *Chinese Negotiating Behavior: Pursuing Interests Through 'Old Friends'* (Washington, D.C.: United States Institute of Peace Press, 1999), p.xiv.

the unique political culture of each country determines a nation's brand of negotiating behavior.

Differences were recognized in communist regimes as well. Andrei Gromyko, former Minister of Foreign Affairs in the Soviet Union, argued that "diplomatic policies originating from the system characteristics of each nation and the ideology of the dominant class within cannot but serve the interests of the dominant class."[9]

In 1997, the U.S. Institute of Peace began the Cross-Cultural Negotiation Project to help diplomats better understand their negotiation counterparts, and find other, more satisfactory solutions than military ones. The project has focused on two aspects: a wide range of research on the impact of cultural factors on international communication;[10] and a more detailed study of negotiation styles of specific countries such as the former Soviet Union, China, North Korea and Japan.[11]

As the leading scholar of the cultural approach, Raymond Cohen defines culture as follows: (1) the characteristics not of individuals but of the society to which each individual belongs; (2) something

---

9) O. B. Borisov et al., *Modern Diplomacy of Capitalist Powers*, with a Foreword by Andrei A. Gromyko, tr. by Y. S. Shirokov and Y. S. Sviridov (Oxford: Pergamon Press, 1983), p.vii.

10) Raymond Cohen, *Negotiating across Cultures: International Communication in an Inter-dependent World*, revised ed. (Washington, D.C.: United States Institute of Peace Press, 1999); Kevin Avruch, *Culture and Conflict Resolution* (Washington, D.C.: United States Institute of Peace Press, 1998); Charles W. Freeman, Jr., *Arts of Power: Statecraft and Diplomacy* (Washington, D.C.: United States Institute of Peace Press, 1997).

11) Jerold L. Schecter, *Russian Negotiating Behavior: Continuity and Transition* (Washington, D.C.: United States Institute of Peace Press, 1998); Solomon, op. cit.; Scott Snyder, *Negotiating on the Edge: North Korean Negotiating Behavior* (Washington, D.C.: United States Institute of Peace, 1999); Michael Blaker, Paul Giarra, and Ezra Vogel, *Case Studies in Japanese Negotiating Behavior* (Washington, D.C.: United States Institute of Peace Press, 2001).

to be learned from the society through individual adaptation or socialization; and (3) a distinct combination of traits of all parts and ranges of social life.[12] Based on Cohen's definitions, i.e., that culture is learned from a variety of sources and is deeply immersed in values or ideology, it follows that individual traits and cultural behavior results in a distinct negotiating style.[13]

III. North Korean Political Culture and Negotiating Style

North Korea's political culture is believed to be a factor in its negotiating style, which is similar to a military operation. It differs markedly from South Korea's style, despite a variety of other similarities such as national history, language, Confucian influence, and Japanese colonialism. The following sections will examine the impact of political culture on the characteristics of the North Korea's negotiation style.

1. North Korea's Political Culture

A. Negotiations Based on Revolutionary Ideology

Negotiation is a process of compromise. Western countries, as well as South Korea, deal with a variety of conflicting interests based on give-and-take between the parties.[14] In contrast, North Korea is

---

12) Cohen, *op. cit.*, p.11.

13) Lee Dal-gon, *Negotiation Theory: The Process, Structure and Strategy* (in Korean), (Seoul: Beobmoon-sa, 1995), pp.48-49.

14) On the Western view of negotiations, refer to Song Jong-hwan, *North Korean*

founded upon the same revolutionary view as in the former Soviet Union and Communist China, which sees negotiations as "another form of war," or "a struggle against imperialism."[15)]

Similarly, Korean language dictionaries in North Korea define 'concession' as "unconditional surrender to the opponent."[16)] In 1968 at the 20th anniversary of the founding of North Korea, Kim Il-sung proclaimed, "Our goal of peaceful unification has nothing to do with any kind of 'compromise' with the enemy, or any social theory related with the 'peaceful transition' of social system."[17)] Delivering the military order to build infiltration tunnels under the demilitarized zone, he also argued that "the purpose of holding dialogue with the South is to bide our time and weaken our enemies, as well as to obtain favorable international opinion. Furthermore, it can be considered a revolutionary offensive tactic for driving the enemy into a corner."[18)] It is clear that North Korea still follows the teachings of Lenin and Mao Tse-tung. Negotiations with the South are a means to an end: Revolution.

Negotiating Behavior (in Korean), (Seoul: Orum, 2002), pp.63-64.

15) On the Soviet view of negotiation, refer to V. I. Lenin, Sochineniya, 3rd ed., Vol. 26 (Moscow: Institut Marksa-Engelsa-Lenina pri TsK VKP(b), Gosudarstvennoe Izdatelstvo Politicheskoi Literaturi, 1928-37), p.6, quoted in Nathan Leites, *The Operational Code of the Politburo*, The RAND Series (New York: McGrow-Hill, 1951), p.88. On the Communist China's view of negotiation, refer to William E. Griffith, *The Sino-Soviet Rift* (Cambridge: MIT Press, 1964), p.386.

16) *Contemporary Korean Dictionary* (in North Korean), (Pyongyang: Science and Encyclopedia Press, 1981), p.2680; *Grand Korean Dictionary*, Vol.2 (in North Korean), (Pyongyang: Social Science Press, 1992), p.1409.

17) Kim Il-sung, *Selected Works of Kim Il-sung*, Vol.5 (in North Korean), (Pyongyang: Korea Workers' Party Press, 1972), p.198.

18) Kim Boo-sung, *A Tunnel I Dug: Testifying North Korean Secret Invasion* (in Korean), (Seoul: Gapja, 1976), p.60.

B. Communist Unification Strategy and Anti-South Korea View

North Korea, asserting that it is the one and only *de jure* government on the Korean peninsula, regards South Korea as the target of revolution; that is, it must be liberated from U.S. imperialism through violent seizure of power by laborers and farmers in the South.[19] The North's revolutionary view of South Korea over the last 50 years has continued as the basis for its unification strategy; to build a communist South Korea through "national liberation" and a "people's democratic revolution," and then, to complete the unification of Korea through integration of the North and the communist South.[20]

In order to apply its united front tactics on inter-Korean dialogues, North Korea uses the term "united front from the upper class," which was first mentioned by Kim Il-sung at the 5th Congress of the Workers' Party in 1970.[21] Realizing how difficult it would be to form a united front with South Korea's lower class, the tactic aims at nurturing the revolutionary spirit of the upper class, and convincing them of North Korea's goals. The tactic is, therefore applied in dialogues, with the South Korean government, in efforts to convince them to agree on the withdrawal of U.S. forces and on its unification formula, "The Confederate Republic of Koryo."

C. *Suryung* and the Socio-political Organic Body

Directives from the *Suryung* (the Supreme Leader) and the Party mean absolute authority over the people in the North. The *Suryung*'s monolithic leadership was built upon major principles set forth by

---

19) Huh Jong-ho, *South Korean Revolution and Unification of the Farther Land Based on Juche Ideology* (in North Korean), (Pyongyang: Korean Workers' Party, 1968), p.301.

20) Lee Sang-woo, *Introduction to North Korea Politics: Characteristics and Operational Principles of Kim Jong-il Regime* (in Korean), (Seoul: Nanam, 2000), p.183.

21) Kim Il-sung, *op. cit.*, p.489.

Kim Il-sung in the 15th Plenary session of the 4th Central Committee of Workers' Party in 1967, and also by the Ten Principles for Monolithic Leadership suggested in 1974 by Kim Jong-il.

In an attempt to provide a theoretical base for monolithic leadership, Kim Jong-il proposed the Revolutionary Concept of the *Suryung* and Socio-political Organic Body theories in the 1980's.[22] According to *Suryung* theory, while the masses are masters of the revolution, they cannot act as masters without the leadership of the *Suryung*, and therefore, obey his instructions without question.[23] The theory rests on the assumption that all society is an organic body in which the *Suryung*, the Party and the masses are closely inter-related. Among the three factors, the most important is the *Suryung*, who serves as a brain controlling the body and coordinating its movement.[24]

In this context, we can characterize North Korea's power structure both as a large, socialist family, and as a totalitarian national system led by the *Suryung*. Since the people, including delegates at the negotiation table, follow Party directives issued by the *Suryung*, and are powerless to do anything in violation of the leader's directives, they are merely robots.

D. Prevailing Military Culture

Several elements characterize North Korea's military culture: the four-point military policy and military-first policy; power concentration in the chairman of the Military Commission; and the fact that more than half the population are associated, in one way or the other, with the

---

22) Lee Jong-suk, *Understanding Modern North Korea* (in Korean), (Seoul: Yoksabipyong-sa, 2000), pp.142 and 212-220.

23) Kim Jong-il, *Works of Beloved Kim Jong-il* (in Korean), (Pyongyang: Korean Workers' Party Press, 1992), pp.15 and 20-21.

24) *Ibid.*, p.167 Kim Jong-il, *Selected Works of Kim Jong-il*, Vol.12 (Pyongyang: Korean Workers' Party Press, 1997), p.292.

military. Since national division in 1945, and more specifically the Korean War (1950-53), North Korea has been a garrison state in which citizens were, and are, either warriors or human weapons. Given this, it can easily be seen why North Korean delegates would take a warrior-like stance in line with the commander's directives, rather than focus on compromise and concession strategies.

E. Risk-Taking Behavior

Lucian Pye states that risk-taking is inherent in the decisionmaking process, and indeed, a part of the unique political mindset of modern South Koreans.[25] And North Koreans demonstrate even more boldness than their Southern counterparts. Their nerves of steel can be attributed to past experience: North Korean guerilla activities against imperial Japan galvanized the strong will to survive even in extremely difficult situations.[26] Today, the propensity for risk-taking is still seen in the North's defiant negotiating style, not only against South Korea but even against the U.S.

2. Characteristics of the North Korean Negotiation Style

Harold Nicolson divides modern diplomacy theories into two categories: (1) the "warrior" or "heroic" theory, which draws on the military and political hierarchy found in feudal systems, and (2) the "mercantile" or "shopkeeper" theory focusing on the bourgeois concept of contracts. While the former regards diplomacy as another war resorting to another means, the latter regards it "as playing the role

---

25) Lucian W. Pye, *Asian Power and Politics: The Cultural Dimensions of Authority* (Cambridge, Mass.: Belknap Press, 1985), pp.216-217.

26) Snyder, *op. cit.*, p.22.

of helper for peaceful commerce."[27]

In the heroic or warrior theory, diplomacy is likened to military tactics. Arguing that the goal of negotiations is complete victory, it regards any compromise or contract with the counterpart as either a defeat or as an unfinished task. The mercantile or shopkeeper theory is based on the belief that compromising with enemies is, in general, better than complete defeat. Thus, negotiations are considered attempts to reach agreement, not a means for battling the enemy; seeking a common basis for understanding based upon rationality and confidence.[28] Over the years, North Korean delegates have shown they are warriors, not shopkeepers.

A. Military-Style Negotiations

Delegates from the North, who are well-versed on the revolutionary-style negotiations of the Soviet Union and Communist China, regard negotiations as another means of battle. They see themselves as "fighters" rather than "compromisers." Hence, they conduct negotiations like military operations in order to reach their goals. They insist on one-sided concessions rather than common gains, and are sometimes even willing to get tough with their counterparts, especially when they cannot get what they want.[29]

A close look reveals that North Koreans go into battle over the agenda from the very beginning of negotiations. At the mid-point, they command a variety of tactics to achieve their goals, demonstrating trenchant warrior-like behavior. When the North Korean negotiators judges that the South will not accept a proposal, they will often suspends

---

27) Nicolson, *op. cit.*, pp.51-52.

28) *Ibid.*, pp.52-54.

29) Moon Kwang-kun, "Prospects for Change in North Korean Style of Negotiation Behavior and Negotiation Principle Toward the North," *The Quarterly Journal of Defense Analysis*, Vol.26 (1994), pp.184-185.

talks after receiving directives from superiors, not present at the negotiating table.[30]

Worth noting, North Korea's negotiation tactics are dominated by the logic of power politics: the North employs different tactics against the U.S. and South Korea.[31] Their tactics also vary, depending on the counterpart's stance. Since the North proceeds on the basis of power, any courtesies or polite words from the South result in more extreme demands by the North. Conversely, more inflexibility from the South elicits more courteous negotiation behavior from the North.[32]

Kim Jong-il has strengthened his view that international relations are power relations. In August 2000, he told leaders of South Korea's press, "I have two sources of power. One is all of the people strongly united under my leadership, and the other is military power," adding, "small countries have to be stronger in their fights against the superpowers."[33]

B. No Compromise, No Concession

Back in 1980 at the 6th Congress of the Workers' Party, Kim Il-sung commented, "Socialist nations or non-aligned countries can hold diplomatic relations with imperialists, and develop economic and cultural exchange with them. But we should not sell the fundamental gains of revolution to imperialists by making any kind of compromise

---

30) Interview with former Deputy Unification Minister Song Yong-dae on April 16, 2002, and with participants of the 5th and 6th Inter-Korean Ministerial Talks on April 23, 2002.

31) Lim Dong-won, "Inter-Korean High-level Talks and North Korean Negotiation Strategy," (in Korean), in Kwak Tae-whan et al., *North Korean Negotiation Strategy and Inter-Korean Relations* (Seoul: Institute for Far Eastern Studies, Kyungnam University, 1997), pp.117-118.

32) Moon Kwang-kun, *op. cit.*, pp.183-184.

33) *Joongang Ilbo*, August 14, 2001, pp.3-4.

with them,"[34] North Korea continues to stand firm against violating any principles of revolution and fundamental interests. Thus, in negotiating with capitalist countries like South Korea, the North has never made a concession on its fundamental principles or revolutionary stance.

Since to North Korean negotiators, any concessions to the counterpart means either defeat or surrender, negotiations witness numerous marathon parleys in which the North hammers away at the same proposal, and quibbles over the minutest details. Even when they are forced to reach a compromise with their counterparts, they try to emphasize the legitimacy of their original proposal and conceal their concession. Another ploy: after making a minor concession, they then try to gain even more concessions from the other side.

C. Strict Centralized Control

As in the former Soviet Union and China, a long-standing characteristic of Communist delegation has been the lack of discretionary authority even on minor matters. As for North Korea, every detail on what to say and do during negotiations with the South has been fed to negotiators. The North has a unilateral, consistent chain of command: based on the Supreme Leader's policy, secretaries and the United Front Department under the Workers' Party devise the plan and send it to the delegates through the Committee for the Peaceful Reunification of the Fatherland, which conducts inter-Korean talks.[35]

In fact, delegates are monitored through CCTV and VTR, and receive real-time, direct orders.[36] They are also watched closely by

---

34) Kim Il-sung, *Works of Kim Il-sung*, Vol.35 (in North Korean), (Pyongyang: Korean Workers' Party Press, 1987), pp.361-362.

35) Yang Young-sik, *North Korean Negotiation Tactics: 20 Years of Inter-Korean Dialogue* (in Korean), (Seoul: Unification Training Institute, National Unification Board, 1990), pp.27-29 and 33.

agents (usually the deputy chief delegate) and cannot express individual opinions.[37] This can be seen in the way they repeat the same statement over and over, while waiting for a new directive via their headphones.

D. Concomitant Use of Negotiation and Propaganda

Since press activities in North Korea are strictly controlled by the Propaganda and Agitation Department of the Party, the press merely delivers official government policy to the general public.[38] Thus, in keeping with Party directives, journalists focus on providing a more favorable environment for negotiation results of the North. *Rodong Sinmun* and the *Central News Agency* carefully deliver the news to induce public support for the government. At the same time, they try to convince the South of their unswerving commitment.

It is claimed that the concomitant use of negotiations and propaganda was learned from Soviet negotiators. In an attempt to propagandize the inevitable victory of communism based on Marxist-Leninism, the Soviet negotiators have used negotiations with Western counterparts as a very useful forum for their propaganda.[39] According to *Diplomatic Dictionary* published by the Soviet Union, "Disclosing imperialists' aggressive plans and acts is a very useful method of socialist diplomacy to marshal worldwide democratic opinion and recruit people who will resist imperialist governments' hostile policy."[40]

---

36) Interview with Lim Tae-soon. He was South Korean leader of South-North Athletics Talks and a member of the military subcommittee of a South-North High-level Meeting.

37) Moon Kwang-kun, *op. cit.*, p.185.

38) North Korea distributes Western-style newspapers, that are not available to the public, *Chamgo Tongsin and Chamgo Shinmun*, to cadre members.

39) Louis J. Samelson, *Soviet and Chinese Negotiating Behavior: The Western View* (Beverly Hills and London: Sage, 1976), p.43.

40) *Diplomaticheskii Slovar* [Diplomatic Dictionary], Vol.1 (Moscow: State Publishing House for Political Literature,1960), quoted in U.S. Congress, Senate, Committee

In addition, the North has attempted to direct world opinion both by showcasing pro-Pyongyang figures, and by excluding anti-Pyongyang individuals or groups They approved a visit by Selig Harrison and certain CNN correspondents,[41] while refusing to grant a visa to a reporter of the South Korean anti-communist daily *Choson Ilbo*.

E. Change of Attitude in a Blitzkrieg

Considering these factors, one can easily conclude that compromise with the North is impossible. However it can be said that North Korea, by calculating the gains and losses of negotiation, also intends to achieve practical benefits for its security and economy, not only for the long-term goal of building a Communist country on the Korean peninsula, but also for the immediate goal of system stability.[42] In other words, when North Korea thinks there won't be any more concessions from the South, or that they have managed to achieve their goals to some degree, they suddenly change to blitzkrieg tactics in order to reach an agreement.[43]

North Korea has learned the art of mixing stubbornness and flexibility. Their swift moves can be explained first, by the North's calculating stubbornness and also by the flexibility learned from the former Soviet Union and China. In 1905, Lenin argued, "the Party must know how to adapt itself to all changes in its environment" and "flexibility is necessary to avoid catastrophe and to ensure victory," as the path to Communism is not straight and simple but tortuous and compli- cated."[44] In the same vein, Joseph Stalin commented

---

on Government Operations, Subcommittee on National Security and International Operations, *The Soviet Approach to Negotiation: Selected Writings*, 91st Congress, 1st Session (Washington, D.C.: U.S. Government Printing Office, 1969), pp.80-81.

41) Kim Yong-ho, *op. cit.*, p.301.

42) Song Jong-whan, *op. cit.*, pp.107-125.

43) *Ibid.*, p.150.

in 1925, "What we need now is not to carry on unbendingly, but to show a maximum of elasticity ⋯ In the absence of such elasticity we shall not be able to ⋯ keep our place at the helm."[45] As early as 1940's, Mao Tse Tung also stated, "We should stop at the proper moment and bring that particular fight to a close ⋯ Then we should on our own initiative seek unity with the [enemy] and ⋯ conclude a peace agreement with him."[46]

Echoing remarks made by Lenin that the Communist Party should be able to adapt itself to situational changes, Kim Il-sung also stated at the first plenary session of the 9th Supreme People's Assembly in 1990, "We must continuously modify our methods for building a socialist country in accordance with the changing situation since the road to socialism is untrodden, and numerous obstacles could lie ahead."[47]

IV. North Korea's Negotiating Behavior by Stage

Over the past 30 years, inter-Korean dialogues can be clearly characterized by the following four stages: (1) Opening stage, friendly chatting before the discussion of the agenda; (2) Mid-Stage, discussions

---

44) Nathan Leites, *The Operational Code of the Politburo*, The RAND Series (New York: McGrow-Hill Book Company, Inc., 1951), p.32.

45) Joseph Stalin, *Leninism*, Vol.1 (London: Modern Books, 1932-33), p.250, quoted in Leites, *op. cit.*, pp.32-33.

46) Gerald D. Steibel, *How Can We Negotiate with Communists* (New York: National Strategy Information Center, 1972), p.28.

47) Kim Il-sung, *Works of Kim Il-sung*, Vol.42 (in North Korean), (Pyongyang: Korean Workers' Party Press, 1995), p.319.

to find counterpart's bottom line; (3) Agreement stage, reaching an agreement; (4) Implementing stage.

Whenever the inter-Korean talks have been held in Pyongyang, high-ranking officials of North Korea always hold a welcoming party for South Korean delegates. Therefore, in the opening stage, the North usually creates a festive mood either at a dinner party or an inspection tour for the delegates, playing up the importance of brotherly affection. Then, North Korean delegates attempt to take the initiative in matters such as venue and date of the meeting in order to make the agenda more favorable to the North,[48] at the same time trying to marshal the personal support of South Korean delegates whose hometowns are in the North.

During the mid-stage which takes a little bit longer than other stages, the North relies on a variety of tactics in order to find out the proposals, goals, and levels of flexibility of the South Korean delegates. Based on their findings, they attempt to promote an overall settlement or a partial agreement, especially through unofficial or secret meetings. But, they also resort to delay and pressure tactics especially by continuously increasing their demands,[49] and even resorting to scalding criticism of Southern counterparts or sudden postponement of meetings. At the same time, they launch personal attacks against certain Southern delegates who are critical of the North,[50] or simply decline to meet

---

48) North Korea has generally insisted on holding talks in North Korean area. The only exception were the opening talks at "the House of Peace," south of Panmumjom, and in Seoul during Preliminary Meetings and the main session for High-Level Talks (February 8, 1989-September 18, 1992). This reflects North Korea's acute need to hold talks given the rapidly changing international circumstances, i.e., German Unification and the demise of the Eastern Bloc.

49) On each party's stance on sharply conflicting issues during the South-North Basic Agreement negotiations, refer to Lim Dong-won, *op. cit.*, pp.93-94.

50) For instance, in the wake of the failed 6th inter-Korean ministerial talks (November 8-14, 2001), North Korea released a strongly-worded statement condemning "rash

with them.

After a long and tedious mid-stage, the sides reach the agreement stage. A relatively easy agreement is only possible when the North either realizes that it cannot get any more concessions from South Korea, or it concludes that they have already gotten enough from the South. And, more often than not, agreement is reached through direct involvement of *Suryung*, the Great Leader. The Joint Communiqué on July 4, 1972, the South-North Basic Agreement on December 13, 1991, and Inter-Korean Joint Declaration on June 15, 2000 are examples of such agreements.

Worth noting is that the North usually documents only concordant views, while for others, it includes a provision in the form of an annexed document that "unsettled clauses will be discussed in the future." A case in point: it reserved a clause on advisory members' questioning opportunity in the Agreement on Procedures for Red Cross Talks and Other Matters on August 11, 1972. Another example, during Political Subcommittee and Exchange and Cooperation Subcommittee of High-Level Talks held on September 15-18, 1992, North Korean delegates insisted on inserting unsettled controversial clauses into two auxiliary agreements (i.e. protocols on the implementation and observance of chapters 1 and 3 of the Basic Agreement).

Generally, there should be an implementing stage in order to carry out the matters agreed upon. However, no such stage has ever been reached in negotiations between the two Koreas. At the stage where they are supposed to discuss ways to carry out the agreement, the North typically responds with indifference by postponing or canceling the meeting. It has also insisted on holding future meetings

---

behavior" of the Southern chief delegate, Unification Minister Hong Soon-young. It denounced Hong as hostile and self-righteous for causing the meeting to collapse. *Rodong Sinmun*, November 15, 2002, p.4.

in the North, rather than the South raising all kinds of excuses. Even when meetings are held, they are soon ended by the Northern delegates who interrupt, speak harshly or suggest unrealistic conditions for resumption of talks.

V. Conclusion: Evaluations and Suggestions

Several indications point to general crisis in the North: Deepening isolation from the international arena after the disintegration of its socialist network; increased dissatisfaction among the people over lack of food, energy and hard currency since the 1990s; the sudden death of Kim Il-sung; the expanded gap between its economy and South Korea's. Faced with such crises, Kim Jong-il has had to modify his priorities. His two goals were stabilzing the system in North Korea and building a communist country in the South, but now his focus is much more on maintaining North Korea's stability.

As a result, we have witnessed changes, not only in domestic economic policies, but also in international relations since the inter-Korean summit in June 2000. New tactics were apparent in inter-Korean dialogues: (1) more active participation in economic talks, (2) less emphasis on militarism, (3) fewer personal attacks against South Korean delegates, (4) fewer sudden interruptions at meetings.

However, it is important to remember that the Pyongyang has never changed its long-time strategy of liberation and revolution, evidenced by the fact that it has rejected any serious military talks with South Korea, and has shielded North Korean citizens from the outside world. Any changes are merely temporary tools for protecting their *Suryung* and the hermit regime.

Considering the fact that the political culture and negotiation style of the North won't easily change under the *Suryung* system rule, it is unrealistic to expect huge success in inter-Korean dialogues. However, despite their ineffectiveness to date, inter-Korean negotiations and dialogues are the only alternative for peaceful inter-Korean relations, and ultimately, for Korean unification. Therefore, the following suggestions are necessary to achieve successful negotiations with North Korea.

First, given the widening gap between two Koreas and the disintegration of communism, South Korea is in a better position than ever. It has no reason to rush into any agreements. Rather, it must have a clearer goal before sitting down at the negotiation table.

Second, South Korean authorities should seek to broaden the common ground of the two Koreas in all sectors, including economy, society and culture through inter-Korean dialogues.

Third, in order to enhance its negotiating power, the South should not stir up domestic public opinion by providing excessive support for North Korea. South Korea should neither entreat nor bully. Rather, it should approach North Korea with confidence.

Finally, given the complexities of the Korean issue and the conflicting interests of neighboring countries, South Korean authorities need to find ways to strengthen diplomatic support from the international arena through strengthening trilateral cooperation with the U.S. and Japan, as well as through collaboration with China.

2

N. K.'s Nuclear Programs & its Effect on Six-Way Talks*

North Korea's nuclear and missile issue is a grave problem on which the life and death of Koreans hinges

North Korea, which since the mid-1950's has initiated research and development of its nuclear program after insisting on the need for peaceful use of nuclear power, has gone through a series of negotiations aimed at dismantling the program but later claimed that it was a nuclear state. The country carried out nuclear tests on Oct. 9, 2006 and May 25, 2009,[1] and disclosed uranium enrichment facilities with some 1,000 centrifuges in November 2010.

North Korea attempted to mislead public opinion in the South regarding its military provocations in 2010 and demanded the

---

* 이 글은 *Vintage Point Developments in North Korea*, June 2011-Vol.34, No.6, pp.22-25에 게재되었다.

1) North Korea conducted another nuclear bomb test on Feb. 13, 2013, after this article had been published.

resumption of the stalled six-party talks later in 2011 but pulled an about-face move to become belligerent again ahead of a South Korea-U.S. joint military drill. In a Feb. 27, 2011 statement, the North's representative in the border village of Panmunjom threatened that its armed forces would launch "an all-out war of unprecedented scale" and turn Seoul into "a sea of fire" in response to the then-pending joint Key Resolve exercise between the two allies.

On March 1, a spokesman for Pyongyang's foreign ministry argued that a physical response, in the name of justified self-protection, was unavoidable, and the Rodong Sinmun on the same day threatened that only a nuclear disaster would ensue a war on the peninsula. Meanwhile, a foreign ministry spokesman argued on March 22 that the nation learned, from the NATO forces attacks on Libya, that it needed to arm itself with nuclear weapons.

Such an attitude from North Korea is an explicit gesture that the country won't discard its nuclear program and that it may well use it against the South. On the basis that the North's nuclear weapons were a real threat, since early 2011, arguments have surfaced among academia, press and politicians that Seoul should arm itself with nuclear weapons or bring back tactical nukes from the U.S.

Second North Korea Nuclear Crisis and Inception of Six-party Talks

After the first crisis in the early 1990's, the second North Korea nuclear crisis erupted in October 2002 when James Kelly, who served as U.S. assistant secretary of state for East Asian and Pacific affairs under the George W. Bush administration, visited North Korea and was told by then Vice Foreign Minister Kang Sok-ju about the North's uranium enrichment ambitions. The U.S. stated that the Geneva Agreed

Framework was effectively nullified and halted provision of heavy oil to the North in December of that year. In response, North Korea removed surveillance cameras installed by the IAEA in its nuclear facilities and also expelled nuclear agency inspectors and announced that it was bolting from the NPT.

President Bush later proposed a multilateral dialogue to resolve the nuclear stalemate peacefully, with three-way talks between the U.S., North Korea and China held after Beijing persuaded Pyongyang to accept the proposal. The forum later expanded to include a total of six parties. In the third round of meeting held in June 2004, the parties reached a consensus on the need for a word-by-word, action-by-action, phased approach to tackle the deadlock. Before this, during the second round of talks, the parties, excluding North Korea, reached their first written agreement on the need to achieve a complete, verifiable and irreversible dismantlement.

The six parties later adopted the so-called 9.19 statement during the fourth round held on Sept. 19, 2005. and later adopted the 2.13 agreement in Feb. 13, 2007. After a follow-up six-party meeting in October 2007, the parties held a meeting of their chief delegates in July the following year. Before the meeting of chief delegates, North Korea in June delivered vast amounts of data to Sung Kim, then head of the Korean desk at the U.S. State Department, and submitted a nuclear report to China and later exploded a cooling tower inside its Yongbyon complex. The U.S. later delisted the North from the list of terror sponsor nations. Things seemed to be going as planned.

But the U.S. and North Korea again clashed over the verification methodology. Pyongyang denied access of samples while only allowing on-site inspections, access to documents and interviews of local scientists. The U.S. also halted provisions of heavy oil. On Jan. 17, 2009, North Korea declared an all-out front and withdrew from all political and military agreements with the South. It conducted a long-range missile test and a second nuclear test in May and continued on with its political and military brinkmanship, thus raising the tension in Northeast Asia.

North Korea's Development and Resource of Missiles

North Korea's missile development was initiated after the country's technicians received training from the U.S.S.R., in tandem with being provided with the short-range Frog 5-7 tactical missile during 1969 and 1970. North Korea forged a military cooperative deal with China in 1971 and was bestowed with technological support and personnel training. North Korea successfully reverse engineered the Frog 5-7 and bolstered its missile development technology after participating in China's missile development project between 1975-76.

Egypt played a key role in North Korea's acquisition of its long-sought SCUD missile technology. North Korea signed a military cooperation agreement with Egypt in 1976 after helping Cairo during the fourth Middle East War in 1973.

Egypt first adopted the SCUD-B missile from the Soviet to counter the Israeli air force, on the condition that the technology is not given out to a third party. After its relation with the Soviets soon fell apart, Cairo was in need of technical support in sustaining the SCUD missiles and sought support from North Korea, which was developing its own proprietary middle program.

Between 1976-81 Egypt provided North Korea with two SCUD-B missiles and a launch pad. North Korea reverse engineered this missile that served as a cornerstone in advancing its own missile program. In 1984 North Korea for the first time test fired the SCUD-B missile and deployed it for operational use. It is widely reported that North Korea currently has placed some 100 SCUD-B/C missiles in North

Hwanghae Province. North Korea is also reportedly in possession of some 50 to 70 Taepodong-2 missiles produced in 2010.

It is confirmed that there are at least four missile production facilities in North Korea and the country is reportedly capable of producing eight to 12 SCUD-B missiles and four to eight SCUD-C missiles per month. The country reportedly is near completion of it second ICBM launch site in North Pyongan Province near the border with China. The facility is reportedly five times larger than that of the Taepodong missile test site, alarming the U.S.

Given that the project began in 2002 and was reportedly completed by January of 2011, we can see that Pyongyang has carried out the missile base project throughout the six-party talks and even when warming up relations with the U.S.

Possibility of a Nuclear Missile Attack from North Korea

U.S. National Intelligence Director James Clapper, speaking before the U.S. Senate intelligence committee, stated that North Korea's nuclear and missile programs have become a serious threat and assessed that the country's ICBM technology has been developed to substantial levels. Defense Secretary Robert Gates on Jan. 12, 2011 also predicted that North Korea would be capable of launching an ICBM armed with a small nuclear warhead by 2015. In early 2010, the U.S. projected a 10-year time frame for the North to develop an ICBM that could reach the continental U.S. but drastically reduced it to five years in 2011.

North Korea's nuclear missile program is a strategic tool used to pressure South Korea not only during times of war but also peace. The country's weapons of mass destruction may not be a threat to the U.S. but it is believed to be capable of threatening the South, in which its population and key infrastructures are centered around the Seoul metropolitan area. The North Korean regime has come to realize that their country has no chance of a successful preemptive strike on the South with their conventional weapons from earlier times. They, therefore, their military policy against the South Korea by nurturing nuclear missiles, biochemical, and other weapons of mass destruction, as well as its special forces, submarine and other asymmetrical power.

Around the time of the first North Korean nuclear crisis in early 1990's Kim Il-sung one day asked senior military officials how Pyongyang should respond if Washington attacks the North with atomic weapons, Kim Jong-il was said to have replied that it was the military's will to destroy the earth under such a scenario.

Unless it sees a change in the dynastic dictatorship, North Korea will not give up its nuclear missiles and weapons of mass destruction to maintain the current system. North Korea could possibly conduct a third nuclear test by using reprocessed plutonium and it could also be in possession of atomic arms made from highly-enriched uranium produced by the some 1,000 centrifuges that was shown to Siegfried Hecker of Stanford University.

In a report submitted to China in June 2008, North Korea claimed that it was in possession of some 38.5 kilograms of plutonium and had used 26 kilograms in producing atomic weapons. Washington estimates that North Korea has in its possession some 50 kilograms of weapons-grade plutonium.

Under the premise that about six kilograms of plutonium is used to make a single atomic bomb. We can estimate that the North has at least four to eight nuclear bombs. Given that about three years has passed since the report was made and that the North has centrifuges capable of producing one atomic bomb a year, we can speculate that North Korea could have up to 10 atomic bombs.

In 2004, Natural Resources Defense Council, an anti-nuclear group, drew up a forecast scenario of how the Korean Peninsula would be affected by an atomic detonation. Under a scenario in which a nuclear bomb explodes 500 meters or higher in the air above the Defense Ministry in Yongsan, Seoul, a nuclear storm and initial radiation would immediately annihilate everything in a 1.8-kilometer radius and the area within a 4.5km radius would also see substantial damages.

Estimated casualties would exceed 620,000. If a bomb explodes 100 meters in air in Yongsan, in which the amount of fallout would be relatively low, we can expect a death toll of some 840,000. If a bomb is detonated on ground the toll could reach 1.25 million. About 10 percent of the Seoul population would be gone in the worst case scenario.

The North can always make a tactical decision, similar to its attack on Yeonpyeong Island, to launch a nuclear strike on the Korean Peninsula. Damage from a single nuclear strike could easily outweigh the estimated 776,360 death toll, injured and missing, prisoners of war seen during the 1950-53 Korean War.

North Korea's nuclear and missile issue is a grave problem on which the life and death of Koreans hinges upon. We must discard the notion that the North is not aiming its weapons toward the South and, when unified, the arms would become ours. We must also throw away the idea that the North's nuclear arms would prevent the U.S. from invading the Korean Peninsula. All South Koreans should and must stand up to their role as sovereign nationals and review whether the nation and ourselves are doing all we can, militarily and non-militarily, for our national security. (Yonhap News)

3

Prospects for N. Korea's Behavior after its Hereditary Succession in Leadership & a Proposal for S. Korea's Policy toward the North*

I. Introduction

There are various ways to compare the aspects of the two countries on the Korean Peninsula, officially called "The Republic of Korea (ROK/ South Korea)" and "The Democratic People's Republic of (North) Korea (DPRK/ North Korea)." None of the accounts to that effect can be clearer than that given by Alvin Toffler, an American writer and futurist, known for his works discussing the digital revolution, communication revolution, corporate revolution and technological singularity. In the Korean edition of "Revolutionary Wealth," a book he co-authored with his wife Heidi Toffler, he says as follows:

---

* 이 논문은 *Vintage Point Developments in North Korea*, April 2011-Vol.34, No.4, pp.47-57 에 게재되었다.

"What does the future hold for two nations that share a common ethnicity and identity, but radically contrasting economies, political systems and cultures? Two states: One at the forefront of the great transition to a knowledge-based, Third Wave economy and civilization; the other lurching between First Wave and Second Wave famine and poverty. One that is a world leader, the other a pariah. One whose people are sophisticated, free to travel and in high-speed digital communication with anyone anywhere, while the other keeps its people silenced and under lock and key. One explores the high-speed future. The other, despite cautious economic reforms, remains a taxidermic left-over from an earlier age, governed by Kim Jong-il, the equivalent of a dynastic monarch. One clings to obsolete, counter-revolutionary economics. The other is helping to define the revolutionary wealth system of tomorrow."[1]

This passage mentioned the gap between the two Koreas just four years ago, but the difference between them has been widening further. On Sept. 28, 2010, for instance, North Korea took an array of measures aimed at formalizing its scheme for another hereditary leadership succession, a move against the global trend, while in November of the same year South Korea hosted and chaired a summit of the Group of 20 major economies aimed at dealing with key global economic problems.

George Friedman, who is the founder, chief intelligence officer and CEO of Strategic Forecasting, Inc., a global intelligence company

---

1) Alvin & Heidi Toffler, The Korean edition of *Revolutionary Wealth* translated in Korean by Kim Chung-ung, Seoul, ChungRim Publishing Co., 2006, pp.490-491 (For the Korean edition, Alvin Toffler wrote an additional chapter under the heading, "KOREA'S COLLISION WITH TIME," — to insert it into the original edition published in 2006 by Alfred A. Knopf, a division of Random House, Inc., New York. For this reason, you can't find this part either in the original edition of the book or its 20-plus other foreign editions).

founded in 1996, more commonly known as STRATFOR, predicted in an interview with The Chosun Ilbo, one of the influential newspapers published in Seoul, on Jan. 27, 2010 that the two Koreas will be unified before 2030 whether or not South Korea wants it. He also said that the North Korean regime can hardly survive because approach- ing is an era when China will no longer be interested in supporting the North. This will drastically lower the North's chances for survival, and at some point in time there will be no option for South Korea but to absorb the North.[2]

Despite this and other similar prospects unfavorable for North Korea, some North Korea watchers in Seoul and elsewhere had the view that the North Korean leadership would take bold reform measures similar to the steps taken by the late Chinese paramount leader Deng Xiaoping days before the North held a meeting of representatives of its ruling Workers' Party on Sept. 28 last year. It was the first large-scale gathering of the Party since the Sixty Party Congress in October 1980 and the first meeting of the kind in 44 years. But the North did not make moves in that direction.

This essay is aimed at dealing with the results of the third conference of party representatives in a move to foresee developments in the North in the years to come and make a proposal for South Korean measures to counter them.

---

2) *The Chosun Ilbo*, Feb. 4, 2010, p.A4.

II. The Third Conference of WPK Representatives and Prospects for the North's Policy Behavior

1. A Reshuffle of Key Party Posts and the Formalization of Moves for Another Hereditary Power Succession

In the morning of Sept. 28, 2010, the day when the North was to hold a meeting of the representatives of its ruling Workers' Party of (North) Korea (WPK), the first such meeting since 1966, the North Korean Central Broadcasting Station gave an advanced notice of "an important announcement at 2 p.m. on the day." But the announcement was nothing significant. It simply reported the re-election of North Korean leader Kim Jong-il as general secretary of the Party, the office he took 13 years earlier.

The preceding day, under an order of the supreme commander of the (North) Korean People's Army (KPA), tens of senior army officers in the North, were promoted. They include six promoted to full generals, one to colonel (three-star) general, six to lieutenant (two-star) generals and 27 to major (one-star) generals. Noteworthy was the promotion of senior servicemen Kim Jong-un, North Korean leader Kim Jong-il's third son, who is 27. He was decorated with the military rank of full general despite his poor military background, along with his 65-year-old aunt Kim Kyong-hui, who has been leading a department under the umbrella of the WPK Central Committee in charge of inspecting economic policies since 1993. Among those promoted to full generals or given high military rank were also Choe Ryong-hae, former chief of the Party chapter in North Hwanghae Province; Hyon Yong-chol, commander of the Eighth Army Corps; Choe Pu-il, deputy chief of the General Staff of the army; and Kim

Kyong-ok, who has served as a deputy chief of the powerful Organi-zation-Guidance Department of the WPK Central Committee.

And the day after the Party meeting, the North Korean media said that Kim Jong-un was named vice chairman of the WPK Central Military Commission, the office created in the Party conference. He also won membership in the WPK Central Committee during the Party conference.

The next day, on Sept. 30, the North's Korean Central TV Broad-casting Station showed the young Kim's photo while the Rodong Sinmun, the organ of the WPK, carried it. And along with a group of North Korean power elite, he accompanied the North Korean leader and his father, Kim Jong-il, during his inspection of a military drill conducted by the Army Unit No. 851 on Oct. 5. Moreover, the North Korean leader was flanked by the young Kim during a military parade on October 10 to mark the 56th founding anniversary of the Party.

These developments undoubtedly have indicated that Kim Jong-un was designated as successor to his father although some North watchers deny his successorship because he failed to take a seat in the Politburo of the Party, let alone the Standing Committee of the Politburo. For 50 days after the Party meeting until Nov. 16, the young Kim appeared publicly on as many as 21 occasions, including five occasions to attend China-related functions and four occasions to visit army units.[3]

Besides the measures taken to formalize North Korea's scheme to establish the status of Kim Jong-un as heir-apparent to Kim Jong-il, most of the key offices of the Party were reshuffled, including the Politburo in charge of policy establishment, the Secretariat in charge of supervising policy implementation, the Central Committee, the Inspection Committee and the Central Military Commission.

In the reshuffle, four senior officials were named members of

---

3) *The Chosun Ilbo*, Nov. 15, 2010, p.A3.

the five-man Standing Committee of the Politburo, along with Kim Jong-il, who won the post in October 1980 when his status as successor to his father Kim Il-sung was formalized. They are Kim Yong-nam, who has served since 1998 as titular head of state in his capacity as president of the Presidium of the Supreme People's Assembly (SPA), the North's rubber-stamp parliament; Premier Choe Yong-rim; Vice Marshal Jo Myong-rok, first-vice chairman of the all-powerful National Defense Commission (NDC)[4]; and Ri Yong-ho, who was promoted to vice marshal from general immediately before the Party conference in just about one year after he was named chief of the General Staff. Ri also became vice chairman of the WPK Central Military Commission, along with Kim Jong-un, undoubtedly because of his close personal relation with the North Korean leader. Ri's mother Kim Yong-suk has reportedly taken care of Kim Jong-il for years after his natural mother Kim Jong-suk died in 1949 when the North Korean leader was just seven years old.

The Party conference elected the new 124 members and 105 candidate members of the WPK Central Committee, and the new WPK Central Committee named 17 members and 15 candidate members of the Politburo, including the five for the Politburo Standing Committee; 11 Party secretaries, including the general secretary (Kim Jong-il); and 19 members of the WPK Central Military Commission, including its chairman (Kim Jong-il) and two vice chairmen (Ri Yong-ho and Kim Jong-un).

Superficially, Kim Jong-il had entrusted his younger sister Kim Kyong-hui and her husband Jang Song-taek with a guardian's role for his third son Kim Jong-un, a role they play in their capacity as members of the Politburo and that of the WPK Central Military

---

4) The (North) Korean Central News Agency (KCNA) on Nov. 7, 2010 reported that Jo Myong-rok died of heart trouble the preceding day. He was 82.

Commission, respectively. Actually, however, possibilities are high that the North Korean leader is holding Jang in check because of his ever growing influence. Jang became an NDC member in April 2009 and got a promotion to NDC vice chairman in June 2010, but he failed to win membership in the Politburo, let alone its five-member Standing Committee, while his wife became a member of the Politburo. Rumors had it that the deaths of his two elder brothers, Vice Marshal Jang Song-u and Lieutenant General Jang Song-gil, in 2009 and 2006, respectively, were attributable neither to their health troubles nor to accidents, but to a purge campaign. Probably, North Korean leader Kim Jong-il decorated his younger sister Kim Kyong-hui with the military rank of full general and seated her on the Politburo, the top policy-making body of the North Korean regime, because he has judged that she should play a more pivotal role for the young Kim, rather than her husband, if Kim Jong-il dies abruptly.[5]

An analysis of the reshuffle of key Party offices made in the Party conference indicates a generation shift has been made in the North Korean military army. Among the top brass in the military, those who won membership in the Standing Committee of the Politburo, for instance, were the aged, ailing NDC vice chairman, Jo Myong-rok, and Ri Yong-ho, who is comparatively less aged when compared with others, including People's Armed Forces Minister Kim Yong-chun and O Kuk-ryol. Noteworthy, however, is that O, who reportedly turns 80 this year and is a son of O Jin-u who had served until his death in February 1995 as a cordial guardian of Kim Jong-il as successor-designate, failed to win a seat on both the Politburo and the WPK

---

5) Former Japanese Defense Minister Yuriko Koike, in a contribution to *The South China Morning Post* in Hong Kong on Sept. 14 last year, said: "There is, indeed, a growing belief that Kim Jong-il might, at any moment, designate Kim Kyong-hui to serve as a caretaker for the third-generation successor after his death. But Kim Kyong-hui may have other plans, such as becoming Kim Jong-il's successor herself."

Central Military Commission, while Kim Yong-chun made it.

In early December 2010, more than 200 senior officials in the North were reportedly taken to the State Security Department, the North's secret police, for interrogation, with many of them sent to political prison camps, or executed thereafter. Rumors had it that most of them have maintained close relations with Jang Song-taek, or O Kuk-ryol, and that the actions against them were taken to remove Jang's and O's sociopolitical influence under a scrupulous plot of U Tong-chuk, first deputy chief of the secret police, approved up by Kim Jong-il and the young Kim.[6]

Along with Kim Kyong-hui, Ri Yong-ho, Jang Song-taek and O Kuk-ryol, who have drawn the attention of North Korea watchers in the course of establishing Kim Jong-un's status as heir-apparent, is Choe Ryong-hae, a son of late Choe Hyon, one of the first-generation revolutionaries who has long served as the people's armed forces minister. Choe, former secretary of the Party chapter in North Hwanghae Province, was decorated with the military rank of full general, along with Kim Kyong-hui and Kim Jong-un, and became a candidate member of the Politburo, secretary of the WPK Central Committee and member of the WPK Central Military Commission at the Party conference in 2010.

The promotion of Mun Kyong-dok, who has served as responsible secretary of the Party chapter in Pyongyang since 2000, seems to be in line with the North's scheme to reinforce the role of the Kimilsung Socialist League in the course of carrying out its plan for another hereditary succession to leadership. Mun, who has long served as deputy chief of the youth league while Choe Ryong-hae has been in charge of the institution, became candidate member of the Politburo and

---

6) Kang Chol-hwan, "Blowing in the North is a Wind of Purge against Officials Close to O Kuk-ryol and Jang Song-taek," *The Chosun Ilbo*, Jan. 8, 2011, p.B3.

secretary of the WPK Central Committee during the Party function last year. The youth league is a fringe organization of the Party under direct control of the Party. All young people who are between 14-30 in age, except members of the Union of Agricultural Working People and the General Federation of Trade Unions, are obliged to join the league.

2. Another Hereditary Power Succession and Prospects for the North's Internal, External Policies

North Korean leader Kim Jong-il, born reportedly on Feb. 16, 1942, had held various offices for a long time before he was designated as successor to his father Kim Il-sung in February 1974, at the age of 32.

On his 50th birthday, Feb. 16, 1992, the WPK Central Committee, the WPK Central Military Commission, the now defunct Central People's Committee and the Administration (the predecessor of the Cabinet) vowed their loyalty to Kim Jong-il in a joint con- gratulatory message to him. And in a forum on Juche Idea held on April 15, 1992 to mark Kim Il-sung's 80th birthday and in a meeting of the North Korean Journalists Union held on Nov. 17, 1993, Kim Jong-il was called "the suryong (unchallengeable, inviolable leader) of the Party, the state and the army," and "the wise leader of the Party," with "our era" expressed as "the Kim Jong-il era."[7]

In the early 1990's, Kim Il-sung said: "Because I am aged, I have entrusted the whole affairs of the Party and the state to Comrade Kim Jong-il holding the office of Party secretary in charge of organization

---

7) The Institute of North Korean Studies, *An Overview of North Korea* (1993-2002), (Seoul: The Institute of North Korean Studies, 2003), pp.173-174.

and I am conducting most external activities while discussing only important affairs with him."[8] These remarks of Kim Il-sung indicate that Kim Jong-il has actually ruled North Korea for his father since the early 1990's in his capacity as a secretary of the Party Central Committee.

Kim Jong-il did not take over the top offices of the North, namely, general secretary of the Party Central Committee and state president, for three years after his father's death in July 1994. On Oct. 8, 1997, he was inaugurated as general secretary of the Party simply under a joint statement of the WPK Central Committee and the WPK Central Military Commission, in violation of the Party charter, which stipulates that only the WPK Central Committee is entitled to elect the general secretary in its plenary session. While the Kim Jong-il regime was officially inaugurated nearly one year later on Sept. 5, 1998, in the first session of the 10th-term Supreme People's Assembly, North Korea revised its constitution in a way to entrust the president of the SPA Presidium with the ceremonial job of representing the North externally and premier of the Cabinet with the authority to delegate the government domestically, while abolishing the office of state president. Instead, the North reinforced the function of the National Defense Mission in a way to make its chairman virtual head of state. While recommending Kim Jong-il as NDC chairman in the SPA session that day, Kim Yong-nam, who then was elected to the office chairing the SPA Presidium, said "The NDC chairmanship is the highest post of the state with which to organize and lead the work of defending the state system of the socialist country and the destinies of the people and strengthening and increasing the defense capabilities of the country and the state power as a whole through command over all the political,

---

8) *A Collection of Kim Il-sung's Workers*, No.43(Pyongyang: The Publishing House of the Workers' Party of Korea, 1996), p.134.

military and economic forces of the country."

In sharp contrast with the long process for Kim Jong-il's succession
to leadership, the similar move for his third son Kim Jong-un began
abruptly because of the senior Kim's troublesome health conditions.
For sometime since early 2003, some North Korea watchers had viewed
North Korean leader's second son Kim Jong-chol as his probable
successor when his first son Kim Jong-nam was learned to be living
abroad, wandering in Beijing, Macau and Europe. Earlier in May 2001,
he was arrested in Narita Airport while entering Japan with a forged
passport. He was released a few days later. Reportedly, on Jan. 8,
2009, North Korean leader Kim Jong-il sent a message to the Or-
ganization and Guidance Department of the WPK Central Committee
on his decision to designate his third son Kim Jong-un as his successor.
Earlier rumors had it that Kim Jong-un's elder brother, Kim Jong-chol,
who was born in 1980 to the North Korean leader and Ko Yong-hui,
a Korean dancer residing in Japan before moving to the North, was
disqualified as a candidate for successorship because of his womanly
qualities.[9]

And it was learned that on May 28 that year an e-mail from
the North Korean Foreign Ministry to its foreign envoys revealed the
correct spelling of the successor-designate young Kim as "김정은,"
and not "김정운." Under the McCune-Reischauer Romanization system
used by North Korea, both "은" and "운" are spelled "un." But under
a revised Romanization system in South Korea, "은" is spelled "eun"
and "운" is "un." On Sept. 18 of the same year, Hanming Huang,
a Taiwanese professional photographer, took and made public the
pictures of a poster on a wall near the northeastern North Korean
port city of Wonsan, which carried a slogan praising Kim Jong-un

---

9) Yonhap News Agency reported on Kim Jong-il's message regarding the designation
   of his third son Kim Jong-un as his successor on Jan. 15, 2009, for the first time.

as "Young General, Comrade Kim Jong-un, who inherited our leader Kim Jong-il's revolutionary lineage." Revealed less than two months later, on Nov. 8, was a North Korean short article entitled "His Footsteps," written undoubtedly to praise the young Kim.

There are significant differences between the process for establishing Kim Jong-il's successorship and that for the young Kim, but they have some in common. First of all, both Kim Jong-il and the young Kim were given a high military rank and a key military office despite their poor military background. In the Sixth Party Congress, held in October 1980, Kim Jong-il became member of the WPK Central Military Commission. He was named vice chairman of the NDC in an SPA session held in May 1990, and "supreme commander" of the KPA on Dec. 24, 1991. He was decorated with the military rank of marshal on April 20, 1992 and finally became NDC chairman the following April. The young Kim at 27 was decorated with the military rank of full general on Sept. 27 last year. He has no military background other than attending a special class at Kimilsung Military University reportedly since in 2002.

Second, the power succession process for both the elder Kim and the young Kim is of the nature derailing from the principle of one-party dictatorial rule based on the revolutionary tradition in such orthodox communist countries as the former Soviet Union, China and Vietnam. The North is similar to a monarchy ruled by its king's absolute authority. The Party revised the preface of its Charter in the Party conference last September in a way to emphasize "military-first politics" introduced after the formal inauguration of the Kim Jong-il regime in September 1998 as a means of rebuilding the North as a kagnsong taeguk (a great, prosperous and powerful country) and as a basic socialist political method, in a move to justify the Kim Il-sung kingdom on the Korean Peninsula, which is oriented with blood-ties, rather than the Communist principles based on the revolutionary tradition.

In a move to help the young Kim make remarkable achievements, North Korea, which has exerted strenuous efforts to develop nuclear weapons for a long time, will likely continue to make gestures for its hard-line policy toward South Korea and make provocations against the South. Attending a session of the U.N. General Assembly on Sept. 29 last year, North Korean Vice Foreign Ministry Pak Kil-yon emphasized the North's position not to abandon its nuclear deterrence, and North's People's Armed Forces Minister Kim Yong-chun made similar remarks two months later.[10] Under that policy, the North promoted First-Foreign Minister Kang Sok-ju, who had been in charge of nuclear diplomacy with the U.S., and Byon Yong-rip, president of the State Academy of Science, who had been in charge of the North's missile and nuclear weapons development programs, to members of the Politburo in the Party conference, while giving candidate membership in the Politburo to Ju Kyu-chang, chief of the Machine Industry Department under the umbrella of the Party Central Committee.

At the same time, the North is expected to offer intermittently to South Korea an olive branch to get economic assistance from the South, which is essential to solve its economic troubles, highlighted by chronic famine. It began that move already in October 2010 when it agreed to allow meetings between Koreans whose relatives have been living separately in the divided two parts of their motherland for more than half a century. The move was in direct contradiction to its statement against the South on May 25, 2010. That day the (North) Korean Committee for the Unification of the Fatherland said

---

10) In a meeting held in Pyongyang on Dec. 23, 2010 to mark the 19th anniversary of Kim Jong-il's inauguration as supreme commander of the North Korean army, People's Armed Forces Minister Kim Yong-chun said, "Our Revolutionary Armed Forces are fully prepared for starting a sacred war of our own style based on nuclear deterrence."

in a statement: "Now we officially state that we will embark on firm action to close all North and South relations, scrap the non-aggression agreement and abolish all cooperative businesses between the Koreas." In a joint statement of the government, political parties and social organization on Jan. 5, 2011, North Korea called for the "immediate, unconditional" holding of talks between the authorities of the two Koreas.

III. Prospects for North Korea's Behavior in Years to Come

An analysis of the reshuffle in key Party offices in the Party conference indicates the North's will to maintain its closed-door policy while remaining passive in reforms and opening up and pushing ahead with the cementing of its ruling system based on hereditary succession of leadership. All but two reform-oriented North Korean figures were kept from the WPK Central Committee. The notable exceptions are former Premier Pak Pong-ju and Kim Yong-ho, who has served as chief of the Secretariat of the Cabinet. Yet, despite not given full membership in the WPK Central Committee, they received candidate membership.

Two months before the Party conference, North Korean leader Kim Jong-il visited China for five days from Aug. 26-30, 2010 and toured Changchun, the capital city of northeast China's Jilin Province, and another city in the province, Jilin, plus Harbin City in Heilongjiang Province, probably for observing aspects of their development. At the time, some North Korea watchers and media in Seoul hopefully expected the North to take policy measures resembling Deng Xiaoping's reform steps. But the North didn't meet their expectations, and instead, opted for another hereditary power succession in the Party conference.

The North put into consideration both of its ideological and practical aspects when it chose not to travel down the road to reforms and opening up of the country. Instead, it moved to implement another dynastic succession of its leadership. In his paper under the heading, "Socialism Is Science," presented for the first time after the death of his father Kim Il-sung and carried in the Rodong Sinmun, the organ of the Party, on Nov. 1, 1994, Kim Jong-il said, "Socialism still remains as science and did not end in failure despite imperialists' and counter-revolutionaries' claim for an end to socialism," adding that the collapse of socialism in some countries is not meant for the failure of socialism as science but for the collapse of opportunism degenerating socialism.[11]

Kim Jong-il's reluctance to push ahead with reforms is not merely concerned with the North's ideological aspects. This is far different from the case of the former Soviet Union where Mikhail Sergeyevich Gorbachev initiated his new policy of perestroika and radical reforms in 1986 aimed at reviving the Soviet economy after the stagnant Brezhnev years, and even criticized his predecessor. In North Korea under Kim Jong-il's rule, any push for reforms is seen as a questioning of the infallibility of the Juche Idea, which was allegedly established by Kim Il-sung, and the defaming of his "brilliant" achievements, which threatens the legitimacy of the Kim Jong-il regime.[12]

The actual reason for the North's reluctance to carry out reforms

---

11) *A Collection of Kim Jong-il's Works*, No.13(Pyongyang: The Publishing House of the Workers' Party of (North) Korea, 1998), p.456.

12) Kenneth Quinones, *Beyond Collapse-Continuity and Change in North Korea* (Washington, D.C.: The United States Institute of Peace Press, 2001), pp.4-5.

and an opening up can be found in the tense relations between officials and civilians and between servicemen and civilians. Under their tense relationship, the North Korean class with vested rights and interests has to be trapped in the view that the only way for their survival is to maintain the existing system and ideology. For this reason, the North Korean elite is serving as the practical force blocking the North's reforms and opening-up.[13)]

In the conference of its representatives from throughout the country held last September, the ruling North Korean Workers' Party revised its charter in a way to emphasize Kim Il-sung's Juche Idea, Kim Jong-il's call for the rebuilding of the North as a kangsong taeguk and the merits of his military-first politics, plus their achievements. Undoubtedly, this is a message to Kim Jong-un, who will succeed his father, that he is required to achieve the revolutionary cause clarified in the Party charter in a way that doesn't break away from the teachings and guidelines set by his grandfather and father, Kim Il-sung and Kim Jong-il.

But possibilities are high that North Korea will head toward collapse, giving a chance for South Korea to take initiative in unifying the two Koreas as long as the North continues to fail to make reforms and open up while being hellbent on developing weapons of mass destruction at a time when many of its citizens are starving.

---

13) Kim Kang-il, "The Emergence of New North Korean Leadership and the Possibility of North's Reforms and Opening-up," carried in a collection of papers presented in a Seoul forum sponsored by the Korea Institute for National Unification on Dec. 20, 2010 under the theme, "North Korea and China after Another Hereditary Power Succession in the North," p.48.

IV. Policy Options for the South to Counter the North's Behavior

As the North Korean regime continues to make continued provocations against South Korea on the one hand and isolate itself more from the global community on the other, more South Korean citizens will likely begin to think that the only way to solve the Korean dilemma, which includes ending North Korea's nuclear weapons development program, is to achieve the unification of the two Koreas under South Korea's initiative. In this situation, the South Korean government is required to make a shift in its North Korea policy from the management of the divided Korean Peninsula to the blocking of the North's provocations, the provision of measures for achieving the unification of the two Koreas and preparations for a unified Korea, which are as follows.

1. The Reinforcement of Security Measures

South Korea needs to once again define the North Korean regime and army as its main enemy.[14] It has threatened the South's security with the North's sinking of the South Korean warship Cheonan in March and its shelling of Yeonpyeong Island in November 2010. It is also required to increase remarkably its fiscal outlays for national defense,[15] which are insufficient for the South to block armed

---

14) South Korea defined the North Korean regime as its "main enemy" for the first time in the 1995 edition of its National Defense White Paper. But that expression disappeared from the book in 2004. The 2010 edition of *the National Defense White Paper* defined the North simply as "an enemy" of the South.

provocations of the belligerent North and to furnish itself with modern war equipment for countering the North's nuclear weapons, ballistic missiles, biochemical weapons, rockets, submarines and special forces.

Also necessary for the South are measures to safeguard the Northern Limit Line (NLL) and the five islands immediate south of the line, which have served as the sea border between the two Koreas in the West Sea since the three-year Korean War came to a halt in July 1953, under a truce agreement. The South might need to turn the islands into an offensive base for its army if and when the North makes military provocations again in the future as viewed by one of its former marine corps commanders.

South Korea's efforts, aimed at deterring North Korea's development of weapons of mass destruction and its armed provocations against the South, and creating an international atmosphere conducive to the achievement of the Korean unification under its initiative, will pay off only when it reinforces its military alliance with the U.S. and develops closer cooperation with its neighbors such as China, Japan and Russia through brisk bilateral diplomacy and multilateral diplomacy, involving them and the United Nations. For forming an atmosphere favorable to Korean unification, South Korea needs to make strategic consultations with the U.S. on questions that will emerge after a stable Korean unification has been achieved and give China a commitment that the U.S. forces stationed on the Korean Peninsula will be withdrawn and that the South will continue to support the Korean residents in the northern half of the Korean Peninsula after the achievement of the Korean unification, with assistance from the U.N. and neighboring countries.[16]

---

15) The share of South Korea's defense expenditures in its gross national product (GDP) was 5-6 percent in the 1980s and 3-4 percent in the 1990s. But the comparable figure decreased to below the 3% mark in recent years.

2. The Provision of a Policy to Encourage Change in the North

South Korea has produced unrealistic, impractical agreements with North Korea, accords incompatible with its state goals and values, while holding talks with the North for the past four decades. Because of these undesirable developments, it has failed to substantially improve relations with the North and help the North make a desirable change in its autocratic socio-political system. Yet, the fruitless inter-Korean talks have brought about an undesirable result in the South — an ever deepening internal ideological dispute between generations and between regions.

For this reason, there is a need today for the South to switch its North Korea policy in a way to encourage, or pressure the North to turn into a normal state proper for this 21st century and respond to the South's reasonable calls, at a time when the North is swimming against the tide with such moves as another hereditary succession of its state leadership.

Under this unification policy, the South needs to pressure the North Korean regime and persuade North Korean citizens to head for a democratic system that is valued by all Koreans whether they live in the southern half or northern half of the Korean Peninsula.

Noteworthy is the process of German unification achieved on

---

16) In a contribution to *U.S.A. Today* on June 24, 2009 under the heading, "A New North Korea Strategy," Michael E. O'Hanlon, senior fellow of the Brookings Institute, said: "As for the future of U.S. troops, we should give the Chinese a commitment that even in the context of a regime collapse in the North, and the establishment of a unified Korea, U.S. troops would not move north of the 38th parallel except for the temporary purpose of stabilizing the peninsula and helping secure North Korea's nuclear weapons. We might also say that in such a context, we would be prepared to remove most U.S. troops from the peninsula because their presence there, once stability had been achieved, would no longer be as necessary (except to a lesser degree for broader regional purposes)."

Oct. 3, 1990. West Germany has constantly made it clear to East German citizens that it values "freedom" more than a "unified Germany." The German unification came when East German citizens, who had longed for the democratic system in West Germany, had managed to change their Communist system to a democratic one by themselves and joined the German federation.[17]

Meeting South Korean President Lee Myung-bak in Seoul on Feb. 8, 2010, German President Horst Koehler said that South Koreans should not disregard chances for Korean unification under any circumstances and that Korean unification can be realized sooner than one thinks, adding that South Koreans need to establish their own plans in advance and prepare for unification.[18]

---

17) Son Gi-woong, "A Vision of South Korea's Unification Policy and Tasks regarding the Korean Unification Viewed on a Basis of the German Experience," carried in a collection of papers presented in a Seoul forum held on Sept. 8, 2010 to mark the 20th anniversary of the German unification under the theme, "The Experience of the German Unification and a Vision of the Unification on the Korean Peninsula," pp.51-53.

18) *The Chosun Ilbo*, Feb. 9, 2010, p.A6.

4

Answers to the Questions in Written Form on North Korean Defectors by WSJ Deputy Editor Melanie Kirkpatrick

Dear Melanie Kirkpatrick, WSJ,

January 1st, 2011

Thank you for your interest in the issues of North Korean refugees. Please let me know once your new publication comes out. I look forward to reading it.

Why don't I go straight into answering your questions below, and you should feel free to ask me additional questions for any clarification.

By the way, my name can be used. It is not a problem. Thank you.

Best,

Professor Jong Hwan Song
Myongji University
Seoul, Republic of Korea

1) Could South Korea do more to help North Korean refugees who are hiding in China? Do it have a moral obligation to do more?

5) Many North Koreans have a tough time living in the South. What has South Korea learned from that experience about the potential difficulties of unification?

If you don't mind, I am combining these 2 questions you raised since they are closely related to each other.

Among approximately 20,000 North Korean refugees in the South, only a small minority have successfully established themselves. Most of them are having a very difficult time acclimating to the new environment. South Korea should do more to help them integrate. Therefore, I strongly recommend the following 2 measures to be taken immediately.

First, the Korean government needs to address the problems of the North Korean refugees who are still staying in other countries such as China. North Korean refugees need to be given official international refugee status immediately so that they will not be forced back to North Korea and be protected by international law. The Korean government needs to strengthen diplomatic ties and continue dialogue with the Chinese government and the appropriate international organizations.

Second, the Korean government should swiftly address the needs of the refugees who are already in the South. The government should widely expand the support for programs to educate and settle the refugees in South Korea. Given the high crime rate by the refugees compared to the South Koreans, the current 3 month government sponsored adjustment program is proven to be insufficient; it should be adjusted to at least 2 month adjustment program and additional 10 month job-training program.

Furthermore, from the private sector, large companies such as

Samsung and religious organizations such as Christian churches and Buddhist temples can form a one on one sponsorship services program which can lead to proper education, stable jobs and smooth social integration into society.

It is important to remember that the Korean government and civilians have a moral, legal and practical obligation to help the refugees.

First and foremost, although North Korean refugees are from a completely different regime and often feel very foreign to South Koreans, they are fellow countrymen and we have a moral obligation to help and support them. In addition, the government also has a legal obligation to help them since they are also Korean citizens according to the Constitution. Lastly, we have a practical reason to help since the refugees serve as a litmus test of South Korea's ability and willingness to lead reunification. They should be seen as heralds of peace and as gifts in preparing for reunification.

2) Why don't more North Koreans flee to China or elsewhere?

If we look at the numbers, the total number of refugees has increased significantly over the years. In 1997, there were only 876 North Korean refugees in South Korea. By 2002, it increased to 3128 and each subsequent year, the number has been increasing by approximately 1000. As of Nov 11, 2010, there are over 20,000 refugees.

Here are the numbers of refugees who entered Korea by year: ten years ago in 2000 about approximately 300 fled to Korea. In 2002, approximately 1000, in 2006, 2018, in 2007, 2544, in 2008, 2809, and in 2009 2927 entered South Korea. The number has dipped slightly last year: as of Nov. 11, 2010, 1979 entered South Korea.

It's not easy for North Koreans to flee the country since both North Korea and China are increasing patrol in the border areas of the Yalu River and The Duman River. In particular, North Korea has strengthened civilian spies that report on fellow friends and neighbors. In this climate of distrust and fear, it's much more difficult to attempt to defect.

Although the total number has been decreasing, there is a promising new development. Since 2009, many high ranking North Korean officials working abroad have been defecting to the South. To name a few, the following people recently fled North Korea: ambassador level diplomat working in North East Asia, CEO of a large North Korean company, an official government interpreter, and the Nepal branch manager of the famous North Korean Restaurant Mt. Geumgang.

What's interesting about these individuals is that they are not like the North Korean citizens who fled to the South due to extreme poverty and starvation. These high profile individuals fled the country because they were disillusioned by the North Korean government. I anticipate the number of defectors from the high ranking officials will increase especially since North Korea officially started the hereditary third-generation power succession on September 28th, 2010.

3) What would happen if there was a big outflow of refugees from North Korea to China? Is there a regional contingency plan — South Korea, U.S., Japan — do deal with the issue? What is it? If not, what should it be?

China is concerned about millions of refugees outflowing to China after the North disintegrates. China is also very concerned about the potential strong American military presence at the border, near The Yalu River and The Duman River.

Resolving these two concerns is South Korea's urgent mission. South Korea needs to have a strategic consultation and agreement with the US and then a negotiation with China to ease the concern. South Korea also needs to step up and promise financially supporting the refugees so that the prospect of reunification is not a burden to China.

If the present North Korean regime suddenly collapses, large number of refugees will cross borders to South Korea, China and Russia. There will also be a large number who will go to Japan by boat. South Korea needs to have a detailed contingency plan in hosting, aiding and protecting the refugees. Importantly, South Korea should initiate and negotiate the dialogue and agreement among the North East Asian countries and with the appropriate international organization.

Before the fall of the Berlin Wall on November 9, 1989, a large number of East Berliners defected to countries such as Hungary and Austria that opened its borders on Sept 11th. Just as the large number of daily refugees preceded the fall of Berlin Wall, the North Korean regime will also start to fall as the number of defecting North Koreans amounts to as many as 1000 per day. South Korea urgently needs to plan for and work with allied nations to face various potential challenges such as weapons of mass destruction proliferation, mass famine among North Korean citizens, clash between North and South Korean military and the Chinese military's advance to North Korea.

4) There are now 20,000 North Korean settled in the South. What role do you think they might play in helping to bring down the North Korean regime, or in providing leadership in the northern part of a unified Korea?

North Korean refugees greatly suffered physically and mentally under single leader ruling system. They have firsthand experience of physical starvation and violation of human rights under a totalitarian regime. Therefore, no one wants disintegration of current North Korean regime more than the refugees.

The refugees in the South are initiating programs such as balloon-sending to the North and radio programs for North Koreans. South Korea needs to actively support and participate in such programs that will send the right message to the North Korean civilians. The government also needs to carefully select North Korean refugee leaders and properly educate and train them to be missionaries of democratic political system that promote freedom. They will play a key role in playing importantly leadership roles in the North once the North Korean regime disintegrates and the South Korean government needs to carefully and systematically plan for that.

참고문헌

1. 국문 자료(한국)

■ 단행본

강인덕. 『공산주의의 통일전선에 관한 연구: 조선노동당의 전략을 중심으로』. 서울: 극동문제연구소, 1977.

강인덕·송종환 외. 『남북회담: 7·4에서 6·15까지』. 서울: 극동문제연구소, 2004.

국가정보원. 『통계에 나타난 독일 통일 20년』. 서울: 국가정보원, 2009.

김구현. 『전교조 없는 맑은 세상』 상, 하. 서울: 엠에스북스, 2009.

김문주 외. 『새로운 사회를 여는 상상력』. 서울: 시대의창, 2006.

김부성. 『내가 판 땅굴: 남침음모를 증언한다』. 서울: 갑자문화사, 1976.

김성진. 『박정희를 말하다: 그의 개혁 정치, 그리고 과잉충성』. 서울: 삶과 꿈, 2006.

김영호. 『한국전쟁의 기원과 전개과정』. 서울: 두레, 1998.

김용구. 『세계관 충돌과 한말 외교사, 1866~1882』. 서울: 문학과지성사, 2001.

김용서·좌승희·이대근·유석춘·김광동·이춘근. 『박정희시대의 재조명』. 서울: 전통과 현대, 2006.

김용환. 『재정·금융정책비사』. 서울: 매일경제신문, 2006.

김정렴. 『최빈국에서 선진국 문턱까지: 한국경제정책 30년사』. 서울: 랜덤하우스중앙, 2006.

김학준·박명림·김영윤·임홍빈·김재용·민경찬·이종재.『통일 이후 통일을 생각한다』. 서울: 도서출판 푸른 역사, 2011.

김호진.『한국정치체제론』. 전정 4판. 서울: 박영사, 1994.

노재봉.『한국민주주의』. 서울: 서문당, 1977.

도서출판 동녘 편집부 편역.『통일전선민족식민지 문제』. 코민테른 자료선집 3. 서울: 도서출판, 1989.

드미트리 안토노비치 볼코고노프 저, 김일환 외 5인 역.『레닌에서 고르바초프까지, 크렘린의 수령들』. 상권. 서울: 한송, 1996.

박관용.『통일은 산사태처럼』. 서울: 경덕출판사, 2006.

박성조.『한반도 붕괴: 위기의 남북관계, 그 새로운 전략과 해법』. 서울: 랜덤하우스, 2006.

박세일.『대한민국 국가 전략』. 서울: 21세기북스, 2008.

_____.『대한민국 선진화 전략』. 서울: 21세기북스, 2006.

박정희.『민족의 저력』. 서울: 광명출판사, 1971.

박종철 외.『통일 대비를 위한 국내 과제』. 서울: 통일연구원, 2011.

박진환.『박정희 대통령의 한국경제 근대화와 새마을 운동』. 서울: 박정희기념사업회, 2005.

배진수.『북한 통일 남북관계 예측: 측정지표 및 예측 평가』. 서울: 지샘, 2006.

사단법인 북한연구소.『북한총람(1993-2002)』. 서울: 북한연구소, 2003.

서희식.『전교조에게 빼앗긴 학창시절』. 서울: 서울자유교원 부모마음 출판부, 2010.

孫武 저, 노태준 역.『신역 손자병법』. 서울: 홍신문화사, 1994.

송대성·이대우.『평화체제 구축 국제적 경험과 한반도: 중동 및 북아일랜드 경험을 중심으로』. 경기 성남: 세종연구소, 2000.

송종환.『북한 협상행태의 이해』. 개정증보판. 서울: 도서출판 오름, 2007.

_____.『북한 협상행태의 이해』. 서울: 도서출판 오름, 2002.

신승권.『소련의 한국에 대한 정책목표 분석』. 서울: 집문당, 1966.

신정현.『비교정치론: 이론대상사례』. 서울: 법문사, 2000.

신창민.『통일은 대박이다』. 서울: 매일경제신문사, 2012.

아태평화재단.『김대중의 3단계 통일론: 남북연합을 중심으로』. 서울: 아태평화재단, 1995.

_____.『남북정상회담 이해의 길잡이』. 서울: 아태평화재단, 2000.8.

안영섭.『세계정치경제학: 글로벌 질서변화와 사회과학 통합분석』. 서울: 법문사, 2000.

알렉산드르 딘킨 저, 김현택·이상준 역.『글로벌 전망 2030: 러시아의 전략적 시각』. 서울: 한국외국어대학교 출판부, 2012.

앨빈 토플러·하이디 토플러 저, 김중웅 역.『부의 미래』. 서울: 청림출판, 2006.

양영식.『북한의 협상전술: 남북대화 20년사를 중심으로』. 서울: 국토통일원, 1990.

염돈재.『올바른 통일준비를 위한 독일통일의 과정과 교훈』. 서울: 평화문제연구소, 2010.

예프게니 바자노프·나딸리아 바자노바.『소련의 자료로 본 한국전쟁의 전말』. 서울: 도서출판 열림, 1998.

오명호.『현대정치학이론』. 서울: 박영사, 1990.

오원철.『박정희는 어떻게 경제강국 만들었나』. 서울: 동서문화사, 2006.

이달곤.『협상론: 협상의 과정, 구조, 그리고 전략』. 서울: 법문사, 1995.

이범준 외.『동남아공산권 연구』. 서울: 박영사, 1991.

이상우.『우리들의 대한민국』. 서울: 기파랑, 2006.

_____.『북한정치입문: 김정일 정권의 특성과 작동원리』. 개정증보판. 서울: 나남출판, 2000.

이승률.『초국경 공생사회』. 서울: 한우리, 2011.

이영기.『20년 전 베를린 장벽은 어떻게 무너졌는가』. 서울: 도서출판 강남, 2009.

이인배.『동북아평화공동체: '협력안보'의 모색』. 서울: 한국학술정보(주), 2005.

이정식.『21세기에 다시 보는 해방후사』. 서울: 경희대학교출판부, 2012.

이종석.『현대북한의 이해』. 서울: 역사비평사, 2000.

이한기.『수정판 국제법 강의』. 서울: 박영사, 1983.

장성민 편역.『부시행정부의 한반도 리포트』. 서울: 김영사, 2001.

정대철.『북한의 통일전략』. 서울: 백산서당, 1986.

정성화·강규형 편.『박정희 시대와 한국 현대사: 연구자와 체험자의 대화』. 서울: 선인, 2007.

정진위·김용호.『북한, 남북한 관계 그리고 통일』. 서울: 연세대학교 출판부, 2003.

조지 프리드만 저, 손민중 역.『100년 후』. 서울: 김영사, 2010.

주독대사관.『동서독 교류협력 사례집』. 1993.10.

최성철 교수 정년기념저서 간행위원회.『현대정치이론과 현상』. 서울: 홍익재, 2007.

하영선 편.『2020 한국 외교 10대 과제: 복합과 공진』. 서울: EAI, 2013.

한국역사연구회.『한국현대사 3』. 서울: 풀빛, 1991.

허문영.『북한 외교의 특징과 변화 가능성』. 서울: 통일연구원, 2001.

■ 연구논문

강인덕. "남북한 체제경쟁의 중간평가 보고서."『월간조선 발굴, 한국현대사 자료 125건』. 조선일보사, 1996. 1.

곽태환. "제한된 상호주의를 제창하면서." http://www.tongilnews.com. 검색일: 2007. 4. 26.

권구훈. "남북통합: 경제적 시너지 효과." 통일연구원 광복절 경축사 관련 학술회의 「분단관리에서 통일대비로」. 2010. 9. 1.

김계동. "북한 급변 사태 시 주변국 관계." 안보학술논집 제22집 하. 2011년 10월.

김국신. "남북연합 형성 및 운영 방안 연구." 민족통일연구원 연구보고서 94-13. 1994. 11.

김대중. "고위공직자 특별연찬 특강 말씀." 2000. 9. 2.

_____. "한반도 문제 전문가 초청 만찬 연설문." 2000. 9. 7.

김상철. "북한 붕괴의 전망과 미래한국." 워싱턴 인권주간 AEI 발표문. 2007. 4. 24.

김열수. "북한 급변사태 시 중국의 군사개입: 목적·양상·형태를 중심으로."『신아세아』 제19권 2호. Summer 2012.

김열수·김영수. 「북한 급변사태와 안정화 작전: 개입 형태별 작전의 가능성과 작전 개념 정립」. 국방대학교 2009년 정책현안연구과제.

김열수·서종표. 「북한급변사태와 한국의 대응방향」. 국회의원 연구 용역 보고서. 2009. 9. 14.

김영윤. "남북경협의 현주소: 무엇이 경협확대의 제약요소인가?" 한국수출입은행·통일연구원 공동주최 2004 북한경제 심포지엄 「북한경제와 남북경협: 현황과 전망」. 2004. 7. 7.

김영호. "한국전쟁 원인의 국제정치적 재해석: 스탈린의 롤백이론."『한국정치학회보』 제31집 제3호. 1997년 가을.

김용호. "북한의 대외협상 행태 분석."『국제정치논총』 제40집 4호. 서울: 한국국제정치학회, 2000.

김창근. "김정일민족관: 내용과 특징."『극동문제』, 2002. 8.

김창순. "'민족'을 연발하는 북한 주장의 이념적 본성을 규명한다."『북한』. 2003년 3월호.

김충환 의원 주최 정책토론회. 「한반도 통일시대, 통일세 논의하자」. 2010. 9. 27.

김태우. "북한 권력체제 변화와 한국의 역할: 국제관리 가능한가."「북한의 붕괴에 어떻게 대처할 것인가」, (사)시대정신 북한위원회 1차 세미나 자료집.

2008.10.14.

남궁영. "남북한 통일방안 재고찰: 연합제와 낮은 단계의 연방제." 『통일경제』 제70호. 2000.10.

문광건. "북한식 협상행태의 변화 전망과 대북 협상 원칙." 『국방논집』 제26호. 1994.

문정인. "김대중 정부와 한반도 평화체제 구축." 『국가전략』 제5권 2호. 경기 성남: 세종연구소, 1999 가을·겨울.

_____. "햇볕정책과 냉전구조 해체: 남북정상회담의 재조명." 연세대학교 통일연구원 주최 「남북정상회담과 한반도 냉전구조의 해체」. 2000.8.24.

민주평화통일자문회의와 코리아정책연구원. 「제5차 전문가 초청 대토론회, 통일비용, 어떻게 조달할 것인가」. 2010.10.15.

박건영. "3단계 통일론과 남북정상 합의 추진 방향: '연합제'와 '낮은 단계의 연방제' 간의 공통성 인정문제를 중심으로." 한국통일포럼 주최 「남북통일방안의 모색」. 2000.7.15.

박기덕. "남북한 정치적 통합모델의 모색 ─ 이론적 논의." 박기덕·이종석 편. 『남북한 체제 비교와 통합 모델의 모색』. 경기 성남: 세종연구소, 1995.

박성현. "통계로 보는 남북한 경제·사회·산업의 비교." http://www.freedomkorea.org. 검색일: 2007.4.9.

박세일. "한반도의 선진화 통일론." 선진통일연합 발기인대회 자료집 「21세기 대한민국의 비전」. 2010.11.23.

박휘락. "전시작전통제권 환수/한미연합사 해체 재연기에 대한 이해." *Han Sun Policy Brief*. 2013.7.22.

배기선. "6·15 이후의 남북관계 평가 및 향후 과제." 북한 경제전문가 100인 포럼·매일경제신문사 공동주최 「6·15 이후의 남북관계 평가 및 향후 과제: 경제·산업/정치·군사·외교/사회·문화」. 2005.6.24~25.

배종열. "남북한 경제협력의 역사적 전개와 발전방향." 『수은 해외경제』. 2002년 7월호.

사단법인 시대정신. 「북한의 붕괴에 어떻게 대처할 것인가」. (사)시대정신 북한위원회 1차 세미나 자료집. 2008.10.14.

서대숙. "북한체제의 전망." 서대숙 외. 『정상회담 이후의 북한: 남북관계의 변화와 전망』. 서울: 경남대학교 출판부, 2002.

서동만. "남북정상회담 이후 외교환경의 변화와 정책방향." 한국통일안보학회 제3회 학술회의 「통일환경의 변화와 한반도 변화의 모색」. 2000.11.11.

손기웅. "독일통일의 경험으로 보는 한반도 통일정책의 비전과 과제." 독일통일 20주년 기념 한독심포지엄 「독일통일의 경험과 한반도 통일비전」. 2010.9.8.

손수태. "대통령의 바람직한 안보리더십 ─ 국방안보분야." 한국국제정치학회·한국군사문제연구원 공동 주최 2012년도 정책세미나 「국가지도자의 바람직한 안보리더십」. 2012.9.14.

송대성. "정상회담 이후 군사적 긴장 완화 및 평화체제 구축." 세종연구소 편. 『정상회담 이후 남북관계 개선 전략』. 경기 성남: 세종연구소, 2000.

송종환. "북한체제의 북한급변사태 전망과 우리의 대비방향." (재)한국통일진흥원·(사)한미안보연구회·(재)한국군사문제연구원 공동주최 「북한체제의 급변사태 조망과 우리의 안보통일 과제(한미공조방안을 중심으로」. 제36회 통일안보대토론회. 2012.11.23.

_____. "남북한 인도적 문제 해결 위한 협상 평가와 향후 대책." 대한적십자사·한서대 공동주최 「남북한 간 인도적 문제에 관한 전략 세미나」. 2012.9.21.

_____. "북한의 핵·미사일 개발과 6자 회담의 실패." 『Global Affairs: 북한 핵 대응책은 무엇인가』. 세종대 세종연구원, Spring 2011.

_____. "3대 세습 이후 북한체제 전망과 한국의 대책." 김재창·류재갑 편. 『북한 어디로 가나: 북한 정권의 속성과 대남정책의 실상』. 서울: 선한약속, 2011.

_____. "「6·15 남북공동선언」과 「10·4 선언」의 올바른 이해." 2009 대진대학교 통일대학원 학술발표회 「남북관계: 어떻게 개선할 것인가」. 2009.6.15.

_____. "분쟁해결수단으로서의 남북협상: 실제와 교훈." 「한반도 평화회담의 과거와 현재」, 통일연구원·대한국제법학회 공동 학술회의(2004.6.25) 발표논문집, 학술회의 총서 04-05. 서울: 통일연구원, 2004.

_____. "「북한의 민족공조론」 주장 배경과 전술적 함의." 『극동문제』(East Asian Review). 2003.4.

_____. "2001년 남북대화의 전망, 극복과제와 추진방향." 『신아세아』 제8권 제1호. 서울: 신아세아연구소, 2001 봄.

_____. "한국전쟁에 대한 소련의 전략적 의도 분석." 『국제정치논총』 제39집 2호. 1999.

신도철. "광역분권형 국가운영의 필요성과 제도개편 방향." 『선진화정책연구』 제1권 제2호. 2008.9.

신승권. "소련의 한반도정책: 1943-48." 『한양대 사회과학논총』 제15집. 1996.

_____. "스탈린과 한국전쟁." 『한양대 사회과학논총』 제12집. 1993.

신창민. "통일비용 및 통일 편익." 통일연구원 광복절 경축사 관련 학술회의 「분단관리에서 통일대비로」. 2010.9.19.

양호민. "정치: 전체주의 1인 독재 체제의 확립." 이상우 외 5인 공저. 『북한 40년: '조선민주주의인민공화국'의 특성과 변천과정』. 서울: 을유문화사, 1988.

연세대학교 김대중도서관 주최 「6·15 남북공동선언 5주년 기념 국제학술회의」. 2005.6.13.

연세대학교 김대중도서관/통일연구원·북측 통일문제연구소 공동 주최 6·15 남북공동선언 4주년 기념 국제토론회 「6·15 남북공동선언 4년에 대한 회고와 전망」. 2004.6.15.

유엔개발계획(UNDP: United Nations Development Plan). 「인간개발보고서 2013」. http://www.hdr.undp.org/en/reports/global/hdr2013/download. 검색일: 2013.3.14.

이각범. "통일과 선진화 국민의식조사 발표." 한반도선진화재단 창립 4주년 기념 심포지엄 「대한민국 어디까지 왔나」. 2010.9.16.

이기동. "북한의 권력구조 개편과 대외·대남정책 전망." 2010 제2차 민화협 정책토론회 「한반도 주변 정세의 변화와 남북관계」. 2010.11.2.

이동복. "김대중 정부의 대북정책: '공동선언' 6개월 이후의 남북관계 개관." 한국사회문화연구원 제36회 공개토론회 「김대중 정부의 대북정책: 성과와 문제점 그리고 향후 전망」. 2000.12.18.

이춘근. "한반도 통일의 당위성과 통일전략." 「한·미 통일공감토론회: 한반도의 평화통일 어떻게 준비할 것인가」. Washington D.C. National Press Club. 2012.3.27.

이호재. "현재 한민족은 어디에 있는가, 어디로 가야 할 것인가." 평화포럼 주최 토론회 「남북대화를 향한 초당적 협력방안」. 2000.11.10.

임동원. "한반도 평화의 길." 한반도평화체제 구축을 위한 대토론회 기조연설문. 2007.3.22.

_____. "6·15 남북공동선언의 의의와 과제." 6·15 남북공동선언 4주년 기념 국제토론회 「6·15 남북공동선언 4년에 대한 회고와 전망」. 2004.6.15.

_____. "남북고위급회담과 북한의 협상전략." 곽태환 외. 『북한의 협상전략과 남북한 관계』. 서울: 경남대학교 출판부, 1997.

임혁백. "남북한 통일정책의 비교분석." 이용필 외. 『남북한 기능통합론』. 서울: 신유, 1995.

전현수. "「쉬띄꼬프 일기」가 말하는 북한정권의 성립과정." 『역사비평』 제30호. 1995년 가을.

정낙근. "통일정책과 통일방안의 재검토." 사단법인 통일경제연구협회 통일경제정책 워크숍 「김정일 이후 체제: 어떻게 대비해야 하나」. 2009.8.28-29.

정용길. "통합의 사례와 한반도 모델 모색." 한국통일포럼 주최 「남북통일방안의 모색」. 2000.7.15.

정은미. "'이중적' 통일인식과 대북인식의 '북한효과'." 서울대 통일평화연구소 학술 심포지엄 「2010 통일의식조사 발표 통일의식·통일론·통일세」. 2010.9.7.

정천구. "북한의 급변사태와 대중외교전략." 『통일전략』 제8권 제1호. 2009.4.30.

조 민. "한반도 평화체제 구축 방향: 평화 프로세스." 2007 통일연구원 개원 16주년 기념학술회의 「2·13 합의와 한반도평화체제」. 2007.4.6.

_____. 「한반도 평화체제 구축과 통일전망」, 연구총서 05-16. 서울: 통일연구원, 2005.

조영기 외. 「미래지향형 통일방안 연구 ― '선진화통일방안'의 모색을 중심으로」. 서울: 한반도선진화재단, 2009.

최광녕. "한국전쟁의 원인." 하영선 편. 『한국전쟁의 새로운 접근: 전통주의와 수정주의를 넘어서』. 서울: 나남, 1990.

최완규. "대북 화해·협력정책의 성찰적 분석." 한국정치학회·이정복 편. 『북핵문제의 해법과 전망』. 서울: 중앙 M&B, 2003.

「한반도 평화와 통일을 위한 준비 통일세법 제정 공청회」. 2010.10.28.

한반도선진화재단. 『대한민국 어디까지 왔나 ― 통일과 국민의식 조사 및 2010 국가 선진화지수 발표·심포지엄』. 한반도선진화재단 창립4주년기념 심포지엄 자료집. 2010.9.16.

한영진. "북한의 사회계층과 의식변화." 서울대학교 통일연구소 새터민포럼 0701. 2007.3.8.

한용섭. "한반도 안보현안 해결과 평화체제 구축." 박종철 외. 『평화번영정책의 이론적 기초와 과제. 서울: 통일연구원, 2003.

_____. "한반도 평화체제 수립 방안." 통일연구원·한국세계지역학회 공동 주최 학술세미나 「분단국 통합과 평화협정」 주제발표 논문. 2001.10.19.

한희석. "북한 급변사태와 중국." 2011.10.26 미발표 연구 논문.

허남성. "북한 급변사태에 대비한 정책 제안." 한나라당 국책자문위원회 주최 「한반도 통일 언제 되나, 우리는 어떻게 해야 하나」. 2009. ?

허문영. 「6·15 남북공동선언 이후 북한의 대남협상행태: 지속과 변화」, 통일연구원 연구총서 05-14. 서울: 통일연구원, 2005.

홍관희. "남북정상회담 이후 한국의 대북협상전략." 『협상연구』 제6권 제2호.

2001.2.

홍성기. "선진화통일철학과 통일이념." 한반도선진화재단 "선진화통일정책" 세미나 「이제는 통일이다」. 2009.11.5.

홍성직·최성근. "남북통일, 편익이 비용보다 크다 ─ 통일비용 및 통일편익의 추정과 시사점." 「경제주평」 10-42. 2010.10.28.

홍양호. "탈냉전 시대 북한의 협상행태에 관한 연구." 단국대 박사학위 논문. 1997.

홍용표. "북한의 한국 신정부에 대한 정책전망." 2003 국제문제조사연구소 한국국제정치학회 공동학술회의 「신정부의 대북 및 대미정책 과제와 방향」 주제발표문. 2003.2.27.

홍용표·조한범. 「6·15 남북공동선언 재조명: 이론과 실제」. KINU 정책연구시리즈 2005-03. 2005.6.

■ 정기 간행물

강정민·황일도. "미 NRDC의 한반도 핵폭격 시뮬레이션." 『신동아』, 2004년 12월호.

남궁영. "'북한문제' 해결 최선의 길은 통일." 『동아일보』, 2010.11.17.

남성욱. "남북통일 가능성: 내수시장 확대, '코리아 디스카운트' 해소. 통일비용 240조~1,200조 원 예상." 『월간조선』·삼성경제연구소 공동기획, 『2030년의 대한민국』. 2009년 1월호 별책부록.

박광작. "서독, 동독에 퍼주기는 없었다." 『월간조선』, 2006년 11월호.

박세일. "대한민국 선진통일추진위." 『조선일보』, 2010.9.24.

박용옥. "'2·13 합의' 향배와 기로에 선 한국." 『미래한국신문』, 2007.5.26.

"북에서 '왕자의 난'은 없다." 『월간조선』, 2010년 10월호.

송종환. "우리 국회의 북한인권법 제정 지연." 『국제인권보』 제533호. 2013.5.15.

_____. "탈북민 강제북송 막아야 한다." 『미래한국위클리』 417호. 2012.3.26-4.8.

_____. "우리도 핵무기를 직접 만들고 싶지만." 『조선일보』, 2011.8.18.

_____. "3대 세습의 반역사적·비민주성이 거국적으로 공론화되어야 한다." http://www.konas.net. 검색일: 2010.10.26.

_____. "도라산서 남북정상회담을." 『동아일보』, 2010.2.24.

_____. "한반도 연방제의 조건." 『국민일보』, 2005.11.29.

송종환·강상욱·강인덕·정홍진. "좌담: 남북한 체제경쟁 선언 ─ 8·15평화통일구상 선언 비화." 『월간조선』, 2003년 8월호.

유용원. "첨단무기 국산화 지금이 기회다."『조선일보』, 2013.6.19.
이동복. "서동권,『김정일 훈령』을 입수하다!"『월간조선』, 2000년 9월호.
이정식. "스탈린, 해방 직후부터 한반도 분단 노렸다."『신동아』, 1995년 11월호.
이홍구. "민족공동체통일로 향한 '기회의 창'."『중앙일보』, 2009.9.14.
조갑제. "경제뿐 아니라 정치에서도 기적을 이룬 나라, 원동력은 무한 경쟁."『월간조
　　　선』, 2013년 3월호.
최　광. "식량지원은 북한 농업을 망치는 길." http://www.freedomkorea.org. 검색
　　　일: 2007.4.19.
하영선. "21세기를 내다보며."『조선일보』, 2001.1.5.
홍관희. "NLL 분쟁화에 일조한 남 회담 대표의 과오, 제5차 남북장성급 군사회담
　　　평가분석." http://www.chogabje.com. 검색일: 2007.5.14.

The Korea Times.
『동아일보』.
『매일경제』.
『미래한국위클리』.
『신동아』.
『월간조선』.
『조선일보』.
『중앙일보』.
『한국일보』.

■ 정부 간행물 및 기타

국방부.『2012 국방백서』. 서울: 국방부, 2012.
＿＿＿.『2010 국방백서』. 서울: 국방부, 2010.
"북한이탈주민 정착지원제도 개선방안 — 직업교육을 중심으로" 세미나 자료집. 2008.
외교통상부.「OSCE: Organization for Security and Cooperation in Europe」. 서
　　　울: 외교통상부, 2001.
외무부.「한국전 문서요약: 1949.1-1953.8」. 1994.
「이산가족 교류 경비지원에 관한 지침」. 통일부 훈령 제29호, 1998.12.25.
통일부 통일교육원.『2012 통일문제 이해』. 서울: 통일부 통일교육원, 2012.3.

통일부. 『2010 통일백서』. 서울: 통일부, 2010.

_____. 『2004 북한 개요』. 서울: 통일부, 2003.

_____. 『통일백서 2007』. 서울: 통일부 통일정책실, 2007.

_____. 『통일백서 2006』. 서울: 통일부 통일정책실, 2006.

통일연구원 주최 「6·15 남북공동선언과 한반도 평화·번영: 평가와 전망」. 2005. 6.9.

통일연구원. 「분단관리에서 통일 대비」. 2010.9.1.

한국어대사전 편찬회 편. 『한국어대사전』. 서울: 현문사, 1976.

한국은행. 「금융안정보고서」. 2012.4.19.

한국조세연구원(http://www.kipf.re.kr). Current Issue, 2009.8.27.

2. 북한자료

김일성. 『김일성저작집 42』. 평양: 조선로동당출판사, 1995.

_____. 『김일성저작집 35』. 평양: 조선로동당출판사, 1987.

_____. 『김일성저작집 27』. 평양: 조선로동당출판사, 1984.

_____. 『김일성저작선집 6』. 평양: 조선로동당출판사, 1974.

_____. 『외국기자들이 제기한 질문에 대한 대답』. 평양: 조선로동당출판사, 1973.

_____. 『김일성저작선집 5』. 평양: 조선로동당출판사, 1972.

_____. 『김일성저작선집 4』. 평양: 조선로동당출판사, 1968.

『김일성저작집』 제35권. 평양: 조선로동당출판사, 1987.

『김일성저작집』 제28권. 평양: 조선로동당출판사, 1984.

『김일성저작집』 제14권. 평양: 조선로동당출판사, 1981.

김정일. 『김정일 선집 14』. 평양: 조선로동당출판사, 2000.

_____. 『김정일 선집 13』. 평양: 조선로동당출판사, 1998.

_____. 『김정일 선집 12』. 평양: 조선로동당출판사, 1997.

_____. 『친애하는 김정일 동지의 문헌집』. 평양: 조선로동당출판사, 1992.

_____. 『주체혁명위업의 완성을 위하여 3』. 평양: 조선로동당출판사, 1987.

김진국. "주체의 강성대국." 『로동신문』. 1998.8.4.

김철웅. "라선경제무역지대에서의 외국투자보호제도에 관한 고찰." 『圖們江 學術論

壇 2011 논문집』. 中國 延吉: 延邊大學 圖們江 學術論壇 組織委員會, 2011.
8.21-8.22.

리현도. "영구 강점 기도를 버려야 한다."『로동신문』. 2000.9.27.

사설 "위대한 당의 령도 따라 사회주의 강성대국을 건설해 나가자."『로동신문』.
1998.9.9.

송현철. "동북아시아지역내 경제협력의 강화와 조선반도 종단철도."『圖們江 學術論
壇 2011 논문집』. 中國 延吉: 延邊大學 圖們江 學術論壇 組織委員會. 2011.
8.21-8.22.

심병철. 『조국통일문제: 100문 100답』. 평양: 평양출판사, 2003.

정관용·진웅. "김정일 동지는 숭고한 애국애족의 리념을 꽃피워 나가시는 위인이시
다."『로동신문』. 1998.7.12.

조선로동당출판사 편. 『타협에 관한 마르크스·레닌주의의 리론 및 전술에 대하여
II』. 평양: 조선로동당출판사, 1965.

조성박. 『김정일민족관』. 평양: 평양출판사, 1999.

최칠남·동태관·진성호. "강성대국."『로동신문』. 1998.8.22.

한응호. "련방제 통일방안은 가장 정당하고 현실적인 통일방도."『로동신문』. 2000.
10.9.

허종호. 『주체사상에 기초한 남조선혁명과 조국통일이론』. 평양: 조선로동당출판사,
1975.

『현대조선말사전』. 평양: 과학, 백과사전출판사, 1981.

『로동신문』.

A Collection of Kim Il-sung's Works, No.43. Pyongyang: The Publishing House
of the Workers' Party of Korea, 1996.

A Collection of Kim Jong-il's Works, No.13. Pyongyang: The Publishing House
of the Workers' Party of Korea, 1998.

Grand Korean Dictionary, Vol.2(in North Korean). Pyongyang: Social Science
Press, 1992.

3. 영문자료

■ Books

Almond, Gabriel A., and G. Bingham Powell, Jr. *Comparative Politics Today: A World View*, 2nd ed. Boston: Little, Brown and Co., 1980.

Almond, Gabriel A., and Sidney Verba. *The Civic Culture: Political Attitudes and Democracy in Five Nations*. Princeton, N. J.: Princeton University Press, 1963.

Amalrik, Andrei. *Will the Soviet Union Survive Until 1984?* New York: Harper & Row. Publishers, 1970.

Avruch, Kevin. *Culture and Conflict Resolution*. Washington, D.C.: United States Institute of Peace Press, 1998.

Binnendijk, Hans (ed.). *National Negotiating Styles*. Washington, D.C.: Foreign Service Institute, Center for the Study of Foreign Affairs, Department of State, 1987.

Blaker, Michael. *Japanese International Negotiating Style*. New York: Columbia University Press, 1977.

Blaker, Michael, Paul Giarra, and Ezra Vogel. *Case Studies in Japanese Negotiating Behavior*. Washington, D. C.: United States Institute of Peace Press, 2001.

Borisov, O. B. et al. *Modern Diplomacy of Capitalist Powers*, with a Foreword by Andrei A. Gromyko, tr. by Y. S. Shirokov and Y. S. Sviridov. Oxford: Pergamon Press, 1983.

Brecher, Michael. *The Foreign Policy System of Israel: Setting, Image, Process*. London: Oxford University Press, 1972.

Brzezinski, Zbigniew. *The Grand Failure: The Birth and Death of Communism in the Twentieth Century*. Macmillan Publishing Company, Incorporated, 1990.

Ch'I. Hsi-sheng. *Nationalist China at War: Military Defeats and Political Collapse*. Ann Arbor: The University of Michigan Press, 1982.

Cha, Victor. *The Impossible State: North Korea, Past and Future*. New York:

Harper Collins Publishers, 2012.

Churchman, David. *Negotiation: Process, Tactics, Theory, Second Edition.* New York: University Press of America, Inc, 1995.

Cohen, Raymond. *Negotiating across Cultures: International Communication in an Inter-dependent World,* revised ed. Washington, D.C.: United States Institute of Peace Press, 1999.

de Callières, François. *On the Manner of Negotiating With Princes.* Translated from the French by A. F. Whyte. Notre Dame, Indiana: University of Notre Dame Press, 1963.

Dean, Arthur H. *Test Ban and Disarmament: The Path of Negotiation.* New York: Harper and Row, 1966.

Dobbins, James et al. *America's Role in Nation-Building: From Germany to Iraq.* Santa Monica: RAND, 2003.

Everstadt, Nicholas. *The End of North Korea.* Washington, D.C.: The AEI Press, 1999.

Finley, M. I. *History of the Peloponnesian War.* Trans. by Rex Warner. New York: Penguin Books, 1972.

Fisher, Roger, and William Ury. *Getting to Yes: Negotiating Agreement Without Getting In, Second edition with Answers to Ten Questions People Ask.* New York: Penguin Books, 1991.

Fitzgerald, Erin K., and Anthony H. Cordesman. *THE 2010 QUADRENNIAL DEFENSE REVIEW A+, F, OR DEAD ON ARRIVAL?* Arleigh A. Burke Chair in Strategy Working Draft, August 27, 2009. http://csis.org/files/publication/090809_qdrahc_revised.pdf.

Freeman, Charles W. Jr. *Arts of Power: Statecraft and Diplomacy.* Washington, D.C.: United States Institute of Peace Press, 1997.

Fukuyama, Francis. *The End of History and the Last Man.* New York: The Free Press, 1992.

Goncharov, Sergei N., John W. Lewis, Xue Litai. *Uncertain Partners: Stalin, Mao and the Korean War.* Stanford: Stanford University Press, 1993.

Griffith, William E. *The Sino-Soviet Rift.* Cambridge: The M. I. T. Press, 1964.

Iklè, Fred Charles. *How Nations Negotiate.* New York: Harper & Row, Publishers, 1964.

Jian, Chen. *China's Road to the Korean War: The Making of the Sino-American Confrontation.* New York: Columbia University Press, 1994.

Leites, Nathan. *The Operational Code of the Politburo, The RAND Series.* New York·Toronto·London: McGrow-Hill Book Company, Inc., 1951.

Lenin, Vladimir I. "Left Wing." *Communism. An Infantile Disorder.* Peking: Foreign Language Press, 1970.

Nicolson, Harold. *Diplomacy*, 3rd ed. London: Oxford University Press, 1963.

Pye, Lucian W. *Asian Power and Politics: The Cultural Dimensions of Authority.* Cambridge, Massachusetts: The Belknap Press of Harvard University Press, 1985.

Quinones, Kenneth. *Beyond Collapse-Continuity and Change in North Korea.* Washington, D. C.: The United States Institute of Peace Press, 2001.

Ree, Erik Van. *Socialism in One Zone: Stalin's Policy in Korea, 1945-1947.* Oxford: Berg, 1989.

Saeed, Ferial Ara, and James J. Przystup. *Korean Futures: Challenges to U.S. Diplomacy of North Korean Regime Collapse*, INSS Strategic Perspectives 7, Center for Strategic Research, Institute for National Strategic Studies, National Defense University, September, 2011.

Samelson, Louis J. *Soviet and Chinese Negotiating Behavior: The Western View.* Beverly Hills and London: Sage, 1976.

Schecter, Jerold L. *Russian Negotiating Behavior: Continuity and Transition.* Washington, D.C.: United States Institute of Peace Press, 1998.

Shulman, Marshall. *Stalin's Foreign Policy Reappraised.* Cambridge, Mass.: Harvard University Press, 1963.

SIPRI Year Book 1987. Oxford: Oxford University Press, 1987.

Smith, Raymond F. *Negotiating with the Soviets.* Bloomington: Indiana University Press, 1989.

Snyder, Scott. *Negotiating on the Edge: North Korean Negotiating Behavior.* Washington, D. C.: United States Institute of Peace Press, 1999.

Solomon, Richard H. *Chinese Negotiating Behavior: Pursuing Interests through 'Old Friends,'* with a new essay by Chas. W. Freeman, Jr. Washington, D. C.: United States Institute of Peace Press, 1999.

_____. *Chinese Political Negotiating Behavior: A Briefing Analysis.* Santa

Monica, California: RAND Corporation, 1985.

Stalin, Joseph. *Leninism*, Vol.1. London: Modern Books, 1932-33.

Stares, Paul B., and Joel S. Wit. *Preparing for the Sudden Change in North Korea*. New York: Council on Foreign Relations, 2009.

Steibel, Gerald D. *How Can We Negotiate with Communists*. New York: National Strategy Information Center, 1972.

Synn, Seung Kwon. *The Russo-Japanese Rivalry Over Korea, 1876-1904*. Seoul: YukPhubSa, 1981.

The Institute of North Korean Studies. *An Overview of North Korea (1993-2002)*, Seoul: The Institute of North Korean Studies, 2003.

Tudor, Daniel. *Korea: The Impossible Country*. Hongkong: Turtle Publishing, 2012.

U. S. Department of State, Foreign Relations of the United States (FRUS). *The Conference of Berlin (The Potsdam Conference)*, Vol.II . Washington, D. C.: Government Printing Office, 1960.

Ulam, Adam. *The Communists: The Story of Power and Lost Illusions: 1948-1991*. New York and Toronto: Charles Scribner's Sons, 1992.

Volkogonov, Dmitrii. *Stalin: Triumf I tragediya*. tom II. Part 2. Moskva, 1989.

Wall, James A. Jr. *Negotiation: Theory and Practice*. Glenview, Illinois: Scott, Foresman and Company, 1985.

Zelikow, Phlip, Condoleezza Rice. *Germany Unified and Europe Transformed: A Study in Statecraft*. Cambridge, Massachusetts: Harvard University Press, 1996.

■ Research Treatises and Articles

Avruch, Kevin, and Peter W. Black. "The Culture Question and Conflict Resolution." *Peace and Change*, No.16. 1991.

Bajanov, Eugueni. "Assessing the Politics of the Korean War, 1945-51." *CWIHP Bulletin,* Issues 6-7. Washington, D.C.: Woodrow Wilson International Center for Scholars.

Bennett, Bruce W., and Jennifer Lind. "The Collapse of North Korea: Military

Missions and Requirements." *International Security*, Vol.36, No.2. Fall 2011.

Catastrophic Collapse of North Korea: Implications for the United States military. http://blog.chosun.com/lsh09.

Chun, Young-woo. "A Way Forward for Peace and Unification on the Korean Peninsula." 「The Future of the Korean Peninsula: Unification or Perpetual Division.」 Co-hosted by Hansun Foundation·the Heritage Foundation(US)·*Chosun Ilbo*. 2013.1.30-31.

"Europe's reluctant hegemon." *The Economist*, Jun. 15th, 2013.

Gregg, Donald P. "Implementation of the June 15 North-South Joint Declaration: The South, North, and International Response." 「International Conference to Commemorate the 4th Anniversary of the June 15 North-South Joint Declaration.」 June 15, 2004.

Heizig, Dieter. "Stalin, Mao, Kim and Korean War Origins, 1950: A Russian Documentary Discrepancy." *CWIHP Bulletin*, Issues 8-9. Winter1996/1997. Washington, D.C.: Woodrow Wilson International Center for Scholars.

Janosik, Robert J. "Rethinking the Culture-Negotiation Link." In J. William Breslin and Jeffrey Z. Rubin (eds.). *Negotiation Theory and Practice*. Cambridge, Mass.: The Program on Negotiation at Harvard Law School, 1999.

Jeon, Hyun-su with Gyoo Khang. "The Shtykov Diaries: New Evidence on Soviet Policy in Korea." *CWIHP Bulletin*, Issues 6-7. Winter 1995/1996, Washington, D.C.: Woodrow Wilson International Center for Scholars.

Jian, Chen. "The Sino-Soviet Alliance and China's Entry into the Korean War." *CWIHP* Working Paper, No.1. June 1992. Washington, D.C.: Woodrow Wilson International Center for Scholars.

Kang, Chol-hwan. "Blowing in the North is a Wind of Purge against Officials Close to O Kuk-ryol and Jang Song-taek." *The Chosun Ilbo*, Jan. 8, 2011.

Kelley, James A. "North-South Relations after the Summit." A Presentation to the CSIS-KINU Exchange on the Theme of The Dynamics of Change on the Korean Peninsula in the New Century, Seoul, November 16, 2000.

Kennan to Matthews. 5 June 1951, in U. S. Department of State, Foreign

Relations of the United States (FRUS). 1951, Vol.VII(pt.1).

Kluckhohn, Clyde. "Culture." In Julius Gould & William Kolb (eds.). *Dictionaries of Social Science*. New York: Free Press of Glencoe, 1964.

Kroeber, A. L.,and Talcott Parsons. "The Concepts of Culture and Social Systems." *American Sociological Review*, XXIII. October 1958.

Kwon, Goohoon. "A United Korea? Reassessing North Korea Risks(Part I)." *Global Economics Paper*, No.188, 2009.9.21.

Mansourov, Alexander Y. "Stalin, Mao, Kim, and China's Decision to Enter the Korean War, September 16-October 15, 1950: New Evidence from the Russian Archives." *CWIHP Bulletin*, Issues 6-7. Winter 1995/1996, Washington, D.C.: Woodrow Wilson International Center for Scholars.

Mastny, Vojtech. "A Palpable Deterioration." *CWIHP Bulletin*, Issues 6-7. Winter 1995/1996, Washington, D.C.: Woodrow Wilson International Center for Scholars.

Mosely, Philip E. "Some Soviet Techniques of Negotiation." In Raymond Dennett and Joseph E. Johnson (eds.). *Negotiating with the Russians*. Boston World Peace Foundation, 1951.

Murray, Brian. "Stalin, the Cold War and the Division of China: A Multi-Archival Mystery." *CWIHP Working Paper,* No.12. June 1995. Washington, D.C.: Woodrow Wilson International Center for Scholars.

Pruitt, Dean G. "Strategy in Negotiation." In Victor A. Kremenyuk (ed.). *International Negotiation: Analysis, Approach, Issues*. San Francisco: Jossey-Bass Publishers, 1991.

Quinlivan, James. "Burden of Victory: The Painful Arithmetic of Stability Operations." *RAND Review*. Summer 2003.

Safire, William. "The Asian Front." *The New York Times,* 2003.3.10.

Salacuse, Jeswald W. "Making Deals in Strange Places: A Beginner's Guide to International Business Negotiation." In J. William Breslin and Jeffrey Z. Rubin (eds.). *Negotiation Theory and Practice*. Cambridge, Mass.: The Program on Negotiation at Harvard Law School, 1999.

Santora, Marc. "Public Lives; Battling the Darkness, With the Law as His Lamp." *New York Times*, Nov. 11, 2003.

Struck, Doug, and Steven Mufson. "N. Korea's Kim Sheds Image of Madman."

Washington Post, October 26, 2000.

Suh, Dae-Sook. "Leadership and Political Culture in Korea." *IMKS Special Lecture Series* No.4. Seoul: Institute for Modern Korean Studies, Yonsei University Press, 2000.

Ulam, Adam. "Letters: Stalin, Kim and Korean War Origins." *CWIHP Bulletin,* Issue 4. Fall 1994, Washington, D. C.: Woodrow Wilson International Center for Scholars.

Weathersby, Kathryn. "The Korean War Revisited." *Wilson Quarterly*, Summer, 1999, Washington, D.C.: Woodrow Wilson International Center for Scholars.

_____. "New Russian Documents on the Korean War: Introduction and Translation." *CWIHP Bulletin*, Issues 6-7. Winter 1995/1996, Washington, D.C.: Woodrow Wilson International Center for Scholars.

_____. "Korea, 1949-50: To Attack or not to Attack? Stalin, Kim Il Sung, and the Prelude to War." *CWIHP Bulletin*, Issue 5. Spring 1995, Washington, D.C.: Woodrow Wilson International Center for Scholars.

_____. "Soviet Aims in Korea and the Origins of the Korean War, 1945-50: New Evidence from Russian Archives." *CWIHP Working Paper*, No.8. November 1993, Washington, D.C.: Woodrow Wilson International Center for Scholars.

_____. "New Findings on the Korean War: Translations and Commentary." *CWIHP Bulletin*, Issue 3. Fall 1993, Washington, D.C.: Woodrow Wilson International Center for Scholars.

4. Others

Diplomaticheskii Slovar [Diplomatic Dictionary], Vol.1. Moscow: State Publishing House for Political Literature, 1960, quoted in U. S. Congress, Senate, Committee on Government Operations, Subcommittee on National Security and International Operations, *The Soviet Approach to Negotia-*

tion: Selected Writings, 91st Congress, 1st Session. Washington, D.C.: U. S. Government Printing Office, 1969.

Lenin, Vladimir I. *Sochineniya.* 3rd ed., Vol.26. Moscow: Institut Marksa-Engelsa-Lenina pri Tsk VKP(b), Gosudarstvennoe Izdatelstvo Politicheskoi Literaturi, 1928-37.

康仁德. "南北對話の實際と敎訓: 東アジア安全保障に及ぼす影響を中心に."『訪日 學術硏究者論文集 アカデミック』第8卷. 日韓文化交流基金, 2001.

日本國際問題硏究所 中國部 編.『중국공산당사자료집 7』. 동경: 勁草書房, 1973.

「中國ソウェト政府中共中央抗日救國のために全同胞に告げる書」. 1935.8.1.

5. 인터넷 자료

http://cpi.transparency.org.

http://reunion.unikorea.go.kr.

http://www.bok.or.kr.

http://www.chosun.com.

http://www.donga.com.

http://www.economist.com.

http://www.ft.com.

http://www.guardian.uk.

http://www.index.go.kr.

http://www.mospa.go.kr.

http://www.nuac.go.kr.

http://www.unikorea.go.kr.

http://www.vokorea.com.

http://www.whitehouse.gov.

http://www.wsj.com.

색 인

|ㄱ|

지은이 소개

송종환(宋鍾奐)

경남 마산시 월영초등학교, 마산중학교, 경복고등학교 졸업 후
서울대학교 문리대 외교학과, 정치학 학사 (국제관계 전공, 1968)
서울대학교 대학원 외교학과, 정치학 석사 (국제관계 전공, 1972)
Fletcher School of Law and Diplomacy, Tufts University,
  국제법·외교학 석사 (국제관계 전공, 1984)
한양대학교 대학원 정치외교학과 정치학 박사
  (국제관계 및 북한 전공, 2002)

* * *

해군사관학교 국제법·정치학 교관, 해군 중위 (1968~1971)
서울, 평양, 판문점 개최 남북적십자회담, 남북조절위원회 회의
  수행원으로 참가 (1972~1976)
대통령비서실 정무1수석비서관실 외무부·통일원 담당 행정관 (1977~1982)
주유엔 공사 및 제44차~48차 유엔총회 대표 (1989~1992)
주미 공사 (1994~1997)

국가안전기획부 해외정보실장 (1997~1998)
충북대학교 사회과학대 정치외교학과 초빙교수 (1999~2002)
명지대학교 사회과학대 북한학과 초빙교수 (2002~2013)
미래한국위클리 편집위원 (2007.4~2013.6)
한국언론인포럼 이사 (2007.5~2012.12)
제17대 대통령직인수위 정무분과위 상임자문위원 (2008.1~2)
통일연구원 초청연구위원 (2010.3~2011.3)
KT 사외이사 (평가 및 보상위원장), (2010.3~2013.6)
민주평화통일자문회의 상임자문위원 (2011.7~2013.6)
주(駐)파키스탄 대사(大使), (2013.6.14~)

* * *

한국국제정치학회, 한국협상학회, 통일경제연구협회 회원으로서『북한 협상행태의
이해』(2002; 2007), 『북한 총람: 1993-2002』의 정치 편(2003), 『남북회담: 7·4에서
6·15까지』(2004) 등의 저서가 있음. 남북한 관계, 국제관계와 국가정보기관 개혁
관련 국·영문 논문과『조선일보』, 『중앙일보』, 『동아일보』, 『문화일보』, 『한국일보』,
『미래한국위클리』 등의 신문과『월간조선』, 『신동아』, 『월간북한』 등의 월간지 및
국제정치학회지에 다수 기고